Treasures for Scholars Worldwide

四顾集

钱存训世纪文选

钱存训 著

庆祝钱存训百年华诞编辑委员会

Ted Foss　许倬云　李欧梵　马泰来
郑炯文　周　原　潘铭燊（主编）

GUANGXI NORMAL UNIVERSITY PRESS
广西师范大学出版社
·桂林·

图书在版编目（CIP）数据

回顾集：钱存训世纪文选／钱存训著. —桂林：广西师范大学出版社，2012.4
ISBN 978-7-5495-1343-7

Ⅰ. 回… Ⅱ. 钱… Ⅲ. ①社会科学—文集②钱存训—纪念文集 Ⅳ. ①C53②K825.1-53

中国版本图书馆 CIP 数据核字（2012）第 033851 号

广西师范大学出版社出版发行
（广西桂林市中华路 22 号　邮政编码：541001
网址：http://www.bbtpress.com）
出版人：何林夏
全国新华书店经销
桂林广大印务有限责任公司印刷
（广西桂林市临桂县金山路 168 号　邮政编码：541100）
开本：787 mm × 1 092 mm　1/16
印张：23.75　插页：2　字数：370 千字
2012 年 4 月第 1 版　2012 年 4 月第 1 次印刷
印数：0 001~2 000 册　定价：128.00 元

编委会及友人庆祝钱存训先生百岁生日餐叙（2009年）

（前坐右起）

蔡清美　Ted Foss　钱存训　雷回兴　王正义夫人

（立右起）

潘铭燊　蔡武雄　郑炯文　王正义　马泰来　Preston Tobert　周 原　雷回春　钱孝文

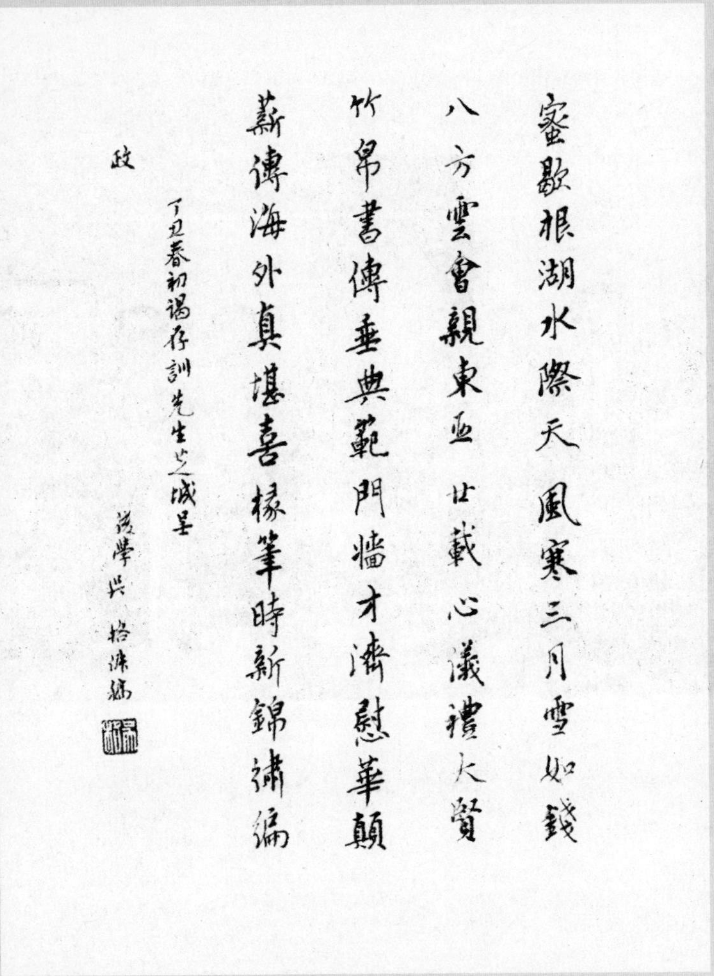
蜜歇根湖水際天　風寒三月雪如錢
八方雲會親東亞　廿載心儀禮大賢
竹帛書傳垂典範　門牆才濟慰華顛
薪傳海外真堪喜　椽筆時新錦繡編
丁丑春初謁存訓先生之誠呈
政
後學吳格拜稿

吴格先生题诗，尊翁广洋夫子手书

钱存训像　钱孝峨速写　（1980年）

前　言

本书选录钱存训先生过去所发表的代表作品及有关论文，作为庆祝作者百岁荣庆的礼物。前部选录"百年回顾"、"旧作新刊"、"古代文献"、"纸墨印刷"和"文化交流"为主题的文章各5篇；后部选录"怀念师友"、"写作缘起"、"序跋题记"、"著述评介"和"访问传记"等有关作者的学术活动和著述的记录，每类亦各选5篇，定名《回顾集》。回顾作者多年来在国内外所发表的作品，以作纪念。另有《随笔集》及《评论集》将由他人编辑出版。又英文本《中国文化选集》（*Collected Writings on Chinese Culture*）1册，选录作者的西文著述，同样作为庆祝作者百岁荣庆的礼物。

正如作者在书中指出，中国古代文献的延续、多产和广被性，在世界文明的长河中是独具的特质。中国在3 000年前所采用的文字是至今唯一仍为通行的交流媒介。截至15世纪末叶，中国人所著述出版的书籍超过全世界出版物的总和。中国的文字不仅为中国人所采用，也是东亚其他民族所共同采用的一种书写字体。中国人所发明的纸和印刷术在西方采用以前就早已对世界文化作出了无比的贡献。

中国和西方的文化交流包括语言学习、书籍翻译、文物交换和图书馆的建设。中国对西方书籍的翻译从16世纪末叶就已开始，对中国的现代化起了十分重要的作用。翻译的题材和原著的来源反映了当时知识分子的思想倾向以及政府的外交政策。19世纪末叶中美两国间的图书交换，对以后的语文学习产生了重要的影响。至于中文图书馆在西方各国的建立反映了中外文化交流的开始和发展。

本书所选录作者对师友的怀念以及写作缘起、著述题记、序录评介和访问报道，可使读者对书中文字写作的背景增加了解。其中的人物传记的传主都是国际知名的学者，他们的生平和著述对于国际文化的交流和相互了解曾作出了很大的贡献。

我们特别感谢诸位友好对本书的编选和出版的努力，尤其是广西师范大学出版社有限责任公司何林夏董事长、文献图书出版分社雷回兴社长协助编辑出版，钱孝文先生对书中插图的处理和文字的翻译以及其他友人相助选编，在此一并予以衷心的感谢。

庆祝钱存训百年华诞编辑委员会
Ted Foss　许倬云　李欧梵　马泰来
郑炯文　周原　潘铭燊（主编）

目　录

插图目录

一 | 百岁回顾

第一章　我的家庭背景

我的家庭是社会上一般人所称颂的“帝王后裔”和“书香世家”。所谓“帝王后裔”，缘自《钱氏宗谱》中的始祖是五代吴越国王钱镠。据说他文武双全，奠定了“上有天堂、下有苏杭”的富庶。到刻经雷峰塔的第五位君主钱俶归附赵宋，钱氏统治了这一地区将近一百年，最后成为中国历史上和平统一的楷模，至今为人称颂。

一、钱姓原始

钱姓是中华民族最古老的姓氏之一，在宋代编撰的《百家姓》中，“赵、钱、孙、李”，声望地位仅次于当时的国姓“赵”，声名也因此家喻户晓，广为人知。钱姓历史源远流长，远自先秦便已见诸史籍，其得姓来源据称都与彭铿有关。彭铿是中国古代有名的长寿者，后人尊称为彭祖。彭祖之孙彭孚，西周时任钱府上士，掌管国家的财政大权，彭孚后人为了纪念他的事迹，就以他的官职为姓，称“钱”氏。

吴越钱氏以钱镠为一世祖，其后子孙相继即位，不仅统治的地区富庶，并留存不少文化遗产，尤其佛教建筑最多，如杭州的六和塔、白塔、雷峰塔、保俶塔，以及灵隐寺、净慈寺、法净寺、昭庆寺、梵天寺、烟霞洞造像等；苏州的虎丘塔、沧浪亭，以及嘉兴的金谷园等名胜皆是钱氏所建造或和钱氏有关。至于西湖供奉的钱王祠，有康熙及乾隆两帝所赐御书，表以石楔，题名“功德崇坊”，成为西湖十景之一。现将钱镠建立吴越国的经历简述于后。

钱镠（852—934），字具美，一字巨美，杭州临安人，祖上原系吴兴钱氏一脉，父亲钱宽出身寒微，以农耕为业。钱镠少时家贫，无以为业，遂走避官府，靠贩卖私盐度日。他自幼习武健身，有拳勇，精通骑射，善使长槊。为人坚毅刚烈，多谋善断，并通图纬诸书，在当地是一位“善任侠，以解仇报怨为事”的知名人物。

唐末，政治腐败，民不聊生，农民起义屡有发生。乾符三年（876 年），黄巢率领起义军转战江南，攻入江浙一带。唐王朝急诏石鉴镇将董昌募兵抵抗，钱镠应募投军。

吴越国王钱镠像

吴越国王玉玺

杭州西湖钱王祠

吴越国王钱镠的图像、玉玺和纪念堂

由于作战勇猛，颇有战功，不久即升为偏将。及董昌升任杭州刺史，又任命他为都指挥使，负责统辖全军。中和二年(882 年)，越州观察使刘汉宏背叛朝廷，钱镠挥军进击，攻克越州，擒杀汉宏。僖宗以其讨伐有功，特调董昌为浙东节度使兼越州刺史，而令钱镠接任杭州刺史。此后他便以杭州为基地，扩充实力，先后攻取了邻近的苏、常二州，一跃成为江浙新兴藩镇。景福二年(893 年)，朝廷又擢升他为镇海军节度使。

乾宁二年(895 年)，董昌据越州称帝，发动叛乱，于是朝廷诏封钱镠为彭城郡王、浙江东道招讨使，并着令他督师剿乱。钱镠便率军讨伐，攻克越州。董昌自杀而死。乾宁四年(897 年)，朝廷以功升钱镠为镇海(杭州)、镇东(越州)两节度使。其后逐渐统一了两浙十三州之地，拥有今江苏东南部及浙江地区，最后奠定了吴越国的建国基础。公元 907 年，朱温废灭李唐，建立后梁，封钱镠为吴越王兼淮南节度使，以后又进封为吴越国王。钱镠从此建立吴越国，定都于杭州，成为一方之主。

钱镠虽以武出身，但他远见卓识，建国后便止兵息武，兴修水利，发展生产，并与周边政权遣使通好，事奉中原王朝为正朔。因此他在位期间，吴越少有战争，社会安定，经济繁荣，为人称誉一时。这一政策以后成为吴越立国国策，历代君主均沿袭不改。后唐长兴三年(932 年)三月，钱镠病卒，年 81 岁，谥武肃王。其后，子元瓘(文穆王)及孙弘佐(忠献王)、弘倧(忠逊王)、弘俶(忠懿王)相继即位，凡三世五王，共统治 98 年。

二、书香世家

至于“书香世家”，因为我的曾祖父钱桂森(字犀庵，号辛白，1827—1899)是道光三十年进士，历任翰林院编修、内阁大学士兼礼部侍郎、安徽省学政及湖、广、贵、浙等省的主考官，著有《一松轩诗稿》、《段注说文校》等书，与当时光绪皇帝的老师翁同龢为至交，往来的书信现存很多。曾祖的先世原籍河南，移居海陵(今江苏省泰州)。他居官清廉，不置田产，对地方事务也多有贡献。县志有传。因此我家故宅所在的泰州城北篮子行大街(现海陵北路)，一直被称为“钱大人街”。1988 年泰州市政府将故宅认定为文物保护单位，2008 年决定按原式重新修缮，并成立“钱桂森纪念馆”，收集相关文物史料在纪念馆陈列，作为旅游观光胜地以教后人。

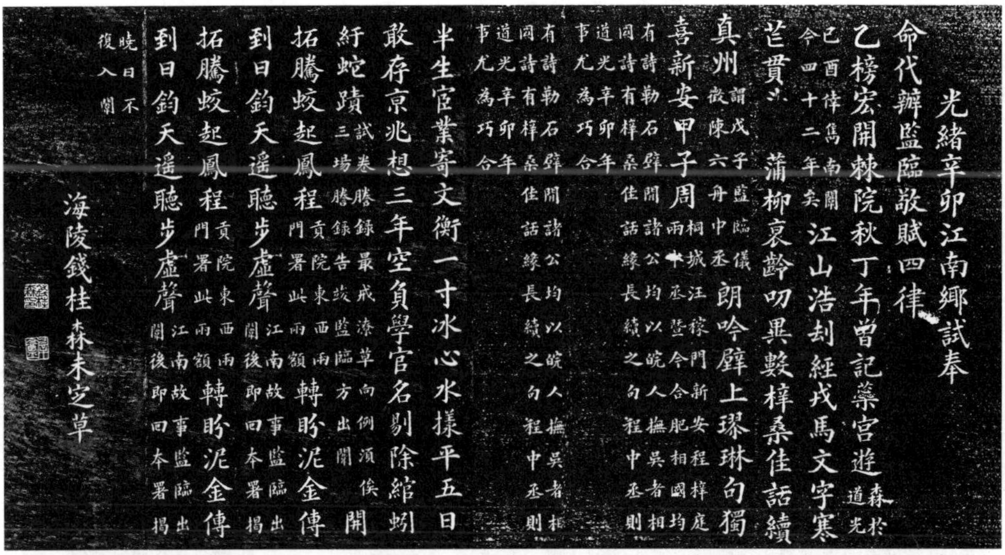

钱桂森主试安徽时的刻石拓片(1891 年)

祖父钱锡恒(字子久),著有《论史文略》一卷,早故;叔祖锡彤(字屺思),荫生,精书画;锡爵,光绪十五年进士。父亲钱慰贞(字干庭,1883—1933)是独生子,两房兼祧;中年学佛,法名诚善,主编佛学杂志《海潮音》,是太虚上人的入室弟子。因为不事生产,家道中落;有名的钱氏“教经堂”藏书,到我这一代已经化为乌有,散存各地。母亲许篆诗(1884—1970)是杭州世家的美女,也是一位典型的贤妻良母,主持家务,抚养和教育我们这一辈的子女成人。

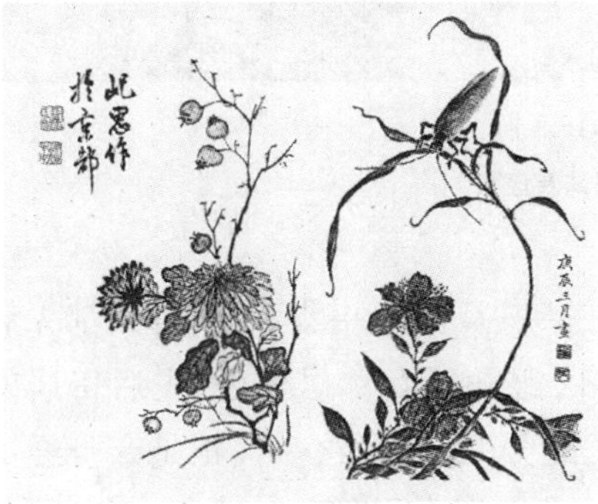

钱锡彤绘画

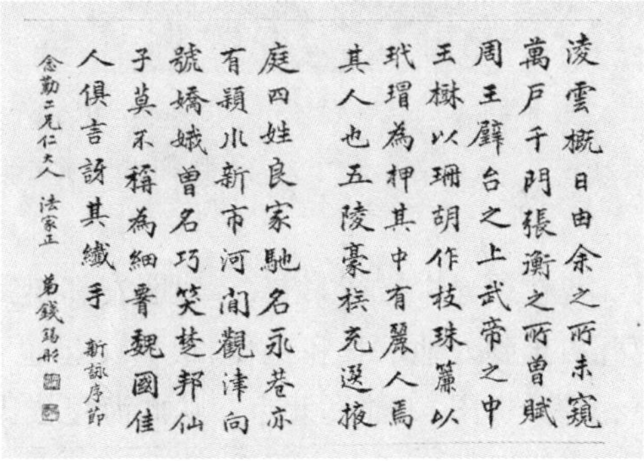

钱慰贞书法

我这一辈有兄弟五人(典、谟、训、诰、学),姊妹三人(淑、慎、柔),都是存字排行,为钱氏第三十五代。因得亲友之助,先后到外地求学或工作,也都各有成就。

大哥存典,字述尧,号大地,南京金陵大学文学士,第一届全国高等考试的第一名,曾任外交部人事科科长、驻英大使馆一等秘书和文化参赞、驻印度大使馆代办和代理大使;二哥存谟和四弟存诰分别是中国银行天津和贵阳的副经理和经理;五弟存学为当年的学运领袖,留欧多年,曾任国际学联副主席和中国驻联合国教科文代表团的副团长。

大姐嫁王家楼地主王长侯，抗战期间接待全家十多口避难，逃过了南京大屠杀的惨劫；二妹嫁外交官李琴，常住菲律宾、澳洲和印度，早故；三妹是北京大学微生物学教授兼微生物教研室主任；妹夫邢其毅是美国伊利诺伊州立大学化学博士，德国慕尼黑大学博士后，曾任北大化学系教授兼有机化学教研室主任、中国科学院院士和全国政协委员，也是最早实现人工合成胰岛素的学科领导人。

钱氏三代在南京全家福（1931 年）

作者（右一）和父母亲、兄弟姊妹及侄辈

我在弟兄中排行第三，一般朋友都叫我“钱老三”。从我这一辈开始，各人都先后离开故土到外地求学和工作，最后父母也背井离乡，跟随子女移居他处，先后寄居南京、上海、贵阳、天津和北京。从此海陵钱氏一家就此分散，而我这一代正是亲身经历大家庭崩溃的见证人。

第二章　我的青年时代

我出生在民国前一年（阴历己酉年十二月初一日，阳历 1910 年 1 月 11 日），正是推翻清朝、建立共和的前夕。不久便是军阀割据、内战连年、政治混乱、列强环视、国家濒临灭亡的时代。我便是在这样一个社会黑暗而前途茫茫的环境中长成、度过青年时代。

我最早从私塾启蒙，读《蒙求》和四书；后入泰县第二高等小学就读。1922 年考入淮东中学（现泰州中学），1926 年毕业。我的青年时期，正是遭逢帝国主义侵略，中国将被瓜分的时代；1925 年五卅惨案，引起全国罢工、罢市、罢课，开始呼吁"打倒帝国主义"的大时代。因此我从中学时期便接触到革命的思想，参加了一个名为"青年学社"的爱国团体，并担任机关刊物《青年旬刊》的主编。由于鼓吹革命，为当时军阀孙传芳驻泰州的部队所逮捕，同时被捕的淮东中学校长袁祖成惨被杀害。我幸得家中援救，向亲友告贷，筹得 60 块银元向一位军官贿赂，因此获得释放，但是不能留在泰州。

淮东中学（现泰州中学）大门

从此家乡不能立足，同时热心革命，因此立即参加第八集团军冯玉祥部队的政治部工作，从南京随军北伐，沿津浦铁路一直到达北平，攻克了当时占据北方的军阀。我的部队先驻在北平恭王府的一所豪华大厦内，不久移驻天津附近的杨柳青，从事宣传工作。冯是著名的基督将军，每餐之前，全体工作人员必须起立，歌唱"这些饮食，人民供给；一饭一粥，来处不易"的谢饭歌词。

一、大学教育

不久，大哥从南京金陵大学毕业，任本校教务部主任。1927 年夏季他把我召回南京在金大读书，由他担负我的学费；同时为我安排在附近的金陵女子大学（后改称女子学院）图书馆工作，赚取每小时两毛五分的工资，作为生活费用。我在这一所完全女性的大学工作勤慎，不久两位女馆长余舜芝（何濂夫人）及张肖松博士先后出国，吴贻芳校长特派我代理馆长，因此大学毕业延迟了一年。可是这一年的经验，对我后来的工作却很有帮助；不仅学习写作公文、管理人事，同时主持会议、用英语发言，也都是从那时的经验所得。

我在金女大工作期间，吴校长特别允许我在该校选课，作为金大的学分。因此我曾选读缪凤林的"中国通史"和曾虚白讲授的"翻译学"，并旁听刘麟生开设的"中国文学史"。当时我对翻译的兴趣特别浓厚，在课室作业所译罗素的《东西快乐观念之歧异》（Bertrand Russell, *The Conquest of Happiness*. New York, 1930）和欧策德的《中国以抵制外货为对外武器》（Dorothy J. Orchard, *Industrialization of the Far East*. New York, 1930）两篇论文，曾先后在当时风行的《世界杂志》及《时事月报》发表，成为我译作的开端。

作者为金陵女大人物速写（1931 年）

右起：教务长魏德琳（Minnie Vautrin），教授曾虚白，校长吴贻芳，体育指导 Spalding，舍监顾女士我在金大主修历史，副修图书馆学。曾选习贝德士(Dr. M. S. Bates)的“欧洲史”、“俄国史”、“印度史”、“日本史”，刘继宣的“中日交通史”，陈恭禄的“中国近百年史”；必修的国文由胡翔冬讲授，英文是李玛莉所教，数理是吴汝麟及魏学仁所授；另外，我也曾选读胡光炜(小石)的“中国文字学”，方东美的“哲学”，刘崇本的“政治学”，吴景超和史密斯(Dr. Louis S. C. Smythe)的“社会学”、“人口学”、“社会调查”，刘国钧的“书史学”，李小缘和陈长伟的“图书馆学”等课程。图书和历史二者的结合，对我一生的工作和研究都产生了很重要的影响。后来我能终身“坐拥书城”，以及进修、教学、研究和写作，一直环绕在“书史”这一主题，也都和我在大学时代所修习的课程有关。

当时国内的图书馆学专业，金大是最早开设这一类课程的大学。从1913年开始，由图书馆馆长克乃文(Harry Clemens)讲授，他原是美国普林斯顿(Princeton)大学图书馆参考部主任和罗切斯特(Rochester)大学图书馆馆长，训练了一批中国早期的专业人员。1927年金大正式设立图书馆学系，属文理科，我是设系后第一届的学生。当时的教授有刘国钧、李小缘、万国鼎、陈长伟、蒋一前等人。刘是美国威斯康新大学图书馆学硕士和哲学博士，李是纽约大学图书馆学院毕业，哥伦比亚大学硕士。其他都是金大出身，各有专长。

我在大学的成绩文史平平，数理最差，而图书馆学的功课却特别优异。课堂作业所写的一篇《图书馆与学术研究》，曾被选刊在《金陵大学文学院院刊》第1卷第2期(1931年)，成为我发表的第一篇论文。此文曾被选刊《北京图书馆同人文选》(北京：书目文献出版社，1987年)。编者在序言中特别介绍说：“钱存训的文章是当年一个大学生的课程作业，但他对学术研究功能的论述，经受了历史的考验，至今仍保有很强的现实意识，足见作者远在青年时代，对图书馆学的研究已经颇具功力。”

金陵大学图书馆学系第一届学生(1927年)

作者为前排左起第二人

二、交大五年

1932 年春季我在金大毕业后，即由校方推荐给上海交通大学图书馆馆长杜定友先生，主管西文图书。杜定友是中国现代图书馆事业发展中的一位启蒙大师，原籍广东，1917 年在上海南洋公学毕业后，由官费保送入菲律宾大学习图书馆学，受教于美国老师 Mary Pork。毕业后回国服务，历任广东省立图书馆和上海南洋公学图书馆主任。他的交游广阔，思路敏捷，文笔流利，勤于写作。著有《校雠新义》、《杜氏图书分类法》、《汉字排检法》等书。他最早鼓吹图书馆专业化，对分类、编目、检字法等都有一套自创的方法，尤其提倡将“图书馆”三字缩写为“圕”一字，谓书写时至少可节省 28 笔，同时符合六书的会意原则。这个新字虽在中国并未通行，但却为日本间宫不二雄所创办的一份日文刊物采用为该刊的刊名。杜先生并领导组织图书馆学会，是当时图书馆界最活跃的一位“海派”领袖。

作者（左）与刘国钧和杜定友（右）同车去青岛开会（1932 年）

作者访问上海交大图书馆（1947 年）

我在交大工作了五年，和杜先生相处融洽，不仅学习到图书馆技术方面的一些实际知识，他也是对我在工作兴趣上产生影响的第一人。我为交大图书馆编印《西文图书编目规则》1 册和《西文图书目录》5 册。此外，他凡有公私琐事，也都要求我相助。他于 1932 年创办“中国圕服务社”，专营图书馆书刊、家具和用品以及影印的西文大学课本，请我兼任经理。因此，我每日在交大工作之余，还要从西郊的徐家汇赶到设在上海市中心泗泾路 36 号大楼内的办公室工作，一直到夜晚 10 时才得回宿舍休息。如此 3 年，我学得一些商业经营和管理方面的经验。我离职后由原在商务印书馆工作的李昌声接替，1 年后他离职自办“龙门书店”，成为上海颇负盛名的一家出版社。

杜先生为中山文化教育馆编辑的《期刊索引》和《报纸索引》，实际上也是由我代劳，采用他的“杜氏形位排检法”排列。中华书局也采用他的排检法，和商务的“四角号码”相对抗。1937 年为了庆祝他在图书馆工作 20 年、40 岁生日和母亲 60 岁大寿，出版 1 册《杜氏丛箸书目》，请我担任主编，蔡元培题签，孙科及叶恭绰题词，收录论文 22 篇。其中我写了 1 篇《定友先生的著述》，统计他当时的著作有专书 10 种，论文 200

多篇，不下 300 万言。后来我喜欢动笔写作，可能也是受到他的一些影响。

三、访问苏州

我在上海工作期间的另一活动是每周末到苏州探亲，认识了文锦，因而成为相偕 72 年的终身伴侣。那时，我的父亲过世，母亲寄居在苏州仓米巷 8 号文锦家，这是《浮生六记》作者沈三白的旧居，文锦住在这座名宅的小楼上。她自幼聪慧，由父亲亲自教读，不仅练得一手精致的书法，背诵唐宋诗词，而且能自作律诗。据说在她 10 岁时，有一次她的父亲请客，由她作陪，在饭桌上她的父亲指着碗中的“金针菜”叫她作对，她立即以“玉簪花”回答，字正腔圆，同桌的客人都惊赞不已，认为是奇才。她多才多艺，不仅旧学根底深厚，对新文学尤为爱好。当年她原在乐益女中肄业，是昆曲名角和书法家张充和的同班同学，毕业后转到景海女子师范读书，在校成绩优良，不仅考试和演说都名列前茅，同时也是舞蹈和话剧的明星。

作者和许文锦在苏州虎丘（1935 年）

当时从上海到苏州只有两小时的火车行程，因此每个周末我都按时前往。去时我常带一些新文艺的书籍给她阅读，她对冰心的《寄小读者》尤为喜爱。（后来冰心成为我家的亲戚，她是五弟妇谢宗仙的姑妈。当她 100 岁时，曾亲笔题字送给文锦 1 册《冰心散文选》。至今收藏。）我回上海时则满载苏州的名点和食物而归。如此往来了 5 年，彼此感情融洽，我们终于 1936 年 8 月 31 日在南京金陵女子大学的礼堂结婚。此处原是我在大学时代工作的旧地，建筑古雅，环境清幽，至今难忘。婚后回到上海，住在徐家汇交大附近的一家住宅的阁楼上，开始小家庭的生活。1 年后，杜先生辞职前往广州；不久，我也离开了交大，前往南京。

四、北图十年

我于 1937 年 7 月 1 日应国立北平图书馆袁同礼馆长之聘，改就南京工程参考图书馆主任。南京馆设在新建成的中央研究院地质调查所大楼内，是 1934 年北图所设的分馆之一。当时因日本侵华，政府决定将故宫国宝南迁，北图的重要藏书也同时转移。南京分馆的收藏主要是由北平移存的西文及日文全套科学技术期刊，有关工程的重要参考书4 000余册，以及内阁大库旧藏舆图7 000多幅。但我到馆工作刚一星期，便发生"七七"卢沟桥事变。不久战事延及京沪，北平总馆南迁长沙，再至昆明，南京分馆奉命疏散。因此，我在8月初护送当时住在南京的全家老幼10多人到江北王家楼大姊家避难，逃过了10月南京大屠杀的浩劫。我原计划将家眷安置后再转去昆明，但中途收到总馆的电报，谓上海办事处需人照料，嘱立即前往，因此在1938年春间辗转到达上海；不久，在江北避难的全家老幼也都迁居到上海同住。

办事处所在的中国科学社

存书处震旦大学

国立北平图书馆上海办事处(1939年)

那时上海的市区已被日军占领，租界托庇西方势力，成为一处孤岛，难民麇集，物价高昂，房屋奇缺。我侥幸租得坐落在公共租界西摩路(现陕西北路)141弄6号3楼的一所公寓，这原是上海工部局(即租界的市政府)一位白俄工作人员的三间房住宅，他退休后连同家具一并转让。当时的上海，虽然日本宪兵在租界内到处横行，所幸和大后方的联系，通过香港和内地，却往来不绝。上海办事处也是北图重要藏书南迁所设的分馆之一，地址在法租界亚尔培路(现陕西南路)的中国科学社内，由北平迁沪的全套外文科学及东方学期刊约10 000余册存放在此；善本古籍甲、乙库约5 000多种，60 000余册，以及敦煌写经9 000余卷和金石碑帖数百件，则存放在公共租界的仓库；后来又几经迁徙，转移到法租界的震旦大学和私人住宅。因为当时日本和法国维希政府维持邦交，可以避免日伪方面的干扰。上海的工作除保管善本古籍外，还负责编印中英文本《图书季刊》、搜集抗战史料和对国外文化机构及图书馆的联系。因为避免日方的注意，一切工作都是在地下进行。

五、善本运美

在珍珠港事变前不久，上海租界内的情形日紧，深恐这批存书迟早又将不保，于是袁馆长和当时驻美大使胡适之通过美国国会图书馆的联系，拟将存沪的善本再度迁移，运美保管，俟和平恢复，再物归原主。并在美将这批藏书摄制缩微书影，以便留得副本，不仅可以永久保存，更可便利世界各国学者的研究。但是当时上海所存善本甚多，无法全运。于是在1941年初由国会图书馆派请王重民(有三)先生到沪协同北图前善本部主任徐鸿宝(森玉)先生选出一部分较重要的资料,共计2 720种,约30 000余册,装成102箱,箱内用铁皮密封,以防潮湿。其中包括宋、元本约200种,明版近2 000种和稿本500余种。这些书大部是宋、元、明、清历朝内阁大库的存书,可说是当年北平图书馆所藏善本的精华。

当时计划将这批善本运美保管,虽经中美两国政府同意,但如何由沪运送去美,却成为一个不能解决的问题。其时计议运出的方法有二:一是通过海关,交商船运送。当时曾由美国驻上海领事馆试寄2箱,但以后未能继续。海关虽在日军占领之下,但是中国籍的海关人员,大都蝉联。当时袁馆长由后方寄来一封介绍信,嘱我拜访他的旧识海关总监督丁桂堂,请他帮忙;但我和丁君见面后,他觉得责任太重,不敢担当这种风险,加以推辞。二是由美国派遣军舰到沪接运,但当时日军已包围租界,不仅无法遮掩日军耳目,也无法通过已由日军占领的外滩到达军舰。我的行箧中尚存有当时王重民先生从美国华盛顿寄给我的一封信,其中有一段说:

> 丁君所谓下策行不通,现正拟行上策,詹君与LC两方已共同努力,释之六月太忙,须七月十五日以后,方能回此,他回来后更能策进。大概到九、十月间,如无办法,则不能办矣。

詹君是当时美国驻华大使Nelson T. Johnson,LC是国会图书馆,释之即胡适之。果然等到九、十月间,仍是束手无策,一筹莫展。

偶然在10月间,我妻文锦的同学张芝静女士到寓所来访,闲谈中得知她的大哥在海关任外勤(即检查员)。我得张女士的介绍拜访她的大哥,问他有无办法相助,结果他立刻答应帮忙。他说当他值班时,可把书箱送到海关,由他担任检查,如保守秘密,可能不会引起日方注意。于是我将这余存的100箱书化整为零,分成10批交商船运送。每批约10箱,用"中国书报社"的名义开具发票报关,作为代国会图书馆购买的新书。发单上开明的都是《四部丛刊》、《四部备要》和《图书集成》等大部头新书,但箱内所藏,却全是善本。送到海关后,箱子并不开启,就由张君签字放行。这样从10月开始,每隔几天,当张君值班时,我便亲自用手推的大卡车押送一批去海关报关。这样前后经过2个月的时间,最后一批便由原定于12月5日自上海驶美的"哈里逊总统"号(S. S. President Harrison)装运出口。如此紧张的工作,才算松了一口气。

突然12月7日珍珠港事变发生,日美正式宣战,同时日军进驻租界,接着攻占香港、安南、新加坡、菲律宾和东南亚各地。不久见报载"哈里逊总统"号已在上海吴淞口外被俘,当时以为这最后一批善本,如非失落,必被日军俘获。哪知到了次年6月,国会图书馆在华盛顿宣布北平图书馆的善本书102箱已全部到达华盛顿,即将开始摄制缩微书影云云。这则消息虽使经手人颇为兴奋,但也因此引起了日本华北兴亚院方面的注意,并派遣官员二人到沪调查,随后将存在中国科学社的西文刊物及其他资料运回北京。至于最后一批书如何到达美国,至今仍是一个谜。

这批书后来由王重民写成提要,收入他的《中国善本书提要》,并由他经手交国会

作者视察由美迁台的北图善本书(1984 年)

图书馆摄影部摄成缩微胶片 1 070 卷,赠送中国图书馆 3 套,底片现存国会图书馆,据说已售出 200 多套,由世界各地图书馆收藏。原书于 1964 年应台湾“中央图书馆”要求运回代管,现寄存台北“故宫博物院”,该院有空调、防尘、防火等现代设备。我曾在 1984 年在台开箱视察,保存良好。希望这批国宝不久能完璧归赵。

六、居易以俟

我在日本控制和占领下的上海租界居留 8 年,生活十分困难,物价飞涨,早晚不同,一切生活日用品都要凭票配给。薪水不能糊口,还要负担家中 10 多人的开支,虽然多处兼差,但难以维持最低的生活,终日愁苦而前途茫茫。1941 年初,有一位朋友说,他的父亲潘予且会算命,可为我排八字,看看前途如何。予且是当时上海的名作家,我虽和他并不相识,但久闻大名。因此我将我的生年时日(宣统三年十二月初一日申时)送给他。不久,他用“水绕花堤馆”的信笺为我批算道:

……地支财官成象,惜无印以副之。天干见比劫,目前难走财运。今年夏不如冬,冬季当见事业好转,惟不易生财耳。明年夏季,须静以待动。四十二岁转壬运,合去劫财,当然得意。四十六岁入申运,事业更见辉煌。五十二岁入辛运,合去比肩,层楼更上……

当时认为算命是迷信,对于目前的生活问题并无帮助,因此便置之高阁,未加注意。

来美后,偶然在旧档中翻到这一命单,信封上写着“居易以俟”和“水绕花堤馆”,看到当年的批算,似乎很符合后来的一些发展。譬如“今年(1941 年)夏不如冬”,正是当年夏季对馆中交托运书的事一筹莫展,而却在冬季的12 月无意中把这件事办成。至于“四十二岁”和“四十六岁”,正是我在美国取得两个高级学位而工作开始发展的

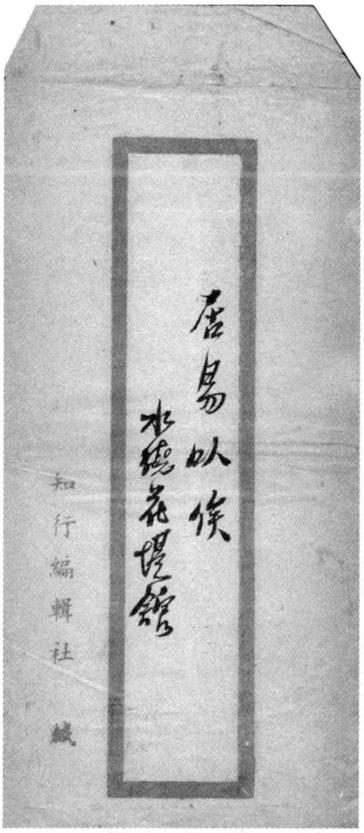

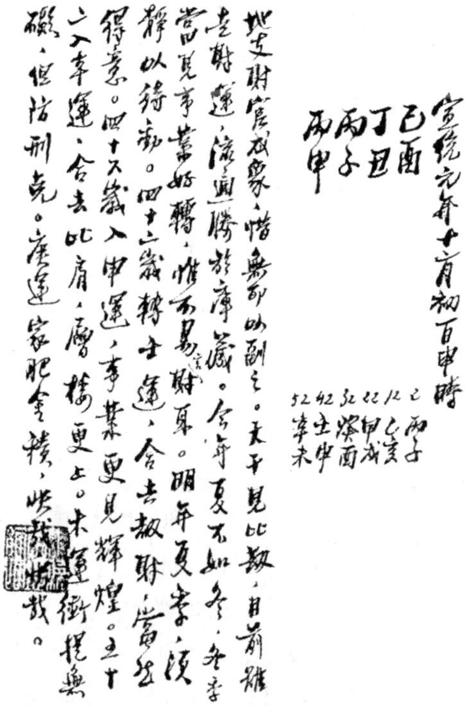

"居易以俟"命单

年代，"五十二岁"是我的第一本著作《书于竹帛》出版后，升任为芝加哥大学终身职正教授的年代。

我的命运，似乎每隔 10 年，层楼更上：1927 年入大学，1937 年转北图，1947 年应聘来美，1957 年获得博士学位，1967 年应李约瑟邀请合作，1977 年获得美国科学基金会的奖助金，1987 年应邀参加北图 75 周年纪念及新馆落成典礼，1997 年芝加哥大学颁赠杰出校友奖，2007 年南京大学成立钱存训图书馆。似乎每次的主要升迁与荣誉，都大致符合当年的推算。

后来读到李约瑟研究所前所长科学家何丙郁博士的一篇论文《算命是一门科学么?》，他说："推命法是基于中国的一套传统人与大自然契合的原理。""……是一种预测未来的操作。""例如，气象局的天气预报、金融界预测的股票价格升降、新闻界对政党选举的预测等等。采用的预测方法都各有根据，可是他们的准确性并非绝对可靠。""与宗教的劝人为善是异途同归的。"（见《何丙郁中国科技史论集》，沈阳：辽宁教育出版社，2001 年，页 324—338）。中国传统中的许多推测，如占卜、风水、相面等等，大都是同一类的操作，或是从累积的经验中取得的成果，不可认为是迷信而一概推翻。因此将这一项算命的经过附入我的回忆，作为出国来美前的一段插曲。

第三章　留美工读经过

我在1947年10月初到达芝加哥，正好赶上芝加哥大学秋季开学。芝大是学季制，一年分为四学季，每季11周，可选读3门课程。图书馆学的硕士班必修课18门，另加写作论文，如全部时间学习，至少两年多方能完毕；博士生要加修至少9门课程，再写作论文，一般需要2至3年才能取得学位。我是全工半读，每季只能选读一门，连同暑季，每年可选读4门。因此，我前后共计花了10年时间，完成两个高级学位。在工作和学习期间，同时在东方系兼课，一人兼顾3份工作，十分不易。1962年升任为远东系和图书馆学研究院的正教授，兼远东图书馆主任又是10余年，直至1978年退休。现在先将芝加哥大学和图书馆学研究院的概况略加介绍，另就记忆所得，将工读10年的经过和同时有关的业务加以追记；至于其他工作、教学、研究及写作将在后章再为简述。

一、芝加哥大学简介

芝加哥大学位于市区的西南部，校园没有大门，南北从51街到61街，东西从华盛顿公园到杰克森公园之间，都是学校的范围。大学原来的主要建筑是在南部中途大道(Midway Plaisance)两旁的建筑群，其中路北有著名的国际公寓、教育学院、学术交流馆、洛克菲勒教堂、哈普图书馆、教学大楼和大学医院的一系列原仿古典建筑；路南有法学院的教学大楼和法学图书馆的新建筑。学校的中心是围绕在55至59街地区的行政大楼、教学大楼、里根斯坦图书馆、东方学院、美术馆、商学院、生化科学大楼、医学大楼、儿童医院、体育馆和体育场等新建筑群。近年的新建筑虽然不再是雕梁画栋的古典形式，但是高度有一定的限制，因此能和原来的建筑加以配合。一些著名的纪念雕像和雕刻也在校园内各地方陈列。

芝加哥大学创立于1891年，在美国著名的大学中，是一所年资较轻而成绩卓著的高等学府，为美国大学排行中的前10名。大学系统包括大学本部、4所研究院(人文、

芝加哥大学部分校园鸟瞰图

社会科学、自然科学、生物科学)、5 所专业学院(神学、商学、法学、医学、社会服务,原有的教育学院和图书馆学研究院已停办)、大学推广部(市区分校、成人教育、校外进修)、出版社、图书馆、博物馆、美术馆、医院、天文台,以及许多跨院系的学术中心和研究所。

芝加哥大学的学风一向以独立思考和注重理论研究著名,而没有应用技术的工学院。学生约 12 000 人,大学本部、研究院和专业学院各占 1/3。专任教授约 1 200 人,研究员、讲师及附属中小学和幼儿院的教职员等约 1 000 人。芝大的各种设施常有示范和领导作用,如每年四学季制度、成人教育、校外进修,都是从此开始;一些学术理论如经济学、社会学、法学,已成为当代的一种学派,其他如地理学和图书馆学所开设的课程,也都曾是世界闻名。获得诺贝尔奖的教授以及校友共有 70 多人,尤以经济、理化、生物科学和医学为最多。

二、图书馆学研究院

芝大的图书馆学研究院于 1928 年创立,是历年来评选中一直高踞首位的专业学院,也是世界最早授予图书馆学博士学位的大学。中国最早的几位图书馆学博士桂质柏、谭卓桓、吴光清都是芝大出身,我是第 4 人。美国其他各大学的早期图书馆学系主任和教授也大都出自芝大的门墙。因此课程的安排、教学的作风,也都多少受到芝大的观念影响。有关课程注重高深理论的研究,目的是训练学生可以适应图书馆不断变更的环境和解决所发生的各种问题。如研究院最早采用统计方法分析图书馆的各种业务和程序;1940 年代采用社会科学的方法,开设"大众传播"、"读物研究"、"内容分析"等课程;1950 年代以来提倡高新科技应用于图书馆各部门业务的处理,如以缩微术保存图书,以计算机应用于图书馆的管理和信息等,都是由芝大开风气之先。

芝大的图书馆学课程主要是研究性质,一般按照学术研究的框架将有关图书管理

图书馆学院和远东图书馆所在的里根斯坦图书馆(1970 年)

的课程纳入其中,要求严格,作业繁多。每一门课程每周虽只讲授 3 小时,但在课外每门至少要花 9 至 12 小时的时间,阅读指定参考书和课外作业以及写作学季论文。由于修业时间较长,学费较贵,学生人数很少,而教授的待遇较高,因此入不敷出。尤其自 1960 年代以来,课程偏重计算机的应用,教授大都来自物理和语言学的专业,同时芝大设立计算机学系,而美国的私立大学要为经济打算,因此图书馆学院在 1994 年以后不再招收新生而停办,成为校史上的一大遗憾。

我最初来美的计划是申请罗氏基金会的奖学金,在芝加哥大学图书馆学研究院攻读两年,取得硕士学位后回国工作。但后来接受顾立雅教授的邀请和安排,大部时间在远东图书馆工作和在东方系授课,只能部分时间在研究院选课进修。我利用暑季,每年选读 4 门,前后花了 5 年时间,于 1952 年秋季取得硕士学位。

因为全天在图书馆工作,再加教学、听课、阅读、写作,每早 6 时就要开始,一直忙到夜晚 12 时以后才能就寝;除了 3 餐,每天至少要工作 16 小时,几乎很少时间休息。同时利用周末和假期,可说是全部时间用于工读。在取得硕士学位后,已经筋疲力竭,实在不想再上层楼。可是由于在校学业成绩不差,受到教授们的多方鼓励,同时,多年来一直学费全免,因此没有经济上的负担,终于决定再继续选读图书馆学和东方学双重博士课程。于是又花了 3 年时间完成必修的课程。此外,还要通过除英文以外的两种外国语文的测验、图书馆学和东方语文专业的总体笔试,以及论文计划的预试;再以 2 年时间写作博士论文,最后通过口试,终于在 1957 年夏季取得博士学位。虽然前后工读共计花费 10 年时间,如以全部时间计算,实际等于 3 年半取得 2 个高级学位,实属不易。

作者获得芝加哥大学博士学位时留影(1957 年)

三、主修课程

我对图书馆学发生兴趣,主要是在国内大学读书时,一面在金陵女大图书馆工作,一面选修金陵大学刚成立的图书馆学系的课程,尤其是刘国钧博士主讲的"书史学",使我受到特别的启发。当时这一门的主要参考书只有英文本卡特的《中国印刷术的发明及其西传》以及日文本田中敬的《图书学概论》,而没有类似的中文系统著作可供参考,感到遗憾。因此到芝大后,即决定主修"图书印刷史"。最初在图书馆学院讲授印刷史的是卜特勒(Pierce Butler)教授,他的《欧洲印刷术的起源》(*Origin of European Printing*)是西方印刷史的经典之作,可惜我到校 1 年后他就退休,因此我所选读的课程主要是其他教授所讲授。

我受益最多的是佛斯勒(Herman H. Fussler)教授,他是应用缩微术对图书保存的启蒙大师,兼大学图书馆馆长,也是我的上司。他所讲授的"大学与研究图书馆"正是我当时工作所需要的理论与实践。另一位对我的工作有影响的是卡诺夫司基(Leon Carnovsky)教授,他所讲授的一门"图书馆调查法"注重理论与实际,以统计法分析图书资源,了解各馆藏书的丰瘠,对我后来为美国东亚图书资源所作的一系列调查产生了一定的作用。

另一位是贾瑟·希拉(Jesse Hauk Shera)教授,他的知识丰富、口才流利,在他讲授的"图书分类的理论与实践"一门课上,我以"中国图书分类史"为题写作学季论文。述及西方分类法的理论基础是 16 世纪英国哲学家培根(Francis Bacon)的"三分法"(Triad classification),即将人类知识分为哲理、历史和文学(Philosophy, History, Poesy)三大类;这和中国自 3 世纪以来晋代郑默《中经》采用的经、史、子、集,除中国特有的经部外完全相同。他在哲理之下再细分为神道、自然、人文(Divine, Nature, Human)三项,这更和中国《易经》中天、地、人三才的说法完全相同。因为培根的著作中对中国的各种发明和事物多所征引,以此我认为他的分类思想可能是受到中国文化的影响。这篇论文颇受希拉教授的赏识,因此由他推介发表在《图书馆学季刊》(*Library Quarterly*)第 12 卷第 4 期(1952 年 10 月),成为我以英文写作发表的第 1 篇论文。希拉教授不久出任西储大学(Western Reserve University)的图书馆学系主任,在我的《书于竹帛》一书出版后,他曾写作书评,很加赞赏,谓青出于蓝,引以自豪。

那时图书馆学的内容,正是由人文学转移到社会科学的一段历程,艾西汉(Lester Asheim)教授所讲授的"大众传播"、"读物研究"和"内容分析"等课程,对我写作硕士论文《译书对中国现代化的影响》有一定的启发。因为在阅读指定参考书时,受到英国学者休谟(E. W. Hulme)《统计目录学》一书的提示,他采用统计法分析西洋摇篮本约20 000种出版物对西方文明所产生的影响。因此,我也采用计量方法分析近代译书对中国现代化的影响,成为研究中国思想史的一种新方法。

四、温格教授

在我开始修读博士课程时，正好专治西洋图书印刷史的温格(Howard W. Winger)教授于1953年受聘来校，主讲西洋“图书馆史”、“书史”和“印刷史”，并担任《图书馆学季刊》的总编辑。他是一位好学深思的学者，身体魁梧，来校时虽不过40岁左右，但满头银发，笑口常开，为人和蔼可亲。他对中国文化存有好感，不仅对中国学生爱护有加，对我的帮助尤其显著。他是我的博士论文导师之一，也是支持我的主张将地区研究纳入图书馆学课程，并和远东语言文化学系合作成立“远东图书馆学研究中心”，由我主管的赞助人。

当我在1962年升任东亚语言文化系的正教授时，由于他的推荐，聘任我为图书馆学研究院的兼任教授和《图书馆学季刊》的编辑，帮助他审阅稿件。此外，图书馆学研究院于1964年召开每年一度的学术研讨会，主题为“区域研究与图书馆”，由我担任召集人，请他相助合作，探讨当时对东亚、南亚、东南亚、非洲、中东、苏联、拉丁美洲7个非西方语文地区的研究，对素以西文为主体的美国图书馆在各方面所引起的种种问题，加以讨论。这是第一次由地区研究的学者与图书馆行政当局双方交流的集会，对图书馆行政和管理影响甚大。

1960年代美国各地的东亚图书馆纷纷设立及扩充，而专业人才缺乏，需求甚殷，因为我曾接受委托写作报告，以此美国教育部要求芝大开设远东图书馆学暑期训练班，资助经费，招收有中、日、韩文根底的学生，施以短期的专业训练，以弥补人才短缺的需要。校方派我主办这一工作。当时身为院长的温格教授自愿担任我的助理，协助

远东图书馆学暑期班全体学员合影(1969年)
前排中为作者和温格教授

经费和学员食宿等行政方面的工作，其谦恭下士的作风，令人感佩。他不仅是我的恩师，也成为我的一位生平知交和良友。在我退休时，他赠送亲手所织的一条毛线围巾作为纪念，并在退休会上，特别赋诗相赠，使我至今感念。他不幸于1995年故世，令人伤感。

五、硕士论文

我在芝大图书馆学研究院取得两个高级学位，所选择的两篇论文专题，对我以后的研究和写作都有很重要的影响。我的硕士论文题是《译书对中国现代化的影响》(*Western Impact on China through Translation*:*A Biblographical Study*)，这一主题引起我对中西文化交流的兴趣。博士论文题是《印刷发明前的中国书和铭文的起源和发展》，因此中国古文字和书史成为我的研究和写作对象。最后，使这两个专题相结合，从高度的国际观点观察中国的图书和印刷文化在世界文明中的地位，并指出中国传统文化对世界文化的特殊贡献。

《译书对中国现代化的影响》分为8章，245页。我在论文的引言中说："近代中国的许多政治家和知识界的领袖，每多不谙外国语文。他们的现代知识，大多来自中文译本。从清末以来各种译书目录的内容，可见翻译在中国的特殊重要性。中国学者对于目录学的观念，向来重视其中著录的内容。所谓'辨章学术，考镜源流'，实际是一种内容分析，这与现代的所谓统计目录学的理论十分相似，即从分析书目的内容进而追溯文化的长成。本文要旨即在以计量方法，研究和分析译书在中国近代史上所反映的西方文化对中国现代化所产生的影响。"

这一研究是采用统计学的方法，搜集中文译书目录中所记载16至18世纪耶稣会教士的译作，19世纪基督教传教士的译述，以及20世纪政府机构、各种团体和个人的译书约8 000种，分析其原作的来源、类别、数量、动机以及影响，反映当时中国知识分子一般思想的趋势和动向。譬如，20世纪初年的译书，其中人文及社会科学类占当时全部译书的70%以上，而文学达1 500种，为各类译书之冠。我认为当时中国的译者和读者对西方小说和戏剧的兴趣，并非仅为怡情养性，主要是由于政治和社会改革的动机。尤其社会科学大都是介绍社会主义的作品，这对以后共产主义思想在中国知识分子中的影响，十分重要。

写作这一册论文，搜集到这么多的译本，不能不归功于在图书馆工作的便利和集思广益。因为所能见到的资料众多又可以比较，不仅是中文，更重要是西方人士的著作，著录详细而更是第一手的资料。譬如，王韬所著《泰西著述考》收入明季耶稣会士的著作210种，而我从西文目录和学术刊物中所收集的资料共得437种，双倍而有余；清代新教来华传教士的译书，在韦利所写的《追思集》(Alexander Wylie, *Memorials of Protestant Missionaries to the Chinese*, Shanghai, 1867)中有795种；民国时期则从生活书店编印的《全国总书目》中收集到4 159种，英文本《图书季刊》中收有1 140种。如果不是在图书馆工作，不可能看到这么多的数据而互相比较。

以统计法研究中国近代史尚属首创，因此论文完成后即受到专业学报《远东季刊》主编的注意，要求择要在该刊发表，受到西方汉学家的重视和好评，也成为我以英文写作和发表的第2篇论文。（英文本见 *Far Eastern Quarterly*，14:3〔1954. 5〕；中文本见戴文伯译《近代译书对中国现代化的影响》，《明报月刊》第9卷第8期〔1974年8月〕；《文献》季刊，1986年2月号。）

六、博士论文

在我写作博士论文时，本拟继续中国翻译史的研究，计划对照原文，查找因误译而导致误解的原因和后果，加以分析。可是国外图书馆一般不收藏西文著作的中文译本，因此，没有原始数据，就无法写作博士论文。而芝大远东图书馆所藏有关中国古代文化和考古资料特别丰富，同时受到顾立雅教授对中国古代史研究的影响，因此改以《印刷发明前中国书和铭文的起源和发展》为题，写作博士论文，借以补充卡特的经典之作《中国印刷术的发明及其西传》一书所未及，并供西方学者在研究书史时参考，了解中国古代的文字记录在世界文化史中应有的地位。

1957年博士论文完成后，获得图书馆学院院长的推荐交芝加哥大学出版社出版。但出版社的原则规定博士论文如未经修改一般不接受出版，而当时美国的中国研究还是冷门，对这一部主题偏僻的著作，出版社认为销路有限，不愿出版。因此，我将论文内容略加修订，改名《书于竹帛：中国古代书籍和铭文的起源》（*Written on Bamboo and Silk: The Beginnings of Chinese Books and Inscriptions*），交由出版社重加考虑。经校内外专家的审查推荐，院方并愿补助印刷费9 000元的1/3，规定第1版1 000册销完后归还。最后出版社决定接受，收入《芝加哥大学图书馆学研究丛书》。

《书于竹帛》中、英、日、韩文版的封面题字

不意这本书出版后受到国际学术界的一致好评，许多大学采用为指定参考书，3月之内第1版就已售罄，接连两次续印。并有中文、日文和韩文的多种译本先后在香港、东京、汉城、北京、台北及上海等地增订出版。而英文原版因考古数据陆续出土，因此在1969年第3版后，我建议出版社待增订后再续印。但因写作《纸和印刷》一书以及忙于修订其他译本，直至40年后才得将英文本内容重加修订，于2004年秋季出版增订本。芝大古代史教授夏含夷(Edward L. Shaughnessy)写作长跋，认为这部书的第1版总结了20世纪上半叶的考古发现，而第2版又总结了20世纪下半叶的考古资料，是研究中国古文字学入门的经典之作。

第四章　教学、研究和出版

1949 年，我受聘为芝加哥大学东方语言文学系的教授衔讲师，兼任远东图书馆馆长。1958 年起，东方系划分为远东、近东及南亚三系，并成立跨院系的远东研究中心。后来又将“远东”改名“东亚”，成为现在的“东亚语言文明学系”（Department of East Asian Languages and Civilizations）和“东亚研究中心”（Center for East Asian Studies）。东亚系主要讲授语言和文史，其他有关中国、日本和韩国的课程分设在历史、政治、社会、经济、美术等各系，教授都是“东亚研究中心”的成员。

我于 1959 年升任为远东系的副教授，1962 年再升为远东语言文明学系兼图书馆学研究院的正教授，并由双方合作成立“远东图书馆学研究中心”，由我主管，以一半时间从事教学和研究，另一半时间兼管图书馆的业务，直至 1978 年退休，改任东亚语言文明系荣誉教授（Professor Emeritus）及东亚图书馆名誉馆长。

一、东方语文

芝加哥大学原设的东方语言文学系主要课程是西方传统所认定的中东和近东，远东是 1936 年开始加入。当时东方系的中文课程由 3 位教授主讲，每人除担任语文课外，另有专题讲授。汉语课程从文言开始，采用自编的《归纳法中文读本》（*Literary Chinese by Inductive Method*），包括《孝经》、《论语》和《孟子》3 册。所谓“归纳法”是将每册的字汇列举中国文字的各种形体（甲骨文、金文、小篆和楷书），以及各种含义的英译、释意和例句。读完这 3 册，不仅可了解中国传统文化的精髓，也能掌握汉语单字约 3 000，再阅读其他古籍，就没有太大的困难。如遇到生字，查阅《汉英字典》或《康熙字典》，按部首次序编列号码，使学生熟记，检索十分迅速。

当时，中文课程分为三级：初级语文课由顾立雅（Herrlee G. Creel）教授主讲，采用他主编的课本《孝经》和《论语》启蒙，专题课讲授“中国古代史”和“中国哲学史”。中级由柯睿格（Edward Kracke, Jr.）教授讲授《孟子》、“古籍导读”和“中古史”。现代及

芝大早期的中文教授(1948 年)

右起:邓嗣禹、柯睿格夫妇、顾立雅夫妇、钱存训、美术系教授等来宾参观王济远(中)画展

其他部分由邓嗣禹教授担任,他编著《报刊中文》和《中文会话》作为课本;另外开设有关研究方法的课程。当我到校后不久,他因哈佛大学之聘离校;原来由他讲授的"中国目录学"和"中国史学方法"两门课程,系中请我继续讲授。

二、汉学入门

这两门课程的目的是训练中文研究生如何搜集数据,写作论文,即所谓"汉学研究"入门,因此我编成一套讲义。每学季 11 周,每门课程安排 10 个专题,每周 3 小时讲授一个专题,以最后一周作为复习和考试的时间。

"中国目录学"的内容分为三大部分:第一部分为通论,包括目录学的定义、范围和功用,图书印刷史,版本名词和术语,使学生了解图书的历史与文献资源的基本知识;第二部分为研究方法,包括采访、分类、编目、检字法、数据组织、目录编排以及论文写作格式;第三部分为参考工具书,包括各类目录、书报索引、字典、辞典、丛书、类书等主要参考数据。除课室讨论外,每部分皆有指定作业作为练习。

第二学季讲授"中国史学方法",因为选修中文的学生主要为文史专业,所以这门课程着重在检讨史部数据的类别和内容,以及系统介绍主要参考用书。连同第一学季修习的目录学所获得的基本知识,对研究生论文的选择专题、搜集数据、编拟大纲和写作进程,都有一定的帮助。

这两门课程从选择题目开始,搜索各种目录及索引,查考有无他人做过相同的题目或相关的资料,以避免重复,然后根据可能收集到的原始资料多寡,再扩充或浓缩选题的范围,写定大纲和子目,并说明本题的定义、范围、重要性和有关参考数据,按一定格式编成专题目录。因此写作论文的前期作业,便根据课堂上所讨论的步骤,写成论

作者(左二)在课室和研究生讨论作业

文计划,经过专题教授的口试和批准,就成为写作正式论文的专题。

当时的东方系和后来图书馆学系大部分学生的博士和硕士论文前期作业,都是在这两门课程上所拟成。以前没有受过这样系统训练的学生,对于搜集数据,茫无头绪,浪费很多时间。因此从1958年远东系正式成立后,这两门课即规定为博士班的必修课程;图书馆学院也将我在远东系所开设的课程列入该院的课程。而我所编订的一套讲义,由毕业生带到他校使用,成为当时讲授汉学研究方法的部分教材。

我在芝大虽以讲授目录学及史学方法为主,但也开设带领研究生写作论文专题的教研班。讲授过"英译中国文学"、"古籍选读"和"中国参考书概论"等课程。另外,我也曾在图书馆学研究院开设过"中国印刷史"教研班4次,一方面将我为李约瑟《中国科技史》大系写作《纸和印刷》一书所收集的资料与研究生分享,同时也为与此专题有关的部门训练了一批从事高深研究的青年学者。

三、书于竹帛

我的写作和研究主要有5种原因:学位论文及其副产品、参加学术会议所宣读的论文、团体指定的研究报告、辞书和大系编者指定的专题项目以及个人偶然的兴趣。我的研究主题之一是中国书史,先后出版《书于竹帛》及《纸和印刷》两本专著及有关论文数十篇,强调中国文字和文化的特色以及在世界文明中的地位,受到国际学术界的一致好评。

《书于竹帛》,1962年由芝加哥大学出版社出版,2004年增订再版。内容共分9章,首章总述中国古代文字记录的价值、社会背景和学术因素;其他各章分述各种文献载体的类别,包括甲骨、青铜、陶泥、玉石、简牍、缣帛、纸卷以及书写工具,分别叙述其内容、发展、形制和特质。结论就全书内容重加分析,以通俗语言摘要综述。书中特别

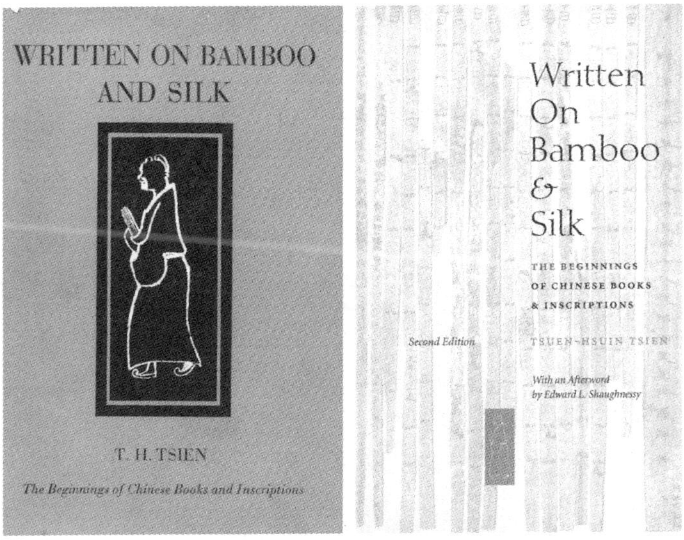

《书于竹帛》英文本初版和增订本

指出汉字的伟大和功能，其持久、延续、广被和多产性，不仅表现中国文化的多彩多姿，源远流长，也是世界文明史上所独具的特色。

此书中文本于1978年由香港中文大学出版社出版，采用《中国古代书史》为书名；1988年北京出版简体字本，改用论文原名《印刷发明前的中国书和文字记录》；1996年台北出版繁体字本，采用英文本原名《书于竹帛》；2002年上海书店出版第4次增订简体字本，2004年收入上海世纪出版集团的“世纪文库”，列入经典著作之林。日文本由宇都木章等4人合译，定名《中国书籍史——竹帛に书す》，1980年东京法政大学出版社出版；韩文版由金允子翻译，题名《中国古代书史》，增入彩色插图15幅，1990年汉城东盟社出版，1999年再版。

在此书的英文本出版后，先后约有30篇书评在世界各国的学术刊物发表，推崇备至，增强了我写作的信心。英国李约瑟博士在《亚洲研究学报》的评论中说：“此书可以称为卡特经典之作《中国印刷术的发明及其西传》一书的姊妹篇。……钱书与卡特的名著完全可以媲美而并驾齐驱。……全书行文清晰利落，要言不烦，是写作的典范。”李氏的赞美导致他邀请我为他的巨著《中国之科学与文明》(*Science and Civilisation in China*)大系中有关《纸和印刷》(*Paper and Printing*)部分写作，成为前书的续编。

四、纸和印刷

《书于竹帛》的断代是公元700年前后印刷术发明前的初唐时期，出版后曾计划写作续编。正好在1967年10月间接到李约瑟博士的来信，邀请我和他合作，可谓不谋而合。1968年8月我接受他的邀请访问剑桥，商谈写作计划；事后并访问英国及欧洲大陆各国的图书馆和博物馆，开始收集资料，以供参考。此后又遍访其他各地，数据愈集愈多、内容愈拓愈广，结果从草拟大纲到全书完成，前后共花费15年的时间；而篇幅也从原订的100页扩充为30万言的一本专册,实非初料所及。

此册共写成10章,其中造纸、印刷(包括制墨和装订)及传播各3章,另绪论一章,除全书提要及评介有关资料外,并讨论这两大发明首先出现在中国的原因。最后一章综述二者的社会功能和影响,并作为结论。我特别指出印刷术在中国和西方的功能虽然相似,但其影响并不相同。在西方,印刷术的使用,激发欧洲各民族的理智思潮、促进民族语言及文字的发展和建立民族独立的国家;而在中国,印刷术的作用正好相反,它不仅有助于中国文字的连续性和普遍性,更成为保存中国文化的一种重要工具。因此,印刷术和科举制度相辅相成,乃中国传统社会相对稳定的重要因素之一,也是维护中国民族文化统一的坚固基础。这一结论和他人的意见不同,但受到李氏的赞赏,认为可引发他在大系全书结论中的思考。

这一册的写作是在公余之暇,断断续续,多年未能完成,直至退休后才得专心于此。因获得"美国科学基金会"(National Science Foundation)和"美国人文科学基金会"(National Endowment for Humanities)的奖助,得以聘请研究助理相助编订。于是又用了2年时间,终于将初稿10章完成,再加收集及整理插图约200幅,编制参考书目约2 000条,全书在1982年全部杀青。最后再经过修订、排印、校对等技术性加工,于1985年作为《中国科学技术史》第5卷第1分册由剑桥大学出版社出版。此册定价66英镑,合美金100多元,相当高昂。不料初版1 500册在出版前就已预订一空,2次续印不久又告售罄;因此,我再将初版中排印及拼音的错误加以修订,1987年重印第3版,其后又陆续复印,成为这一大系中最畅销的一册。

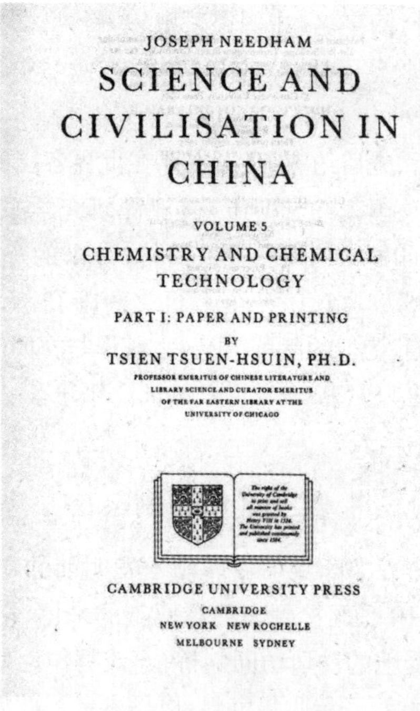
JOSEPH NEEDHAM

SCIENCE AND CIVILISATION IN CHINA

VOLUME 5

CHEMISTRY AND CHEMICAL TECHNOLOGY

PART I: PAPER AND PRINTING

BY

TSIEN TSUEN-HSUIN, PH.D.

PROFESSOR EMERITUS OF CHINESE LITERATURE AND LIBRARY SCIENCE AND CURATOR EMERITUS OF THE FAR EASTERN LIBRARY AT THE UNIVERSITY OF CHICAGO

CAMBRIDGE UNIVERSITY PRESS

CAMBRIDGE

NEW YORK NEW ROCHELLE

MELBOURNE SYDNEY

《纸和印刷》英文本(1985年)

李博士在书前的序文中说:"这一分册使我们看到这一计划(指和他人合作)的第一个果实。我们说服了关于这一专题世界最著名的权威学者之一,我们亲密的朋友、芝加哥大学钱存训教授来完成我们书中这一部分的写作任务,我们非常钦佩他为此所作出的贡献。……我认为造纸和印刷术的发展,对整个人类文明历史的重要性是无与伦比的。从钱书中,读者将可纵观中国造纸和印刷术的整个历史,了解到,欧洲对此一无所知之时,它们已在中国出现了许多世纪。"

李氏对这一册合作的成功,表示非常满意,因此,他于1985年来信谓经过董事会的决定,特别聘请我为他所创办的"东亚科技史研究所"(现改名"李约瑟研究所")的"终身研究员"(Research Fellow en permanence),这是对我的一项特殊荣誉,因此我欣然接受。同时,此书也受到国际学术界的一致好评,认为这是一册关于纸和印刷术的权威之作,也是有关这一专题的百科全书。

不久,北京中国科学院首选此册请刘祖慰教授译成中文,题名《中国科技史:纸和印刷》,1990年由北京科学出版社和上海古籍出版社合作出版,作为赠送李约瑟博士90岁生日的一份寿礼,使我感到荣幸。刘教授的译文流畅,忠于原著的体例,并将作者所引古籍的原文在译文后列出,与译文对照,尤为其特色。稍后,台湾《中国之科学与文明》编译委员会由刘拓及汪刘次昕父女另译,题名《中国之科学与文明:造纸及印刷》,1995年由台北商务印书馆出版。另有中文本一种,是我写作英文本的中文底稿和他人的译稿,由郑如斯教授编订,题名《中国纸和印刷文化史》,于2004年出版。出版后受到国内外的重视和好评,中国印刷技术协会和中国印刷史学会于当年10月在北京召开座谈会,讨论该书的特色和国际影响。日文和韩文译本后来也陆续面世。

五、两部文集

此外,我曾出版中文论文集两种:《中国书籍、纸墨及印刷史论文集》于1992年由香港中文大学出版社出版;增订简体字本改题《中国古代书籍、纸墨及印刷术》,收入论文40篇,分为前后两编,2002年由北京图书馆出版社重版。另有《中美书缘》一册,收录有关中美及东西文化交流的论文、报告、杂著及附录等于1989年由台北文华公司出版;增订简体字本改题《东西文化交流论丛》,2009年由北京商务印书馆重印发行。

这两部论文集实际是写作两部专著的副产品,因为体例关系,有些问题不能在专书内详细讨论,但必须先把问题搞清楚,然后将结论在书中说明。譬如,封泥和书刀、纸的起源和用途,以及雕板技术,都是写作专书的前期作业。因为收藏封泥十方十一印,必须对每方的铭文详加考释,以此写成"封泥小识"一文。和封泥有关的书刀是纸发明前修改简册的文房用具之一,从来认为书刀是刻字的工具,因此从文献和考古实物加以发掘,写成一篇长达10 000多字的论文,说明书刀的形制和功用,并证明汉郑玄《周礼》注"筑氏为削"谓"今之书刀",实属误解。

关于纸的起源,考古发现可上溯西汉。2004年夏承芝大同事相告他在翻译战国秦简时发现一个"纸"字,因此我写作专文,证明纸在战国末期已经使用。至于纸的千

启功题《中国古代书籍、纸墨及印刷术》

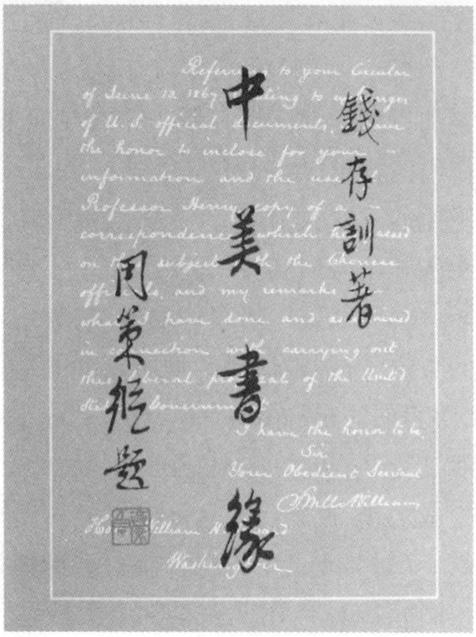

周策纵题《中美书缘》

百种用途，从未有人做过系统的研究。因此我从文献和考古实物中追溯纸在中国家庭及社会中日常用纸的起源和发展。证明纸在 12 世纪输入欧洲以前，中国就早已出现了供书写、装饰、贸易、礼仪、祭祀、娱乐等所用的各种纸代用品。至于雕版印刷是中国最早发明，但其技术从无记载。为了写作《纸和印刷》一书，我遍查中外文献，访问木刻的老师傅，摄影绘图，写成一篇《中国雕板技术杂谈》，详细说明雕板的材料、工序和刻印方法，以及每板可印多少张、每书可印多少部，成为第一篇最详细记述雕版印刷技术的论文。

至于《中美书缘》一书，是我研究另一专题所作有关文化交流的论文集。主要收录硕士论文《译书对中国现代化的影响》的中文摘要、有关亚洲研究的讲稿、同治皇帝"颁赏"美国中文图书的考证、北图善本的运美经过、欧美图书馆所藏中国和亚洲资料的调查报告，以及对中外师友的怀念。2005 年再加增补，以《东西文化交流论丛》的书名在北京出版简体字本。

六、其他著述

除上述两部专书和两部论文集外，我也曾编辑其他著述，其中有英文本《中国书目解题汇编》(*China: An Annotated Bibliography of Bibliographies*)，选录中、日及西文有关中国研究的目录约 2 600 多种，由郑炯文同学写作每种内容提要，1978 年由波士顿的荷尔书局（G. K. Hall）出版，成为研究中国问题的一部主要参考书。

《区域研究与图书馆》(*Area Studies and the Library*) 是 1964 年芝加哥大学图书馆学研究院召开的研讨会的会议记录，由我主持，也是我将"地区研究"纳入图书馆学的主张的实践。其中有关东亚的一篇论文（*East Asian Collections in America*）是我所作的

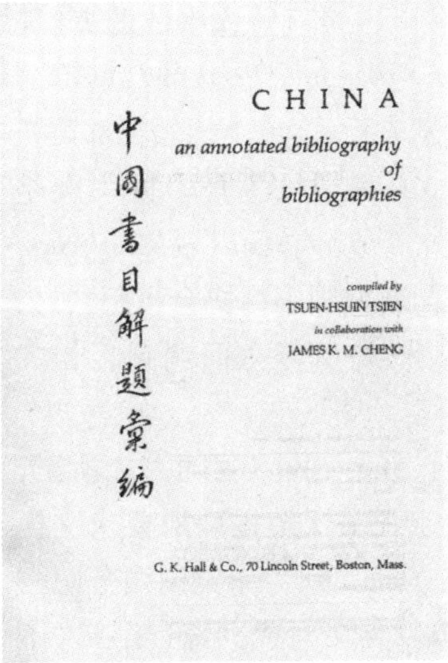

《中国书目解题汇编》

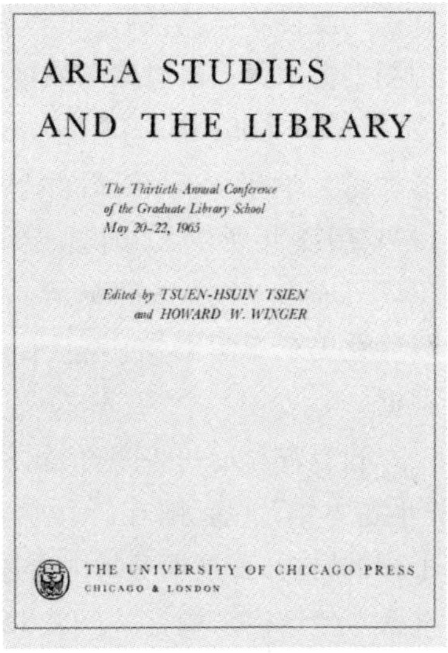

《区域研究与图书馆》

报告，后来多次增订在各种场合发表。

另有《古代中国论文集》(*Ancient China: Studies in Early Civilization*)一册，和芮效卫(David T. Roy)教授合编，香港中文大学出版社出版，收入有关先秦及汉代思想、历史、制度等学术论文16篇，是年为纪念顾立雅教授70岁生日所编集。

除了上述专书及论文集外，我另有其他论文、报导及杂著多种在他处发表，未收入上述的论文集内。其中一类是应邀为辞典、百科全书和名人传所作，如美国历史学会所编《历史研究文献指南》(*A Guide to Historical Literature*)(1961年)，其中《中国》一章是由我执笔；《图书馆及信息科学百科全书》(*Encyclopedia of Library and Information Science*)(1970年)的《中国图书馆学会》一篇也是由我供给；在富德禄(L. Carrington Goodrich)和房兆楹合编的《明代名人传》(*Dictionary of Ming Biographies*)(2册，1976年)中，我应邀写了明代铜活字印刷人《华燧》和《安国》两篇；包尔曼(Howard L. Boorman)与何华德(Richard C. Howard)编辑的《民国名人传》(*Biographical Dictionary of Republican China*)(5册，1967/1979年)中，我写了齐白石、高剑父、高奇峰和冯承钧4人的小传；法国吴德明(Yves Hervouet)教授所编《宋代书录》(*Sung Bibliography*)(1978年)，也请我写作《九经三传沿革例》一篇，收入该书。另有英国鲁惟一(Michael Loewe)教授1993年所编《中国古籍导读》(*Early Chinese Texts: A Bibliographical Study*)(中文本由李学勤等编译，1997年，沈阳：辽宁教育出版社)收入我的论文《〈战国策〉评析》一篇。这些都是应编辑人的要求而作，或系旧稿修订应征。

另一类是参加国际学术会议所宣读的论文和有关东亚图书资源调查的报告。我先后参加的学术会议有国际东方学会议、国际中国科技史研讨会、美国亚洲研究学会、美国东方学会以及美国图书馆协会等的年会和其他研讨会。至于对东亚图书资源的研究，最早于1958年“美国图书馆中远东数据”的调查中，我担任其中的中国部分。

其后两次接受委托，调查北美东亚图书馆的人事和资源。一次是有关人事的调查《美国图书馆中远东研究藏书的现状及其人员需求》(*Present Status and Personnel Needs of Far Eastern Collections in American Libraries*)，1964年报告发表后，促成美国教育部委托芝加哥大学于1969年举办暑季远东图书馆学讲习班，由我担任主任。另一次是1974/1975年所作《美国图书馆中的东亚资源现况调查》(*Current Status of East Asian Collections in American Libraries*, 1974/75)报告一册，由美国研究图书馆协会出版，成为以后北美东亚图书馆协会(CEAL)每年对资源增长、人事、经费等全面调查报告的根据。

我也曾写过一些序言、题跋、书评、纪念文和小品文。此外，我也曾随兴之所至，"小题大作"。譬如，在《筹办夷务始末》书中看到一件恭亲王关于美国政府要求交换书籍的奏折，我根据奏折中所述的人名和年月，在美国档案局找到当年美国国务院与其驻华使馆往来的有关公文15件，根据这些原始资料曾以英文写成一篇《第一次中美出版品交换》的论文，发表在《哈佛亚洲研究学报》第25卷(1964年)。这篇论文不仅追溯中美文化交流的缘起，也考订1869年美国国会图书馆大批收藏中文图书的开始。为此，该馆于1969年特别举行100周年纪念，将这批图书公开展览。台湾"中央图书馆"也作出相应的纪念，将这篇论文印成小册分发，引起中美双方人士的注意。

第五章 退休、写作和旅游

在1970年代,美国规定65岁退休。但在我到达退休年龄之前两年,芝加哥大学校长来信通知我的聘约将延长3年。因此,我在芝大工作31年后,于1978年退休。图书馆和东亚系同人特别举行盛大的午餐宴会惜别,有百余人参加,远在东西两岸的友人都赶来捧场。捐建图书馆大楼的里根斯坦夫人(Mrs. Helen Regenstein)也亲自出席,并赠送银笔一支留念;美国学生珍妮·伊利娜(Jeanette Elliot)捐资在图书馆设立特别基金,购置和我的专业有关图书以资纪念;郑炯文同学写作小传,记述我的生平和事业;院长温格教授以亲手自织的围巾相赠,并赋诗留念;图书馆的同事赠送IBM电动打字机一架,供我继续写作;其他友人也多来电祝贺或赠送纪念品,使我对许多友好的恩情感到特别温暖。东亚系教授是终身职,系中要求继续授课一年,此后成为东亚语言文化系及图书馆学研究院的荣誉教授;图书馆亦给予荣誉馆长的名义,并特别在馆中为我安置办公室一间。此后,我不仅继续享受校内的各种优遇,更多次获得校方资助出国访问或参加会议,使我感到特殊的荣幸。

作者(中)在退休餐会上向同人致谢(1978年)

右为夫人许文锦,左为里根斯坦夫人

退休后，我曾访问日本、再游欧洲、数次回到中国大陆，并参加在台湾和各地举行的学术会议和讲座。因为获得美国科学基金会、美国人文科学基金会、芝大东亚研究中心以及英国李约瑟研究所等多年的奖助金，得以出外旅行、访问专家、收集资料、聘请助理，继续研究和写作，出版和修订专书多种，并发表论文数十篇。尤其学习使用计算机，易于修改并留存底稿，通信更觉方便而迅速。因此，除了阅读报刊，每天至少要工作 8 小时，直至午夜 12 时休息。亲友们常常问起退休后的生活如何？实际上，不仅退而未休，工作更见繁忙。

一、访问日本

因为写作《纸和印刷》一书，需要到各地搜集数据。过去曾遍访欧洲和美国各大图书馆和博物馆，获得不少有关文献、实物和图片，供作参考；但没有到过收藏丰富的亚洲各地。以此 1979 年 9 月趁参加美国代表团到大陆参观之便，先去日本一周，访问东京、京都和奈良。由美国国会图书馆日本办事处主任黑田良信博士接待并代作安排。

在东京曾拜访日本国会图书馆、东洋文库、静嘉堂文库和纸の博物馆。日本国会图书馆是最早采用自动化作业处理图书资料的单位，在此参观设备，聆听报告，并接受宴请。静嘉堂文库收藏中国善本最多，在此审阅北宋本《诗集传》、宋本《尔雅集注》、《李太白文集》，以及黄丕烈题识的元刻《东京梦华录》等古籍。东洋文库则出示所藏各种版本的《钱氏家谱》和《泰州县志》，在此查阅其中有关我的曾祖父钱桂森的事迹和记载，并聆听该所最近的工作报告。

次日，我在下榻的新桥第一旅馆会见翻译我所著《书于竹帛》的青山学院教授宇都木章和东洋文库的泽谷昭次、竹之内信子、广濑洋子四位译者，并请他们一同早餐晤谈。当时此书的译稿已大致完成，并有京都大学平冈武夫教授和我所作的序言。不久，此书译本即由东京法政大学出版社出版。

东京的“纸の博物馆”是专门收藏各种纸和纸制品的博物馆。中国虽然是纸的发明国，当时却没有这一类的收藏单位。据我所知，当时全世界只有少数国家设立纸博物馆，大都是造纸厂所附设，陈列品不多。设在美国的亨特纸博物馆（Dard Hunter Paper Museum），1974 年我曾前往参观，陈列品为亨特私人所收集，种类有限。而日本馆的收藏，不仅陈列各种造纸原料和纸张样品，更有图表和有关纸的图书及各种纸的制成品，如纸衣帽、纸被帐、纸模型、纸玩具，尤其是十二生肖的纸制品特别有趣。

在东京停留两天后，次日乘“子弹车”到京都访问，承京都大学平冈武夫教授亲自到车站迎接。平冈教授曾为我的日文本《书于竹帛》写作长序，多承盛情接待，邀请午餐，并陪同参观东大寺和京都大学图书馆以及东洋文化研究所。在京都停留一日，我再转访古都奈良，参观右宫神社、兴福寺国宝馆和著名的正仓院，见到所藏隋唐时代的中国文物很多。

作者(左)访问京都大学与平冈武夫教授合影(1979年)

二、重踏故土

自1972年中美复交后,图书馆代表团的互访成为两国文化交流的最早桥梁。1973年9月,中国图书馆代表团一行12人,由北图馆长刘季平率领,来美访问8个城市,为期5周,由美国科学院、美国社会科学研究院和美国学术团体联合会等单位接待,各地举行了盛大的欢迎。我是负责芝加哥地区接待的主管人,代为安排联系,场面热烈;除芝大校长邀宴外,芝加哥各界并联合在第一银行大楼举行盛大的欢迎晚会,余兴节目中有该行的一位美国副经理高唱中国国歌,字正腔圆,余音绕梁,令宾主尽欢。

两年后,美国方面拟组团回访,由美国国会图书馆、美国图书馆协会和亚洲研究学会各推代表4人组成代表团,经国会图书馆向中国驻美代表处申请签证,说明费用自理;但等待了5年仍未获得批准,两次查询,也无答复。因此,国会图书馆负责人要求我通过私人关系,代为催促。因此我在1979年初写信给北大图书馆学系陈鸿舜教授,说明回访诚意,请他向有关方面疏通,早日批准。他是年前中国访美代表团的成员,又是同乡,早在国内就已相识。果然不久,就接到北京国家图书馆刘季平馆长的回信,不仅正式邀请访问,并表示愿意负担代表团在国内食宿和旅行的一切费用,因此美国代表团终于在1979年9月得以成行。

我从奈良回到东京后,于9月12日和代表团的其他团员会集,一同飞抵北京。这是我离开祖国32年后第一次踏上故土,心情的紧张和兴奋,不言可知。代表团先后在北京、西安、南京、上海、广州五大城市参观访问,共逗留2周,同行的华裔团员有国会图书馆的夏道泰、哈佛的吴文津、研究图书馆的余秉权和我共4人,由北图外事处李勋达和乔凌2人负责接待,一路陪同送到广州。我经香港停留3日,访问香港大学及其冯平山图书馆、香港中文大学等单位,并会晤简丽冰、潘铭燊等旧友后返回芝加哥。

在北京一周,下榻北京饭店,由国务院副总理方毅在人民大会堂接见。先后访问北京图书馆、北大、清华、中国科学院、中国社会科学院和故宫等单位,参观全国运动会,游览长城及明孝陵,并在首都图书馆作学术报告,参加者有1 000多人。访问北图时，我曾将邢端（冕之）姻丈赠送留念的精写本清高士奇《江村书画目》一册捐赠国库。此目著录自晋唐至清初的书画500多件，其中有评等和当时售价。最有趣的是高士奇注明“进上”及“送字号”的书画，都是售价最低一、二两的赝品，而价值高昂五百两的“上上神品”则留存自玩。当时美国某美术馆曾出价2 000美元拟购未售，现由国家图书馆保存，作为我曾经在北图工作过10年的纪念。

从北京去西安2日，上海3天，南京及广州各停留1日，在各地受到热烈的欢迎和丰盛的接待。在上海时，曾会见旧友上海图书馆顾廷龙馆长，承邀约同游黄浦江，得以在船上倾谈。我代表芝加哥大学赠送该馆西文复本高新科技及电子图书600余册；他送我一幅自书周总理诗句的篆文条幅留念。我另将1966年在朝鲜新发现存世最早的一件8世纪印刷品全部复印件及有关论文和报道赠送该馆。这一发现曾经轰动世界，但当时中国正值“文革”时期，与世隔绝，未闻其事。顾先生对此表示十分感谢，并说即将朝鲜文和英文的论文请人译出，供国内专家研究。

访问期间，我曾参观北京“荣宝斋”和上海“朵云轩”两处的木刻水印技术，向老师傅请教，并取得雕版和印刷工具样品多件，供研究和写作的参考。另外在北京、天津、西安、上海、南京等地，曾和各处亲友会见，得偿多年来离别的亲情。在北京曾晤见二哥、四弟、五弟和三妹及妹丈孟符，在西安晤及表兄张宗城，在南京和上海看到更多跟随我们长大的侄儿和侄女；单就我们弟兄姊妹和他们的第二、三代就将近百人。一别30年，竟看到这么多从未见过面的后代亲人，使我亲身体验唐诗名句“少小离家老大回，乡音无改鬓毛衰；儿童相见不相识，笑问客从何处来？”的亲切之感。

此后，1984年我再去北京参加第三届“国际中国科学史讨论会”，由中国科学院主办，会场设在友谊宾馆，这是以李约瑟的《中国科技史》为主题的国际学术研讨会，每两年召开一次。我被指定为本届技术组主席，并宣读论文《欧洲印刷术起源的中国背景》，李约瑟和鲁桂珍也都出席参加，会后与何丙郁及黄兴宗一同前往上海，并在锦江饭店庆祝鲁桂珍的80大寿。我也再度访问上海图书馆顾廷龙馆长，感谢他多年来对

作者在北京饭店与兄弟和三妹合影（1979年）

参加北京图书馆成立75周年和新馆开馆纪念(1987年)

我写作《纸和印刷》一书的帮助。

第三次回国是1987年参加北京图书馆成立75周年和新馆开馆纪念,由胡沙副馆长出面邀请,我应邀参与其盛,由侄儿孝维陪伴,下榻钓鱼台国宾馆,接待周到,至今难忘。新馆规模宏大,设备周全;同时会见由各国各地前来参加的朋友很多,尤其是通信多年而没有见过面的张秀民先生,合影留念。这是我最后一次回国,以后就未再远行。

从大陆回美后不久,1988年夏季又应西雅图华盛顿大学的邀请,担任该校举办的"远东图书馆学暑期训练班"的讲座。事后访问住在亚利桑那的三女孝岳(Mary)和她的丈夫亚里桑那州立大学俄文教授Alex Dunkel。再去洛杉矶加州大学,承东亚图书馆郑炯文馆长盛情接待,并一同拜望芝大校友和社会学系成露茜教授,承她在寓所招待晚餐。随后再往圣地亚哥(San Diego)州立大学参加第五届"国际中国科技史研讨会",我是这次会中"印刷史小组"的主席,有来自美国、中国大陆、中国台湾、中国香港、朝鲜等地的专家10人宣读论文。这是国际会议中第一次包含"中国印刷史"为独立子题的会议,各地参加者十分踊跃,盛况空前。

三、初访台湾

1984年11月我应台湾"中央图书馆"馆长王振鹄和"故宫博物院"副院长昌彼得的邀请,去台参加在台北"故宫"举行的"古籍鉴定与维护研讨会",下榻圆山饭店,由汪雁秋女士负责接待,安排十分周到。研讨会为期3周,有来自世界各地的学员30多人参加讨论、参观和实习,我作了2次学术专题演讲:《欧美地区中国古籍存藏概况》及《中国历代活字本综述》。期间曾应台湾大学图书资讯学系的邀请,在该校作了一次学术报告;参观"中央研究院"收藏由美国运回的"居延汉简";又参观"张大千博物馆"等。我因事未能参与研讨会全程3周的讲习,仅勾留10天便匆匆返美。

作者（前排左二）应芝大在台校友宴请（1984 年）
连战（后排中）、宋楚瑜（后左三）、邵玉铭（后右二）、卢秀菊（前右一）等

访问期间曾晤见"故宫博物院"院长蒋复聪、图书馆界同人以及在台亲友，并承芝大校友连战、宋楚瑜、邵玉铭、卢秀菊等邀宴。最后由昌彼得副院长陪同游览台湾名胜和访问花莲，承淡江大学黄世雄夫妇接待。黄教授也是芝大的校友，多承邀宴，晤谈甚欢。过去多次承台大等单位邀请访问，均因事未能成行。这是我第一次访台，对台湾各方面的建设印象深刻，对在台友好的盛情接待，至今难以忘怀。

四、再访欧洲

我第一次访问欧洲是 1968 年 9 月接受英国剑桥大学李约瑟博士的邀请，前往商谈写作《中国科学技术史》大系中《纸和印刷》一章的任务。他说我无需在剑桥常住，但希望写作完成后再来商讨出版等事务。因此在 1982 年 10 月全书完成后再访剑桥，逗留两周后，又参观伦敦大英博物馆、牛津大学图书馆，并到伦敦海滨名城伊思本（Eastbourne, Sussex）和大哥存典相晤。那时他已从外交界退休，在这度假胜地经营"颐和园饭店"，规模宏大，设备堂皇，成为该城旅游的名胜之一。

作者在法国巴黎联合国教科文组织（UNESCO）会晤五弟存学（1982 年）

随后又到欧洲大陆访问荷兰阿姆斯特丹的汉学研究中心，会见旧友马大任先生，多承带领参观；再赶到德国参加法兰克福国际书展，并晤见写作《书于竹帛》书评的陶布尔博士（Dr. S. S. Taubert）；然后再到法国巴

黎小住，和五弟存学会晤。那时他是联合国教科文组织中国代表团的成员，并由团长陶军欢宴。同时访问了法国国家图书馆和收藏中国文物的吉美（Guimet）博物馆，收集有关纸和印刷品的稀见资料和照片，供写作参考。

五、著作荣誉

实际说来，我的几本专著和译本以及论文集，大部分都是1978年退休以后所编写、增订、出版，很多论文也是退休后所发表。其中《纸和印刷》的写作，虽然从1970年就已开始，但断断续续，时作时辍，一直到退休后才能专心于此。因此再花了整整4年时间，终于将初稿10章30万言的一册专书写作完成。关于此书的内容和撰述经过，已在前章记述，不再重复。

另一册《书于竹帛》英文本的出版虽在退休以前，但增订本及其他文字的译本都是在退休以后出版，而原作英文本直至1998年才开始增订，2004年由芝加哥大学出版社发行。其他两本论文集以及有关书史、文化交流、传记等论文约50篇，也都是退休后所发表，至今写作未辍。

我所接受的名誉职务和荣誉奖状中，有几件特别值得一提。第一个杰出服务奖是1941年太平洋大战开始前，在上海日军占领下，我冒生命危险，秘密运送北图善本到美国华盛顿国会图书馆寄存，完成两国政府未能完成的任务，以此获得当时在重庆的教育部颁发奖状和奖金。这是我最早获奖，也是我在国内工作的一个高潮。50年后，1999年的圣诞节前，北京图书馆在庆祝90周年纪念时，又为此事特派代表团由副馆长孙蓓欣率领来芝加哥颁赠荣誉奖状，仪式隆重，值得纪念。

另一次是1984年被选入芝加哥市的年长市民荣誉堂（Hall of Fame），接受市长戴

北京图书馆代表团颁赠荣誉奖状（1999年）

南京大学举行钱存训图书馆开幕典礼(2007年)

莱颁赠的荣誉奖状,因为这是近年来在美华人第一次入选,美国的华人社会曾发起庆祝,国内外报刊也特派记者前来访问报道。这项荣誉为美国的华人争光,值得纪念。

此外,3本纪念文集和两处纪念文库更使我感到特别的荣幸。1990年我的80岁生日,同学们为我编辑《图书文史论集》一册,由马泰来同学主编,有30多位知交撰文纪念;2005年九五生日,又由潘铭燊同学主编《南山论学集》一册,有28位作者参加;另有台湾"中国图书馆学会"特别出版《钱存训教授九秩晋五祝寿专号》一册,有多位中国台湾、中国大陆和美国的友好撰文纪念,令我感到十分庆幸。

至于两处的纪念文库,也是我一生的荣幸。在我退休时,一位美国学生曾捐赠专款,在芝加哥大学图书馆设置"钱存训基金",购置和我专业相关的图书作为纪念。2006年,我将部分藏书捐赠我的母校南京大学,其中有欧美、中国台湾、中国香港等地出版的全份期刊及图书多种,为中国大陆图书馆所未收藏。南大新成立的人文社会科学高级研究院周宪院长来信说:"为了感谢您对母校的关爱,我们拟将这批书放在人文社会科学高级研究院,并命名为'钱存训图书馆'。"

最后一项荣誉是美国3任总统先后来信祝贺。1996年我和文锦庆祝60周年"钻婚"时,曾收到当时美国民主党总统克林顿夫妇的祝贺。10年后在庆祝70周年婚庆时,又收到美国共和党总统布什夫妇的贺信和照片。最近100岁寿辰时,美国白宫奥巴马总统和夫人也来信祝贺。30年中,先后接受三任两党美国总统的祝贺,感到特别的荣幸。因此就借这项荣誉作为百年回顾的结束。

二 | 旧作新刊

第一章　东西快乐观念之歧异

罗素像

此篇译自伯特兰·罗素(Bertrand Russell)1930 年代所作 *Happiness between East and West* 一文。这是译者大学时代在曾虚白教授所讲授"翻译学"的课堂作业,曾在上海《世界杂志》第 2 卷第 4 期(1934 年 10 月)发表。

罗素是英国哲学家、数学家、逻辑和历史学家,著作等身,是 20 世纪西方最著名和影响最大的学者,诺贝尔文学奖得主。1920 年他曾在中国讲学,这一篇文章是他在中国时观察所得,对当时中国社会所作的一般评论。

——编者注

人人都知道威尔氏(H. G. Wells)的“时间机器”(Time Machine),一个人有了它,就可以随时向前行或向后走,因此使你能看到过去是什么情形,将来是怎样变化。可是在今日,人们只要环游地球一周,威氏计划中的许多巧妙,便没有什么稀罕了。一个欧洲人到纽约和芝加哥就可以看见将来,这个将来如果没有经济上的障碍,便可同样实现在欧洲。反过来说,如果他跑到亚洲,他就可以看见过去。在印度,他可以看见中古;在中国,他可以看见18世纪。假使乔治·华盛顿重新活到这世界上来,他所开创的国家真要使他惊讶得莫明其妙。可是他到了英国,就觉得稀奇的变化少了些,法国更少,等到他跑到中国时,他才会真正地感觉到重返故乡。在他冥游之中,在那里他还可看见仍然有人在期望着“生命,自由和快乐”;而这般人所期望的,正仿佛和美国独立战争时代所想像的一样。所以我想如果他走到那里,不久他便可以做中华民国的总统了。

西方文明已弥漫了南北美、俄国以外的欧洲,以及大不列颠的自治地区。在这样的文明中间,美国打先锋,所以一切东方和西方的分歧点,在美国尤其有非常显著和超越的发展。我们对进步的见解,习惯上有一种假定,总以为近百年来所遭遇的这些变化,一定都是向好的方面进展,将来有更完善的变化,当然会有无穷尽的美景随之而来。可是在欧洲大陆,世界大战和它的结果已经给这种深切的自信一个打击,而人们也开始觉得1914年以前是一个黄金时代,再隔几个世纪也不容易回复到那同样的境界了。然而在英国,这种乐观主义所受的刺激已经很少,在美国则几乎没有。这种认为进步是自然的人,很应当去看看一个像中国这样的国家,那里遗留着我们150年前的景象。因此我们可以问自己,是否我们所遭遇的这些变化是真正的进步。

许多人都知道,中国文明的基础是在基督以前500年就昌盛了的孔子教化。孔子不相信人类社会是自然的进步,正像希腊人和罗马人的理想一样。反过来说,他相信远古的帝王是贤明的,而当时人民快乐的程度更是世风日下的今日所可望而不可即。这种思想当然是错误的。但是实际上,孔子像古代的学者一样,想创造一个稳固的社会,维持一个卓越的标准,并不寻求新的成就。在这一点上,孔子是比古今世人都获得较大的成功。孔子的人格是亘古迄今深印在中国文明史上的。当他生时,汉人仅据有现在中国的一小部分,战国分立;其后300年间,始统一为现代中国的本部,地大人庶的帝国于以建立;直至近50年来而弗替。虽然其间外族入侵,元清两朝建立,加上其他久暂不一的混乱与内争,但儒道常扶掖艺术、文学和其他文明的生活,滋长不息。直至今日,因与西方及受西方文化洗礼的日本接触之后,这种制度才开始衰退。

一种制度能以这样特殊的力量生存不息,必定具有其伟大的价值体系;我们当然应该予以尊重和探讨。我们如果懂得字义,就知道儒家不是一种宗教,因为它并不与超自然和神秘的信仰相联系。它完全是一种伦理的制度,可是这种伦理并不像基督教的伦理一样,它的意义浅明,是一种普通人都可以亲履实践的。要之,所谓儒道,大概很像18世纪西方对于“君子”(Gentlemen)的观念。我可引一段孔子的话来证明:“子曰:君子无所争,必也射乎?揖让而升,下而饮,其争也君子。”

孔子对于责任和道德这一类的话说得最多，这是一个圣贤所该当如此。但是他对于自然和自然的感情，也绝不说相反的话。下面一段回答可以看出:“叶公问于孔子曰:吾党有直躬者，其父攘羊，而子证之。孔子曰:吾党之直者异于是。父为子隐，子为父隐，直在其中矣。”

孔子无论对于什么事，皆行其中庸之道，甚至对于道德观念也是如此。他不信我们应该以德报怨。“或曰:以德报怨，何如? 子曰:何以报德? 以直报怨，以德报德。”以德报怨的主张，在当时是道家的首诫，所以这种学说，不像儒家的教化，而很像基督的思想。老子说:“善者吾善之，不善者吾亦善之，得善。信者吾信之，不信者吾亦信之，得信。圣人在天下，歙歙焉为天下浑其心，百姓皆注其耳目，圣人皆孩之。”很奇怪的是老子有些话很像登山宝训(Sermon on the Mount)。譬如老子说:“曲则全，枉则直，洼则盈，敝则新，少则得，多则惑，是以圣人抱一为天下式。”

孔子可以成为中国的圣贤，而老子则不然。这就是中国的特色。道家也流传到今日，但他只好像是一种幻术，为一般未受过教育的人们所信仰。在治国的实行家看起来，老子的思想是虚无的，而孔子的学说却能详细地计划如何免除纠纷。老子的学说是主张无为的，他说:“取天下常以无事;及其有事，不足以取天下。”但中国的官吏总是自然地采取孔子的修身、仁爱、礼让的格言，再多多为善，便可成为一个良好的政府。在伦理制度上，中国人绝没有想到有一种是理论的，另有一种是实行的;而现代的一切白种民族却都是如此。我不是说，白种人都是在我们自己的理论里讨生活，我是说，他们只是企图着如此做，希望着如此做。其实，一大部分的基督教伦理已被世人认为对于这人欲横流的世界是未免太好了。

实际上，我们有两种道德，一种是我们只管宣传并不实行的;另一种是常在实行而很少宣传的。基督教和一切的宗教一样，除了摩门教(Mormonism)以外，都是起源于亚洲。在最初几百年，基督教是着重个人主义和具有亚细亚神秘色彩的极乐世界。从这一点看起来，无抵抗主义是极容易了解的。但是当基督教变为欧洲有力君主形式上的宗教以后，我们就必须保存一些文义不明的经典，而其他如“恺撒的东西仍还给恺撒”一类的话，便得到很大的普遍性。在工业主义竞争的潮流之下，我们这时代对于无抵抗的和平趋势是不容存在的，而人们也都希望能向着自己的标准努力了。我们有效的道德，是用努力换来物质上的成功;这对于国家和个人都可适用。其余无论什么东西，在我们看起来，都是软弱和愚昧的。

中国人没有采用我们理论的伦理，也没有采用我们实际上的伦理。在理论上，中国人采用的是有些时候应该为正义而战;可是实际上，这样的机遇很少。至于西方人采用的是即使为正义而战也不许，但实际上这样的机遇却很多。中国人也常战争，但他总不是一个好斗的民族;他们对于战争和事业的成功也没有深切的仰望。在习惯上，他们看学问比什么都重要;学问之外，其次便是高雅与礼貌;而这二者也常与学问相辅而行。若干年前，中国的行政官吏均出身于这种学问的考试。在欧洲的封建时代，学问之受人尊崇，仅在于一般有权势的贵族，和由学问本身所引起的严重性。但2 000年来，除孔子的后代被封为衍圣公是一个例外，中国迄今并无世袭的贵族。其实，中国国学的范围也很狭隘，仅仅包括一些无可疵议的经典和一些公认的注疏文章。但自西风东渐，地理、经济、地质、化学等等科学为一般人认为较之以前的旧道德更为实用。新的中国人或者说受过欧化教育的学生，认清了现代的需要，大有推翻旧思想的趋势。虽然如此，甚至最近的现代，除了少数的例外，仍然保留着知足、礼让及和平的气质等固有的道德。不过在西方及日本的教育潮流之下，这些道德是否能够再保存着几十年，还是一个问题。

如果我总结起来说一句，中国人与西方人的最大区别是中国人的目的大都在享乐；西方人的目的大都在权力。西方人用权力统治全人类，西方人用权力驾驭自然。为了前者，西方人乃组织起强固的国家；为了后者，西方人乃发明了科学。中国人对于这种事业是太懒惰和太温和。说他们懒惰也只有一部分是对的，他们不像我国人那样的懒惰，他们为了自己的生活，也常常劳碌一生。至于做工的小伙计更是特别地辛苦。但是他们有时像美国人和西欧人一样，他们如果不必工作便可自给，或者他们不甘为自己那样刻苦时，他们也便不劳碌。他们一旦足以生活时，他们就是那样生活着，决不为了增加他们生活上的安逸而加倍地劳苦。中国人对于消遣娱乐是具有无限的才能：听戏，吃茶，评古物，逛名胜。在我们想起来，这样的虚度一生，未免太过于庸碌吧？我们所敬重的都是每天到办公室的人，即使他们在办公室里所做的事有时是罪孽。

一个白种人住在东方，有时也会腐化。我承认我算是一个比较知道中国情形的人，我就认为懒惰是人生在世不可缺少的一种最好的特性。我们努力创造某种事功，但是我们创造出来的这种事功是否具有一点价值，就很可怀疑。我们在制造上发展惊人的技巧，一部分我们用来造船、汽车、电话及其他日常用品；同时另一部分用来造枪炮、毒气、飞机，拿来互相残杀。我们有最高明的行政与赋税制度，一部分是用在教育、卫生及各种有用的事业上，而其余的却都是为着战争。在今日，英国国库的大部分都花费在以往和将来的战争上，剩下来的一点残余才轮到有用的事业。在欧洲大陆的各个国家，这比例也许更差。我们有最讲效率的警察，一部分用来侦察和防止罪恶，一部分却用来监禁具有新思想的人物。直到现在，中国从没有发生过这样的情形。工业是幼稚得既不能造汽车又不能制炸弹；政府是软弱得既不能教育自己的公民也不能残杀别国的百姓……所以和任何白种人的国家比较起来，结果是中国人大家都有自由，大家都从贫穷中获得普遍的快乐。

如果将一般中国人和一般西方人的真正生活情形比较起来，有两点不同。第一，中国人除了为有用的目的而外，他们并不喜欢活动。第二，中国人不把道德看作用以限制自己和干涉别人的一种工具。第一点区别前面已经说过；但是第二点也许同样地重要。著名的汉学家加尔氏教授（Prof. Herbert A. Giles）在他的吉福演讲系列（Gifford Lectures）《孔学和它的竞争者》（*Confucianism and its Rivals*）的演讲中，指出基督教在中国成功之最大障碍就是人性本恶说。正统派基督教的传统主张是人们生而有罪，因为有罪，所以应该受永远的谴责。有些基督教会至今仍在东方宣传这种学说。如果这种学说仅适用于白种人，那中国人也乐于赞成；但你如果告诉他们说他们的父母或祖宗也在地狱里受罪，那他们就要勃然大怒了。孔子说人性本善，其所以变恶，是由于丑恶的榜样和腐化的行为所熏染。从西方传统的教义所产生的这种差异,给予中国人一种深切的影响。

在西方人中间,一个人要能撇开普通的快乐,同时从干涉别人的快乐中获得报酬。从惯常的情形说来,战争的结果常常是有一个第三者从中作友谊的和解;妥协是常采取的手段,因为他可以代双方都敷衍面子。要面子是一个很有效的国家制度,虽然在有些形式之中,不免使外国人发笑,但他可以使社会及政治生活趋于和平,不致像我们那样地凶恶和残酷。

在我们的道德观念里,有一个是非的原则:就是一个人被大众认为是废物后,他会成为一个例外的好人。这种倾向是由于我们的罪恶观念所形成。因为这种惯例的标准使一般人不易做到,所以他不仅妨害自由,抑且使人假冒为善。在中国是没有这种事。道德的悟性是正面的不是反面的,一个人总是望其能孝父母,爱子女,周恤亲友,谦恭待人。而这些都不是很难的责任,人人都可以切实地做到。而其结果常比西方人悬着较高而不能实践的标准为优异。

罪恶观念混淆的另一个结果,是人们乐于把他们的异议付之辩论与思索。西方人则不然。西方人有意见不同时,常易变为“主义”的问题:每方面总指摘对方是罪恶,如果某一方面屈服于另一方面,那不啻就是代人分罪了。这样常引起更激烈的斗争;而实际上,就是预备着诉诸武力。在中国,虽然有武人诉诸武力,可是并不严重,即使他们自己的兵士也是如此。如果拿西方人驷马难追的残酷斗争来衡量,他们的战争差不多是不流血的。

在中国的制度之中,唯一的重大缺憾就是不能使中国抵抗其他许多好斗的国家。如果全世界都像中国一样,全世界的人都可获得快乐。可是别人都是来势汹汹,跃跃欲试,中国人今日已不能仍旧闭关自守,为了保存国际间的独立,只有强迫着仿效西方人的罪恶。但是我们请不要奉承自己,说这种模仿是一种进步。

第二章　中国以抵制外货为对外武器

本文译自美国欧策德(Dorothy J. Orchard)所著《远东之工业化》书中之一章,原文载《美国政治社会科学会年报》(*Annals of American Academy of Political and Social Sciences*)卷150(1930年)中国专号。对中国抵制外货之过去,作系统的叙述,并以数字证明其成效。

本文亦系译者在"翻译学"的课室作业,曾在上海《时事月报》第5卷第2期(1931年8月)发表。

——编者注

积弱和被压迫的中国,现正从列强的束缚中谋求解放。在过去的年代中,尤其近数年来,中国已丧失的主权,正逐渐恢复。山东已从日本手中收回;汉浔租界以及威海卫也由英国交还。关税宣布自主,外国已予承认。列强在中国境内之军队,在非武力的情况下使其撤出。至于废除领事裁判权,亦有相当的进步。这些趋向独立之进步的精神,都在政治的纷乱之中,逐渐实现。但内战与双重政府仍继续存在,遍地盗匪也无法消灭。而中国政府更没有足以维持和平或防卫国家的海陆军队。

一、中国的经济武器

虽然政治力量微薄,但中国发现而且积极采用经济武器——抵制外货,以抗外侮。自1919年以来,中国为保卫主权,陆续抵制若干国家的货物。此种经济上的抵抗力,证明其力量宏大。尤其对于政治衰弱的中国,比较诉诸武力,更见有效。通商断绝,航务混乱,工业不振,导致被抵制国家的经济生活受到重大打击。中国人采取这种抵制外货的方法,乃现代经济史上最新奇的一章。

在这一个世纪中,中国第一次抵制外货开始于1905年,为反对美国政府颁布的限制移民法律。此次结果虽对美国商务并无显著之影响,然足以表示中国人对于此种限制之不满。于是美国总统罗斯福，指导美国移民当局在限制中国人入境之法律中，加入较为自由的语句，同时关于修改法规以放宽中国人民入境与居住于美国的报告，亦经美国工商部批准。

二、对日货之抵制

1908 年，第一次抵制日货之事发生。其原因是由于中国官吏扣留一艘开往澳门之日本轮船，因为此船从外国私运军火接济中国的革命党人。日本政府声称该船系停泊于葡国领海之内，并非中国势力范围。以此借口，中国政府乃被迫道歉和赔款，并惩办扣留日本船只的中国海关官吏。这时扣留此项军械之中国南部乃首先受此案件的激怒。广州商业机关与工会宣布对一切日本货物加以抵制，直至使北京政府的每 1 元赔款有日本贸易上 10 000 元的损失为止。抵制的风潮传至北京、汉口、上海及其他各大城市，并远及南洋各地；因此使日本方面的经济损失不少。自 1908 年 4 月至 12 月之间的 9 个月，日本对华贸易包括香港及广州在内，其价值较之 1907 年同一时期减少 12 300 000美元，即 1907 年日本对华贸易总价值之 6% 以上。虽然减少之数并非完全由于抵制风潮，因 1908 年度中国之进口贸易，根本低落，但是日本的进口贸易，较之其他各国则减少四倍半以上。

第二次抵制日货发生于 1909 年 9 月及 10 月，因日本强迫中国承认其在东三省扩建铁路的权利。北京政府对于日本之要求竟然屈服，于是引起全国一致的严重反对。但此次运动之手段在抵制与毁坏已运到中国的日货，故 1909 年之抵制日货运动，并未给日本以重大打击。但中国对于日本在东三省侵略之反对，则给予世界人士一大猛省。

三、抗议“二十一条”

1915 年，日本乘欧战正酣之时，挟其强大之海陆军队向中国要求举世闻名的“二十一条”，抵制日货的风潮随之而起。从彼时直至今日，因屡次之赓续，中日间之通商关系乃受到严重的打击。日本从“二十一条”所获得的利益，比较屡次所受抵制通商的损失可谓得不偿失。

1915 年的抵货运动，只从 1 月至 6 月的 6 个月中发生效力。至 7 月以后，北京政府受日本之要挟，正式命令停止抵制日货之活动。实则使此次运动停止之更有效的原因，则为欧战期间欧洲货品之缺乏。向来供给中国各种货品的欧洲商人，此时皆不能运输其货品至亚洲市场，而日本乃突然变为生产大宗货品的唯一来源地。因此之故，是年度下半年，日本对华贸易乃超过 1914 年中之同一时期；且在欧战期内，更继续有突飞猛进之趋势。但在抵货运动紧张之 6 个月中，日本对中国，包括香港及广州在内之输出，乃忽降落至17 900 000美元，约抵 1914 年上半年对华贸易总数之 32%。只占是年日本对外贸易总数 6%。

在欧战期间，中国迫不得已从日本购买大宗货物，但对“二十一条”之仇视与愤怒，使此抵货运动继续爆发。至1919年列强承认日本对山东之要求及“二十一条”利益之获得，并列入凡尔塞和约，于是中国一般人民又复群起对日本实行经济的战争。

四、山东问题

1919年之抵货运动，始于5月和约签订以前。此次的主要目的是在反对中国代表团对和约的签字，最后目的在要求收回日本对山东的特权。此次运动的最重要成果是一致拒绝使用日本银行在中国发行之纸币，以及提取日本银行的存款。

抵制运动从银行界扩大至一切日本货品，主要由学生主持。中国各大学及中学差不多都有学生会的组织，而学生会乃成为宣传扩大抵货活动的重要单位。举行示威运动，制订抵制章程，广贴通知，宣示民众，说是：(1)对日经济绝交；(2)不在日本船只装货；(3)不用日本银行纸币。学生任运动中之纠察，检查商店及日本商品，破坏日本广告、演讲、募捐等等。学生复指导“草帽之战”，搜检行人之日制草帽、洋伞、热水瓶及其他日货，加以陈列，或予毁坏。学生会及抵制运动之领袖均慎重从事，故各地虽有焚毁及没收日货之举，而秩序良好，没有发生扰乱情事。抵制运动并不限于学界，商会、商民协会、工会、工匠与苦力均参加活动。6月，为反对中国代表对和约之签字，上海各界大罢工罢市4日，其他各地均纷起响应。于是7月间中国代表拒绝签字之事乃闻名于世。

当抵制运动趋于最紧张之时期中，在7月中的前10日，从日本进口的货物差不多完全停顿；然世界商业情况并不能听任此种情形继续。自从7月至9月，日本对华出口贸易锐减；但以全年商务论之，1919年的进口尚在1918年度水平以上。虽然从日本输华之进口货约增加3%，但其他各国家之进口货则增加至26%。较之日本进口货约多7.6倍。就此证明中国对日本以外各国的极力联络。

至1919年，抵制日货运动尚未终了，一直继续到1920至1921年，而且此数年中影响更为显著。1920年，日本输华之进口货，较1919年减少7.2%。至其他各国之进口货则增加至33.33%。在此一年中，日本对华贸易之损失，约值29 155 000美元。

1921年，山东问题又发生纠纷，中国希望在讨论太平洋问题及远东问题的华盛顿裁军会议中解决，而日本则主张中日军方单独交涉，于是抵制日货之风潮又起。此问题终于因有友邦之列席，在华盛顿会场以外交途径解决。1922年2月，条约缔订，山东交还中国。

抵制运动继续经过1921年，直至1922年此问题解决以后。1921年，日本对华出口货较之1920年减少86 961 000美元，即1920年总出口值之9%。同时，从其他各国输华之进口货则增加30%以上。因此1919至1920年之抵制日货，中国得到相当的成功，当不容否认。如反对和约签字，收回山东，及使日本商务航业及工业上遭受重大损失等，皆其成效。

五、1923 年抵制运动

辽东半岛之租期应至 1923 年终了，但因“二十一条”关系，中国被迫修订租期至 99 年，即展期至 1997 年。在 1923 年上半年，租地交还之期渐迫，中国政府劝令日本取消 1915 年之条约，照原议交还辽东半岛。因为日本拒绝，又引起一次抵制日货的运动。自 4 月起，示威运动一如往昔地举行；学生、商人、商会、工人联合举行爱国运动反对日本，拒用日本钞票，提取日本银行存款，码头工人拒绝为日本船只装货。于是日本军队乃登陆与学生发生冲突。5 月，全国一致纪念“国耻日”，报纸用大字排印 1915 年 5 月 7 日日本对中国之“哀的美敦书”全文。学生排队执旗，大书“毋忘国耻”、“取消二十一条”、“誓死收回旅大”、“抵制日货”等口号。

虽因北京政府受日本之压迫而加以镇压，抵制运动继续至 10 月，至年底风潮始归平息，此次日本亦不免损失。自 4 月至 12 月，日本对华之出口贸易降至34 498 500美元，较之前一年减少 19%。此低落之原因是由于抵制运动的影响无疑。虽然中国进口贸易在 1923 年稍减，但从日本输华的进口货，则减至 50 倍之巨，约抵日本出口贸易总数的 4%。

1925 年，抵制日本与英国的风潮一变而为单独抵制英国之运动。但至 1927 年，反对日本之观念终于由另一严重的事件而再爆发抵货运动。

六、青岛与济南惨案

当 1927 年政治混乱与革命高潮之时，日本政府以保卫侨民生命财产为名，在青岛调遣军队登陆。不幸日本军队与中国人民发生冲突，导致中国人民死伤若干，于是重新激起中国人民之愤怒而又引起另一次抵货运动。1928 年，日本调遣更多军队登陆，中国人民与日本军队复在济南、汉口、南京发生冲突，导致残酷事件。抵制运动于是重起，并继续至 1929 年，影响于济南、汉口、南京惨案之交涉甚巨。最后，日本撤回各处军队，于是抵货运动由南京政府于 1929 年 5 月宣告停止。

自 1927 年 5 月至 1929 年 5 月，日本对华贸易遭受不断的抵制。在 1927 年，7 个月的贸易较之 1926 年减少2 735 000美元，1928 年贸易减少至17 453 000美元。在 1929 年之前 5 个月中，较之 1926 年减少至19 137 000美元。抵制运动越久，其影响也越深远。于是，1929 年 5 月以后，日本有意使此抵制运动结束。

抵制日货运动的影响，范围广大。日本之航业、商业、实业因屡次之抵制皆蒙受重大损失，其损失不仅使贸易不振，而且在抵制期间运往中国之货物皆被封锁于通商口岸的堆栈中，长久不能输入内地。至于贸易上之永久损失，则是中国自己设立工厂，以代替日本制造的货品。日本火柴、棉纱，均被中国工厂的制成品所代替，日本货完全从中国市场上被铲除，而抵制运动的当局对于其他工业也积极从事提倡。

七、抵制英货

抵制外货的影响最大者,厥为1925年至1926年对英抵制的一次。实际上,此事发生乃由于多年来结集之各种原因:如会审公廨的地位、上海公共租界工部局限制纳税华人之直接代表权、领事裁判权、租界内种族上之不平等待遇,及其他各种不满意之点。但抵制运动因某种不幸事件而发生,其对英仇视的程度远超过对于别国以上。

1925年5月30日,第一次惨案发生于上海,先是数日前有一名中国工人在上海日本工厂罢工风潮中被杀害,于是学生在5月30日为死者举行示威游行并开会追悼。示威游行通过外国租界,结果和租界巡捕发生严重冲突,引起所谓"五卅惨案"。

当情形危急时,英国巡捕头命令巡捕向一般徒手群众开枪射击,致死伤若干示威群众。中国人对于英日之愤恨达于极点。翌日上海全市举行总罢工及停市,情势极为严重,25日后始宣布停止。工厂、公司、银行、报纸、商店及各种公共事业一概停止活动,全市生活多日陷入混乱状态之中。在这一时期内,总罢工之工人达145 000人。反对外国人之情绪从上海传遍全国各地,各大城市均举行罢工示威。

在香港与广州,大罢工同时于6月20日发生。所有香港的中国工人,特别为外国人雇用者均被召回至广州。1周之间,据云有15万中国男女工人及童工离开香港。此事乃变为一不合作与消极抵制的大规模示威运动。罢工者并不要求任何工资及时间损失的补偿,他们只是聚集不散。罢工委员会并通过数条规定劝喻留居香港的华人遵守:(1)勿买洋货;(2)勿用外国货币;(3)勿为外人作工;(4)不入外国学校;(5)勿售货物给外国人。

此种罢工活动,尤其海员全体罢工使香港政府惊惶无措。当即陆续颁布紧急命令,规定"除特别允许外,所有面粉、食物、金银钱币,一律禁止运出香港以外。"同时广州大罢工召回沙面租界内之一般中国仆役及雇员。6月23日数千中国民众,包括工人及学生等举行大示威运动。当示威游行进行至沙面对岸(即沙基)时,突然发生武装冲突,致数名外国人受伤,一名法国人死亡。(编者按:当时英方开枪射击手无寸铁之华人,死伤甚多,外国人并无死伤情事。)但中国民众因受英法军队之射击,死伤者无数。究竟何方首先开火,至今犹为争论之点。

八、粤港纠纷

此次惨案引起中国人极度的愤怒。在此紧张气氛中,香港政府禁止米粮、食物及货币出口。消息传至广州,经当地人民正确的或错误的解释,皆认为系财政上及经济上对广州及其他仰给于香港之各省的封锁政策。香港政府颁布此项规则本为预防,其目的在保持当地食物供应与货币周转,但实际上,其后果为对广州之封锁。由中国方面观之,此种举动反引起抵制英国之倾向趋于巩固,并使香港之罢工继续扩大。

自上海惨案发生以来,日本与英国皆受到抵制之同样打击。沙基惨案中,法国亦加入战线。惟粤港纠纷,长久不息。盖因香港之英国人常诋毁中山先生的学说,故广州政府对香港极为不满。6月12日以前广州尚在反对国民革命分子之手,至该日始为国民党所克复。香港对国民党之敌人,会给予各种指导与鼓励,显有庇护的嫌疑。加之,香港政府禁止食料出口之不幸举动,使此对抗运动一触而发。于是所有对付别国之力量皆转向集中于抵制英国与香港。

九、香港封锁

对香港封锁政策立即施行。商会、中华民国总工会及港粤农工委员会颁布条例如下:"任何国家之进口货物,凡经过香港或澳门者,一律不许进入广东。从广东输出之货物,无论至任何国家,一律不许经过香港或澳门。""凡英国及任何国家经过香港及澳门之商船,一律不许在广东境内起卸货物。""非英国之商品及商船,凡不通过香港及澳门者可得贸易的自由。"

对香港实施封锁后数星期内,广州与海外之往来,几乎完全停顿。但至9月以后,英国以外之邮船均决定遵守抵制委员会之规定,将船只直放广州,不经香港或澳门。在抵制期间,海外之船只在广州港口内大为拥挤。许多不能寻得停泊码头权证之船只只好停留港外,以俟港内有容留之停泊位置。

在抵制运动发生以前,出口货物一般皆从广州或汕头由小船运至香港,然后从香港作为海外贸易输出。自香港封锁以后,货物运至海外,因为从广州及汕头装载的船货,皆由非英国的行商承办,而运输的船只也不是英国所有;故此抵制政策对于英国之航业,实有莫大的影响。

在抵制英国航业规程实行以前,中国沿海各口岸及广州、汕头之运输,皆在英商轮船公司掌握之中;现在这种交易也移至非英国轮船公司。同时英商在中国口岸来往之沿海及国外贸易,其载货的价值,1925年较之1921至1924年之平均数减少19%。

粤港之纠纷,曾经多次设法解决。广州方面屡次推诿抵制的责任。最后,双方政府的代表共同议定办法,始于1926年"双十"节由广州政府宣布终止此项抵制运动。同时公布在广东政府管辖地带所有之进口货物,一律皆增加关税;盖以取消抵制运动作为香港政府承认增加新税的条件。广州当局并暗示此项新税之收入,乃系作为粤港罢工者赔偿费之用。

十、香港所受影响

抵制运动持续了15个多月。在此时期中,以香港为英国侵占地之故,其所受中国抵制之攻击,为害殊烈;对于商业上更有极端不利之影响。香港为一转运港,全恃中国货物经过的交易。其对华出口贸易几占65%,进口贸易约占16%。换言之,即进出口共计有81%的交易,全恃中国货物的经过。在此情形之下,中国之抵制运动,对于此孤立的地区实为一严重的问题。

所不幸者,香港政府自1925年9月起即停止香港贸易统计的搜集与出版,这是抵制运动所产生之经济上的特殊情形使之如此。一般意见皆认为进出口贸易统计之所以停止，乃香港当局深恐其出版物使人太明了于抵制运动对该地所产生的巨大影响。

香港贸易之损失，可从7个最重要贸易伙伴在抵制运动期间，即1921年1月至1925年6月间与香港贸易之报告中得其梗概。此7国即中国、日本、印度支那、英国、美国、荷属东印度和暹罗。在此期间，此7国在香港之贸易，占香港总贸易中之86.9%。但在抵制运动的15个月中，其对香港之贸易，较之1921年至1924年间之平均数共减少260 853 000美元。在抵制期中，对美贸易平均减少32%，对英减少48%，对中国减少33%。总之对各国之贸易平均减少36.2%。根据此报告，15个月中，香港对各国贸易的损失总数至少当值3亿美元。

香港除对贸易上的损失外，同时受到沿海及国外航业的打击，而境内各种财产的价值又复锐减。香港有一英国重要进出口大行号，估计香港实业界自1926年以来，所受财产及股票价值低落的影响，约值5亿美元。

在1926年10月间，甚至在抵制运动终止之后，香港几呈一荒落之现象。商业一蹶不振，屋宇空闲，公司倒闭，各种事业甚少生气。当地事业在被抵制期间一时竟衰落至此，使英国政府迫不得已以13 000 000英镑（约合14 500 000美元），以补助香港度过此一紧急难关。

十一、英国贸易损失

抵制运动不仅在粤港间极度紧张，且传遍全国各地；而英国从实业及航业上所受的影响，更属可观。在抵制运动的15个月期间，英国对中国及香港的出口贸易较之1921至1924年间，平均减少57 878 000美元。此低落之数字，约抵平常贸易之32.6%，此不仅指示各公司之商业利益上的回扣低减，且直接使大不列颠帝国在实业上，每月平均遭受3 858 000美元的损失。此项贸易降落之最大原因，当为抵制运动，足使中国进口贸易锐减。在此抵制期间，英国之出口贸易较之美国减少9倍，即可证明。抵制运动虽在1926年10月10日宣告停止，但其影响则远非政府命令所可立止；随时随地的零星爆发仍迁延数月之久。1927年上半年，因交还汉口与九江租界，几使抵制运动重新爆发。1927年间，英国之贸易仍旧不振，半因抵制运动的关系；半因中国贸易受内战重起而降落的影响。

在此一年中，英国对华出口贸易，较之平常减少56%；而美国因中国内战的关系，其影响只减少22%。英国受抵制而损失最大者，莫若纺织业。在数量方面，棉织品之运销中国与香港，在抵制运动期间减少36.8%；在价值方面，则降落42.4%，即平均每月损失1 128 000美元。此减少之数，即代表抵制运动期间，英国在华贸易市场总损失中的55%以上。

十二、抵制运动之影响

中国以抵制运动为一种有力的经济武器,中国的外国报纸常论及之:(1)因进口贸易减少,以致国家关税损失;(2)被抵制国家之出口贸易减少;(3)焚毁已至中国之外货,致商人受损;(4)使罢工者工资损失;(5)商业混乱及国际好感的丧失;(6)此种运动有流为社会混乱状态的危险等等。中国方面的反辩则谓抵制运动和护国战争相同,为一种爱国运动,人民为免遭受更大损失,应准备承受相当损失。且中国方面当不致如日本及英国因抵制而所受损失之巨大。关税损失,实不足为每次抵制运动中最重要的问题,因货物尚能从被抵制以外的国家输入。经过每次之抵制运动,除1920及1921年为战争的年度外,出口贸易之总价值皆有增无减,生命无重大损失;亦无巨大经费以维持抵制运动群众的生活。当然中国政治上所得的利益足以抵偿中国所遭受的经济损失:山东业经收回,关税获得自主,英租界均经交还,威海卫亦已接收,对于领事裁判权之废止亦有进步。

抵制运动之成功,完全因被抵制之国家经济上依赖于中国,而中国经济上对之可以独立。日本完全依赖于中国之市场,销售其出口货物。在1921至1927年间,日本出口贸易总数之28%均系运往中国、中国香港及“南满”。至于英国,并不完全仰赖中国市场,因其巨大之出口贸易,中国只吸收其4%而已。但中国香港的商业则依赖中国;实际上,香港不啻为中国在国际贸易上之南方口岸。故当抵制运动时,中国之城市广州即可代替此口岸而运用其大部分机能,所以封锁对香港构成严重事件。反而言之,中国不必仰赖任何一国作为出口的市场,或进口的来源。抵制运动之为用,不能施之于任何国家皆有效。但施于对华出口贸易最巨之日本与英国,则证明为一极有力量的防御武器,较之战争,牺牲为少,且对于国力不振的中国,更有实效。

第三章　隋唐时代中日文化关系之检讨

此文系1931年在南京金陵大学刘继宣教授所授“中日文化交通史”的课室作业。曾在1953年上海《学术界》第4卷第1—3期发表。

——编者注

一、引言

隋唐两代,实为中国历史上之黄金时代。盖自汉季以来混乱分裂之局,自隋而复归一统,至唐乃趋于极盛。不仅疆土广拓,宇内承平,而文化隆盛,尤远播四邻诸国。日本所受隋唐文化之影响最为深远,其中古时代之一切文物制度,多系模仿隋唐。爰就史籍记载,略论其宗教思想、政教制度、工艺技术与文学美术诸端,借以阐明隋唐时代之中国文化,如何启发及影响于日本之开化与文明。

中国与日本交通虽远自汉魏,然正式遣使聘问实自隋始。有唐一代,使臣学者之往来,不绝于途;隋唐文物制度之流传日本,实往来于日本与隋唐间之媒介所传输。此种媒介可别为五类:(一)遣隋唐使;(二)留学生与留学僧;(三)赴日之唐人;(四)商贾;(五)朝鲜人。兹分述之:

(一)遣隋唐使

日本正式遣使聘问中国,盖以推古十五年(公元607年)小野妹子等使隋开始。《隋书·东夷传》云:“使者曰:闻海西菩萨天子重兴佛法,故遣朝拜。”故其最初目的在求佛法甚明。自遣隋使一度与中国文化接触后,景慕之情殊殷,故继续有遣唐使之举。遣唐使之任命,前后至19次之多,其实际至唐者,凡达13次。前期遣唐使之目的,可视为遣隋使之延长。天智朝之使，乃因百济与唐之政治关系而遣派。自文武朝至孝谦朝，唐代文化之隆盛，达于极点，故此50年间之遣唐使，规模既大，仪容亦整，盖完全吸取唐代文化真髓而前往。自安史乱后，唐代国运日衰，而遣唐使以其为祚之贻谋，仍于义务上遵行。总之，遣唐使表面虽为修好而往，其实输入物质文明，乃其主要目的。遣唐使内，最重要者为大使、副使、判官、录事四等官，皆选深通经史、文艺优秀者任之。故在唐期间，虽只一年左右，而于移植唐代文化上，实大有功力。遣唐使归国后，位列公卿者颇多，如吉备真备为右大臣，粟田真人、多治比县守为中纳言，藤原马养、朝野鹿取为参议。或历任中央与地方文武官吏，以在唐之见闻，施行于日本者亦不少。同时遣唐使之职员内，有医师、阴阳师、乐师、画师等，以入唐之故，于文化移植上，甚多贡献。

（二）留学生与留学僧

遣唐使之主要意义，盖为政治的；而直接移植文化者，则多为赴唐留学生。留学生可别为学生与学僧二种：前者指一般学艺之学生，后者指学佛之僧侣。又有所谓还学生、还学僧，及请益生与请益僧之名。还者，往而复还之意；请益者，已受教而更有所请。留学生赴唐，常随遣唐使往返之便，推其人数，每次平均约在20人左右，而迎送留学生，实亦遣唐使重要任务之一。然遣唐使平均20年1次，急思入唐求法之僧侣，亦有自觅便船入唐者。至留学期间，文武朝以前，常至二三十年，平安朝以后，普通仅一二年，超过5年者甚少。当任使遣唐使时，大使及副使以下各赐绝、绵、布等物，而对留学生与学问僧所赐独多，盖系充入唐后学费之用。当时中国学生集合于京师者，均各赍其乡土物产，卖于市中，以换取日用品，日本留学生当亦仿效。日本朝廷有时亦托便送以黄金，唐朝对于此等留学生亦有施与，故其期间虽长，而生活甚裕。日本留学生在唐时期，一时皆从唐之风俗习惯，不仅衣食住为然，复信仰唐之宗教，传入唐之文物制度，对于隋唐隆盛文明之直接移传，留学生与留学僧实具有非常之意义。

（三）赴日之唐人

隋唐文化移植日本之另一媒介，则为赴日之唐人。按唐朝外交上之仪礼，每于日本遣唐使归国时，特遣使送之，使事告竣，或即返本国，或有留日本而不返者。此等归化之唐人，亦各赐姓、叙位、任官。其于唐代文化之传布，亦有极大之功绩。又遣唐使往复时，唐僧随同去日者亦不少，于日本佛教宗派之成立，佛教艺术之发达，与印刷、医学、语言及文学上之影响，其贡献甚多。

（四）商贾

隋唐时因中日间往来之频繁，故始有海上国际贸易之事。唐之商舶，以贸易为主，常赍许多货物至日本交易。唐舶先至博德津，太宰府驰驿走报京师，安置唐商于鸿胪馆予以供给。其携来之重要贸易品，盖不外经卷、佛像、佛体、佛具，及文集、诗集、药品、香料等类。日本政府则以砂金、水银、锡、绵、绢等物，易唐商之货品。在官司未交易前，不许私与诸蕃交易。然唐舶到时，公卿、朝臣、富豪等每争遣使者至港，购买舶来品。故唐商输来珍贵之文化品，使京都贵族与上流阶级之文化生活，益见充实。在文化移植之历程中，商贾当亦为重要媒介之一。

(五)朝鲜人

中国文化历来为东亚文化之祖。其四邻藩属尤多受中国文化之同化。若朝鲜即受中国文化之熏陶,复间接传输于日本。3 世纪以来,日韩已有密切之交通;故日本与中国正式交通以前,日本所移植之所谓"大陆文化",乃完全中国文化经由朝鲜间接传入者。因此朝鲜人在文化移植上之地位,亦十分重要。若儒学之传输,佛教之传布,工艺之采用,皆朝鲜人间接移植之功。

二、儒佛思想之传布

(一)儒学传输

儒学者,孔子之教也。自汉以来,中国始见崇拜,立庙奉祀,近于宗教性质;隋唐以降,渐次尊崇,礼等帝王。故其后 2 300 有余年,儒家思想不仅为中国政教之基础,抑且经朝鲜而波及日本,为东方文化之祖。

儒学之传输日本,盖自应神天皇之朝(270—310),王仁携《论语》、《千字文》至日本为始;后 5 年,博士高扬尔、高茂安相继来朝。至推古朝之后,使臣学生往来隋唐者不绝,故经籍乃得逐渐输入而流传,教育以兴,而儒学始见其势力。一时政教标准皆取法于唐。登用官吏者不可不修汉学。天智帝之时,创设大学,文武帝始定令典。京师设大学,诸国设国学,其时定经书分讲之目,有《周易》、《尚书》、《周礼》、《仪礼》、《礼记》、《毛诗》、《春秋左氏传》,若《孝经》及《论语》,则使兼习。故当时学校之重要教材,悉采五经,由是日本国内崇文之风与文明智识之波涛,骎骎而来,而儒学广播海内,渐得势力。

孔子之教,以仁为行为之本,以诗书礼乐为至德之门,以修身、齐家、治国、平天下为其目的。当时儒之讲经者,多采汉唐古注,重训诂而忽其思想,探求于文字章句之末,而于微言大义,往往从略。至平安朝,讲经书作诗文者渐多。而管原、大江二族更以学儒而成家,其门下更多济济之士。管氏重儒,兼崇佛教,忠孝、彝伦之说与解脱、涅槃之理,二者融合于一身。当时充任遣唐使者,多选拔精通经史者任之,若高向玄理、粟田真人、藤原清河等皆深研经史,虽至后世,仍以学士文人见称;管原清公亦其一也。其留学生之在唐者,亦多专习经史,若阿倍仲麻吕、吉备真备,皆一时扬名于唐。玄宗因请儒士授经,诏四门助教赵元默就鸿胪寺教之。及其归也,献孔子及十哲像及唐礼百三十卷,帝令学生悉从之,习五经、三史、明法等课。至留学生之归国者,亦主仿唐制,尊崇孔子。如教谦朝之膳大丘,在长安国子监修儒学,归国后为大学助教,继为博士,神护景云二年(768 年)奏请尊孔子为文宣王,许之。又如伊豫部家守,入唐学《五经大义》,宝龟九年(778 年)归国,建议定孔子享坐南面,举为大学助教。彼等于日本奈良朝儒学之兴隆,贡献甚多。

日本当一种新思想传入时,常以情势隔阂而起纷争,惟儒家思想之来则不然。若佛教及基督教,当其传输之初,一时人心惶惑,新旧相轧,遂至流血。而儒家学说与日本民族之习性相投,颇见融洽。儒学本以家庭制度为基础,待传入日本,复移孝作忠,以与日本万世一系之说同化，而儒家忠孝之教，遂永为日本思想之主体，其影响于日本精神生活者，尤见重要。

（二）佛教流传

佛教之始入日本，尚未确定何时。公元4世纪时，朝鲜半岛因受中国之影响，已化为佛教国。其时日本与半岛间之关系，日益密切，日人之至朝鲜者，乃渐与佛教文化接触，归国之士，则宣扬佛教于日本。时苏我氏当权，思以佛教作为政争工具，排斥神道教，故佛教得赖其权力流传于日本。当钦明天皇之朝，百济王铸丈六佛像，置之于任那。公元552年，百济王献佛像经卷于日本朝廷，并附表公布佛功德，其中有云："佛学高深，远过孔子。凡信仰者，国家兴隆；治其学者，可明哲理。"苏我稻目氏传之于京畿，首舍私宅，造寺铸佛，聚众设斋。其后百济更贡以僧尼、佛工、佛匠等。此为日本佛教之滥觞。

推古天皇之朝，圣德太子摄政。太子天资英敏，博览典籍，深羡中国文化，尤好佛学。佛教之得广播于日本者，太子之力甚多。推古十二年（604年）公布《宪法十七条》，首以法律提倡佛教，而施以政教一致之道。其第二条曰："笃敬三宝。三宝者，佛、法、僧也；则四生之终归，万国之极宗，何世何人，非贵是法，人鲜尤恶，能教从之，其不归三宝，何以直枉。"自是佛教兴隆，群臣竞造佛寺，太子与群臣同发誓愿，始造铜绣丈六佛像各一，安于元兴寺。帝又令太子讲《胜鬘》、《法华经》，引诸名僧于前论问，僧徒多聪明博洽之士，贵族中之求学者，益争出其门，于是佛教乃成为贵族阶级之宗教。后又遣大使小野妹子聘于隋，求问经典。总计圣德太子所建寺，若四天王、法隆、中宫、橘树、蜂冈、池后、葛成、元兴、日向、定林、法兴等不下十余所。大寺中有敬田院，便于佛徒之修学；附以施疗院，以救贫民疾病；别有悲田院，以养孤儿、寡妇、老衰之辈。故太子不仅用力于政务，又推奖宗教教育，勉行慈善，以助佛教宣传。自是佛教盛行海内，30年间，日本寺庙达46所，僧尼凡1 380余人。

当时佛教徒之地位颇形高尚，而教化之流传更广。孝德天皇时，皇兄本人且入寺为僧，可见一斑。至僧旻为国博士，豁免寺僧田赋，佛教地位日固；神佛一体之说亦于此时兴起。天武天皇时，尝下诏禁屠；圣武天皇时，铸造大钟，重至49吨；后又铸佛像，高过5丈，即至今闻名之"奈良大佛"。而一时国内所出之铜，甚至不敷铸造钟佛之用，可谓极盛一时。孝谦天皇时，民间天花流行，天皇命诸藩侯各写《法华经》10部，建七级浮屠，借祈佛佑，后疫稍衰，乃聚僧万众，以设坛佛前，于是人民争颂佛恩，膜拜顶礼于佛寺者日众，可知当时教化之广盛。

推古朝以来，高僧之往来于隋唐者，史不绝书。留学生中，除少数攻经史治文艺之学生外，盖全数为学佛之僧侣，所谓学问僧者是也。自小野妹子报聘于隋，其后僧旻及高向玄理随至中国求学。推古卅一年（623年），僧惠齐等奏曰："唐，礼仪之国也，宜常相聘问。学生在唐者，皆已成器，愿召还之。"孝德天皇之朝，遣唐大使吉士长丹率学问僧道昭等十余人入唐求法，道昭学于玄奘三藏之译场，受经律论，归而创开法相宗。至后僧徒入唐者渐多，彼等或顶礼于唐都长安，或巡拜于天台山、五台山之佛教灵场，至平安朝之入唐僧，更多巡拜于此。既归，乃分传其所学宗派于日本，而携回之经卷及书籍，其影响于日本文化者更重且巨。故彼等在唐不仅学得佛教，隋唐隆盛之文物制度皆因是输入日本。

日本佛教之兴隆，固为遣唐学问僧之贡献，而由唐来日之僧徒亦与有力焉。当遣唐使往复时，唐僧之随同来日者亦不少。奈良朝之初期，有道明与道荣；道明为长谷寺开基之僧，在日本密教史上，颇有其地位。其后有洛阳大福先寺之僧道璇；馆于天安寺之西唐院，携来经卷为日本弘通律宗之先驱，且与华严、天台二宗之隆盛，颇有密切关系。至天平胜宝六年（754 年），鉴真及其弟子之来日，则更多显著之影响。鉴真在东大寺建戒坛院，不仅努力于弘通戒律，且多影响于日本之佛教艺术。盖鉴真于建寺造佛，富有经验，其弟子亦皆具一技之长，唐招提寺之堂塔伽蓝与佛菩萨像，实成于此辈之手。其他对于医药、汉文字及日本书道之发达，其贡献亦多。

隋唐以来，佛教在中国为极盛时代。经晋及唐初 400 余年间，产生凡 13 宗派，其盛行于唐者，曰律、三论、净土、禅、天台、华严、法相、真言八宗。当时日本与唐之交通往来既甚频繁，结果此等宗派俱传入日本。当圣德太子之时，佛教虽盛，然未分宗派，推古十年（602 年），百济僧劝勒说成实宗而不传其详。推古三十二年（624 年）高丽僧慧灌至日本讲三论，遂有三论宗；日本佛教之分立宗派，实肇始于此。其后盛行于日本者，以三论、法相二宗为最。然在移植创始之初，其教理未尽合国民之特性，至天台、真言二宗兴，于是佛教始渐与日本国情融合。

（三）儒佛影响

自儒学与佛教输入，不仅支配日本之思想，树立日本之道德，亦启发日本中古时代之灿烂文明。其影响于日本之精神与物质生活者颇大，兹分述之。

1. 儒佛与神道。神道者，日本之一种原始宗教信仰，亦即宗法社会中祖先崇拜之义也。自汉字之传输，阴阳五行之说与敬天地鬼神之思想得引而充实其内容。迨儒学输入，采仁义之教，而整君臣之序；易重孝之教，而有忠君爱国之说。神道之本质惟“诚”，孔子之教则以忠信为主，盖心之诚为忠，言之诚则为信，故儒学传入之后，忠孝仁义之说，乃由抽象而成现实之道德，与神道相互成立。迨佛教东传，说三世因果，其始入日本也，或称异域之神，故神佛分途而对峙，互相倾轧；然未久而上下信归三宝。迨平安朝，应社会自然之要求，而产生所谓“新佛教”。自佛教之新宗派起，而其实质乃大变，配以所谓“本地垂迹”之说，视日本诸神皆为佛陀之化身。如《朝野群载》：“抑当宫者，百王之灵社，弥陀三尊之垂应也。”又大江匡房《江谈抄》：“大神宫救世观音御变身。”此等神佛同体之说，使日本乃成一敬神崇佛之国家。夫神道重过去，追求其古代原始光荣；儒学则重现世，与日本文明相调和，足以辅助政治；佛法则重出世，足补神道之缺漏，而匡救社会道德。故日本完备之宗教信仰，自儒学及佛教之传入，与神道相合而始成立。

2. 儒佛与武士道。儒佛思想对于日本影响之最深切者，莫若武士道。武士道者，日本武士之一种道德观念。其性在克己制欲，其质在素朴勤俭，其事在弓马兵法，其学在治国齐家之道。无喜怒，不奢侈，此皆受佛教及儒家之影响。儒学重实行，而卑空想；佛教则自观曰三界唯心，死生如一。故武人深信其说，自谓忠心事上，心地光明，无入地狱之苦，有生富贵之乐。故不畏死，善战斗，此皆足以励其精神，作为道德标准，而形成日本之一种特质。其实武士道之最初本质，并非出于精微高深之理想，不过是封建制度下受儒佛道观念之熏陶，而必然发生之一种习性而已。

3. 儒学与道德观念。日本道德观念所受儒学之影响尤为重要。盖最初日本民族教化未备，自儒学传入，始以孔子学说为其道德上之标准，不仅劝善戒恶，且多建立伦理上之制度。如祖先之祭祀，同族结婚之废止，一夫一妻制之规定，君臣父子夫妇兄弟朋友五伦观念之确立，别妻妾，禁重婚，均次第于日本社会中成立。"不孝有三，无后为大"之观念，亦于《大宝令》中规定无子为离婚条件之一。他若忠孝仁义之德育上的感化，对于日本人民之生活，更多精神上之陶冶。

4. 佛教与日本文明。自佛教传入，250 年间，因僧徒之往来中国，不仅影响于日本之精神生活与艺术思想，且颇资日本物质文明之发展。僧侣基于佛教慈善之旨，多开辟山野，修筑道路，治理水利。如法相宗之始祖道昭，则开河津，备舟楫，作桥梁，通沟渠，凿泉井。其后东大理寺有僧普照奏请朝廷，于道旁遍植树木，以便行旅。他若工艺、美术、医药、历算等，亦皆经佛教徒之推奖而发达。又如哲学思想之养成，艺术武道之精神，文字之构造，汉文学之流行，盖均受佛教之启发为多，当于后节详记之。

三、政教制度之模仿

（一）政治革新

自佛教东传，遣隋唐使与留学生往来不绝。彼等目睹中国文化之隆盛，制度之完美，心辄慕之。当其初也，日本推古天皇在位，权威日替；朝臣结党倾轧，氏族跋扈专横。而国内则政治窳败，民生疾苦，故有圣德太子之醉心华化，图谋改革。定官阶，颁历法，御律令，谋集权，然其策划甚鲜成就。当时返国之留学生等，目击时艰，以为欲救国家，当先改革；欲图改革，首仿唐制，故当孝德天皇即位之初，即有所谓"大化革新"。革新者，一切制度之唐化也。迨及奈良时代，遂全为唐制模仿之世。

日本史上政治制度之改革有三重要时期，大化革新为吸收外国文化之首次尝试。孝德天皇即位，建元大化，以高向玄理、僧旻为国博士。彼等均学识渊博，身受隋唐文化洗礼之留学生。历隋亡唐兴，居中国凡 30 余年之久。故天皇有谋必咨。而改革计划，更多出其手。总论改革之事，约有数端：

1. 中央集权。大化革新之目的，在倾覆氏族制度，而确立君主直接统治臣民之专制政治。当佛教传输之初，天皇之权力曾濒于衰危，然一反转间，天皇乃一氏上之资格而达君主专制之地位。从来土地均属于各大氏，天皇对于人民乃一间接之统治者。氏上更因地位之高下，世袭职官。推古帝之时，圣德太子即思赖佛教之力而图皇权之恢复，然终失败。大化革新以后，氏族制度始颠覆，而君权确立；废世袭官职，而选贤能充任，使政治与族制分离，因此氏乃丧失其政治单位之性质，土地与人民乃得直接统治于天皇之下，而实行中央集权之政治。

2. 奠都与建元。以中央集权之故，京都为发号施令之总管，故有奠都以重观瞻之必要。且社会日趋复杂,生活渐入繁华,政治因以易其重心;同时以唐代京城之宏丽壮观,尤足引起日本建都之观念。故元明天皇之朝(710 年),首奠都奈良,称平城京,都此凡 75 年。至桓武天皇朝(791 年),迁都平安,称平安京;其一切制度,悉仿唐京长安之条坊制建设而成,为日本有史以来之伟大建设。孝德天皇即位(645 年),首仿汉制建元大化。大化者,大变化之谓也。日本之有年号盖自此始。大化五年,长门献白雉,以为祥瑞,故改年号为"白雉",改元亦自此始。此皆受中国制度之影响。

3. 中央行政制度。唐之中央政府采三省六部制。三省者,尚书为都省,门下为左省,中书为右省;六部者,吏户礼、兵刑工。大化革新,首采唐制;废大臣、大连、伴造、国造等名称,设左右大臣及内臣,赞理国政;下分八省,曰中务、式部、治部、民部、兵部、刑部、大藏、宫内,各司其事;又定七色十三阶冠制,分织、绣、紫、锦、青、黑、建武,以别高下。

4. 地方行政制度。大化革新,务求行政统一。其地方区划之方法,乃模仿唐之郡县制;而都市行政,则效唐之修条坊制。在都市(如京师),以 8 户为行政单位,称为"行"。每 4 行更设大单位,称为"町"。4 町为保,4 保为坊,4 坊为条,一条以2 248户组织之。每坊置长 1 人,每条置令 1 人,以为统管。其在地方,则 50 户为里,每里置长 1 人,合若干里渐次组织上级行政单位,称为郡。1 里之户数有 60 以上时,分为 2 里。郡之大小则以所包含里数之多寡而定:如大郡为 16 里至 20 里,中郡为 8 里以上,下郡为 4 里以上,小郡为 4 里以下。郡更置大领、小领、主政、主帐,以为统管。至里之组织,完全是以行政为目的之人为的结合,与自然性质之村落有所不同。

(二)律令编撰

论日本法制之沿革,可分为三时期:最初为不成文之习惯法;次采中国法而撰律令;其后则用欧美法。在第二时期中,自推古天皇之朝至镰仓幕府兴起之初,凡 200 余年间,可称完全为模仿唐法制之时代。

1.《宪法十七条》。推古十二年(604 年),圣德太子在位摄政,取儒佛二教之旨,斟酌隋朝之法制,颁《宪法十七条》,此为日本成文法之滥觞。盖其时中国文化发达,日本学者竞研大陆之学,而图国家制度之改革,既知儒佛之旨,复受唐法制之影响,历代以来,乃渐改旧时之不成文法,而编定公私之法令。

2.《近江律令》。当天智帝为皇子时,因着意革新,即与藤原镰足从事编纂法典,初未公布于世;天武朝,又加改定。直到持统天皇时(689 年),始颁布于国司,称"近江令",凡 22 卷。

3.《大宝律令》。文武天皇朝(701 年),藤原不比等、粟田真人等奉敕所撰,凡 17 卷,是为日本完备法制之始。其关于刑罚者曰律,凡 6 卷;其关于制度者曰令,凡 11 卷。刑罚有 5 等,即笞、杖、徒、流、死罪;其轻重又分为 20 级。制度则规定官吏阶级、冠冕、衣服、学校制度、收授田地、租税轻重、兵制等类。盖此令之成,多准于唐之《永徽令》,亦犹欧洲各国仰慕罗马法之完美,而加以模仿。古律中以此令最为整备,遂为此后千余年之日本所变化沿用。

4.《养老律令》。元正天皇养老二年(718 年),藤原不比等、大和长冈等受命撰定;律、令各 10 卷。《养老律》凡 12 篇,《养老令》有名职员、东宫职员、家令职员、神祇、户、田、赋役、学、选叙、继嗣、考课、禄、宫术、军防、仪制、衣服、营膳、公式、仓库、厩牧、医疾、假宁、丧葬、开市、捕亡、狱、杂、僧等项。此项律令乃根据《大宝律令》而加增订,修改细目,故颇见完备;然多模仿唐律,抄袭成文,故有不能适合日本国情之处,因又产生所谓"格式"。格式者,斟酌情势之缓急与得失,随时修正。故当 9 世纪时,乃有嵯峨天皇朝(810 年)之弘仁格式,清和天皇朝(859 年)之贞观格式,及醍醐天皇朝(898 年)之延喜格式产生。

《大宝律令》在日本史上为范围最广之唯一法典,今日通称之"大宝令",即经修正之《养老令》。其使用时期约自 7 世纪至 19 世纪,施行至十数世纪之久。其中律部,完全为唐法之模仿;而令部则为合于民情,亦屡加修改,可称为以唐法为基础而产生之法规。关于户籍及继承法之规定,尤见开明。

(三)教育制度

日本教育与儒学之传输俱来,其制度悉仿隋唐。唐之学校则沿隋制;在京师有国子学、大学、四门学、律学、画学、算学,皆隶于国子监。又有弘文馆、崇文馆,以属于门下省。至于地方,则有府学、州学、县学之设。学校教课则以经学为主。

日本教育之初兴,授普通教育。其后更增设五经博士,并研究文史法三道。迨遣隋唐学生归国,对于教育始有具体之贡献。《日本国志》云:"遣唐学生,所得学术,归辄以教人,以故人才蔚起。"学校之制,始于天智帝朝,大宝以后(701 年),京师有大学,诸国有国学。学生、学僧之游唐归国者,或唐人游历日本而具才艺者,皆用为学官,主持教育。故不仅制度效法唐朝,教材亦悉取五经,而其政策则以教育贵族培养官吏为目的。惟其后亦采唐之闾塾乡学之制而设平民学校。当时之制,大学及国学属于式部省,未有专管教育之机关。兹略述当时之学校制度,以见一斑。

当时之学校,其性质有二:一为官立,一为私立。官立学校,于京都则设大学寮与专门学校,于地方则设国学。私立学校,则有贵族性质之氏族学校,与平民性质之综艺种智院。试分论之。

1. 大学寮。大学称"大学寮",设头、助、大小允、大小属四部官管理之。其科别凡 6 种,即明经、经传(文史)、明法、算、音、画是也。教师中之掌教明经纪传者,称为博士;教艺术者,称为师。大学有博士 1 人,下有助教 2 人,其他授画算音乐者各 2,各传其专门之技艺。科目则重经学,书算次之;《周易》、《尚书》、《周礼》、《仪礼》、《礼记》、《毛诗》、《春秋》、《左氏传》均为必修,《论语》、《孝经》则使兼习。选取 13 至 16 岁之优秀人才,凡 400 名,使之入学为大学生。其他于诸国设国学,国司掌之。教师称为国博士,学生年龄与大学同。其名额则视国之大小而异,自 28 人乃至 50 人,全国共 3 000余名。师生间之界限极严,席次从长幼之序。学生则有赏给衣食,借阅书籍之特权;惟当时书籍尚无印本,皆墨迹手抄者,故得书颇觉不易。其毕业生,则视其所学,任为官吏。

2. 专门学校。研究专门学科者,有三种特设机关:一曰阴阳寮,其下设阴阳、历、天文、漏刻四科;二曰典药寮,设医、女医、针、按摩、咒禁、药园六科;三曰雅乐寮,设唐乐、大和乐、百济乐、高丽乐、散乐及歌、舞、笛、伎乐、腰鼓等科。其目的乃欲养成特种学艺之专门人才,非贵族子弟不能受课。

3. 氏族学校。至平安朝,贵族纷起教育其子弟,以为扩张门阀维持家业之用,于是私学勃兴。其始由和气氏广世设弘文院于大学之南,藏书数千卷,置学田40町。嵯峨天皇十四年(823年),藤原氏创立劝学院,设备完全,驾凌官学,谚语云:"劝学院之雀,能诵《蒙求》。"可见一斑。成绩之优良者,由文学博士或学头之推荐,得为"文章得业生"。其后有源氏之淳和院与奖学院,橘氏之学馆院,相继设立。于是贵族门第,各遣其子弟入学。

4. 综艺种智院。此院创立于淳和天皇五年(828年),为僧空海所倡导。普通平民之入学者,悉集于此,实日本平民教育之先驱。其目的虽以宣扬佛教为主,然亦兼授儒学,故有综艺之称。教师有二种,授佛学者称道师,授儒学者为俗师。《综艺种智院式·序》曰:"大唐国有坊,坊有闾塾,以普教幼年;县有乡学,以广导青年。以故才子满城,艺士盈国。反观吾国,一大学而已,闾塾无有也。贫贱之子弟,无求学之机。今此院立,可以普救失学矣。"可见平民教育之起源,实亦仿自唐朝。

当时教育,一以输入儒之伦理与佛之哲学为其主要目的,故日本之所谓固有乃遭排斥。圣德太子出而调和佛儒神三教;其后主政者,皆主所谓"和魂汉才"之说。和魂者,谓保有国粹之精神;汉才者,谓兼通外国之知识;犹中国所谓"中学为体,西学为用"之说。大学以纪传道为重,历史之外,兼及经义,以发挥文辞,称为文章家或大业之儒,即汉才也。其时师长之地位,颇见尊严,学生且常受赏赐。至奈良朝,妇女亦讲汉学,和歌亦以汉字书写。盖当时上流社会之男女,皆以风流都雅为尚,如书画、诗文、和歌、音乐、歌舞等各方面,亦因教育之发达而兴盛。

(四)社会组织

大化革新以后,因政治法律之基础建立于唐代制度之上,故社会经济之组织,亦莫不自唐移植而来。氏制崩溃而代以家族;社会组织因之变更,而亦取唐之五保制度为社会行政单位。兹略述当时家族、奴婢与五保制度之一斑,以见其所受唐制之影响。

1. 家族制度。古时日本社会之基础为氏族,由数大氏集合而成日本民族,天皇氏其一也。大氏祖先,本由一共同祖神分出,故在同一血统之观念上,日本民族乃集合氏族而成。大氏复分为小氏,小氏复分为户。户与现代家庭(即夫妇与直系子孙)之意义不同。1户之中,其人口之多者常达90以上。在日本古代生活中,氏族制度乃政治经济社会法律发展之根本基础。迨佛教输入,文化发展,而人口亦见增加,因此以个人为中心之氏族制度乃见动摇而崩溃,演化为父家长制之家族。父为一户之家长,但财产所有权利属于全体家庭属员。家长为对外代表,而其重要之职务,则在祭祀。古代继承氏之主宰地位者仍由氏人全体中选出;而《大宝令》始采唐法个人本位之规定,而认长子之继承权。至于两性关系,日本古代为群婚制,血族结婚,并无限制。大化革新,始有一夫一妻之规定;别妻妾,禁重婚。法律且规定男15岁、女13岁始得为婚姻,女子嫁必得尊亲之允诺。唐制结婚有所谓聘财之制,《大宝令》中亦有之;聘财恒用衣料,酒食则不能。离婚须具有理由,《大宝令》所规定者乃唐法之"七出",即无子、淫佚、不事舅姑、多言、盗窃、妒忌、恶疾是也。

日本社会本无男尊女卑观念。考上古史乘所载,女子干政及参加武事,与男子同尽力于社会事业者甚多。然其后佛教渐盛,谓女子之性邪慳,而罪劫甚深,当抑其元气。至8世纪时,女帝相继即位,妇女之势甚盛。迨后妇女多沉醉于文学,虽贵族社会男女社交公开,惟是以优柔美态为务,而风俗实日渐颓靡。因长子制度之确立,女子遂丧失其原来之财产所有权。依《大宝令》之规定,无遗嘱之财产分配法,则母居二分,长男二分,次男以下各二分,女子及妾仅得半分。因女子经济不能独立生活,故妇女在社会上之地位亦趋低落,而屈处于男性支配之下。

2. 奴婢制度。日本古代社会中,于自由民之下,复有不自由民阶级,所谓奴婢制度是也。当时天皇所统治之人民约有300万至350万,而奴婢约有15万至20万,几占全人口5%。奴婢可分为二种:一为官有奴婢,一为私有奴婢。前者为朝廷所蓄之手工业者,得与自由民享受同量之口分田,且有免缴租税之特权。后者乃家庭中所具之财产,依乡土之宽狭,得受自由民1/3土地;又有纳税之义务;若经官准提保证付以约券,得与牛马同样随意买卖。但法律上虽有准许买卖之规定,实际颇不易得到国家之允许。如文武天皇四年(700年)夏大旱,五谷不登,百姓饥请卖子,国司奏状不听。持统天皇时复诏曰:"凡祖先所免奴婢,既除籍者,其亲族等不得更诉为奴婢。"故当时法律上虽有奴婢制度之存在,而道德上或有渐趋自由之倾向。

3. 五保制度。自氏推动其重要性后,户乃代其地位而为社会上之单位。因国与户之关系疏隔而行政渐觉不便,于是乃成保。户为保之组织分子,对于政府,负共同担保之职;若其中一户逃避课税,其他各户须负责搜查,或代缴此项国税之外,各户受有一定之园地,以植桑漆。园地与家屋可许自由买卖,但不得施舍或售与寺院。

口分田制亦随社会之进步与发展,而与《大宝令》中之规定相异。直到圣武天皇神龟年间(724—729)仍遵此制施行。至9世纪末,此制乃大紊乱。当时朝廷本在模仿唐制使其实现,而事实上远离其预期之目的。

(五)经济制度

1. 土地制度。自氏族制度崩溃,天皇始直接统治全国土地,而人民只有使用、收益之权利。其依户之人口而分配土地者,称为"班田制度"。班田者,分班田地之义;其要点则为口分田,故亦称"口分田制"。此制度乃从唐代移植而来,殆无疑义。唐时行均田法,亦采口分田制;使全国人民之受田者,皆有定数。日本则于《大宝令》中,采仿此制。孝德天皇大化二年(646年)始行班田,朝廷派遣班田使指挥分配,制户籍账簿而为实行班田之基础。每6年为班授时期,此班授之年,称曰"班年"。6岁以上男子受2段之口分田,女子则受男子之2/3。然其后亦有依田地人民之多寡而班给定额以上之田地者。有死亡者,其口分田于其次班年返还政府;离户者亦同。田地一经班授,即许其平生耕种。至班田时,只班授于6岁童子,应返还已死者之土地于政府。土地之特殊所有权,在于天皇;至于后世,以经济发展,及人口增加,始蜕化而为人民之土地私有权。

2. 赋税制度。教德天皇大化二年,诏"罢旧赋役,行租庸调法"。厉行财政上之改革。租庸调法亦唐制。唐高祖武德七年(624年),始定均田赋税,凡国家男丁18岁以上者,给田1顷;其年贡则有3种,称为租、庸、调。租者,课口分田之税,岁输粟2石;调者,从其乡土所产,纳绢絁绫布;庸者,代役也,岁役20日,欲获免于役者,则每日纳绢3尺。故租者田税,调者家税,庸者口税。在《大宾令》之赋役令中,其纳税之种类及分量之规定,颇为详细。其足注意者,则为对于口分田使用收益权之许与,为相对之报酬。田税之税率为其收获之3/10乃至5/10,多数以稻缴纳,然亦有用其他谷类代替者。至于家税,则受田2亩者,纳细绢1丈,絁则2丈,布则4丈;受田8亩者,纳细绢4丈,宽皆2尺5寸。其造屋者,纳地租细布1丈2尺。又百户出马1匹,或每200户出良马1匹,其于兵器,则人献刀、甲、弓、箭、旗、鼓各1具,以备战争之用。不自由民中,其官衙奴婢有免缴租之特权,私有奴婢则有纳税之义务。因前者有独立之家计,而后者乃隶属于其主人之户口。

(六)风俗习惯

日本遣唐留学生在唐日久,几与唐人同化,而与唐人营同样生活。及其归国,乃传入唐人风俗习惯;故对于日本之衣食住及日常生活上,皆有甚显著之影响。

1. 礼仪。嵯峨天皇弘仁九年(818年),诏令采用唐之礼仪制度,曰:“朝会之礼,常服之制,拜跪之等,不论男女,一准唐仪。”清和天皇贞观二年(860年)亦仿唐开元礼制,修释仪式,颁行诸道。

2. 姓名。日本之姓名,其仿唐风者,亦颇不少。如留学生阿倍仲麻吕亦取唐名“朝衡”。如遣唐大使藤原清河又名“河清”,送唐客使布势清直又名“兴能”,遣唐大使藤原葛野麻吕又名“贺能”。由此例推之,日本人之用唐式姓名者当必不少。

3. 衣饰。养老二年(718年),遣唐大使多治比县守归国,三年(719年)正月行朝见礼,县守服唐朝所赐之朝服。据此则普通由唐新归国之留学生,类此之事必多,故上流社会之服装等,渐次加入唐风。管原清公奏请:“天下仪式,男女衣服,皆依唐制。”养老三年二月,遂诏令天下百姓,衣皆右襟,并始定妇女衣服制。

4. 饮食。因留学生之归国,唐之饮食烹调法亦传至日本。当平安朝之初,朝廷赐宴,均用中国烹调法,此其显著者。延历二十二年(803年),赐饯遣唐大使藤原葛野麻吕,副使石川道益,亦用中国烹饪法。弘仁四年(813年),皇弟淳和设宴于清凉殿,亦用唐法。又嘉祥二年(849年)十月,仁明天皇40生辰,嵯峨太皇太后致贺种种礼物,内有黑漆棚橱子20个,内盛唐饼。由此可知中国饮食风行与珍贵之一斑。

5. 茶仪。奈良朝,唐茶始入日本,惟只供药用。至平安朝之初,吃茶之风始由留学生传入;亦仿唐人和盐用姜之法。嵯峨天皇弘仁六年(815年)过梵释寺,大僧都永忠亲自煮茶以奉,乃赐以御被并敕植唐茶于畿内等地,以为年年之调物。盖不仅以饮茶为一种仪式,且以品茶为雅事。嵯峨天皇行幸秋日皇太子之池亭,有句云:“萧然幽兴处,院里满茶烟。”又夏日临幸间居院,有诗云:“吟诗不厌捣香茗,乘兴偏宜听雅弹。”可知茶在是时,已渐成风雅之对象。

6. 年俗。唐朝社会上所流行之风俗时节,日本亦加实行。如正月元旦之屠苏酒,正月七日之七种叶,三月上巳之曲水宴,四月八日之浴佛,五月五日之菖蒲酒,七月七日之乞巧祭，七月十五日之盂兰盆会，八月十五日之祭月，九月九日之菊酒、登高，除夕之傩等。概起自秦汉，经六朝、隋、唐而成习惯。此等风俗，日本自飞鸟奈良朝以至平安朝之初，亦次第仿行。又如日本之天长节，乃仿自唐之千秋节。千秋节始于唐玄宗开元十七年(729年)，46年后，日本光仁朝(775年)始行之。

7. 民俗信仰。一般人民所崇拜之迷信，其在中国所行者，于日本亦得见之：

(1)星之拜祀——日本人于拜太阳、太阴、太一星、老人星、牵牛织女星外，复拜北辰、北斗及大将军星。日本称祀北辰曰“玄宫北极祀”。桓武天皇时，以祀拜不周，恐遭天谴，延历十五年(796年)“敕禁京畿吏民男女混淆滥祭北辰”，可知前此祭祀之盛。又北斗七星，平安朝之初期，祀拜亦盛。至大将军星，则以与武事有关，在京城四县，均建大将军社。至祭祀之礼，则由阴阳师主之。

(2)龙蛇迷信——平安朝以后，蛇之崇拜衰而代之以龙。龙在中国为一种主治雨水之神，日本亦然。在京都上京区门前町有善女龙王社，为祈雨之灵场。淳和天皇元年(824年)，僧空海、守敏于此祈雨；其后此种记载甚多。清和贞观十七年(875年)，故老言：“神泉苑，池中有龙神，昔干旱之时，草焦石烁，决水池干，发钟鼓之声必有验。”亦有非僧侣而系阴阳师主祭者，称为“雩祭”，即中国之五龙祭也，其方式则为向北山拜祀，北者配水，盖在平安朝末期传入日本。

(3)庚申待——为道家之一种迷信，谓人体之中，有上中下三尸虫，能记人过失，每逢庚申日，乘人睡时将人之过恶禀奏上帝，上帝据此施罚。故此日之夜晚应不睡以守候之。因好生恶死观念，人皆有之，故信者颇众。民间亦因有庚申堂、社、冢等等之设，而成为社会中之一种迷信的崇拜。

四、工艺技术之采用

日本古代疗病之方，多出于迷信；其后与朝鲜交通，中国之医学始间接传输日本。至推古天皇之后，经奈良、平安二朝，儒学与佛教相踵而入日本，于是医治之术始去其迷信而有哲理宗教之风。后以中日直接交通，隋唐医方，尤多采用。每次遣唐使内，均有医师随同来唐；有时亦以入唐之机会，质问疑义。如管原梶成明达医经，因欲请问医学上之疑义，于仁明朝受命入唐留学；归为针博士侍医，于日本医学，多所贡献。文武天皇时仿唐制设典药寮，造就医学人才，其医术分内科、外科、小儿科、针科、按摩科、眼科、口科、耳科、齿科等；修业年限内科以7年，外科及小儿科则期5年卒业，经考试而登第者任医师；皆中国医经也。桓武帝时，有和气氏广世为医家名手，其子孙世守其业，号为名家。至平安朝，医家之著书者颇见盛行。着管原岑嗣奉敕撰《药经》，和气广世撰《医心方》30卷，出云广贞等编《大同类聚方》，足征当时医学之发达。至日本之疗病禁厌法，则接传中国之医学，而夹以阴阳五行之说，彷徨于迷信与哲理之间。在奈良朝，佛学盛行，有赖祈祷或宗教仪式以治疾病者；然至平安朝，唐之医学及采药方遂大见流行于日本，中国医书如《诸病源候论》、《千金方》等尤为一般医生所宗用。至药物之培养与研究，对于自然科学之发展，尤多贡献。

（一）农事移植

1. 农业与灌溉。日本为一食米民族，故古时即以水稻为主要农产；至于旱田，则利用不广。日本农业既注重于水田，则灌溉为必须之务，古代苟有放渠埋沟之行者，必问以背天之罪。平安朝，关于灌溉之农具，亦由中国传来；淳和天皇天长六年（829 年）敕诸国造水车，号龙骨水车，以之灌溉农田，兴疏水利，颇见效力。太政官符令曰："耕稼之制，水田为最。大唐堰渠皆购龙骨，多收其利，宜放用资农作，贫无力者，同时资给之。"故奈良朝以来，历代皆以振兴农业为要务，而农具之自唐输入，对于日本农业之灌溉，尤多效力。

2. 蚕桑。日本养蚕业，似自上古已行之，然抽丝之法，则以茧一一含于口中抽之，法极幼稚。自秦汉人移住日本，养蚕织绢之业，大加改良；隋唐以来，缝织需要日广，民间乃广植桑树，以盛兴蚕业，于是蚕桑乃为农业主要产业。大化革新后，日本行班田制，各户于口分田外，亦仿效唐制授以一定之园地，以植桑树。其培植之数量，依户之大小而定，上户植桑 300 株，中户植桑 200 株，下户植桑 100 株。人民虽各有其主业，而皆以养蚕为其副业。

3. 茶。唐人嗜茶，留学生多沾染此风，故唐茶乃传入日本。据谓奈良朝时，传教大师携茶至日本，其始专供药用，至平安朝之初，始传入吃茶之风。更以文人雅士之提倡，饮茶不仅为风雅之对象，且为会见时之一种仪式，于是茶之用途乃广。嵯峨天皇弘仁六年（815 年），令畿内及近江、丹波、播磨等国植茶，每年献之。

4. 果木。日本古代颇多果木植物由唐移入日本者，其栽培方法亦然。如天平宝字三年（759 年），东大寺僧普照奏请畿内七道诸国驿路之两侧，并植果树，夏日既可憩于木荫纳凉，果实亦可充饥，以便行旅也。考此亦模仿唐制。《旧唐书·玄宗本纪》云："两京路及城中苑内种果树。"可知为普照在唐时所目击，归而移诸日本。又圣武天皇神龟二年（725 年），有典铸正六位上播磨弟兄，由唐赍来柑子；又有中务少丞从六位上佐味仲麻吕，植其种子，能结子，两人均以功，授从五位下，此为奈良朝初期一要事，史籍中均详记之。以此为例，则其他因遣唐使之往复移植日本所无之珍贵植物者，当不在少数。

（二）工艺制造

1. 工艺品。日本与唐之交通，不仅直接输入工艺品，且以奈良朝佛教之兴隆，而多间接推奖，促其进步。如窑工，有陶器绚彩，玻璃制珠玉及七宝饰背镜等。以言金工，有铜镜、银盘、铸文、锈饰等。以言漆工，如平文、末金镂、螺钿诸法，夙见精巧，多用于剑鞘；漆工适宜于华奢优美之嗜好，描绘中常书华文。又有用象牙镶嵌于乐器及棋局，及彩色施于木筐者，其纹样颇见精巧细密；其伎会、舞会所用之装面，或为木雕，或为干漆，其意匠与技巧并盛。至染色法，则有荐缬、缵缬、夹缬等。机织则有锦绫，用彩丝以织成鸟兽草花之纹，间亦交以金银丝。故自奈良朝以来，唐风移植日本，诸般工艺乃揭开工业进步之新时期。

2. 纺织。3 世纪之末，大陆之蚕业及纺织法始传日本；5 世纪末，更遣使于吴，招织缝女工，自是衣冠改制，缝织大兴。至推古朝，通使隋唐，中国之纺织品与纺织技术更大量输入日本。每次遣唐使之往复,尤多纺织品之交换。日本货至唐者,多为银絁、丝、绵、布之类,而唐之回礼,则多贵重之彩帛,对于日本纺织技术,贡献甚大。日本视之为珍品,故朝廷多以此等物献于神社山陵,或颁赐亲王以下参识以上内侍等,以示珍重。当推古朝时,佛法盛兴,由中国输入精贵织布,供制法衣与堂中装饰之用。嗣后衣服礼仪渐次修正,纺织因趋精致,不仅对于土产之絁布丝绵,大加改良,而衣冠之华美,尤能促进染织术之发达。元明天皇和铜四年(711 年),“始遣挑纹师于诸国,教织锦绫”。自授以织纹之法,而诸州始产绫。后又有晕繝之发明,类品甚多,其花纹彩色之精巧,今犹可见。又学唐法织蜀锦,如真红天马锦、真红无鱼锦、双窠锦、青丝瑞草云鹤锦、青丝如意牡丹锦、宜男百花锦、穿花凤锦、鹅黄水林禽锦等。日本虽模仿学造,而一仍唐之旧称。

三、雕塑。雕塑虽为一种美术,然亦为一种工艺;其在日本之发达,颇受佛教之影响,盖其起源乃完全佛像之雕塑。隋开皇时,重兴佛教,其造像之盛,颇足惊人;传入日本之像,则隋唐之铸造,实不在少。嗣后有密乘之新传,雕塑乃乘唐风而开拓新境。法隆寺之佛像中,颇多隋式,亦有为隋或唐初所造,而传入日本者。唐招提寺之堂塔伽蓝并佛雕像,乃出于唐僧鉴真及其弟子之手,又奈良朝雕塑之四天王等,尤多与唐风酷似,而日本东大寺大佛之铸造,尤为模仿唐制之著者。唐代数造大佛,洛阳白司马坂之大铜佛,则为则天武后于神龙二年(706 年)铸成;40 年后,日本于东大寺铸造卢舍那佛,其为模仿白司马坂之大佛像,殆无疑义。至其移植日本者,尽为入唐学问僧道慈与玄昉之功绩。除泥、石与金属之雕塑外,又有缝佛、干漆佛等技艺。唐时又有彩色之专门家发明装鸾。装鸾者,言塑像之羽翼。其后来苎像及木像亦盛出,日本古传者,有隋唐所作法隆寺之九面观音等,皆足见唐代木雕技术巧妙之一斑。在日本正仓院之唐代器皿中及该院鸟毛屏风之美人,其发肤服饰,全与唐之雕塑相同,而其风格尤为与唐酷似,故佛法隆盛之世,佛像之雕塑固属重要,而金银宝石等之制作及雕刻,用于佛像佛具之庄严者,尤多精巧。

(三)印刷术传输

印刷术发明于中国,为文化史上之非常贡献。据实物与记载上之推测,其时代当在唐开元天宝年间。西传广被欧洲,东传及于高丽、日本,自遣唐留学生归国,正式之雕版印刷,始见使用。日本之最早记载雕版印刷者,乃留学生吉备真备归国后为东宫学士之时。

在正式雕版之前,中国印玺之使用,亦输入日本。印玺为印刷之先驱。文武天皇庆云元年(704 年)令铸冶司铸国印。圣武天皇天平十一年(739 年)以玺赍诸伊势神宫,此时已仿中国用印泥。其他又有用木版印成花绢品,有花草鸟兽之纹画。当奈良朝,佛教盛行。以孝谦天皇热烈崇佛,于是世上始有第一次用木板印于纸上之明确记载:“神护景云四年,初天皇八年乱平,乃发弘愿,令造三重小塔一百万基,露盘之下,各置根本、慈心、相轮、六度、陀罗尼,至是功毕,分置诸寺。”考之《东大寺要录》则有:“孝谦天皇造一百万小塔,分置十大寺,各藏《无垢净光陀罗尼经》印本。”则此种《陀罗尼经》之为印本,可无疑义。故日本印刷术之使用,既由唐传来技术,亦受佛教之传播而始见应用。

当桓武天皇迁都平城，佛教之势力稍衰，印刷术未见发达，然佛教经典，俱有刊刻。平安朝初年之古刻书，有《法华经》、《仁王经》、《成唯识论》及《大智度论》等经。于佛教经典以外，儒书与文学书籍则未见刊行。当其时文学之风虽极昌明，然实为贵族所专有；故一切经书诗文集，但有抄本，已足供求，初无雕版之必要。故日本印刷事业之发达，至其后数百年间始见之。

（四）建筑与唐风

1. 佛寺。日本建筑术之发达，多受佛教之影响。自推古朝以来，佛教兴隆，佛寺之建筑尤为发达；当圣德太子在位之时，寺观之建造大兴，30 年间，其数达 46 所。此后唐日交通繁密，故佛寺建造，乃渐次加入唐风，其中亦有完全仿自唐之形式，亦有由唐人在日所建筑。如日本国分寺之建立，乃奈良朝佛教之一伟大事业，实仿唐龙兴寺之制；又如唐招提寺之建造，则完全为唐僧鉴真及弟子所计划，取范于唐之律寺。《招提寺建立缘起》注云："或说云，天竺鸡头摩寺，扬州之龙兴寺，日本招提寺相传移之也。"故寺院之建筑，多与前代不同，其形式构造手法等，亦有显著之进步。其寺之金堂为单层七间四面，"以丰肥之柱，雄大之斗拱，承远大之出檐，屋盖为四注，大栋两端高举鸱尾，呈庄重之外观"。故其构造装饰，一仿唐之形式，颇足代表当时显著之一般格式。

2. 宫殿。奈良奠都以后(710 年)，宫殿之建筑，皆仿唐制，皇宫官廨葺以瓦当，多以粉壁丹柱为美观。迁都平安后，大内里(禁廷)之制日见完备，朝堂院为国家举办大典之正厅，太极殿等十二堂舍皆葺以碧瓦，且载以雉尾，苍龙、白虎等诸楼，结构亦极珍奇。

3. 住宅。日本古代之住宅，亦由遣唐留学生传入唐风，上流社会次第施行。圣武天皇神龟元年(724 年)太政官奏曰："上古淳朴，冬穴夏巢，后世圣人，代以宫室。又有京师，帝王为居，万国所朝，难营易破，空殚民财。请命有司，令五位以上及庶人力堪营办者，以瓦葺屋，涂为丹垩。奏可。"可见当时唐风采用之盛，故贵族邸宅，皆取唐式构造，如法隆寺之传法堂，系由光明皇后之母橘夫人之宅迁建者，为唐式构造现仍留存之唯一标本。又日本之"寝殿造"，其左右均齐之配置，则完全模仿唐制，盖自奈良朝已如是。中国之建筑，无论宫殿、寺庙、官衙、陵墓等，概属左右均齐之配置，住宅亦以主人居住之大房为中心，有广庭、后房及左右相对之厢房，其他如厨房、下房及堆积之室，殆与日本寝殿构造相同。

五、文艺思潮之影响

（一）文字形式

日本古代无文字，有之自汉字传入始。3 世纪时，王仁携《论语》、《千字文》入日本，是为汉字传输之始。中国文字之传输，既远在后汉三国之时，而最初采用中国文者，在日本史籍上考之，以推古十二年(604 年)圣德太子之十七条宪法为最早。自后日隋交通渐密，及唐更盛，表章奏疏，皆工文章，于是日本人之能中国文者渐众，观于日本最古之汉文诗集《怀风藻》(662—745),可知中国文字传播之重要。自汉字输入后,仅见于官府贵族,民间不与也。诸贵族中,或持之以保证禄位,或以通解中国文字为荣,故中国文字之势力逐渐广泛。

逮乎盛唐之世,中国文化繁荣达于极度,遣唐使往来特频,而中日商业上及其他之往来日密,汉文既非一般人民所易了解,而新文字之需要日切。故天武天皇十年(682年)敕境部连石积等造《新字》44 卷,然其势力不敌汉字,故不能通行。其时日本虽无文字,然语言则为自己民族所具有;以中国文字配合自己之语言,其困难可知。现行日本文字之形成,其第一步即借用中国字之音,而以音译法调和之;再由译名而至于其他诸词。然汉字乃表意性质,而非表音文字,故音译颇觉字数冗长,而所需字数尤多,遂有《古事记》采音训交用之法,于汉字之上下左右施以点,便于训读。又有以别体字补充者,观于日本诸古碑可知。

至 9 世纪时,儒佛思想盛行日本,以宣扬教化之需要,而有新文字之产生。僧徒类多儒佛兼通,故有于佛取梵音,于儒取字形,以创新字。以汉字拆开,写成略体,而形成四十七音之"片假名"。片假名者,取字之偏旁,以假其音也。后加同音三字,竖立五字,横立十字,排成五十音图。既自汉字之楷体蜕化为"片假名",不久乃经草体蜕化为"平假名";平者,通俗之谓也。前者或谓为吉备所作;后者为僧空海所创。然近时学者多反对此说,不可确考。自新文字产生后,一时称汉文字为男文字,"平假名"为女文字,可知其时日本虽发明"假名",而中国文字并不因此而消失其势力。

总之,在日本文字未产生以前,初则通用汉文字,继则以汉文译名及音训,更以汉文字之变化而创造"假名",即在日本文字发明以后,中国文字仍有其相当之势力。至今日本文字尚不可脱离汉字而独立。

(二)文学模仿

日本自与隋唐交通,始浸受文明洗礼,而以唐室之典章文物,视为圭臬。9 世纪时,文字始形成,前此时期,全以汉字汉文为日本之国文。如日本建国史之编制,完全受中国史书之影响。元明天皇和铜五年(712 年)太安麻吕奉诏编撰《古事记》;元正天皇养老四年(720 年)撰《日本书纪》30 卷,其体裁悉效《史》、《汉》,仿中国之华丽文字写成。故论日本之古代文学,可说完全为中国文学之模仿。

日本文学所受唐文学之影响,可自两方面论之:一为唐代之日本汉文学作家;一为日本文学之唐风模仿。奈良朝汉文学作家有阿倍仲麻吕与吉备真备,皆一时扬名于唐代。仲麻吕年十六即入唐,玄宗颇爱其才,而当时之大诗人若王维、李白、储光羲皆与之唱和赠答,与之结为文字交。其归国时,王维赠诗曰:"积水不可极,安知沧海东,九州何处远,万里若乘空。向国唯看日,归帆但信风,鳌身映天黑,鱼眼射波红。乡树扶桑外,主人孤岛中,别离方异域,音信若为通。"

仲麻吕(朝衡)《衔命还国作》曰:"衔命将辞国,非才忝侍臣,天中恋明主,海外忆慈亲。伏奏违金阙,骓骖去玉津,蓬莱乡路远,若木故园林。西望怀恩日,东归感义辰,平生一宝剑,留赠结交人。"

至嵯峨天皇之世,文风尤盛。帝睿才焕发,辞藻富赡,圣作尤多。当其时也,不仅有小野篁之奇才，亦有橘逸势之妙手，空海、最澄并为新归朝之伟杰，上下相应，文学愈隆；而高度民主制作，颇具初唐风气。如橘逸势以文学名于唐，唐人称为橘秀才。相传嵯峨天皇幸河阳馆，命侍臣赋诗，且自赋曰："闭阁惟闻朝暮鼓，上楼遥望往来船。"以示小野篁，小野篁谓"遥"字不若"空"字，故天皇颇赞其诗意与白香山相似，一时传为佳话。自汉文学家辈出，汉诗文集如《怀风藻》、《凌云集》、《文华秀丽集》、《经国集》等，遂在日本相继产生。

汉文学虽流传颇盛，而日本文学亦模仿唐风。自桓武朝定都平安，于是唐土文化愈放光芒，大陆文学愈见昌隆。奈良朝，始设学校，以明经、纪传、书算为教；至平安朝取士，则侧重诗赋对策，而诗文极盛，唐代诗人雅士之风趣，日本之贵族阶级每竞效之。盖其时昌平日久，政厅常闲，"安闲之贵公子，冠花而歌舞宴乐，惜春日之易逝；多暇之大宫人，赏月而唱和吟咏，叹秋宵之苦短；其不模汉俗、效唐风者，未之有也"。其时中国之诗文集颇多传入日本，其中尤以《白氏文集》之影响最巨。自白诗东传，诗人文士，靡然向风，平静和易之日本文士，多趋清新泼辣之风。《白氏文集》中之诗句，乃成当时诗人之金科玉律。其真得白氏风格而可诵者，有管、江及其他数家；至《和汉朗诗集》出，白诗篇幅几占其中1/4；自和歌和文复兴，诗歌并成王公贵族消闲之具，然其中心仍在后宫女间，如清少纳言、紫式部，皆于中国文学造诣极深，为当时之佼佼者。其作品中，不仅推崇唐人作品，模拟唐人风格，其取材亦多来自中国。如，清少纳言之随笔《枕草子》谓："文者：文集，文选，博士之申文。"而首举《白氏文集》为其爱读之文集。又如紫式部之小说《源氏物语》，其开首第一篇之《桐壶》，殆全篇模拟《长恨歌》之风格者，而抒情叙景，尤多引用白氏诗句，其受唐人影响，不难想象。又如《唐物语》一书，以流传于日本之中国故事27条，译为和文，其取材多自《左传》、《史记》、《汉书》，而出自《白氏文集》者，几占1/4。故和诗虽见风行，而仍不脱汉诗之影响，如《古今集》之骈骊风，亦多袭汉文之格调。

（三）绘画与书法

自佛教东传，日本之绘画乃加入唐风。自宫室、器物之粉饰，以至佛画，皆受影响。当唐开元天宝年间，文人学士，皆研习绘事，玄宗亦书画兼长。其时名家若吴道子，其画人物鬼神，超然绝俗，其画法遂流传日本。京都东福寺之释迦三尊像，紫野大德寺之中尊观音像，乃其左右之山水画，皆与吴道子之画风相仿佛，日本美术家，亦承认而乐道之。中唐以还，禅宗独盛，社会风尚，皆受其超然洒落之陶养，故王维故墨，遂为当时士大夫所重。至平安朝，入唐僧携来胎藏金刚曼荼罗及祖师像甚多，皆唐之画工所描绘。圆仁《入唐求法巡礼记》云："十三日唤画工王惠，商量书胎藏帧功钱。十五日晚间，博士王惠来，画帧功钱同量定了，五十贯钱作五副帧。二十八日始画胎藏帧。"空海赍来之真言五祖像，今仍藏于京都护国寺，描绘此像之画家李真所作长安诸寺之壁画甚多，唐代人物画现仍留存之唯一标本也。咸通五年（864年）赵琮所画之印图，则宗睿携来者。淳和天皇年间，空海为天皇暨国家祈福，特使画家描绘两界大曼荼罗，其技术完全模仿唐风。其后名匠若巨势金刚，则融化唐风。降至子岛之曼荼罗，则趋于华丽细致，别成一调，因此遂产生藤原时代流丽典雅之画风。

摹拓书画，始于顾恺之，至唐时乃盛行。当时摹拓之法曰“响拓”，以引蜡硬黄纸覆于明窗而双钩之，钩毕，填墨即成。盛唐时传至日本，藏于正仓院之王羲之书法20卷皆是也。其由僧徒传入日本者，尚有碑铭等拓本及真迹甚多，特标为书法目录者，凡17种。此等拓本与真迹，对于平安朝书法发达史，颇多重要影响。平安朝，日本书法名家首推橘逸势与空海，皆桓武朝遣唐留学生。前者善写隶书，后者精于草字。嵯峨天皇弘仁九年（818年）四月，改殿阁诸门题额，北殿为御笔，东殿为橘逸势手笔，南殿为空海所书，当时称为“三迹”。凡隶书、草书及卫夫人书，盖均仿自中国。

（四）唐乐与歌舞

奈良朝（735年）吉备真备归国时，携至日本之乐器和乐书有铜律管1部，铁如方响写律管声12条，《乐书要录》10卷。其后中国乐器，如笙箫、尺八、笛、和琴、筝、琵琶、箜篌、方磬、羯鼓等等，亦相继流传日本。天武天皇时（702年）定《大宝令》，置雅乐寮，分日本之歌舞及笛，与唐韩伎乐等诸舞伎，而定其师及生员之职，以充于朝礼、公宴、法令之用。圣武天皇之时（730年），雅乐寮中，唐乐舞师生之数倍于前朝。雅乐寮中设有唐乐师12人，内横笛师、合笙师、箫师、筚篥师、尺八师、箜篌师、筝师、琵琶师、方磬师、鼓师、歌师、舞师各1人，乐生60人，官皆世禄，世守其业。唐之东曲传授日本者有万岁乐、回波乐、鸟歌、承和乐、河水乐、菩萨破、武德乐、兰陵王安乐、盐三台、盐甘州、胡渭州、庆云乐、想夫怜、扶南小娘子、越天乐、林歌、孔子琴操、王昭君、折杨柳、春庭乐、柳花怨、赤白桃李花、喜春莺、平蛮乐、千秋乐、苏合香、轮台倾杯乐、太平乐、打球乐、还京乐、苏芳菲、长庆子、一团娇、采桑、秋风乐、贺皇恩、玉树后庭花、泛龙舟、破阵乐、拔头等约40种乐。然只传其谱，不传其辞，且伶人多不识字，故曲名亦多错误。一时能操唐乐之音乐师，颇为当时朝野所器重，其对于唐乐之发达，尤多贡献。如皇甫东朝，最嗜音乐，称德帝时（726年）与皇甫升女共奏唐乐于舍利会，叙从五位下；神护景云二年（768年），任为雅乐员外助，兼花苑师。又有藤原贞敏者，学琵琶于唐人刘二郎，二郎妻以女，赠以紫檀琵琶及紫藤琵琶各一面，归为朝廷重器，可见当时唐乐流行之一斑。

平安朝之时，为雅乐全盛时代。雅乐亦传自中国，为皇室之特殊娱乐，以助室内举行。嵯峨仁明二帝深好唐乐，通晓音律，又有音乐大家若尾张滨主、大户清上、和迩部大田麻吕、藤原贞敏等，竭力于唐乐之模仿与新乐之创作。贞观式及延喜式定奏乐之制，亦融和唐例，于是乐器不徒取笛与和琴，亦由唐乐器中，选其音节自如之筚篥，以入于和乐之曲。故唐乐不仅为日本所采用，其对于日本乐舞之发达，亦多贡献。

参考文献*：

[1]Brinkley，F. *History of Japanese People.* 1925

[2]Bryan，J. I. *Civilization of Japan.* 1927

[3]Griffis，W. E. *Mikado's Empire.* 1913

[4]Mordoch，J. *History of Japan.* 1925

[5]（日）德川光圀．大日本史

[6]（日）大隈重信．日本开国五十年史

[7]（日）释圆仁．入唐求法巡礼记

[8]（日）中山久四郎．支那史籍上的日本史

[9]（日）木宫泰彦著，陈捷译．中日交通史

[10]（日）高桑驹吉著，李继煌译．中国文化史

[11]（唐）魏徵，长孙无忌等撰．隋书·倭国传

[12]（五代）刘昫撰．旧唐书·东夷传

[13]（宋）欧阳修，宋祁等撰．新唐书·日本国传

[14]（清）黄遵宪．日本国志

[15]（清）王先谦．日本源流考

[16]陈恭禄．日本全史

* 本书中"注释"和"参考文献"，有引民国及以前或海外的资料，由于年代关系，其版本信息难详。——编者注

第四章　图书馆与学术研究

此文为1930年作者在金陵大学图书馆学系特种图书馆的课程作业，原刊载《金陵大学文学院季刊》第1卷第2期（1931年6月）。后经《北京图书馆同人文选》（北京：北京图书馆出版社，1987年）转载，编者在序言中特别指出此文"经受了历史的考验，至今仍保有很强的现实意识，足见作者远在青年时代，对图书馆学的研究已经颇具功力"。

——编者注

一、近代图书馆之趋向与研究

近代图书馆之功用，已不在死的庋藏，而在活的使用；因使用之普遍，而功效乃显见。故今日一般图书馆中，常发生两种现象：一、书籍数量之增加与质量之繁异；二、用书者之需要，其数量与质量亦同样增加而繁异。从个人之观点言，此乃求知欲之发达，从社会之观点言，此乃图书馆对于教育上之绝大贡献。此种贡献可分为两方面，民众教育为一方面，学术研究为又一方面。图书馆一方面谋社会教育之普及，给失学者以机会读书；一方面求人类文化之进步，给学者以机会从事研究。然在过去图书馆发展之历程中，其最大成功似在前者：民众教育之努力。

美国乃今日世界上图书馆最发达之国家，而公共图书馆更系美国对于现代文明之贡献。据最近统计，美国公共图书馆有6 000所；巡回文库达20 000以上，其藏书有10 000万册；城市居民有95%均享有利用图书馆读书之机会；以全国人口计，每人每年平均借书2册以上，而图书馆对于阅者之负担每年平均在1元左右。在乡村中，其已设立图书馆者已有1/10，而今日正谋乡村图书馆与城市之均衡。由此可知美国图书馆对于民众教育贡献之重要。

最近,图书馆事业中又有一更新的趋势,即学术研究之注重。图书馆与研究事业乃互为因果,因研究工作之发达而对图书馆之需要日切,亦因图书馆之发展而研究事业乃得进步。晚近因从事研究之学者对于专门图书馆之需要,故研究图书馆乃陆续设立,不仅数目增加,范围亦大加扩充。自1910年以来,科学、技术及商业等类图书馆在英国有突飞之发达,即公共图书馆业经发达之美国亦然。美国于1909年成立一专门图书馆协会,其会员包括1 000所具有规模之私立图书馆。在美国各大银行中,最少有百家皆自设图书馆。如纽约之国家城市合作银行(National City Co.)有书5万册,标准统计合作银行(Standard Statistic Co.)有书1万册,皆系著名之专门财政图书馆;就报馆所设之新闻图书馆而言,亦达300处以上。此种专门图书馆或供商业上之需要,由较大公司,聘请专家,以发展本身利益为对象;或供某种应用科学之研究,如保险、交通、工程、农业、电气等各种设置。但此与普通之学会图书馆不同,因所需之材料不仅书籍,且搜罗大批尚未印行成书之最近报告或零星图表以为应用也。

就美国图书馆对于学术研究之贡献观之,在美国9 000图书馆中,藏书达13 000万册,除公共图书馆设有研究部外,其有研究价值者,约83所,每馆各有图书20万册以上。其中大学,专门及职业学校图书馆约占38所,总计藏书1 800万册。各馆皆有其特藏,故研究者必须联合多处图书馆之材料,方足使用。在美国,此种特藏之著者,如法国革命史之在康奈尔大学,民俗歌谣之在克莱弗兰公立图书馆,社会主义之在威斯康辛大学,斯拉夫及中国文学之在国会图书馆。又如研究莎士比亚与伊丽莎白时代之文学者,必须联合华盛顿、纽约、纽黑文、剑桥等处之图书馆,方足够应用。总之,学术研究之成绩与图书馆内容丰俭为正比,图书馆可供给丰富之材料,然后研究事业乃有丰富之收获。

所谓"学术研究",乃搜集关于某一问题或某一事件之零碎事实,加以整理及解释,注重其原理与事实之科学的探讨,寻得其间之相当关系,使其事实贯串,成为一有系统之具体新产物,而有参考上之价值。此种零散之事实,其价值未被发现,若一旦加以整理解释,乃显然成为重要之资料。故学术研究有两点重要:(一)研究之结果乃系事实与原理;(二)以前未尝经人发现者。若从反而言之,(一)学术研究并非将已知之各种事实相互联合而成立之新关系;(二)亦非其产生之结果乃已知之事实;(三)或不根据事实而创造之一种空洞的理论。故研究方法常为归纳法而少演绎法。就学术研究之意义观之,似仅指自然科学而非应用科学的研究,或仅系原因之探讨而非实际的试验。其实不然,此中区别并非在其性质或步骤之不同,而全在于观点之差异。凡怀有实际应用之意义而从事研究者,可称为应用的研究;其仅为好奇或兴趣而一探求其结果者,可称为学理的研究。不论其性质与步骤如何,其结果为求事实、论据与原理之收获则相同;换言之,即综合之工作是也。通科研究之结果为科学或学问:科学者,业经试验而有次序之学问也;学问常诠真理。就其内容,二者皆含有条理及次序之意义;其对科学之观念则着重于其对各种事物之严谨的态度。

总之,学术研究之动机,或为好奇,或为适用,其采取之步骤则同为科学方法,其收获之结果则同为科学,故学术研究即科学的研究,学术研究之发达即科学的昌明,文化的进步,不仅治社会科学者用之,治应用科学者用之,而治自然科学者亦用之。图书馆供给研究者以材料,图书馆方法更指示如何获得此项材料,并如何整理此项材料。在文化进步之历程中,图书馆乃成为学术研究之唯一的工具。

二、图书馆设备与研究工作

研究工作之步骤有三:研究对象之确定,原有论据之搜集,材料之整理及解释。因此图书馆在研究工作过程中,更见其重要。从第一点言,图书馆可指示其所研究之对象是否成为一问题,或此问题已否先有他人解决。故着手之先,必在图书馆先事调查。此题目是否已有他人做过研究?有无类似之题目?有无相关之题目?有图书馆之指示可免除工作之重复,论见之雷同,可寻找类似之材料以为借镜,或相关之材料以为参考。第二,材料搜集可分为两方面,其一为图书馆本身对于书籍材料之供给,其二为图书馆方法对于材料搜集之指示。缺少图书馆之材料,是研究工作仅悬一远大目标而无达到之工具;不知图书馆方法,即着手矣,亦无法获得圆满之结果。第三,材料整理,图书馆之科学的方法与理论的系统,可指示整理及解释工作之进行。故研究者在进行其工作时,必有图书材料以为研究之工具,必利用图书馆之劳作及科学管理以增进研究之效速;更须明了图书馆方法以着手材料之收集与整理。试分述之:

(一)图书材料与研究工作

一切新的发现必从旧有知识中演绎而来,所谓"现有之知识为发明之基础"是也。图书馆为人类知识记载之总汇,故学术研究之工具首先靠图书材料。图书馆内之材料可别为四种:

1. 书籍——书籍有两种,一为普通书籍,即一般用书;一为参考书籍,如百科全书、地图、字典等是。在一般图书馆中,参考书籍与普通书籍均分别置放,或设参考室专置参考图书;普通书籍则分类排列。入图书馆寻找图书,首应知如何利用目录,今日一般图书馆中均采卡片式而弃书本式,或二者兼之。寻检材料者可就其所知及所需在目录中检之。目录可将该书之内容与外形给予相当认识,及指示该书所在图书馆中之位置。惟书籍印刷需时及增订不易,材料常易于过时陈旧,参考书则更甚。

2. 期刊——此系指定期出版之刊物而言,包括杂志、报纸、著名会社及学校出版品与其他同性质之材料。图书馆中,除书籍外,期刊为最重要之材料。因在期刊中可寻得书籍中无法看到的材料。且其材料新颖,不若书籍材料之易于过时陈旧,关于材料之寻检,可利用各种杂志及报纸索引。在中文期刊中,此种索引工具尚不多见。有之其编制上亦不完善,难于寻检。

3. 官书公报——此指国家中央与地方政府出版之书籍及期刊而言。其中可寻得极为珍贵之直接的材料。然工具缺少,不易利用。

4. 目录——目录有两种:一为总目,乃搜集全部之材料而成;一为选目,在一定范围内所选出之一部分材料。利用目录可对于材料搜集上节省不少时间,目录之目录,尤能指示寻找材料之途径。

(二)参考事务与研究工作

用书之方法有二:一为阅览,一为参考。参考者,将所发生之问题,寻觅材料以求解决之道。发生之问题有难易,因之所需之材料亦有详简。所参考者或为常识问题,或关专门研究。故前者只需一翻适当之书籍,而后者或须编成冗长书目,或摘抄重要篇章,以为解答。故图书馆常设参考部以应个别的需要,而谋阅读者之便利。关于参考部之责任,近代图书馆学者以为其职责仅在协助、指导,而不在为读者作某种研究。换言之,只尽量供给研究材料,或建议研究题目,或指导研究步骤,至于研究工作之本身,应由研究者自身任之。或以为参考部常为读书翻查图书,致费时太多,颇不经济,而主张在相当范围内拒绝读者之要求。或又以为如此将不能表示图书馆正当之功用。故参考部对于阅者之正当责任有三方面:代研究者搜集适当材料,协助研究者解决疑难问题,指导研究者使用参考书之方法。故参考事业对于学术研究工作乃是一种入门及指南的工作。

(三)图书管理与研究工作

图书管理在使图书材料之安排系统化,而便于研究者在搜集材料时得以增进其效速。适合研究工作之管理有五条件:第一,对于图书馆的聚藏及材料组织应注意其专门与详细。如关于经济,不仅分出商业及财政等项目,更应从商业中再分出会计、贸易、广告等次目,再从财政中分出银行、货币、赋税等次目。必须在此图书馆对于第一项有特殊之专藏及精密之组织,然后始可供作学术研究之用;第二,对于某一门类既有特殊之材料,故必须有一特殊之分类法以便适用。盖普通分类法对于各门类皆平均发展,对于某一专门之材料,不易适合;第三,图书馆中应将各种寻找参考材料之工具集中于一处,如卡片目录、杂志索引、报纸索引、公报索引、各种书目、参考书指南、图书便览等等依次排列于图书馆之一处,以便研究者应用;第四,图书馆内凡足供研究之材料,必须使其与阅者有接近之机会。研究特殊问题者,其材料常隐藏于各方面,关于此点,图书馆应极力使研究者有相当机会及易于获得助力;第五,图书馆应有干练之馆员以便襄助及指导搜集材料之工作。庶几图书馆所有之珍贵材料不致湮没而遭遗弃。

三、图书馆方法与材料搜集

学术研究乃搜集关于某一问题或某一事件之零碎事实,用科学方法加以整理。故搜集材料为学术研究的先决条件之一。私人常无力备置所有图书以供研究,即可能亦不经济,且不克竟尽。图书馆有私人不可能具备的浩大巨帙,或各种零星小册;有时此馆不备者,他馆可以借用。图书馆既备有详尽之材料,如不明图书馆方法,亦无法可知材料之所在。图书馆乃知识的宝库,而图书馆方法乃启此宝库之钥;不得启此宝库之钥,则不能获得宝库中之一切知识。故论材料搜集,必先明图书馆方法。

(一)目录之编制

材料搜集之第一步为编制目录,其意义在将图书馆中所有关于该题目之材料,均集中一处,依次排列,以便随时检取参考,为研究之初步。目录编制之步骤,首先当搜集编制目录之材料，此种材料之来源盖不外下列数种：

1. 书目：(1)本图书馆的目录；(2)其他图书馆的目录；(3)普通书目，如《四库总目提要》、美国书目、英国书目等；(4)各种藏书目，如《八千卷楼书目》；(5)营业书目，如《商务图书汇报》；(6)新书目录，如《书目》(*Booklist*)、华通《新书月报》、《人文月刊》之新出图书汇报等。

2. 杂志：(1)书评，如各大杂志之图书评论、读书提要、书报春秋、新书评介等；(2)杂志索引，如《读者导引》(*Reader's Guide*)，或专门的如《农业索引》(*Agricultural Index*)，中文方面仅有《人文月刊》之最近杂志要目索引、《支那研究》之中国杂志主要目录索引等；(3)报纸索引，如《纽约时报索引》(*New York Times Index*)；(4)公报索引，如《政府出版物目录》(*Index to the Government Publications*)，《统计月报》之公报索引。

3. 参考书：(1)百科全书，如《大英百科全书》(*Encyclopedia Britannica*)每条目后所附之目录；(2)专著中所引用之参考书目，如《日本全史》前所列之参考书目，并有附注。

关于材料之选择，应认清编制此目录之目的及用途，勿超越原来范围，同时应注意读书的技巧，可翻阅书名页、目次、序言及绪言等，即可知一书内容。材料既经选定，则应着手记载，通常用3英寸×5英寸之纸片，记入各重要事项，如著者、书名、出版地及出版人、出版时期、稽核事项(册数、页数、附图表)、附注、书码或所在地等等。附注之中，可略述该书之内容及个人之意见。记载完毕，则应注意目录之组织，即如何排列。排列之完善与否殊与应用之便利有关。目录之排列，通常有下列数种，或斟酌情形，合用两种或数种。(1)按书名或著者首字排列，其利在简单，其弊在未涉及目录之内容；(2)按出版时期或著作人之时代排列，以示一学科发展之程序，多用于历史的研究；(3)按照地理区域，依出版地或所用文字排列。此法多用于比较的研究；(4)按图书材料或文字体裁排列，如将专书、小册、杂志分列，或依诗、文、图书分别；(5)按书籍内容性质排列，此法常取某种分类法按其纲目排列。此法对于读者寻检材料颇为便利，如能附有著者或书名索引则更见完备。

编制目录之目的在于研究时之参考，前已言之。故一目录编成是否足供参考，应以四种标准为定：(1)正确，各项记载不能错误；(2)详细，关于本题目之范围不能遗漏，对于一书内容之记载尤应详尽；(3)一致，各项记载不得或详或简，前后互异；(4)条理，整个目录应分析清楚，排列有序。否则乖误迭见，遗漏更多，以之用为参考，定将影响于研究者所获得之成绩。

(二)图书寻检

目录编成后，必依目录之指示而搜集必需之材料。于是第二步工作为寻检图书。如何寻检图书，除使用目录外，尤须对于图书馆分类法及图书馆符号有相当之明了。图书分类者，乃按照书籍内容在学科所占之地位给予其一定之位置，使性质同者相聚，异者分开，以便检寻。以观点及地位之不同，故各家分类方法之详简及适用之程度亦异。今日中国较通行者，西文唯《杜威十进分类法》及《美国国会图书馆分类法》。中文方面因四库内容稍旧，西洋分类法又不能囊括所有中文材料，故新法之创制甚多，其著者，如刘国钧《中文图书分类法》，杜定友《世界图书分类法》，王云五《中外图书统一分类法》。除王氏根据杜威加以符号，增入中国特殊材料外，实与杜威氏纲目相同。各种分类法大纲列后：

刘国钧中文图书分类法	杜威十进分类法
000 总类	000 Computer. Information & General
100 哲学	100 Philosophy & Psychology
200 宗教	200 Religion
300 自然科学	300 Social Science
400 应用科学	400 Language
500 社会科学	500 Science
600 史地	600 Technology
700 史地	700 Arts & Recreation
800 语文	800 Literature
900 美术	900 History & Geography

杜定友世界图书分类法	美国国会图书馆分类法
000 总类	A General Works
100 哲理科学	B Philosophy/Psychology/Religion
200 教育科学	C Auxiliary Sciences of History D History：General and Old World
300 社会科学	E-F Hisroty：America G Geography/Anthropology/Recreation
400 艺术	H Social Science　J Political Science K Law　L Education　M Music and Books on Music
500 自然科学	N Fine arts　P Language/Literature
600 应用科学	Q Science　R Medicine
700 语文学	S Agriculture　T Technology
800 文学	U Military Science V Naval Science
900 史地学	Z Bibliography/Library Science

一书视其内容性质，按照一种分类法将其归类，并将该类之符号给予该书为分类号码。如人口问题在杜威法中为312，此号码即为该书分类号码，是同类书籍乃得集于一处。然以同类书籍过多，必致发生混乱，故又给著者一号码，合分类号码与著者号码是为“称谓号码”，即代表一书在图书馆之固定的位置。明了此符号，则检寻一书，举手可得，此在开架图书馆中尤为重要。如在杜威分类法之图书馆中，900为历史和地理，951.2为日本史，欲在此图书馆中寻找日本史之材料，即可在951.2之架上寻得。同时可再参看其相关之部类，如日本地理及游记，日本外交及国际关系等，既知目录之检查，图书之排列，符号之意义，对于材料搜集，大有帮助。

（三）笔记摘录

关于材料搜集，既编制目录以为指导，更寻检图书以为参考，故第三步必须摘录其要点以为根据。否则脑海中决不容许如此庞杂之事实存在。笔记有两问题：笔记组织与摘录方法。笔记组织之技巧，在于平日读书之经验。至摘录方法，亦有数种。过去学者多用簿本或活页，近来从事学术研究者多采卡片。簿册为死的，用于有组织之课室笔记则宜，用于随时搜集而无系统之零星材料则颇觉不便。卡片之利益即在其活动。从事研究而搜集材料，多系零碎事实，更不得在同一时间找得同类之材料。若以卡片记之，每卡专记一事实，笔记完毕后，卡片可以随意排检，随时增减；一遇新的材料发现，随时可以插入；反之，其无用者亦可随时撤消。复次，排列亦可自由，今日此材料在此题目中须用者，他日亦可在其他题目中再用之。故卡片材料为活动的，不仅增减、排检、利用可以随意，同时每片皆注明材料来源，更不易失其根据。

卡片格式以用5英寸×7英寸之重磅木造纸为宜，盖以质料过薄易坏，过佳则价昂；尺寸过小不敷写录，过大则不便取携，另须备指引卡若干张，以便分类时书写类目。并应制一纸质或木质长匣以供保存。每卡片以摘记一单独事项为原则。正面写完，可接写反面。一张不够，可接第二张。先写明题目、著者，然后摘记内容，其后再注明材料之来源，并各卡性质冠一标题于首端，以便依类排列，举例如后：

标题：中日战争
书名：中日兵事本末
著者：罗惇曧
内容：……
材料来源：见左舜生选辑《中国近百年史资料初编》，民国
　　　　　十五年，中华铅印，页359—415

四、图书馆方法与研究工作之应用

图书馆方法不仅对于材料搜集有重大功用，其于材料整理与学术研究本身亦有相当贡献。不知图书馆方法者，不仅不能为材料搜集之工作，抑且不得在材料整理上有

合理之收获。故图书馆材料为研究之工具,图书馆方法实为研究工作之入门。所谓"图书馆方法",乃指图书馆对于管理图书之一般的技巧而言,既知图书馆方法方能驾御图书,乃能以此种科学的方法应用于研究之步骤及其结果上。如图书编目法乃图书馆编制图书目录之一种方法,明了此种方法,可应用于编制参考目录,以为材料搜集之指导。又如图书选择法乃图书馆鉴别图书的内容,估定价值之一种方法,研究者可利用此种方法,以断定材料来源之真伪及其价值,以为取舍之标准。更如图书分类法,乃根据理论及科学的原则以聚集同类书籍之一种方法,研究者明了此种方法,可以利用其理论的系统及科学的分类以编制其大纲,组织其材料,而撰成有系统之论文。他如图书参考法乃图书馆辅助读者寻找材料,指导读者进行研究之一种速效方法,研究者如能明了此种工作,则其自身即可使用参考工具,搜集材料,而解决自身之问题。他如出纳管理诸端,莫不皆然。

故学术研究不仅需要图书馆供给图书材料以为研究之工具,且须明了图书馆方法以使用此种材料。研究者不仅需要图书,抑且需要图书馆方法。研究者缺少图书馆,犹耕者无其田;研究者缺乏图书馆方法,犹如耕者无牛犁及耕种之工具。在大学教育之历程中,第一时期为求学问之通达;第二时期求学问之方法与技巧;第三时期则求学问之研究与发现。大学生之学者态度必需要将各种知识随时增加于其智囊中,此种知识必求之于图书馆。故图书馆使用之能力常视为进入大学之一种资格,不能充分利用图书馆者,在理不应获得大学中之学位。

参考文献:

[1] Almack, John C. *Research and thesis writing*. Boston, etc: Houghton Mifflin, c1930

[2] Baker, Ernest Albert, ed. *The uses of libraries*. London: University of London, 1927

[3] Brown, Zaidee M. *The library key*. New York: H. W. Wilson, 1928

第五章　明代印书人华燧及安国世家

此文原为两篇，以英文写作，应《明代名人传》编者之请，发表于 Goodrich & Fang, ed: *Dictionary of Ming Biography*, 1368-1644 (2v. , New York: Columbia University Press,1976)。潘铭燊译文未经发表，现将两文合并为一篇。

——编者注

一、华燧生平

华燧(1439—1513)，字文辉，号会通、梧竹，学者和印书家，无锡人。华族鹅湖支于北宋(960—1127)末年移居无锡，华燧属鹅湖支第 14 世。家世以农业致富，华燧继承良田数千亩，但因不以经纪为务，资财稍逊。华燧少时，曾习经史，不久以董理家业无暇读书，年 50 方再攻典籍。出于坚毅意志，华燧屹屹穷年，勤读不懈，且能将经术施诸言行。故此，燧校勘典籍、活字印书、论述经史，诸般贡献皆在中年以后。

华燧为学虽晚，而专注无遗力。他昧爽而兴，操觚挥翰，至深夜而不辍。他将书籍环列四壁，令数童子分别执掌，每有采掇，应声立致。华燧又善用书本知识于日常生活。据说他时常坐于通衢，高诵琅琅，旁若无人。又曾将古代井田制应用于所拥有之田亩，但惜未有成就。

华燧敬事父亲华方(字守方，号时葺，1407—1487)。父亲有足疾，常寝卧，华燧于父亲寝处之邻室起居。众兄弟就寝之后，华燧仍于邻室诵读诗书，陪侍父亲。父亲既卒，华燧单独结庐墓侧数年，著书《治丧切问》。每逢祭祖，华燧必率领诸子华埙(字允和)、华奎(字允昭)、华壁(字允章)斋戒沐浴，以尽祭祀必诚之礼。华燧又曾纂修族谱《会通谱》，考世系论宗法，甚为详备。他所写有关经史的著作包括《九经韵览》、《十七史节要》等。年 75(虚龄)卒，死前自撰墓志铭。

华燧以校刊类书蜚声当时，尤以铜活字印书最为知名。华燧及其侄华煜(1495 年前后在世)所印各书,均有“会通馆”标记。会通馆是其斋名,因研制铜活字版成功,自谓能够会而通之,故名。据说华燧印书数十种,但只有少数流传,包括活字本《宋诸臣奏议》150 卷(1490 年印),刻本《锦绣万花谷》80 卷(1494 年印),铜活字本《容斋随笔》74 卷(1495 年印,收入《四部丛刊》续编),铜活字本《校正音释春秋》12 卷(1497 年印),《古今合璧事类前集》63 卷(1498 年印),铜活字本《文苑英华纂要》84 卷、《文苑英华辨证》10 卷(1506 年印)。

二、华氏其他印书人

华氏族人尚有其他印书家,或以雕版,或以铜活字。其中有华珵(字汝德,号梦萱、尚古生,1438—1514),华济(1400 年左右在世)次子,华氏隆亭支后人,曾与弟华珏俱隶学官。华珏(字汝和,1484 年进士)为吏部稽勋郎中,而华珵七试不第,后来向礼部捐资而入太学,选授光禄寺大官署丞。大官署掌内廷膳食,供应皆向宦官取办,而贪污盛行。华珵谨慎廉洁,深为上司所器重。但华珵不欲久仕,1499 年辞官归里。

华珵性情旷逸,雅好闲散,居家常领客宴游,又践履邻近数百里名山胜境,好收藏文物书籍,又善印书。筑尚古斋,以诸玩好充实其中,有鼎彝、法书、名书、善本、摹拓等。斋中盘盂几榻,皆仿拟古人形制。华珵以善于鉴评古物闻名,好古博雅之称仅次于大名士沈周。沈、华两人时相过从,互出所藏相与评骘。

华珵多聚书,所制活版号称精密,每得秘本,不数日而华珵已出印本。所印书现仍流传者有活字本《渭南文集》50 卷(1502 年印,现收入《四部丛刊》)、刻本《百川学海》160 卷(1501 年印)。华珵印书,皆有“尚古斋”名号。

华氏其他印书家有华坚(字允刚,1513 年前后在世),华炯(字文熙,号南湖,1428—1504)幼子,而华炯为华燧之兄。华坚所印书,都有“兰雪堂”名号及华坚所撰序文。其铜活字印本流传至今者有《白氏长庆集》71 卷(1513 年印)、《蔡中郎集》10 卷(1515 年印,收入《四部丛刊》)、《艺文类聚》100 卷(1515 年印,前有华坚之兄华镜序言)、《春秋繁露》17 卷(1516 年印)。

有学者认为,华坚铜活字仿自无锡安国。由现存各本年代考订,华燧最早使用铜活字,在 1490 至 1506 年间印书,华珵在 1502 年,华坚在 1513 至 1516 年。至于安国,则迟至 1520 至 1530 年间。且各家所用活字,大抵同出一源,先在华氏族人之中传递,其后始转入安氏。华氏所印各书,技巧不精,校对不审,书中讹谬脱落甚多,一向为学者所诟病。与无锡安氏印书相较,华氏校印远为不及。

三、安国小传

安国(1481—1534),字民泰,号桂坡,明代富商、赏鉴家、藏书家及印书家,世居常州府无锡县。祖先黄姓,苏州县珠里人。洪武中叶,族人黄茂,赘于安明善(字汝德,1350—1400)家,因从其姓。安明善本河南祥符人,后来移居无锡胶山之堠村。黄茂赘于安氏之后，四传至安国，当时安氏已为世家，家道殷富。

安国长于经营，居积诸货，人弃我取，以致富几敌国。虽然以货财雄于当时，安国聚而能散，赡宗党，惠乡里，又广治园林，好藏图书文物。他贡献于当地的事业包括：修葺常州城墙、赈济饥荒（1519 年）、疏浚白茅河（1521 年）、抵御倭寇（1525 年），及重建胶山李忠定公祠（李纲，1083—1140，宋代抗金名将）并蠲田奉祀。安国交游广阔，据说他的父亲安祚（字友菊）殡葬之时，会丧者 5 000 人，可见安国受人拥戴之一斑。

安国在胶山定居后，营造园林，遍植桂树，因名其居所为桂坡馆、书斋为天香堂、其园为菊乐园。当时适遇岁饥，安国自其仓廪大出米粟，课募饥民，日集千夫，在园中穿池，广数百亩，于是筑成大湖，而饥民赖以存活。湖中建造两座小山，模拟长江中的金山和焦山。这座园林成为无锡名胜，其孙安绍芳（字懋卿，号研亭居士，1511—1579）改建，称为西林，并汇集有关题咏为《西林全集》20 卷（1619 年）。

安国好游山玩水，足迹遍名山大川，北至直隶，西至江西、湖广，南至福建，东至浙江。旅游所见，著有《安桂坡游记》及《游吟小稿》，有名公题跋，但两书均未见印本流传。

安国雅好收藏。知名当时，所藏有名画、善本及碑拓甚多。藏品中以诸本石鼓文尤为世重。石鼓文为公元前 4 世纪之物，安国所藏石鼓文的拓本，最早是北宋（960—1127）所拓，保存当时几乎完整无缺的石鼓文字。这些拓本极为珍贵，以致安国历时 20 年、耗银数千两，方才搜罗完备。其中最稀罕的有 3 本，因难于以普通的等第序次，安国乃用军事术语“先锋”、“中权”、“后劲”为名。先锋本为 1050 年所拓，在 3 本中为最先。中权本，1114 年以麻纸细绢摹拓，包含文字最多的 500 字。（按：石鼓原存约 700 字，时至今日，残存仅约 300 字。）安国于 1534 年以千两购入。后劲本，1085 年所拓，于 1523 年以 50 亩良田易得。赫然十鼓俱全。安国为其志得意满的心情，因将其天香堂之东斋称为“十鼓斋”。

在石鼓文跋尾中，安国不厌其烦，多次训诲后人郑重宝藏，切勿“鬻质假借”。因此他把这些拓本置于木盒内，深藏于斋中屋梁之上。直到 19 世纪中叶书斋拆除时，这些拓本始被发现，重见天日。20 世纪初，安氏后人罔顾不孝之名，将“先锋”、“中权”、“后劲”三本先后鬻与日本收藏家。历年以来，安氏十鼓拓本之中，已有 4 本先后依据照片复印流传。上海艺苑珍赏社于 1919 年印行“后劲”本，再于 1935 年印行“中权”本。“先锋”本于 1940 年由郭沫若交商务印书馆印行。“后劲”本凡印行 3 次，计有中华书局 1937 年印本、东京二玄社 1958 年印本及台北张光远 1966 年印本。

四、安国印书

安国又以精印古书旧帙知名当时，尤以铜活字本最为蜚声一时。约自 1512 年开始，安国复印大量典籍，包括类书、地志及文集，原本取自个人所藏或借用其他私家藏本，可惜只有少数至今流传。据今日所闻见，各书以《东光县志》6 卷（1521 年印）为最早。他如《魏鹤山先生大全集》199 卷，1523 年印；《吴中水利通志》17 卷，1524 年印；

又如《古今合璧事类备要》359卷,《春秋繁露》17卷、《五经说》7卷、《熊朋来集》及《石田诗选》10卷,都是安国晚岁所印。其中部分典籍都曾复印两次:先以铜活字,继以雕版,想来是由于活字本重印,需要重新摆排,比较雕版可以储存版片随时重印有所不及。例如,《颜鲁公文集》15卷附录1卷,先有铜活字印本,然后1523年有仿宋刻本(收在《四部丛刊》);《初学记》30卷,亦先有铜活字印本,然后1531年另有刻本。安国所印书,大都有"锡山安氏馆"或"锡山安桂坡馆"标记。而且都以精工校审著名。

安国富而未贵,未曾在朝廷当官。其后以长子如山(1505年生,1529年进士)之故,获封赠为南京户部员外郎。安如山曾为裕州知县,历仕至四川佥宪。如山年约60,娶15岁小妾吴氏,生子名希范(字小范,号我素,1564—1621,1586年进士)。安希范后为名宦及名学者。1594年官南京吏部侍郎,因参奏辅臣王锡爵被削职。归籍之后,与顾宪成创东林书院。希范自辟一室,讲论濂洛关闽之学。希范卒后次年,子广誉(字无咎,书画家及诗人)及广居(字无旷,高攀龙之婿)伏阙上疏,表白其父遗志,于是希范获得追赠光禄寺少卿,加赐恤典,并祀为乡贤。1740年,后人于其故居堠村建祠纪念。

按:明朝有两安国。无锡之安国不应与绥德府之安国相混。另一安国字良臣,谥武敏,1508年武举进士。正德年间宁夏武将,《明史》卷一七四有传。

(潘铭燊 译)

参考文献:

华燧资料:

常州府志.1695,25/10a*;无锡金匮县志.1851,25/7a;华氏宗谱.1872.卷首/6a,24a;华氏本书.1905,30/2b;邵宝.荣春堂后集.1518,4/9b,7/34b;天禄琳琅书目.1775,10/11b;叶昌炽.藏书记事诗.1918,7/20a;书林清话,8/8b;K. T. Wu."Ming Printing and Printers".*Harvard Journal of Asiatic Studies* 7.1943.214

安国资料:

明实录·神宗实录.1940,268/11a;胶山安黄氏宗谱.1922;安我素先生年谱.乾隆刊本;吕柟.泾野先生文集.1535,14/20a;王廷相.内台集.1537,5/17a;湛若水.泉翁大全集.1593重刊本;皇明文海.微卷,18/5/24;常州府志.1695,25/10a;无锡金匮县志.1881,25/6b,27/15a,29/13b,33/39b,40/20b;叶德辉.书林清话.1920,8/10b;天禄琳琅书目.1775,10/11b;王重民.安国传.图书季刊,1948,22,9(1/2);张秀民.明代的铜活字.图书馆,1961,4,55;梁子涵.明代的活字印书.大陆杂志,1966,33:6—7;钱存训.论明代铜活字版问题.庆祝蒋慰堂先生七十荣庆论文集.台北,1969.129;郭沫若.石鼓文研究.1940.2册;唐兰.石鼓文年代考.故宫博物院院刊,1958,1:4;那志良.石鼓通考,1958.213,后有安国像;张光远.先秦石鼓存诗考.1966;Akatsuka Kiyoshi."A New study of the shih-ku-wen".*Acta Asiatica*.Tokyo,1963;书迹名品丛刊.东京,1958.第1册;K. T. Wu."Ming Printing and Printers".*Harvard Journal of Asiatic Studies*.1943.218

* 此为西方汉学界通行的著录方式,即线装书第二十五卷第十叶正面,后同此类。——编者注

三 | 古代文献

第一章　文房四宝的起源

中国的“文房四宝”纸、墨、笔、砚，是将思想付诸文字的基本工具和载体。各种书写工具的应用及改进，更是中国书法成为一种独特艺术形式的重要原因。这些工具从何时开始联成一套，尚无定论；相信在纸应用于书写之前，这些书写工具便已自然的放置一处。在近年各地出土简牍的古墓中都有文书工具的发现。东汉时，政府官员每月都有墨的配给；而晋代皇太子被册封时，亦有文房四宝之赐。[1] 有些文具，制作精巧，装饰华丽，给予学者、艺术家和收藏家很多鼓励。

晋代大书法家王羲之（321—379）曾说：“夫纸者，阵也；笔者，刀也；墨者，兵甲也；水砚者，城池也；本领者，将军也。”[2] 中国书籍的传统形式及文字的书写方式，即多受这些书写工具的特色所影响。

文房四宝图

一、毛笔的发展

毛笔的应用是在商周时代之前，因为金文的款识显然是使用毛笔书写的。[3]从商代的卜辞中也可看出是先用毛笔写好，再在甲骨上刻画。有几片早期的牛骨上，更有以毛笔和墨汁书写而未契刻的文字。[4]在郑州西北小双桥商代遗址中，也发现了以毛笔用朱砂书写文字的陶片。商代甲骨文和金文中表示笔的"聿"字，字形很清楚地呈右手握一管饱濡墨汁、笔毛分散的毛笔状。

笔的历史可追溯到史前时期，在河南仰韶和西安半坡等新石器时代遗址所发现的彩陶，其上的花纹和符号，都是用毛笔所画。[5]当时的毛笔虽不一定是如后来用兔毛和竹管制成，但必然也是以动物的毛扎在竹木所制的笔杆上，而以墨汁或其他色素的液体所绘写。所以，用毛笔书写的传统，必然在远古时代就已经开始。

二、毛笔的形式

毛笔可分为三部分，即笔管、笔尖和笔套。笔管通常以竹管制成，间或亦有用木枝所制。笔头通常用兔毛、鹿毛或羊毛，一端束以丝线或麻绳，涂以油漆使之牢固，然后塞入笔管。为保护笔毛，外面再加笔套。笔的全长约合古制1尺。蔡邕《笔赋》称："削文竹以为管，加漆丝之缠束。"《论衡·效力篇》谓："智能满胸之人，宜在王阙，须三寸之舌，一尺之笔。"汉制1尺约合23厘米，古代文献中所记载笔的尺寸和近代所发现的实物大致吻合。

1954年在长沙古墓中发现的战国笔，以及后来在河南信阳、湖北包山等战国墓中发现的毛笔，都是现存最古的毛笔。长沙毛笔全长21厘米，带套23.5厘米；笔管与套

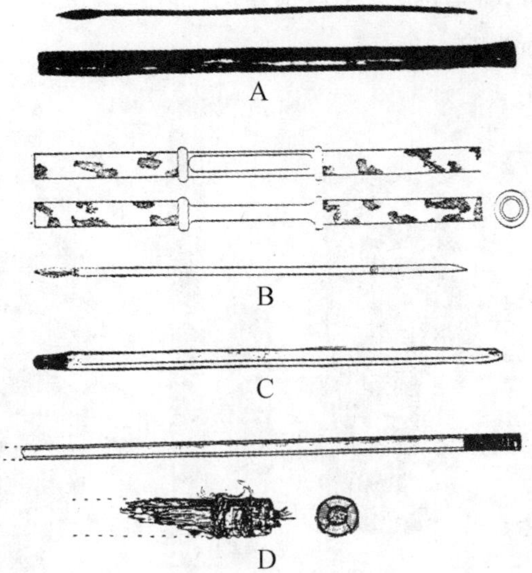

A 战国毛笔　B. 秦代毛笔　C. 汉代毛笔　D. 笔管和笔头

古代的毛笔

均系竹制,笔头全系兔毫。1957 年在信阳长台关战国墓中发现的毛笔及笔筒和刀、削、锯等同放在一个小木箱内。1987 年,在包山楚墓内发现一支在竹筒中的毛笔,笔杆为竹质,上端用丝线捆扎,插入笔杆下端的孔眼内。[6]

稍后的秦笔亦有多处出土。1975 年在湖北云梦睡虎地秦墓出土毛笔 3 支,竹杆上尖下粗,有笔套,中间及两侧镂空,作插笔用。1986 年甘肃天水放马滩秦墓中发现毛笔 2 支,笔筒 1 件,双管相连,可插笔两支。笔杆竹制,一端削成坡面,另一端镂空成毛腔。

汉笔形制与秦笔相似,但亦有地区特色。如 1932 年在居延附近红城子发现的汉笔,笔管是以两束麻线捆扎 4 条木片而成;因之笔头可以塞入笔管,必要时也可更换。1975 年在湖北江陵凤凰山西汉墓发现竹管毛笔 1 支,笔杆上尖下粗,笔管制作精细,有彩绘,中部两侧镂空。1972 年甘肃武威磨咀子东汉墓中出土毛笔 2 支,上有人名。笔尖外覆褐色狼毫,笔杆竹制,前端扎丝线并髹漆,中部有阴刻“白马作”3 字;“白马”和另一支上的“张氏”当为制笔工人的名字。[7]

这些古代毛笔的发现,其长度、形式和质料都和现代的毛笔没有太大的区别。笔头用兔毛、鹿毛、狼毫或羊毫,是以刚柔相济,适宜书写。晋王隐《笔铭》说:“岂其作笔,必兔之毫,调利难秃,亦有鹿毛。”[8] 崔豹曾说蒙恬之笔是以“鹿毛为柱,羊毫为被”。一般认为,蒙恬可能是最先用木枝代竹为笔管和用鹿毛及羊毛代替兔毛制笔的。

毛笔的笔头大小,当视其用途而定。长沙出土的长 2.5 厘米;居延出土的长 1.4 厘米,笔尖已全秃;武威出土的长 1.6 厘米;悬泉置出土的长 2.2 厘米。此外,在朝鲜乐浪王光墓发现的笔头,长 2.9 厘米,一端扎带。[9] 扎笔之带在使笔毛整齐宜于书写,通常再敷以黑漆,以便黏附于笔管。晋傅玄《笔赋》曾说,笔头须“缠以素枲,纳以元漆”。这是传统的制笔方法,相沿以至今日。

很多学者认为毛笔是一种较进步的书写工具,其先必有一些更原始的书写工具,如竹、木尖梃之类。[10]宋人赵希鹄说:“上古以竹梃点漆而书。”[11]但这种说法却无确实的证据。近年所发现的一些文字,无论是简牍、帛书,或是其他器物上的文字,都是用毛笔书写,或是先以毛笔书写底样,然后刻画而成。可能在某些地区或一定的时期,曾用木杆代竹和兽毛,但非漆书。

斯坦因在 1900—1901 年的考察中,在和田附近的尼雅古址,发现了一些可能是公元 3 世纪以后的芦苇笔和木笔。木笔是用细木枝制成,一端削尖,有些尖端甚至开岔。[12]有些在另一端有牛角制的柄,附着光滑的圆锥体,大概是作为磨石所用。白居易说:“于阗……以木为笔。”[13] 在毛笔流行中国的同时,有些特殊地区可能亦用木梃来书写。

一些史前陶器上的花纹,是用竹木所制的硬笔蘸以墨汁所画,而非毛笔。日本正仓院现存一枝木杆所制的笔。相信古代竹木、兽角或金属所制的尖笔在某些地区或时代曾经使用,但不是一般通行的书写工具。

三、黑墨和丹书

用笔书写时,一定要用有色彩的液体作为书写材料。因此,在中国文献中,常见“笔墨”二字连用,以表示书写的主要工具。制墨的起源,已不可考;但传说是汉代书法家并制墨家韦诞(179—251,字仲将)所发明。这种以3世纪左右为用墨之始的说法,显然并不正确;既与记载不合,更与近代发现的实物不符。

韦诞精于书法,用自制之墨而拒用御赐之墨。南齐萧子良曾赞许韦诞的墨说:“仲将之墨,一点如漆。”[14]在此之前,《后汉书·和熹邓皇后传》曾载和帝时各地皆以纸墨为贡品;在国家庆典时,皇帝也以墨赐予皇太子、大臣和学者,作为一种恩荣。[15]事实上,在汉代之前,墨的应用已很普遍。

孟子曾说:“大匠不为拙工改废绳墨。”《庄子·田方子篇》曾提到“宋元君将画图,众史皆至,受揖而立,舐笔和墨”。《韩诗外传》卷七记载晋国周舍对赵简子说:“愿为谔谔之臣,墨笔操牍,从君之过,而日有记也。”《管子·霸形篇》亦谓齐桓公“令百官有司,削方笔墨”。可知先秦时代,书写已通行用墨。

关于墨的最早使用年代,文献中并无确切的记载,但从考古学上可上溯新石器时期和商代。陕西半坡出土的彩陶上有红色和黑色的花纹及符号。[23]商代的一块陶片上有黑墨书写的“祀”字。[16]甲骨上也有黑色和红色的契文,经过化验及分析,断定黑色是一种碳化合物,红色则是丹砂。[17]近年出土的战国、秦汉简牍及帛书,也都是以黑墨书写。

古代也常用红色书写,尤其是重要的公文称为“丹书”。《大戴礼记·武王践阼》载,武王即位,问古贤王之治,吕尚答称:“在丹书。”《越绝书》载,越王勾践“丹书”治国之道,以为国宝。《左传》襄公二十三年(公元前629年),范宣子有奴名斐豹,以丹书其罪于契。1965年,山西侯马出土了一批战国初年的玉石简,皆朱书。

由长沙出土的缯书,可知古时虽常用红墨,但也用其他的色素来书写和绘画。红色通常用辰砂和银朱制成。辰砂是自然产物,古称“丹砂”或“朱砂”,古时方士以之炼丹,以求长生不老;银朱是由辰砂捣碎加水提炼而成。有时亦用硫化汞来制红墨。

四、烟墨

以烟煤作黑墨的起源应该很早,因为它是用木材举火时的一种副产品。油烟是另一种比较优良的烟煤,在焚烧桐油、石油或其他油质时取得;但以桐油制墨的方法较普遍,由唐代制墨家李廷珪最早采用。[18]宋人沈括尝用天然石油制墨,据说这种墨比用青松制作的烟墨更黑。[19]

青松木是制造烟墨最常用的材料,而松烟直至现在仍是制墨的最佳材料。古代制松墨的方法,据清人姜绍书说,是由焚烧松脂与松枝而得。[20]贾思勰的《齐民要术》卷九有合墨法,其中记载的方法很详细(引文及说明见另文《中国墨的制作和鉴赏》)。一般认为韦诞大概是这个方法的始创者。可知在公元2世纪时,此方已经过多年的试验。而直至公元5世纪末，此法仍被继续采用。后世的制墨方法如果不是抄袭此法，便是将此法略加改进。

汉代以前墨的形状，如今还不太清楚。但可能很早便是固体形态，《庄子》已有“舐笔和墨”的说法。最近的实物发现也可证明。1975年在湖北云梦睡虎地战国秦墓中发现的墨块呈圆锥形；1955年河南陕县刘家渠东汉墓中发现墨5枚，系用手捏制而成，也是圆柱形；1958年南京老虎山发现晋墨1枚，据化验，其成分与现代墨相近。这些实物的发现，有助于了解一般古墨的形状和质料。[21]

汉晋二代皆以“丸”和“枚”作墨的单位。汉代文献载大臣“月赐隃麋大墨一枚，小墨一枚”，晋代张敞谓：“皇太子初拜，给香墨四丸。”[22]今日无人能了解“枚”和“丸”究竟是什么形式。“丸”可能就是指圆柱形墨的单位而言。1953年，河北望都汉墓中发现的一幅壁画，画上有一“主记史”端拱而坐，面前有一圆砚，上立圆锥形物一枚，右旁有水盂一只。这圆锥体可能即所谓墨“丸”的形状。1973年山西浑源毕村西汉墓中有砚与墨丸同时出土，墨为半圆柱体，与砚同放在一木匣中，它为望都壁画中圆锥体形物提供了实物证据。[23]

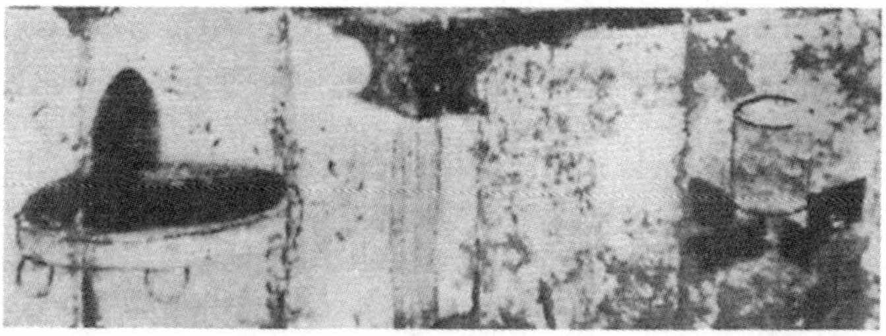

河北望都汉墓壁画

斯坦因在其第一次考察中，在和田的废墟中曾发现1块圆柱形的中国墨，一端有洞可以系带。在另一次考察时，他又发现了1枚棱柱形的墨，大约是唐代的遗物。[24]综合已经发现的各代古墨，似乎汉代及以前，墨块多是圆形。以后，墨的形状增多，有圆有方；或饰以书画、纹以金银、加以色彩，以求美观。为文人学者及宫廷所收藏和鉴赏。[25]

五、漆书和石墨

许多中外学者，都认为中国墨的历史是按照漆、石墨和烟墨的顺序演变的。他们认为这种先自然后人工的进展是理所当然。沙畹(Chavannes)认为中国文字的书写，是漆书在先，墨书较晚。劳福(Berthold Laufer)认为汉代的墨是以矿物制成，公元3世纪后，才用植物制墨。卡特(Thomas Carter)说上古用漆书，真墨是由韦诞所发明。[26]

这些西方汉学家的说法，无疑是受了中国文献记载的影响。宋人赵希鹄说：“上古以竹梃点漆而书。中古有墨石，可磨石以书。至魏晋间，始有墨丸，以漆烟和松煤为之。”[27]这种立论的基础何在，不得而知；但后来许多学者，都继承了这种“点漆而书”的说法。元人吾丘衍《学古编》说:“上古无笔墨,以竹梃点漆书竹上。”元人陶宗仪和清人姜绍书也都说,中国墨的发展过程,是依漆、石墨和烟墨次序而进化。[28]

我们不能确定漆究竟曾否被用来书写。从考古学上找不到漆书的明证。反之,历来所发现的各种古代文字,无论是甲骨、简牍或帛书,都是墨书和丹书。古代文献中,虽有漆书的记载,但都是公元5世纪以后的作品。如范晔《后汉书·杜林传》载,杜林于西州得“漆书”《古文尚书》1卷。同书《儒林列传》谓:“有私行金货,定兰台漆经字,以合其私文。”《晋书·束皙传》则称公元280年不准盗发魏襄王墓时,发现的简策是“漆书,皆蝌蚪字”。但荀勖却说这些简策是“以墨书”。[29]荀勖曾亲睹这批古代文献,而且他是皇家图书馆的主管人,所说当较《晋书》可信。此外,《说文》:“墨,书墨也。”但于“漆”字,则未述及有关书写之事。

关于漆书的一切说法及证据皆飘忽可疑,很多近代学者都认为漆也许根本没有被用于书写。如王国维说,“漆书”只是表示其色黑如漆而已。马衡则认为东汉时人工所制之墨已十分普及,自然生产的漆不可能仍用于书写。[30]另外一些学者则认为墨较漆更便于书写。漆在调和后,滞涩难书,而书于竹木之上,亦不易快干。在缣帛和纸张上面,毛笔是最适宜的书写工具,如以毛笔沾漆而书,实际上是不可能的事。

漆之用于书写,只有两种可能:(1)漆是自然产品,很容易从漆树的汁液中取得,如同其他液体的墨一般,可能曾偶用于书写在硬体的表面上,但绝不比烟墨普遍而重要,也不可能是中国墨的原始形式;(2)“漆书”的含意可能是指以漆树汁液焚烧后所得之烟煤,正如13世纪以来许多学者所说的一般。赵希鹄和陶宗仪都曾说:“至魏晋间,始有墨丸,以漆烟和松煤为之。”有些古方记载,用干漆作为制墨的一种原料,可以增加其光泽。[31]总之,如果漆曾用以书写,也只是一种次要的用品;同时,也没有任何实物能证明漆书之用早于烟墨。

墨亦可以矿物制成。许多记载,特别是晋代的著作,都曾提到“石墨”的使用。一般说来,石墨就是历代记载中相等于现代的广东、湖北、河南、江西等地山中所发现的黑色矿物。晋人顾微的《广州记》载:“怀北郡掘堑,得石墨甚多,精好可写书。”盛弘之《荆州记》亦说:“筑阳县有墨山,山石悉如墨。”[32]郦道元《水经注》也曾说,新安和邺(今河南省境内)均产石墨,可用于书写。[33]另外《格致镜原》亦记载,江西庐山有石墨矿。这些所谓“石墨”,便是煤、碳精或石油。[34]在砚石中不能研出墨来,上面所提及的石墨大抵是指现代用作铅笔的碳精。今日中国碳精的产地和古籍所载均极吻合。

六、砚石的质料和形式

中国墨可能在很早的时期便是固体,需要加水在砚石上研磨,取得书写用的墨汁。砚石之用,究竟从何时开始,已不可知,但殷代使用墨和红的色素,可能那时便有一种用以调和墨汁的器具。现知有关砚石的文献都较迟,没有比汉代更早的记载,[35]秦代的砚石是迄今发现最早的实物。有些学者臆测远古时代已有石砚,但证据皆不够充分。最早的文献资料是公元100年左右许慎编撰的《说文》,他说:“砚,石滑也。”公元

200 年前后刘熙的《释名》说："砚，研也，研墨使和濡也。"由此可以确定，汉代用石制的砚来磨墨，当无疑问。

古砚和古墨

现存最早的实物是 1975 年湖北云梦睡虎地秦墓出土的一块长方形鹅卵石砚，长约 7 厘米，宽 6 厘米，厚 2 厘米。同时发现的还有墨研，皆为石制，上有墨渍。汉代砚石近年来屡有发现。1980 年陕西扶风县西汉武帝时期墓中发现有用砂石制作的圆形石砚，砚面光滑如镜，且有墨迹。同时出土的有研石，形似馒头，原料为豆绿石，置于砚石之上，大概也是墓主生前所用的文房用具。又湖北江陵张家山汉墓也曾出土石砚两件，并附有研墨石，均为天然鹅卵石加工而成。江苏铜山县西汉墓中发现长方形青石质黛砚，砚上还留有墨渍。此外，1978 年山东临沂金雀山汉墓内有漆盒石砚一件，形制异常精美。[36]

砚石的选择是一种特别的艺术。制砚者和用砚者都很考究砚石的质地、色泽、声音和纹理。好的砚石易于磨墨，粗糙的则易吸墨。砚石之形制，有长方形或圆形等，一端有水槽，正中为一椭圆的磨墨池，另有木制或漆饰的砚匣。其雕饰和设计，有时极为精巧。

除石之外，砖、瓦亦常用来制砚。曹操所建铜雀台的废墟之砖，因为不吸墨，故特别珍贵。故宫博物院藏有一方以此种砖块所制的长方形墨砚。[37]前河北第一博物馆亦藏有以汉宫瓦所制的圆砚，上有铭文。[38]但此二砚都不是汉代所用的砚石；汉代的砚石，近年来在广东、安徽、河南、陕西、江苏、湖北、山东、山西等地间有出土，多饰以禽兽花纹，亦偶有山水，特别是以蛇、蛙、龟等水族作为题材者较多。[39]

1934 年在朝鲜所发现的汉墓中获得一件完整的砚石，且有砚盒，大约是公元二三世纪之物。砚石是一长方形竹石板，并有一半圆柱形椎状的木质研具。此二物均被置于一黑漆木版上，砚盒中有一抽屉，分为六格，或大或小，用以储盛墨汁。盒面有两对铜管，用来放置毛笔。除了这套砚石和砚盒外，在朝鲜乐浪和中国东北的一些古墓中，亦曾发现一些零星的砚石和研具。[40]

有些砚石，是用特殊物质如玉、石、水晶、陶瓷、银、铁、铜、贝壳，甚至竹、木等制成。《西京杂记》卷一称，皇室"以玉为砚，亦取其不冰"。水晶砚不用以磨墨，只用以贮盛墨汁。记载中谓在和田曾发现晋代铁砚。[41]

1955 年在广州出土汉代陶砚，圆形三足，有高盖。[42]这种三足砚可能是汉代最流行的样式，此亦可由望都壁画得证。繁钦《砚颂》："钧三趾于夏鼎，象辰宿之相扶。"宋苏易简认为古砚亦有用木制者，傅玄《砚赋》所称："木贵其能软，石美其润坚。"[43]但这里所指的木，可能是用来做砚盒或衬饰的材料。因为木易吸墨，不是制砚的适当材料。关于瓷砚、银砚、铜砚、贝砚等，亦有很多记载，但它们应用的时期，都在唐代以后。

注释:

1. 汉、晋赏赐文具,见:(宋)李昉撰. 太平御览. 卷六〇五;江陵凤凰山出土西汉文具,见:考古学报. 1993(4)

2. (晋)王羲之. 笔势论. 见:(清)陈梦雷等编. 古今图书集成·理学汇编·字学典. 卷八三

3. W. Perceval Yetts. "The George Eumorfopoulos Collection Catalogue of the Chinese and Corean Bronzes, Sculpture, Jades, Jewellery, and Miscellaneous Objects". London: Ernest Benn, 1929,I:15-17

4. 董作宾. 甲骨文断代研究例. 见:庆祝蔡元培先生六十五岁论文集. 上册. 417—418

5. 梁思永. 小屯龙山与仰韶. 见:庆祝蔡元培先生六十五岁论文集. 下册. 555—568

6. 长沙出土战国笔,见:文物参考资料,1954(12)。云梦秦笔,见:云梦睡虎地秦墓. 北京:文物出版社,1981. 页26,图19。江陵凤凰山汉笔,见:文物,1976(10):31—35。临沂金雀山汉笔,见:文物,1984(11):41—58。天水秦笔,见:文物,1989(12)。包山楚笔,见:文物,1988(5)。关于汉笔实物尺寸,见:文物,1972(12)。近年出土的笔、墨、纸、砚,见:陈家仁. 近年来考古发现的古代书写工具. 中国图书文史论集. 台北:正中书局,1990. 91—100;北京:现代出版社,1991. 19—132

7. 马衡. 记汉居延笔. 国学季刊,1932,3(1):67—72;甘肃武威磨咀子汉笔,见:文物,1972(12):9—21;悬泉置汉笔,见:文物,2000(5),页15,图14

8. (唐)徐坚等辑. 初学记. 卷二一

9. (日)小场恒吉、榧本龟次郎. 乐浪王光墓. 汉城,1935. 49

10. Chavannes. "Les livres chinois avant l' invention du papier". *Journal Asiatique* X ,1905. 70

11. (清)陈元龙撰. 格致镜原. 卷三七,引赵希鹄《洞天清录》。

12. Stein. *Ancient Khotan*. I. 398, 403; plate CV

13. (唐)白居易,(宋)孔传辑. 白孔六帖. 卷一四

14. (清)陆友. 墨史. 卷一;(清)陈元龙撰. 格致镜原. 卷三七

15. (宋)李昉撰. 太平御览. 卷六〇五

16. 西安半坡. 文物出版社,1963. 156

17. Roswell S. Britton. "Oracle-bone Color Pigments". *Harvard Journal of Asiatic Studies* II ,1937:1-3

18. Wang Chi-chen. "Notes on Chinese Ink". *Metropolitan Museum Studies* III ,1930-1931. 115

19. (宋)沈括. 梦溪笔谈. 卷二四

20. (清)姜绍书. 韵石斋笔谈. 卷二

21. 湖北云梦秦墨,见:文物,1976(9):51—61,图版7:5。河南陕县东汉墨,见:考古学报,1965(1):160,图版26:12,13。南京老虎山晋墨,见:考古,1959(6):295

22. (宋)李昉撰. 太平御览. 卷六〇五

23. 北京历史博物馆,河北省文物管理委员会编辑. 望都汉墓壁画. 北京:中国古典艺术出版社,1955:13—14,图版15、16;山西浑源毕村之墨丸及砚,见:文物,1980(6):42—46,图7

24. Stein. *Ancient Khotan*, I. 438, 442; Plate CV. Stein. *Serindia*, I. 316

25. 钱存训著,高禩熹译. 中国墨的制作和鉴赏. "故宫"学术季刊,1988,5(4);Lily Chia-jen kecskes. "Chinese Ink and Inkmaking". *Printing History*, V. 8, no. 1 ,1986:1-12

26. Chavannes, op. cit. 66. Laufer, op. cit. 1, 13. Carter, op. Cit,1925. 24; rev. Ed,1955. 32, 35, note 1

27. (清)陈元龙撰. 格致镜原. 卷三七

28. (明)陶宗仪. 辍耕录. 卷二九;(清)姜绍书. 韵石斋笔谈. 卷二

29. (晋)荀勖. 穆天子传序

30. 王国维. 简牍检署考. 海宁王静安先生遗书. 卷二六;马衡. 中国书籍制度变迁史研究. 图书馆学季刊,1926,1(2):205—206

31.(清)陈元龙撰.格致镜原.卷三七
32.(宋)李昉撰.太平御览.卷六〇五
33.(北魏)郦道元注.水经注.卷一〇浊漳水、卷一五洛水
34. Laufer, op. cit. 13;Wang Chi-chen, op. cit. 124
35.(宋)李昉撰.太平御览.卷六〇五所引各家的说法,及(清)陈元龙撰.格致镜原.卷三八
36.湖北睡虎地秦砚,见:云梦睡虎地秦墓.北京:文物出版社,1981.页26,图版10:3。陕西扶风西汉砚,见:中原文物,1985(1):10—13。湖北江陵张家山石砚,见:文物,1985(1):1—8。江苏铜山县黛砚,见:文物资料丛刊,1977(1)。山东临沂金雀山石砚,见:文物,1984(11):59—61
37.故宫周刊,1934(339):4
38.河北第一博物馆半月刊,1933(35):1
39.福开森.历代著录吉金目.页1111,共列7件见于著录的汉砚。近年出土的汉砚图片,见:文物,1964(1)。陕西、湖北、江苏、山东等地出土石砚,见前注36。
40.小泉显夫、滨田耕作.乐浪彩箧冢.汉城,1934:45—46
41.(宋)李昉撰.《太平御览》.卷六〇五
42.王冶秋.刊登砚史资料说明.文物,1964(1):50
43.(宋)苏易简.文房四谱.卷三
44.(清)陈元龙撰.格致镜原.卷三八;Van Gulik, op. cit. 54

第二章　中国古代的简牍制度

竹简和木牍是中国最早的书写材料，在中国传统文化中，简牍制度有其极为重要和深远的影响。不仅中国文字的直行书写和自右至左的排列顺序渊源于此，即使在纸张和印刷通行以后，中国书籍的单位、术语以及版面上“行格”的形式，也是根源于简牍制度而来。关于文字的横直排列及其阅读效率，已在他处说明。此章仅就文献上的记载和考古的实物证据，综述中国古代简牍的材料、形式、行格、书体，以及古书的单位、种类，以见在纸未普遍应用于书写以前，中国古代书籍制度之一斑。

一、书籍材料的演化

古代文字之刻于甲骨、金石和印于陶泥者，皆不能称之为“书”。书籍的起源，当追溯至竹简和木牍，编以书绳，聚简成篇，如同今日的书籍册页一般。在纸张应用于书籍以前，竹木不仅是最普遍的书写材料，且在中国历史上被采用的时间，亦较诸其他材料更为长久。甚至在纸张普遍应用于书籍以后的数百年间，简牍仍继续用作书写。其被广泛使用的原因，无疑是竹木盛产于中国，就地取材，价廉而易得，正如纸草之于埃及、棕叶之于印度，因此被普遍采用作为书写的材料。

竹木应用于书写的起源已不可考，但其时间必然很早。战国时代以前的简策尚未发现，但从古代文字及典籍的记录中仍可看出，竹木是中国最早的书籍材料。“册”字象征一捆简牍，编以书绳一道；最早见于殷代甲骨卜辞。和册字相关的“典”字，象征“册”在几上，亦见于两周金文。[1]这两个字，常指史官记录帝王诰命的文件。两汉承袭此制，以简牍册封，传达王命，沿用直至公元5世纪。[2]

许多周代的文籍皆记载简牍大量应用于命令、祝祷及公文。《诗经·出车》谓远征军士之所以迟归，乃因“畏此简书”。《尚书·金縢》记述周人克商后二年，武王有疾，周公为之祈福，“史乃册祝”。武王克商后，援引史实以作前例，《尚书·多士》说：“惟殷先人，有册有典，殷革夏命。”显然，不仅在周代，殷初已用简牍作为正式公文、祝祷和档案的材料了。

如今尚不能断定竹帛用于书写的确实年代,大致说来,竹木是较缣帛为先。简牍、缣帛与纸的使用,在时间上并没有显著的分野。中国各种书籍材料的使用,大致可分为三个时期:(1)简牍,自上古至公元3或4世纪;(2)缣帛,自公元前6或前5世纪至公元5或6世纪;(3)纸张,从公元前后直至现代。[3]这种分期的年代大致不差;但也有史料可以证明,简牍使用的时间,较上述的年代更长;而缣帛的使用,其时期更早。因之竹、帛掺杂使用的时期约1 000多年,帛纸共存约500年,而简牍与纸并行约300年。

虽然"简牍"已成为一个名词,竹木的使用也相提并论;但最初用以书写的材料是竹简而非木牍。木牍的使用较后,或者是作为竹简的代替品。第一,简面狭窄,通常仅容字一行,当为竹简剖析为平面后的面积所局限,因此成为简牍形式的传统。如最初用木牍,则版面宽广,不至成为这种仅容字一行的狭直形式;第二,简字从竹,竹帛并用,屡见于先秦古籍,而牍字的使用,至汉代始见于文献;第三,文献记载及近年出土的战国至汉初简策,多系竹质。历来出土的木牍皆系东汉前后之物,或在西北边远不产竹的地区所出土。据此可知,竹简的使用,应先于木牍,木牍可能是竹简的代用品,为汉代在公元前后通行的书写材料。

近代陆续出土的古籍,更证实了旧式书写材料,乃系被新材料所逐渐取代。发掘区域的时代愈晚,发现的旧式材料便愈少。譬如,敦煌与居延出土的大批木牍,年代为公元前1世纪至公元2世纪,纸质材料奇少;楼兰地区的古籍约属公元3至4世纪,木牍仅占20%;吐鲁番地区的古籍年代为公元5世纪,几乎全是纸质。[4]纸张比例的增加,证明新材料的使用逐渐普及,尤其西北边远地方交通困难,距当时中国产纸的地区甚远。而纸张发明之初,因其供应有限或价格太高,而未能迅速普及。

历代史书目录上的记载亦可表示书写材料的变迁;即时代愈后,则用作简牍单位的"篇"字渐少,而用作帛纸单位的"卷"字渐增。《汉书·艺文志》中,3/4皆著录为"篇",仅1/4为"卷"。到了东汉,著录之篇卷,各占半数。至三国时代,卷轴之数已超过简牍。及至晋代,纸已普遍使用,简牍之书已不经见,显然全为帛纸的卷轴所取代。[5]

二、战国和秦代竹简

先秦及秦代的简牍,近年来才开始出土。但据史籍所载,公元3世纪末,早有大批战国时代的竹简,埋藏于地下600年后被发现。公元281年,在今河南汲郡被盗发的魏襄王墓中,发现大批竹简,皆长2尺4寸,每简40字,系以白绳。共计书籍16种,10万余字;包括史地、占卜、故事及其他古书。其中最重要的为《竹书纪年》,这是从上古至公元前299年此书被埋葬时的一部魏国史记。

晋武帝将这批竹简收藏于皇家图书馆中,更令荀勖、束皙等为之注释。并抄录于2尺长的纸上,加以"染潢",以防虫蛀。原简藏诸"中经",副本分藏于其他3处。唐代以后,这批文籍大多散佚,只有2种传留至宋代。到了元代,《竹书纪年》又佚。[6]如今仅存《穆天子传》1种。这是秦火劫余的古书,在历史上最大的一次发现。根据每简所含字数，参以史籍所记之总字数，估计出土的竹简，总数在2 500枚以上。

历史上的另一次发现为公元479年，在今湖北襄阳附近的楚墓，出土的竹简较前述魏墓者更早。但数量不多，仅有青丝编简10余件，长2尺，宽数分，载以蝌蚪书，[7]时代约当公元前505—前278年，楚国建都该地的时期。

记载中出土的竹简，如今皆已无存。现存者皆系近百年来所发现。简牍出土的重要地点，除中原的湖南、湖北、河南、山东等地外，更有西北的新疆、甘肃和青海。中原地区出土的多系竹简，大部为战国、秦或汉初之物，时代最古；西北所出多为两汉、三国及晋代的木牍。自20世纪初年以来，出土的简牍已达数万件，所跨时间前后将近1 000年。这些资料不仅在研究古代历史、政治和社会制度上，增加了一批新史料，而且也是现今世界上极少留存的一种古代书籍实物，对古籍校勘尤为重要。

自从1930年代以来，长沙附近的楚墓，数经盗发及科学发掘，发现的文物很多。最早的一批竹简是1952年出土37件；1953年出土约43件；1954年又有一批出土于长沙杨家湾；1957年河南信阳长台关出土战国有字竹简28件；1966年湖北江陵望山楚墓中出土竹简两批，时代为公元前4—前3世纪战国时期之物，皆是“遣策”之类。[8]1975年，湖北云梦睡虎地秦墓出土竹简1 155件，其中有秦代的律令及秦昭襄王元年至始皇三十年（前306—前217）的《编年记》、《语书》、《律书》、《为吏之道》、《日书》等10种，这是秦代竹简首次出土，也是中国最古的法律条文和少见的秦代历史文献。在《日书》的简中，出现有“纸”字。（见另文《纸的起源新证——试论战国秦简中的“纸”字》，《文献》，2002年第1期。）

1978年，湖北随县战国早期曾侯乙墓（公元前433年）中发现竹简240多件，共6 600余字，内容记载丧仪中所用的兵甲、车马，是目前发现年代最早的一批先秦竹简。[9]

1986年，甘肃天水放马滩出土战国竹简460枚，内容以《日书》为主。另有最稀见的木板3块，长宽各为286厘米、15厘米，正反有墨绘地图7幅，上有山、水、沟溪、城邑、关隘、道路、地形，并注明地名59处及各地间的里程距离，为战国晚期秦国所属“邽丘”的地形和行政区域图，较长沙马王堆古帛地图约早100年，也是目前所见时代最早的古地图。

其他有1987年在湖北荆门包山出土的竹简，简文12 500字，内容有司法文书、卜筮、祭祷及遣策等类，部分有公元前322—前316年的纪年。另一批为1989—1991年在湖北云梦龙岗出土的竹简，属秦代末期，内容以法律文书为主，涉及禁苑、驰道、马牛羊课、田赢等事。1993年湖北荆门郭店出土的战国中期竹简800余件，其中有《老子》及《论语》等古籍的最早版本：《老子》较马王堆帛书本约早100年，《论语》也有许多字句与今本不同。另有多件于1994年由上海博物馆自香港购藏，可能同出郭店。其中有先秦古籍80多种，涉及儒、道、兵、杂等诸家的著述，字数达3.5万左右，都是现存最古的版本，或是现已无存的逸书。[10]

截至20世纪终了，战国及秦代竹简已发现10余批，大部来自湖南及湖北，亦有若干在河南及甘肃出土，总计将近10 000件，内容有古籍、文书、记事、日书、占卜、遣策等类,是研究古文字学、古籍校勘及先秦和秦代典章制度极珍贵的资料。

此外,2009 年清华大学入藏战国竹简 2 388 枚,年代约为公元前 335—前 305 年,相当于战国中晚期,其中有失传的《尚书》篇章、周武王时的乐诗和编年体的史书。这批竹简,内容重要,仍在研究中。

三、汉晋简牍

汉晋简牍是 20 世纪初最早在中国西北地区出土的部分考古资料。当时不少国外探险家先后在新疆、内蒙、甘肃等地考察,其后有中外合组的考古队进行科学发掘,所获甚丰。其中甘肃发现的数量最多,迄今已达 4 万余件,大多是两汉、少数为三国和晋代之物。在新疆出土的大都为东汉至晋代的木牍。

1979 年,敦煌马圈湾汉代烽燧遗址中发掘简牍 1 217 件。年代为汉宣帝元康元年(公元前 65 年)至王莽地皇二年(公元 21 年),这批简牍对研究玉门关的方位提供了重要线索。迄至 1980 年代末期,敦煌地区又发现汉简数批,共得木牍2 000多件。都系有关军事、政治、烽燧及驿站等制度的资料。1990—1992 年间,敦煌附近的悬泉置汉代遗址发现一批数量甚多而内容广泛的简牍约 3. 5 万余件,其中有字简达 2. 3 万,年代最早的为西汉元鼎六年(公元前 111 年)。内容有官府文书、律令条文、簿籍、信札、医方、历谱以及《论语》、《相马经》等典籍,为汉武帝开发河西、经营西域的历史以及研究当时的人口、水利以及军事设施的重要史料。[11]

居延是西北地区最早出土汉简而数量较多的地区,其地位于甘肃西北弱水之滨。居延城始建于公元前 104 年,旧名黑城子,是敦煌与武威之间的军事和政治中心。汉代于此设置烽火台,捍卫河西走廊的北部。过去考察这一地区者甚多,1908 年有帝俄地理学会的科兹洛夫(P. K. Koslov),1914 年有斯坦因,1930 年有中国西北科学考察团的斯文 · 赫定和贝格曼(Folke Bergman)。在沿弱水东岸数处所获至丰。计在破城子发现木简5 200余件,红城子等处发现3 500余件,总数约达万余件,很多有公元前 102 年—公元 30 年间的纪年。内容与在敦煌发现的文件相似,有报告、公文、书信、历书、《急就章》、律令、药方等。其中有一件共 77 简,用麻绳两道编连,证实"册"字造字之原始。简长 23 厘米,宽 1. 3 厘米,全札张开约 122 厘米,为公元 93—95 年该处兵站检查器物的清册,是现存较早发现的一部装订完整的"书"册。

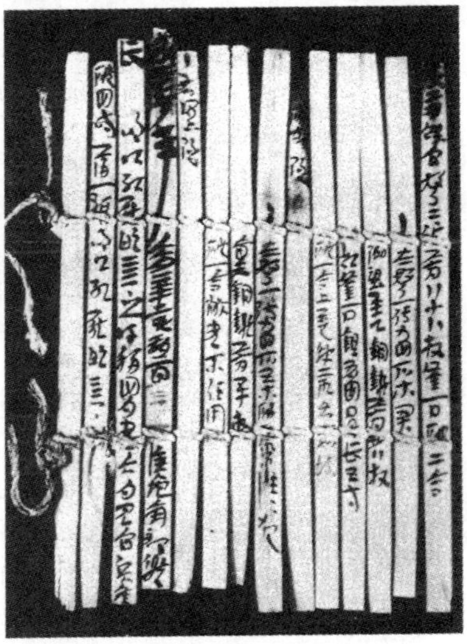

居延发现装订完整的东汉"器物册"

1972—1976 年间,居延地区又先后发现东汉王莽时期的简牍近 2 万枚,大多是木简,少数为竹简。内容有律令、牒书、诏书、爰书、劾状等文书档案。形式有简(札)、两行、牍、检、符、觚、签以及有字的封简、削衣等多样。简牍出土时,有的仍编缀成册,其编绳两道、三道不等。简上文字,有一定的行文程序和文牍格式,对于研究古代文书档案制度具有重要的价值。[12]

1959 年,甘肃博物馆于武威郊区一东汉墓中,掘得完整的简牍 385 件。其中大多是云杉木牍,竹简极少。简奇长,约 54—58 厘米,宽 1 厘米,每简载字 60—80 不等。字体多是简体及变体。每简前后皆标明数字,一如现代书籍之页数。中有《仪礼》7 章。其形制是现今所发现的简牍中之最长者,也是现存经书中最早的一种"版本"。同时出土者尚有东汉永平十五年(公元 72 年)王杖木简 10 件,为汉代保护高年长者的法令。又 1972 年于武威旱滩坡东汉墓中发现医药简牍 92 件,载有约 100 种药物名称,其中有 20 种为本草书中所未载,为迄今发现汉代较完整的医方著作。1978 年,在西北青海省大通县西汉晚期墓中出土简牍 400 余件,质料为云杉属,隶字,主要内容为军事文书。[13]

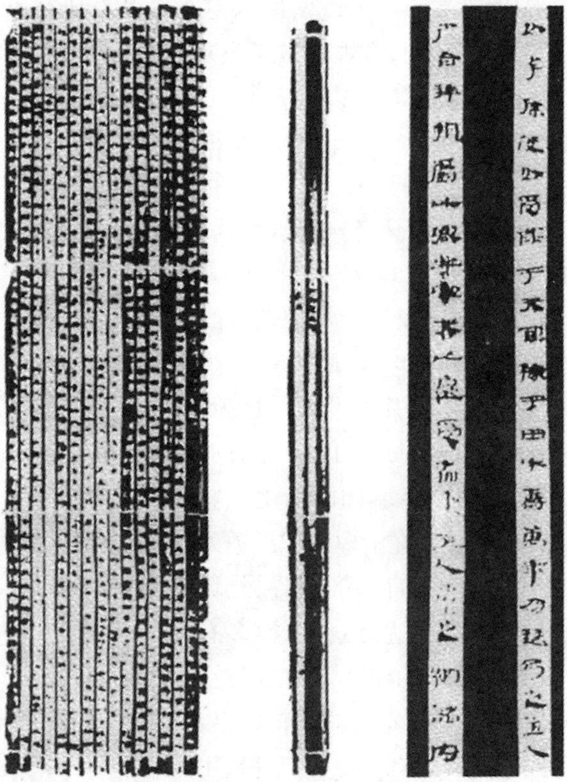

A 书绳四道展开　B 卷起成束　C 长简部分

甘肃武威发现的《仪礼》特长竹简

在中原地区陆续出土的大都是汉初竹简。较早的一批是 1972—1973 年间长沙马王堆两座西汉墓中所发现,皆系公元前 2 世纪之物。大部为随葬物清册,其他为医书。又一批为 1972 年在山东临沂西汉墓中出土的竹简4 900多件,其中有《孙子兵法》、《孙膑兵法》、《六韬》及《尉缭子》等古代兵书残篇和阴阳书等古籍。该地 2 号墓中出土竹简 32 枚，其中有汉元光元年（公元前 134 年）的历谱。

1973 年河北定州西汉中山怀王刘修墓中出土竹简一批，内有五凤二年（公元前 56 年）《起居记》及《文子》，与今本相比，其内容颇多异文及佚文。1977 年安徽阜阳县西汉开国功臣夏侯婴之子夏侯灶（公元前 163 年卒）墓中出土一批竹简，内有《仓颉篇》、《诗经》、《周易》以及《年表》、《大事记》、《作务员程》等 10 多种古籍。

1983 年湖北江陵张家山汉墓出土大批西汉初期竹简共 1 000 余件，为公元前 1 世纪西汉文帝至武帝时期遗物。各简之间有 3 道编绳连缀，文字书于竹黄一面，内容有律令、《奏谳书》、《盖庐》、《算术书》、《脉书》、《引书》、历谱、《日书》、遣策等西汉法律、军事、医学、数学等重要文献。其中有律令 500 余简，《算术书》100 余简，历谱两份（公元前 202—前 186 年及公元前 174 年），是已发现年代最早的历谱。1985—1988 年间，该地再次出土竹简约1 200件，部分用麻布包裹成卷形，内容和年代与前一批大致相同。

1983 年，江苏连云港尹湾西汉墓中发现竹简 133 件，木牍24 方，约4 万字，内有政府档案、术数、历谱、文书和汉赋等地方文献。1996 年长沙走马楼的古井中发现东汉至三国有年代的竹木简 10 万多件，其中木简 2 400 件为三国吴嘉禾（232—238）年间的佃田税务券书。另有竹简近 10 万件，年代也以嘉禾为主，为有关赋税和户籍的公牍及签牌、封检及封泥匣等，这是近年简牍出土数量最多的一次，也是少见的有关三国时代的简牍。[14]

四、竹木的整治

竹是生长迅速的禾本科植物，常见于热带及亚热带。中国大部分地区，除极北的区域外，竹丛处处可见。

若干木类亦曾用作书写；敦煌及居延的木牍，多是杨木及柳木。杨和柳多产于中国北部，其中某些种类，更是沙漠中绿洲的产物。在西北区域中，竹简甚少见，因竹主要产于中原。斯坦因在敦煌发现的木牍，多是白杨木；在他处发现的，有松、柳、杨及柽柳。这些木类，皆以色白、质轻，以及易于吸收墨汁为其特色，更因在当地出产，自然便于采用为书写材料。

作为书写材料，竹的整治较木料为难。竹简文字不写于竹身的外表皮，而写于刮去外表青皮后的内面，或写于反面“竹里”。至于竹的整治，先断竹为一定长度的圆筒，再剖成一定宽度的竹简。用作书写更须经过“杀青”的处理，即先剥去外表青皮，再用火烘干，以防腐朽，复加刮治，才适宜书写。

表面文字刮去之后，旧简仍可再用，名为“削衣”。被刮去的表皮木片名为“柹”，《说文》：“柹，削木札朴也。”遇笔误时，错字可用刀刮去重写。1977 年甘肃酒泉烽燧遗址出土的简牍中亦夹有“削衣”，这些显然都是书刀刮削的遗迹。简上文字写错了，除可用刀刮削后再使用外，也可立即用水或口水涂抹掉墨字，然后再书写正确的字。

甘肃武威发现的《仪礼》简上就留有此种痕迹。[15]

削制和书写简牍的工具近年亦时有发现，如长沙左家公山楚墓出土一竹箧，内有竹简、毛笔和铜削。湖北江陵凤凰山西汉墓出土的竹笥内有笔、墨、砚石及木牍。浙江绍兴战国的越国墓中出土51件文书工具，放置于漆盒内，包括铜刀、刻刀、削、凿、砺石、陶线锤等。砺石用于刀、削的修磨，刀削用来整治简牍，而线锤则是编组简册的工具。[16]

五、简牍的形式

古代的简牍，在形式及用途上都不尽相同。竹简的形式皆狭长，直书一行，编以丝绳或麻绳皮条而成册，一如现今分页成册的书籍。木牍虽亦常为狭长形，但亦有长方及方形。长方及方形的木牍自成一格，大都用于公文、律令、地图、短简及私人函柬；而竹简则用于文学著作以及篇幅较长的书籍。

古代简牍的长度有一定的规律，因其用途和重要性而异。根据郑玄的说法，《六经》书于2尺4寸之简，《孝经》1尺2寸，《论语》8寸。由此观之，长简常用于较为重要的典籍，而短者用于次要之书，因《孝经》和《论语》直到公元9世纪才正式被列入儒家经典。武威发现的《仪礼》，简长54厘米，宽1厘米，约合汉制2尺4寸。是多年来简策出土之最长者，确实证明汉代用长简书写儒家经典的尊孔读经制度。[17]

汉代木牍的长度，由5寸至2尺不等。根据蔡邕的说法，用作诏令的木牍为2尺或1尺。斯坦因在敦煌发现的大批木牍，长度大都是23—24厘米，相当于汉制的1尺。自汉以后，日用的木牍标准乃定为1尺，私人函柬之所以被称为“尺牍”，实源于此。最短的木牍只有5寸，为旅客通过哨兵站检查时所用的一种所谓“符”。

不同长度的木牍功用各异。3尺者为未经刮削之椠，2尺者为命令，尺半者为公文报告，1尺者为信件，半尺者为身份证。可见汉代木牍的尺寸，皆为5寸的倍数；而战国竹简则为2尺4寸的分数。其不同的原因，大约是“六”及其倍数为晚周及秦代的标准单位，而“五”则为汉制。

六、行格和书体

每简的行数和字数，亦不尽相同；通常只书写1行于简牍的正面，有时亦有2行以上，或正背皆书者。近年在湖北云梦睡虎地出土的战国竹简，其中《日书》一种，正背皆书，文字连贯。荆门包山楚简一部分背面书写与正面相关文字，少数简背文字相连，或独立成段，篇题则更以大字书写于简背。又如酒泉出土的《仓颉篇》也是两面连续书写。至于字数，则自8字至80字不等，因简牍的长短及字体的大小而异。

郑玄的《尚书注》称，载《尚书》之简，每简30字。[18]以此推断，其他经典，包括《春秋》在内，皆长2尺4寸，其每简所载字数定然相同。据服虔考定，《左传》每简8字；显然以其不如《春秋》之重要，每简只长8寸，这是经传的分别。《汉书·艺文志》谓，

《尚书》脱简，有的是25字，有的是22字。荀勖在《穆天子传》序中说，每简40字。

在敦煌发现的简牍中有《急就章》一种，每简书写1章，共63字。此为棱柱形的木简，3面有字，每面1行21字。另一简有字2行，其一为32字，另一为31字。长沙出土的竹简，每简长度大致相同，每简有2—20字不等。近年在武威出土的长简《仪礼》，每简多至60—80字不等。由文献记载和古代遗物可知每行载字不等，全视字形的大小和简牍的长短而定。

古简上字体的不同，视乎其书写的时代及其重要性而异。蔡邕在《独断》中曾说，重要文件以篆书写于竹简，次要者以隶书写于木牍。3世纪末，楷书已经流行，但6世纪时的政府册命，仍用篆体书写。[19]这以传统字体书写重要文件的习惯，在古今中外历史上都大致相同，而且延续了很长的时间。孔安国《古文尚书》序说，《古文尚书》乃系以隶书抄录古文于竹简。如说汉代《六经》是以当时流行的隶书抄写，大致不差。从发现的古简书写字体观察，楚简均为篆书，秦简以隶字为主，汉简虽兼篆、隶，但以隶字为多，这可见古代书体演变过程之一斑。

公元前1世纪流行的章草，系由隶书速写演变而来。“章”字大抵乃因史游于公元前48—前43年间所作《急就章》的书体而得名。敦煌简牍中便有这种草书字体，其年代为公元前58年、公元48年及63年。[20]较早的简牍及公元93—95年的居延“兵物册”的字体，都有这种趋势。这是2世纪时流行的行书及4世纪时草书发展的初步。

七、古书的单位和种类

古书的单位和种类，因简牍的材料、长度、形状，以及编装的形式不同而异。而各种名称，时或互用，极不一致，因而导致今日各种名称之混淆不清。至于有关竹简和木牍的各种名称，有如下的区别：表示竹简的单字，通常有“竹”字头部首；表示木牍者，有“木”或“片”字偏旁。一根竹简通称为“简”，载有一行直书的文字。字数较多时，书写于数简，编连一处，乃称之为“册”。长篇文字的内容成为一个单位时，称之为“篇”。“册”表示一种文件较小的形体单位；“篇”则用于较长的内容单位。一“篇”可能含有数“册”。

简册除用于文籍之外，也可作为其他特殊用途。如作符契用以取信，或作计算用之筹码，或用以占卜未来。此外另有一种短简称为“笏”，为臣属在帝王前奏对之用；其形体略曲而两端稍窄，以竹或其他材料制成。

木牍原用于公文，不作长篇文籍之用。如“方”主要用于政府档案或其他公文，可书写5行至9行，字数不过百。“版”形长方，表面宽广光滑，可用于绘制地图及插图。“牒”薄而短，用途皆与“方”相似，惟大小不一。“牍”窄，长约1尺，可用于公文，亦可用于私人书柬。这些木牍，原由3尺长之木椠截成。通常单独使用；数片连于一处，则称“札”，一如竹简之称“策”。

木牍可制成数面可以书写的棱角形状，为启蒙教学及习字之用。这棱柱形的木牍，原是一方柱形木牍被对角分开后的一半，三面可以书写，顶端有一小孔，为连系另一半之用。在敦煌和居延发现的《急就章》,便是书于棱形木牍,与《汉书·艺文志》所载相符。这种棱柱形木牍的书写面积除较普通木牍为宽广外,更可直立于桌上,阅读和背诵某一面的文字,而不能看到其他二面,实为初学者方便之用。

八、编装的方式

简是古书的基本单位,相当于现代书籍的一页。整篇文章常连简为册,顺序以书绳编于一处。编连的方式,有的是先写后编,有的是先编后写,编连的绳道各异。

古书的藏置,可能有两种不同形式:一为数简编成后,卷成一捆;另一为折页形,每册简面相对,有如现今书籍的册页形式。近年发现的简牍大都散乱,难见全貌。公元前3世纪的一方西汉墓砖上有一图像,其中一人手捧简册形之书,看去似是竹简编连后卷成的形状。居延的"兵物册"有简77根,以麻绳2道编连,据称发现时,亦是卷在一处的。包山楚简也是卷起,用麻织品包裹。

一般简册大都用麻绳2道编联,武威《仪礼》长简则有编痕3道或4道,最近出土的医药简则有编痕3道。编连的纺织物有丝绦、麻绳及皮条,公元280年发现的魏墓竹简,据记载是编以白绦;刘向《别录》谓:"《孙子》,书以杀青简,编以缥丝绳。"[21]湖北江陵张家山竹简以丝线编连,可以为证。公元1世纪之"兵物册"以麻绳编连,敦煌简中亦有用麻绳编连者。其他用以编连简牍的材料,目前尚无实证。唯一述及以皮条编简的是司马迁的《史记》,《孔子世家》谓"孔子晚而喜《易》,……读《易》韦编三绝"。

书绳的另一用途是捆扎,敦煌及居延皆曾发现有关征集20丈书绳的木简。[22]木简刻有为方便捆扎用的痕道,其痕自1道至5道不等,敦煌所发现的皆为3痕,每痕捆以书绳1道或2道,施以封泥。古简所示的捆扎痕迹,有横、有竖,且有十字形者,然以横痕为多。

至于封存文件,则以一片名为"封面"的木片捆扎于文件之上,以封泥敷于书绳,再施以封印,然后送发。受文者的名字及文件内容摘要,通常皆书于封面之上。封面上封印之处,则刻一方形凹沟,贮以封泥,名为"印齿"。

封面只能用于单独一种文件,数种文件同时发送时,则封以布质或丝质的"书囊"。各种颜色的书囊表示不同的发送方式,如红色和白色是急件,绿色是诰谕,黑色是普通文件。书囊多为方形、无缝,文件自中央开口处放入。袋的两端折转,盖于中央封口之上,捆以书绳,敷以封泥,再盖以印章。文件发送的方式通常录示于封面,由驿站传递,急件则由专骑送达。[23]

注释:

1. 孙海波著. 甲骨文编,1965:87—89. 增订本;容庚著. 金文编,1957:98—99. 三订本

2. (唐)魏徵,长孙无忌等撰. 隋书·礼仪志;平冈武夫. 竹册と支那古代の记录. 东方学报. 京都,1943,13:171—173

3. 马衡. 中国书籍制度变迁之研究. 图书馆学季刊,1926(1):201—202

4. A. Stein. *Serindia*, II. 674; 黄文弼. 吐鲁番考古记. 页 2

5. 历代补艺文志,见:二十五史补编

6.《竹书纪年》散佚后,辑佚者不少。较著者为:朱右曾. 汲冢纪年存真;王国维. 古本竹书纪年辑校;范祥雍. 古本竹书纪年辑校订补

7. (南朝梁)萧子显撰. 南齐书. 卷二一

8. 夏鼐. 长沙近郊古墓发掘纪略. 考古学报,1953(7);文物参考资料,1952(2)。史树青. 长沙仰天湖出土楚简研究,页 2—18。长沙杨家湾竹简,见:文物参考资料,1954(12):29—30。信阳长台关竹简,见:文物参考资料,1957(9):21—32。江陵望山战国楚简,见:文物,1966(5)

9. 湖北云梦秦代竹简,见:文物,1976(5):1—6,又见:睡虎地秦墓竹简. 北京,1990。湖北随县曾侯乙墓战国早期竹简,见:文物,1979(7):1—14

10. 甘肃天水放马滩战国秦汉简,见:文物,1989(2):1—31。湖北包山楚简,见:包山楚简. 北京,1991,又见:张光裕. 包山楚简文字编. 台北,1992。湖北龙岗竹简,见:云梦龙岗秦简. 北京,1990。上海博物馆购藏战国竹简,见:文汇报. 上海,1999 年 1 月 5 日报道

11. 敦煌马湾圈汉简,见:文物,1981(10):1—7。敦煌悬泉置汉简,见:文物,1999(5):21—45。长沙走马楼汉简,见:文物,2000(5):26—52

12. 劳榦. 居延汉简考释. 卷 1—3,释文,3:27—30;卷 5—6,考证;居延汉简:图版之部. 台北,1957.3 册;居延地区其他新发现,居延新简:甲渠侯官与第四隧. 北京,1990—1994.2 册

13. 关于武威汉简考释,见:考古,1960(5):10—12,(8):29—33。中国科学院考古研究所,甘肃省博物馆编. 武威汉简,1964。关于王杖十简,见:考古,1960(9):29—30;1961(3):160—162;1965(2):1—7。武威旱滩坡医药简牍,见:文物,1973(12):18—31。甘肃居延地区汉简,见:文物,1978(1):1—11。青海大通县西汉木简,见:文物,1981(2):27—34。甘肃敦煌马圈湾汉代木牍,见:文物,1981(10):1—7

14. 长沙马王堆竹简,见:马王堆一号汉墓发掘简报,1972:9—10。山东临沂兵书竹简,见:文物,1974(2):15—35,图版 1—8。河北定州西汉竹简《文子》释文,见:文物,1995(12)。阜阳汉初竹简,见:文物,1983(2):21—23。江陵张家湾西汉竹简,见:江汉考古,1985(2):1—3,文物,1992(9):1—11。尹湾汉初竹简,见:文物,1983(2):21—23;长沙走马楼竹木简,见:文物,2000(5):26—52

15. 夏鼐. 新获之敦煌汉简. 史语所集刊,1948,19:235—236。甘肃酒泉削衣,见:简牍论文集,1984,页 17。汉简涂抹痕迹,见:武威汉简,1964,页 66

16. 长沙楚墓中文具,见:文物参考资料,1954(12)。江陵西汉墓中文具,见:考古学报,1993(4)。绍兴战国墓中文具,见:文物,1984(1):1—2

17. (汉)王充. 论衡. 卷一二。武威仪礼长度,见:新中国的考古收获,1961,页 83;武威汉简,1964

18. (汉)郑玄注,(唐)陆德明疏. 仪礼注疏. 卷二四

19. (唐)魏徵,长孙无忌等撰. 隋书·礼仪志

20. 罗振玉. 汉晋书影. 图版 1

21. (宋)李昉撰. 太平御览. 卷六〇六

22. 劳榦. 居延汉简考释·考证之部. 卷一,页 74

23. 简牍文件之封存、发送方式,见:居延汉简考释·考证之部. 卷一,页 75

第三章 封泥铭文考释

中国古代的文献在纸发明以前多著于竹帛。当时用简牍所写的文件，常在主文前后加以检封；或置入囊中，两头折叠，中间开缝，外加封检，由驿使传递。检面书明收受者的名字及事由，上有绳道、印齿，系以书绳，敷以封泥，再在泥上加盖印章，以明信守，而防盗篡。简牍开启后，书绳及封泥脱落，简牍或存档保留，或废弃焚毁。年代久远，埋藏地下，简、绳腐朽而封泥常存。

封泥之用起于何时，尚无确证。《吕氏春秋》谓："故民之于上也，若玺之于涂也。"《淮南子》曰："若玺之抑埴，正与之正，倾与之倾。"涂、埴皆系泥土，当与印玺同作封检之用。至于封泥之名，始见于《续汉书·百官志》"守宫令一人"，注曰："主御纸、笔、墨及尚书财用诸物及封泥。"可见封泥为当时官署、文房必备的用品。实际上，商代已用印玺，周代封泥也有出土，简牍制度在古代早已通行，至西晋以纸代简，而封泥之制废。可知封泥为简牍制度的一种附属品，其存亡与简牍时代相始终。

清末以来，古文字大量出土，封泥于道光二年（1822年）最先发现，初误为印范，其后续有所获，断为封泥。出咸阳者大都为秦代物；出西安者为西汉物；出洛阳者为东汉物；出山东临淄者为西汉初、中期物。各地所出亦间有周玺及晋代封泥，但为数甚少。百余年来，四川所出最早，临淄所出最多，前后所获，公私收藏，不下数千枚。但在国外，则绝无仅见。

封泥文字多是官印，也间有私章。其中有皇帝信玺，有丞相、御史大夫、将军，以至中央行政机构的各种官职，如丞、令、长、尉等衔名。更常见的是诸侯、郡国、县、邑、乡、里等地方的官名，偶有冠以"臣"字的私印，常在反面著有姓名。大部分的地名、官名，可与《汉书·地理志》及《百官公卿表》互证，但亦有颇多不见记载。因此这些考古资料可补文献记载之不足，更是研究汉代地理、官制以及简牍制度的一种实物。

1968年秋间，笔者有欧洲之行。在巴黎偶逢30多年前同窗旧友"十之精舍"主人张隆延博士，惊喜交集。主人治小学、精书法，著有法文《中华书道》一书，风行海外。所藏金石、碑帖、书画，俱系精品。行箧中有封泥10余方，据谓系年前以其珍藏书画向一银行家易得。笔者前著《书于竹帛》一书，曾论及封泥，苦未见实物。现得目睹摩挲，倍感亲切。因情商割爱，承蒙慨允由芝加哥大学远东图书馆收存，以为研究中国古代简牍制度之示范。

这批收藏曾于1973年陈列馆中举办之“远东书展”，颇为参观者所瞩目。因此物不仅为芝大图书馆所藏年代最早之文字实物，亦为欧、美各大博物馆、图书馆及私藏所稀见。爰将此泥十方十一印著录于后，略加考释，以供海内外研究此道者参考。

考释

一、郃阳丞印·都水丞印

一泥二印，为两官署会衔行文时所同印。异品联封，未见著录，极稀见。

郃阳县，战国魏地，汉左冯翊所辖京师二十四县之一，在郃水以北。《诗》曰：“在郃之阳”；《说文》：“郃，左冯翊合县，从邑合声。”今陕西合（郃）阳县。

都水丞为掌管水利之官，隶属主管山林的衡官。《汉书·百官公卿表》有均官、都水两丞。均官，主山陵上稿输入之官；都水，治渠堤水门。何焯曰：“都水属太常，治都以内之水。”王先谦谓：“都，总也，总治水之工，非都以内水也。”

二、广祀令印

异名范，稀品。

自秦以来，朝廷掌祭祀之官名“奉常”，汉景帝中元六年（公元前144年）改称“太常”，其下有“太祀令”。但“广祀令”之名，不见于《汉书》。印泥为阴文、反文，与封泥之阳文、正文者不同，大概为铸印之印范。按文官印信皆铸，武官赴急，印有镌刻者。

三、楚丞相印

汉高祖分封诸侯，授予金印，诸侯各设丞相及其他官职。景帝五年（公元前152年）削减诸侯权，不再设丞相，此封泥有丞相名，当系高祖后、景帝前之物。

四、内史

内史为掌管京师的地官，周初设，经秦至汉皆因之。景帝二年（公元前155年）改设左内史、右内史；武帝太初元年（公元前104年）改左内史为左冯翊，右内史为京兆尹。此印不言左或右，当是景帝以前之物，仍沿秦制，不分左右。

五、长信詹事

长信为皇太后所居宫名，“长信詹事”为掌皇太后宫之官。景帝中元六年（公元前144年）更名“长信少府”。此印当系景帝更名前之物。

按《汉书·百官公卿表》谓：“詹事，秦官，掌皇后、太子家事。”又谓：“长信詹事，掌皇太后宫。”此是二官职，《封泥考略》误二官为一。

六、居室丞印

居室为狱名。《史记·卫青传》：“青常从人至甘泉居室。”《汉书·百官公卿表》：“少府属官有居室。”武帝太初元年（公元前104年）更名“居室”为“保宫”，故此泥应为武帝前之印。

七、女阴丞印

女(汝)阴属汝南郡。《汉书·地理志》:“女阴,故胡国都尉治。”后汉作汝阴,夏侯婴封汝阴侯即此地。今安徽阜阳县治。

八、吴房丞印

吴房属汝南郡。本房子国,迁房于楚。吴王弟夫概奔楚,楚封于此,故曰吴房。故城在今河南遂平县西40里。

九、昌邑侯印

昌邑,秦置县,汉属山阳郡。武帝天汉四年(公元前97年)更山阳为昌邑国。故城在今山东金乡县西北40里。

十、严道橘园

严道属蜀郡。秦始皇灭楚,徙严王之族于此,故名。《汉书·地理志》“蜀郡严道”,注有“木官”,为掌管果木之官。今四川荥经县治。

橘之栽培甚早,《说文》谓源于战国,屈原有《橘颂》,左太冲《蜀都赋》:“户有橘柚之园。”当时四川盛产橘,果园为国营事业,有专司栽培及贡品之官。

《封泥考略》著录“严道橘园”22枚,重复最多,但各印字体并不全同。

一、郃阳丞印·都水丞印

二、广祀令印

三、楚丞相印

四、内史

五、长信詹事

六、居室丞印

七、女阴丞印

八、吴房丞印

九、昌邑侯印

十、严道橘园

美国芝加哥大学所藏封泥印文

后记

按上记封泥10枚11印，计地名有郚阳、楚、女阴、吴房、昌邑、严道6印；宫名有都水、广祀、丞相、内史、詹事、侯、令、丞8印；宫室有长信，狱名有居室，果园有橘园，其中楚丞相、内史、长信詹事、居室丞4枚可定为西汉之物，其他当属东汉或西汉。11印中仅阳丞印、居室丞印、严道橘园3印见《封泥考略》、《续略》、《再续》等书，其他皆未见著录。至郚阳、都水联封，广祀令异名反文范，尤为稀品。

第四章　汉代书刀考

书刀是中国古代整治书写材料和删改文字的一种重要工具，它的使用和简牍制度有分不开的关系。简牍由竹木剖析而成，整枝的竹干或大块的木板，必须先剖析为一定宽窄的狭条。根据书写的需要，再切断为一定长短的简牍。简面加以刮治，然后才能用笔墨书写，编成书册。书写之后，如有错误，加以删改，必须削除简面，以便重写。旧简再用，也要削去已经书写的旧面，取得新的简面，然后才能再行书写。因此书刀之用，乃是纸未普遍应用于书写以前，古人削治和删改简牍时，必备的文房用具之一。

前人论书刀者，以为削即书刀，或以为削乃刀之别名，或以为剞劂即削，或谓削乃用以刻字，或混刀笔为一物。后二说虽近人颇有考辨，[1] 但不外重复说明两点：（一）刀笔各为一物，刀用以削，笔用以书；（二）刀笔并非用以刻字。前者是辨《辞源》"刀笔"条之误，后者则是驳唐贾公彦以来少数学者所称以刀刻字之非。至于刀是否就是削？削是否就是书刀？刀削和书刀的功用和形制究竟如何？文献以外，有无实物的证据？过去的学者对这些问题都未作过有系统的研究。现在就将这几点特别提出，根据所见到的资料，试加探讨。

一、正名

书刀的名称，最早见于东汉。《周礼·考工记》云："筑氏为削。"郑玄注："今之书刀。"这是最早的文献，把削比作书刀。和郑玄差不多同时的刘熙，在他的《释名·释兵》里说："书刀，给书简札，有所刊削之刀也"。这里说明了书刀的功用。《东观汉记》曰："马严为陈留太守，……建初中……（上）以黄金十斤、葛缚佩刀、书刀、革带……赐严。"这里说书刀是帝王的赐品，系一种很稀贵的物件。东汉名士李尤作铭，记述汉代金马书刀的特殊形制。[2] 铭曰："巧冶炼刚，金马托形，黄文错镂，兼勒工名。"现存的一柄东汉永元十六年（公元 104 年）书刀，铭文里也记有"书刀工冯武"字样，可知在汉代，确有一种专门用作削治简牍的刃具，名曰"书刀"。

可是在汉以前的文献里，仅有刀削之用，而无书刀之名。如《尚书》“赤刀大训”、《毛诗》“执其鸾刀”、《礼记》“割刀之用”、《谷梁传》“鲁之宝刀”、《左传》“阍以刀杀之”等等，都是指礼器、兵器，或普通刃具而言，和削治书写材料并无关系。

唯一和书写有关的刀是战国秦汉以来，刀笔两字的并用。《战国策·秦策》：“臣少为秦刀笔。”《史记·萧相国世家》：“萧相国何，于秦时为刀笔吏。”又《张汤传》：“汤无尺寸功，起刀笔吏。”《周昌传》：“尧年少，刀笔吏耳。”《汉书》道及某某为刀笔吏者甚多。为什么吏称刀笔呢？《汉书·贾谊传》：“俗吏之所务，在于刀笔筐箧。”《史记·周昌传》，张守节《正义》曰：“古用简牍，书有错谬，以刀削之，故号曰刀笔吏。”《汉书·萧何传》赞注云：“古者用简牍，故吏皆以刀笔自随也。”这大概是秦汉以来，政府机关里掌管公文的一种小吏，职位卑微，而有权势。虽然一旦厕身显贵，但仍不免有人要讥刺他们的出身。此所以汲黯怒骂张汤曰：“天下谓刀笔吏，不可以为公卿，果然必汤也！”[3]

刀以外，削也是文献里所常见的一个名词。削是一种短小轻便的刃具。《晏子春秋》：“楚王进橘，置削。”《周礼·考工记》“鲁之削”、“筑氏为削”，以及“削杀矢之齐”。削的主要功用是割削，如《礼记》“为天子削瓜者副之”，《荀子》“皋陶之状，色如削瓜”，《庄子》“梓庆削木为鐻”，《墨子》“公输子削木以为鹊”。因此削也引伸为削减、删除、分析等等之用，如《尚书》“无依法以削”，《毛诗》“况乱斯削”，《左传》“封疆之削”，《孟子》“身危国削”等等。许慎《说文》里仅举了两种定义：“削，鞞也；一曰析也。”这里的鞞是指刀剑鞘，并未述及削是一种割削的刃具。

削的另一种功用是削治简牍，在文献里可以找到很多与书写有关的记载。如：

《管子·霸形篇》：“于是令百官有司削方笔墨。”

《战国策·齐策》：“孟尝君乃取所怨五百牒削去之。”

《左传·襄公二十七年》：“宋左师请赏曰，请免死之邑。公与人邑六十，以示子罕。子罕……削而投之。”晋杜预注云：“削赏左师之书。”唐孔颖达《正义》曰：“削其字而又投之于地也。”

《史记·孔子世家》：“至于春秋，笔则笔，削则削。”《汉书·礼乐志》：“削则削，笔则笔。”唐颜师古注云：“削者谓有所删去，以刀削简牍也。笔者谓有所增益，以笔就而书也。”

《汉书·原涉传》：“涉乃侧席而坐，削牍为疏。”

《后汉书·苏竟传》：“昔以摩研编削之才。”

以上这些引证，当然都是指削治书写材料的简牍而言。

至于剞劂，虽有人误认为削，其实与刀削的形式与功用都相去甚远。《淮南子·本经训》：“王尔无所错其剞劂削锯。”又《俶真训》：“镂之以剞劂。”高诱注云：“剞，巧工钩刀也；劂者，规度刺画墨边笺也，所以镂刻之具也”。《楚辞·七谏》：“握剞劂而不用兮。”王逸注：“剞劂，刻镂刀也。”《说文》：“剞劂，曲刀也。”可知剞劂是用作镂刻金石的一种曲口刃具。据高诱的说法，剞劂当是两种不同功用的工具。虽然阮元以为“剞劂曲刀者即削也”，[4]实际上刀削是为剖割质地薄弱的竹木果实之用，而剞劂则是用作镂刻质地坚固的金石的一种工具。

根据上面所引各种文献，可以知道刀、削、剞劂均非书刀。剞劂镂刻文字于金石，其功用近于笔而不同于削。至于刀削虽然可以削书、削牍，但亦用作削木、削橘、削瓜，而与专门用作削治简牍的书刀，又有所不同。如以《周礼·考工记》所载关于削的规制，和现存的书刀作比较，便可知道削与书刀的形状亦不相似，此点在下节论形制时再为详述。至于郑玄在《考工记》"筑氏为削"一句下所注"今之书刀"，只能解释为周代削的功用之一有如汉代的书刀，并不能说削就是书刀。

二、著录

关于书刀的形式，从来许多学者都是根据文献上的记载，加以推测，并未见到确实称为书刀的实物。尤其是郑玄所注"今之书刀"一语，使人误会削就是书刀，因此凡与《考工记》所述"长尺博寸，合六而成规"形制相近的刃具，都一律被称之为刀笔或书刀。

宋《宣和博古图》卷二十七著录有"汉刀笔"一件，谓"长七寸四分，阔六分，重六两有半，无铭，形制全若刀匕，而柄间可以置缨结，正携佩之器也。"又云："盖古者用简牒，则人皆以刀笔自随而削书。《诗》云：'岂不怀归，畏此简书。'盖在三代时固已有削书矣。"按此刀形制既全若刀匕，携佩之器，何以知其为"汉刀笔"？盖以其长度合战国或汉尺一尺，阔八分许，而下端用把，与《考工记》所述之形制相近。

清阮元《积古斋钟鼎彝器款识》卷八录有"周削"一器。跋云："然刀以书竹简，笔以书缣帛，古明有二器，不得以削为笔，郑云书刀是矣。"阮氏虽知刀笔为二物，但误认削即书刀。清马昂《货布文字考》卷四录有"古刀笔"大小二器，谓："如货刀之制……《说文》训剞劂为曲刀，盖剞劂是为刀笔之通称，所以书竹简。窃谓货布文字，亦为刀笔。"这里更把剞劂、刀笔与货刀混为一谈。

叶慈（W. P. Yetts）所编《铜器目录》（*The George Eumorfopolous Collection Catalog*, Vol. 1, p. 69; Plate LXXIV, A167, A168）收有小铜刀两件。一长英尺5寸6分3厘，刃直，背稍凸出，柄末有一尖孔，刀身有云纹。另一件长3寸，刃背皆直，下端有把，把首有环。两器皆谓或系削书之刀。

于省吾《双剑誃古器物图录》收有"汉永建元年（公元126年）书刀"一件，刃背皆通直，下端有一尖头凸出。想系为插入木柄之用者，但柄已不存。刀身有铭文17字，似系刀刻，文曰："永建元年正月使者□卫马□刀地不得取。"于氏虽称之为书刀，但其形制颇与以下所述之广汉书刀不同。

其他尚有近来出土之刀削甚多，或疑与削治书写材料之工具有关者。如殷墟出土之两柄铜刀，李济先生谓："但就形制说，那曲刃凸背的一柄，极近《考工记》所说的削形。"[5]长沙战国墓出土铜削2件，谓"一边有刃，削身微作曲形，柄端有环饰，长17厘米，宽1.5厘米"，[6]亦极近《考工记》所谓的削形。

以上所举的各种刀、削，是否就是削治简牍的工具，只是一种推测。因为这些短刀或与《考工记》所述之削形相似，或推测与削治简牍有关，并无确实的证据说明它们就是书刀，更非汉代之所谓书刀。汉代的书刀自有其特殊的规制，与普通用以剖割的刀削不同。现在就将所著录过的实物，并有铭文，确知为汉代书刀者，约有6件，略加说明于后。

（一）汉永元十六年（公元104年）金马书刀。铭文20字。文曰："永元十六年广汉郡工官卅湅（中缺）史成长荆守丞熹主。"著录见《贞松堂吉金图》、《贞松堂集古遗文》、《小校经阁金文存》、《汉金文存》、《衡斋金石识小录》。

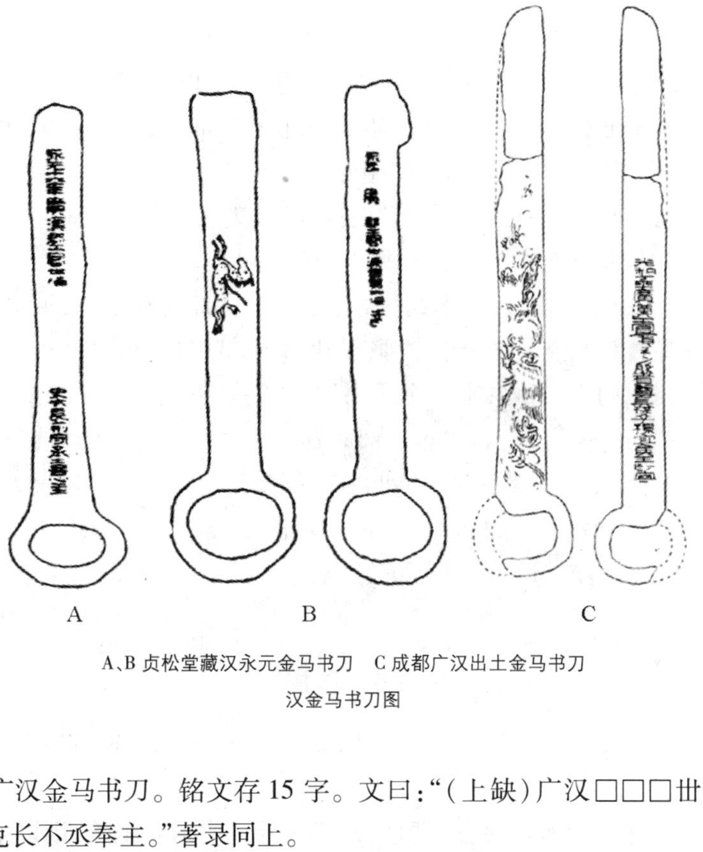
A　　B　　C

A、B 贞松堂藏汉永元金马书刀　C 成都广汉出土金马书刀

汉金马书刀图

（二）汉广汉金马书刀。铭文存15字。文曰："（上缺）广汉□□□卅□□□□秋造护工卒史克长不丞奉主。"著录同上。

（三）汉永元金马书刀。铭文存14字。文曰："永元十□□广□郡工官卅湅书刀工冯武（下缺）。"著录同上，惟《衡斋金石识小录》未收。

（四）汉广汉金马书刀。铭文存7字。文曰："（上缺）广汉（中缺）史克长□□奉主。"著录仅见《衡斋金石识小录》。

（五）汉广汉金马书刀。铭文可读者11字。文曰："（上缺）年广汉郡工官（中缺）成长□□丞熹主。"著录仅见《衡斋金石识小录》。

（六）汉光和七年（公元184年）广汉金错书刀。铭文24字，可读者19字。文曰："光和七年广汉工官□□□服者尊长保子孙宜侯王□宜□"。此件为1957年在成都天回山崖墓出土。[7]

以上6件书刀，首5件均系罗振玉旧藏，铁质金书，但皆残损。刀身一面有铭文，隶书一行，排列整齐；另一面有飞马形，皆镂金。据罗氏《古器物识小录》云得自洛阳市贾。首3件拓本收入《贞松堂吉金图》，铭文及飞马图案并摹入《贞松堂集古遗文》卷十五，附有考释。罗氏云："第一品文字较多，以他二品互读，则全文尚可晓。"所以他将第一件铭文所阙的8字，补以其他2件可识之字，共得铭文28字。文曰："永元十六年广汉郡工官卅湅（书刀工□造护工卒）史成长荆守丞熹主。"其所不可知者，惟工名一字。

第四、五两件俱见《衡斋金石识小录》，但无释文。姑就所见，试读如上。其铭文均与前三件相似，但年代残缺，而广汉二字仍可读，想同是永元十六年广汉郡工官产品。

第六件系最近在成都天回山出土，环柄，直身，环部鎏金，刀身一面有铭文，一面有飞凤图案，长18.5厘米，阔1.5厘米。铭文中亦记有"广汉郡工官"字样。下面的吉语"长保子孙宜侯王"，颇与东汉的镜铭相似。

按汉时蜀地以产刀名，尤以广汉郡为最著名。以上6件铭文中，均有广汉字样，想皆系当地工官所督造。自永元十六年（公元104年）至光和七年（公元184年），前后80年，未改其形。据《汉书》卷八十九《文翁传》云，文翁为蜀郡守，见蜀地僻陋，乃选郡县小吏开敏有材者十余人，"造诣京师，受业博士，或学律令，减省少府用度，买刀布蜀物赍计吏，以遗博士"。如淳注："金马书刀，今赐计吏是也，作马形，于刀环内以金镂之。"晋灼注："刀，书刀；布，布刀也。旧时蜀郡工官作金马书刀者，似佩刀形，金错其拊。"颜师古注曰："刀，凡蜀刀有环者也；布，蜀布细密环也。二者蜀人作之皆善，故赍以为货。"作《金马书刀铭》的李尤，亦系广汉雒人。观于6件书刀铭文中的"广汉"字样，可知汉代蜀地盛产书刀，当属不虚。

三、功用

书刀之用，自唐以来，有少数学者误以为是纸笔未发明以前，用以在简牍上刻字的一种工具。

《周礼·考工记》："筑氏为削。"唐贾公彦疏云："古未有纸笔，则以削刻字。至汉虽有纸笔，仍有书刀，是古之遗法也"。

宋王应麟《困学纪闻》卷四云："古未有笔，以书刀刻字于方策，谓之削。鲁为诗书之国，故《考工记》以鲁之削为良"。

清孙诒让《周礼正义》卷七十八云："古作书以削刻简札，故谓之书刀。"近人叶德辉《书林清话》卷一云："大抵秦汉公牍文多是刀刻。"又云："刻竹削牍，镂金勒石，皆以刀作字之先河。"

《辞源》刀部"刀笔"条云："古简牍用竹木，以刀代笔，故曰刀笔。"

以上所引各家之说，乃系对于古代简牍制度的未加深究。不仅以为削即书刀或刀笔，更以为书刀或刀削乃为刊刻文字于简册之用者。古代确曾用刀刻字于甲骨金石，但非以刀代笔。至于简牍，皆以笔墨书写，并无以削刻字于简牍的证据。至于汉代虽用纸笔仍有书刀，盖竹木为书写材料，在纸普遍应用于书写以后300年间，仍继续应用。所以纸笔与书刀同时存在，时间上并无冲突。

其实自东汉以来，书刀的功用，早就很清楚地说明是在删削简册。郑玄虽仅说削"今之书刀"，而未道及它的功用，但刘熙的《释名》已很清楚的下过定义。《释兵》云："书刀，给书简札有所刊削之刀也。"《说文》谓："刊，剟也。"剟和删字的意义相同，并未说是刻字，直到唐贾公彦才误解为"以削刻字"。虽然其后少数学者误从其说，可是和贾差不多同时的颜师古就已经说过："削者谓有所删去，以刀削简牍也。"[8]可知以刀刻字之说，在唐时也并不存在。

至于今人论书刀者[9]，均已考定刀笔为两物，刀用以削，笔用以书；且刀笔非用以刻字，此说已成定论。

王国维《简牍检署考》云："至简策之文，以刀书或以笔书，殊不可考。"但他又说："汉之书刀殆用以削牍，而非用以刻字，故恒以刀笔并言。"

沙畹《纸未发明前之中国书》一文论书刀云："削为削误之刀，并非刻字之笔。"又云："刀笔明为二物，刀之功用在削，笔之功用在书。"

马衡《中国书籍制度变迁之研究》亦述及书刀云："古人以刀与笔并称，与所谓笔削者本是一意，非谓以刀刻字也。"

王重民《刀笔考》云："盖刀笔为两物，笔用以书，有误则用刀削去之也。"

李书华《纸发明以前中国文字之流传工具》亦云："这些记载，足以证明削与笔的不同，刀与笔为二物，刀所以削去简册上所写之错误者，并非用以刻字。正与今日用铅笔在纸上写错字时，以橡皮擦去相同。"

可知书刀的功用在删除写错的简面，以便改正重写，或者削去旧简已经书写的旧面，取得新的简面，以便再行书写。至于简策之文，多系在狭仄的简面上书写一行或二行，所以如有笔误之处，可用刀削的长刃削去错误处的整块简面，而非如挖改许多行中某一字之困难。因为刀削短小轻巧，携带便利，所以可和用作书写的毛笔同置一处，遇有笔误，则以削改。因此刀笔二字便形成一个常用的名词。最近在长沙左家公山战国墓发现的一竹筐，其中铁削、毛笔，和竹筒同置一处。[10]这可知道刀笔二物的关系。

至于书刀仅是削治简牍的许多工具之一种，而非唯一的工具，可以断言。由劈剖大块竹木以至切断为一定长短宽仄的狭条，大概非仅仅"长尺博寸"的书刀可以胜任。因此可以推测刃坚背厚而较大的刀和锯、凿等，必系初步剖治简牍时应用的工具。而削和书刀只是书写前后，刮治简面和删改笔误时的一种工具。观于最近信阳战国墓出土的一件木质漆文具匣内，置有铜刀、铜锯、铜凿及铜刮刀各一件，谓皆系修削木简的工具。[11]可知刀削之外，锯、凿亦当是削治简牍时必备的工具。

四、形制

刀削的形状，颇为相近。但是何者称刀？何者称削？从来并无一定的界说，亦有人以为削乃刀之别名者。究竟刀削有无分别？参考各家的解释，刀和削最主要的区别，似乎是在刃、背、首三个主要部分。

刀系直刃，削系曲刃，弧形向内弯曲，约六十度。《周礼·考工记》："筑氏为削，长尺博寸，合六而成规。"唐贾公彦疏云："削反张为之，若弓之反张。"清孙诒让《正义》云："据贾说，疑贾于诸家，咸以削为偃曲却刃，谓削形偃，折刃却向内也。"又引刘岩麟云："削长一尺，合六而成规，是规周六尺也。周六尺，应得半径九寸五分五厘，即六十度。"阮元《积古斋钟鼎彝器款识》亦云："凡刀刃皆在外，削刃独在内。"所谓刀刃在外，当系直刃。因为削系曲刃却向内，所以削背也跟着弯曲，以适应刃的弧度，此所谓削形偃也。

刀削的另外一种分别，似在末端的柄首。刀的末端有环，可以佩带悬挂。削的末端有把，执取便利。

《尚书·顾命》孔颖达《正义》云："刀施镮，削用把，削似小于刀。"《礼记·少仪》曰："刀却刃授颖，削授拊。"郑玄注："颖，镮也；拊，把也。"刘熙《释名·释兵》曰："刀，到也……其末曰锋，若蜂刺之毒利也；其本曰环，形似环也。"宋陈祥道《礼书》卷二十二云："然则直而本环者刀也；曲而本不环者削也。"

根据各家的说法，似乎削是曲刃，偃身，面狭，下端用把，较刀为小。刀是直刃，直身，面较阔，下端有环，较削为大。虽然如此，实际上的区别亦非如此清楚简单。有的是平刃直身者下端有把，有的曲刃偃身者柄首有环。罗振玉《古器物识小录》云：

> 予所藏古削中镮者二，而予藏古刀中鸾刀与疏首之刀亦略偃，但其度甚微。牺首柄二刀则偃度有加，诸刀皆尺二寸，与鸾刀同，其为割用之刀无疑。则刀亦未尝不偃，但不如削较甚耳。惟战阵之刀及小刀直而不偃。

据此则刀削最主要的分别，大概还是刀身的长短和刃的曲直。至于下端的环首，虽然削亦采用，当系刀的原来规制。书刀的形式是直刃、直身、环首，这是近于刀形而不同于削；想系由刀的形制变化而来，而非削的变形。虽书刀的功用与削相似，但观于上节所著录的数柄汉代书刀的实物图形，可知其形制特殊而并不与削相同。

书刀的长短亦与《考工记》"长尺博寸"削的规制不甚相符。罗振玉《古器物识小录》云："予所得五六枚，长短无定制。最长者九寸二三分，又次八寸至八寸五分。"成都天回山出土的一柄，形状最完全。此刀通长 18.5 厘米，宽 1.5 厘米，合战国或汉尺约长 8 寸，阔 6 分许[12]，均较《考工记》所述削的规制短而狭。

汉以前的刀削虽亦间有铁质，但大多皆系铜质，其材料乃系合金。《考工记》云："五分其金而锡居二，谓之削杀矢之齐。"这里面锡的比重较他器为多。所以削的质地锋利而坚刃。据郑玄注云："凡金多锡，则刃白且明也。"孙诒让《正义》云："盖金锡相得则坚刃，锡在银铅之间，其色白，故多则白而含明。"

至于汉代的书刀，皆系铁制。罗氏旧藏数柄及最近成都出土的一柄书刀，皆系铁质鎏金。有数件铭文中有"卅湅"二字。罗氏云："卅乃三十并之卅，湅即后世之练、炼字。汉镜铭炼字皆作湅，他器亦然。汉永始三年鼎，文曰'乘舆十湅，铜鼎十湅'，乃湅之数。铜鼎十湅,此制以铁,故世湅也。”书刀之刃须锋利,必较他器为多经锻炼,此李尤《金马书刀铭》所谓“巧冶炼刚”,当有一种特殊的技术。

书刀的身首均有雕饰,一面铭文,一面图案,皆镶嵌金丝,环部镂金。此与所谓佩刀或金错刀身相同。其雕镂的部位和多寡,或与使用者的身份尊卑有关。《后汉书·舆服志》下:“佩刀乘舆黄金通身貂错……诸侯王黄金错环。”《汉书·文翁传》如淳注:“金马书刀,今赐计吏是也,作马形,于刀环内,以金镂之。”又晋灼注:“……金马书刀者,似佩刀形,金错其拊。”观于罗氏旧藏数柄之装饰,则正面金镂年代、地名、工名、主名;其反面金镂马形,似系飞马有翼,下去环约寸许。成都出土之一件,环部鎏金,刀身均用金丝镶嵌,一面铭文隶书一行,除年代地名等外,后有“长保子孙宜侯王”之吉语。另一面图案,中间有一只展翼的凤,前后有两只飞翔的小凤,结构严谨而不乱,线条生动而流利。这些雕饰正如李尤《金马书刀铭》所谓“黄文错镂”者是也。

五、结语

根据上面的引证和讨论,我们可以知道刀与削有别,削与书刀不同。刀与削最主要的分别是在刀身的长短、刃背的曲直和弧度的大小。环首虽系刀的旧制,但削亦采用,所以柄端有环与否,应系一种次要的特征。

刀削都是一种普通的刃具,其功用在于割削。削治简牍固是刀削的功用之一,但不是唯一的功用。刀削是削治简牍的工具之一,但也并非唯一的工具。

刀削虽用以削书,但并非就是书刀。书刀是汉代特有而专门用作削治简牍的一种文具。其形式系由刀变化而来,而非削的变形。因此它有特殊的规制,与普通的刀削均不相同。这和现在所用的拆信刀一样,普通的刀固可拆封,但拆信刀自有其特殊的功用和规制,并不就是普通用以割削的刀。至于郑玄所说削“今之书刀”,只能解释为削的功用之一与汉代的书刀相同,并不能说削就是书刀。因此书刀的形式虽近于刀而不就是普通的刀,其功用虽同于削但并非就是削。

1957 年 9 月 20 日芝加哥大学东方学院

原刊《“中央研究院”历史语言研究所集刊》外编,第 4 号,下册(1961 年)

注释:

1. 王国维. 简牍检署考. 页 8,见:海宁王静安先生遗书,1940. 册 26。Edouard Chavannes. “Les livres chinois avant l’ invention du papier”. *Journal Asiatique*. Series 10,1905,Vol. 5:57-65。冯承钧译. 纸未发明前之中国书. 图书馆学季刊,1931,5:61—63。马衡. 中国书籍制度变迁之研究. 图书馆学季刊,1926,1. 页 205;王重

民. 刀笔考. 图书馆学季刊,1929,3:131—132;李书华. 纸发明以前中国文字之流传工具. 大陆杂志,1954,9(6):171—172

2.(宋)李昉撰. 太平御览. 卷三四六引《金马书刀铭》误作李元,罗振玉《贞松堂集古遗文》因之。按李元当是李尤。《后汉书·文苑列传》谓李尤字伯仁,广汉雒人,和帝时拜兰台令史,著有诗赋铭诔颂七叹哀典二十八篇。辑文见:(清)严可均. 全后汉文,卷五〇

3.(汉)司马迁撰. 史记. 卷一二〇. 汲黯列传

4.(清)阮元撰. 积古斋钟鼎彝器款识. 卷八. 页22下

5. 李济. 殷虚铜器五种及其相关问题. 庆祝蔡元培先生六十五岁论文集. 上册:90—91

6. 湖南省博物馆. 长沙楚墓. 考古学报,1959(1):53,图版9(10)

7. 成都天回山崖墓清理记. 考古学报,1958(1):101,图版12(4)

8.(汉)班固撰. 汉书. 卷二二. 礼乐志:"削则削,笔则笔",颜师古注。

9. 以下所引今人论书刀各节,均见注1。

10. 长沙出土的三座大型木椁墓. 考古学报,1957(1):95,图版1(6)

11. 近年出土的战国两汉铁器. 考古学报,1957(3):96

12. 罗福颐. 历代传世古尺图录,1957. 著录战国尺6种,平均约长23厘米;西汉尺6种,约长23.3厘米;东汉尺4种,约长23.5厘米;宋尺5种,约长31.6厘米。

第五章 《战国策》析评

在现存无几的先秦文献中,《战国策》可能是唯一有关战国时代所有诸侯国历史的文献。它包括了当时战事争伐及政治上纵横捭阖的故事,也品评中国历史上发生重大转变的那个时代的人物面貌。正和“春秋”一样,“战国”也用来指称一个历史时代(公元前475年或前403年至前221年)。此书的风格和内容独一无二,它树立了一个通过外交辞令来为强权政治策略作辩解的先例。其中机智的说服方法和游说者睿智幽默的生动形象,使此书具有超过其历史史学地位的文学价值。

《战国策》关注的是利用阴谋获得优势,这多少与儒家的道德准则相抵触。自从以今本形式编集成书开始,它就从未享受过其他古籍在中国历史上所享受的那种高度的尊敬。几乎所有儒家学者,包括此书最初编集者刘向(前79—前8),都指责它的内容意蕴。刘向在序言中,就抨击战国时期的统治者“损礼让而贵战争,弃仁义而用诈谲,苟以取强而已矣”。其他学者虽不满此书的道德取向,可又被它优雅的修辞及磅礴的文风所吸引。明陆陇其(1630—1693)在他的《战国策去毒》书中所说:“其文章之奇,足以悦人耳目;而其机变之巧,足以坏人心术。……不啻如厚味之中有大毒焉。”这一观点代表了学术界对待《战国策》的传统态度,即既将它视作文学作品来欣赏,又将它视作历史著作来批判。

一、资料来源

关于此书题名的意义、起源及本质,观点颇多不同。有些学者将“策”解释为“诡计”、“密谋”或“阴谋”;其他学者相信“策”应该是指书写所用的竹木简策,因而是指“文献”。采用此书名标题的刘向已清楚表明了他的观点。他写道,此书是“战国时游士辅所用之国,为之策谋,宜为战国策”。这样,我们就很有理由采取刘向的原意而将书题释为“战国时代的计谋”。因此,有些译本的题目意译为“密谋”(Intrigues)或“诡计”(Stratagems)。

关于此书的本质及风格，以及它应被视为历史还是被看作小说，一直聚讼纷纭。多数史籍及书目将它著录于杂史，但《宋史·艺文志》和其他一些书目则将它著录在子部纵横家。

据刘向的记录，除了8篇不完整的记载各诸侯国的文献以外，他在秘府还发现了许多错乱杂糅的残篇。他将这些材料依国别分类，大致按年代先后编次，再用其他未经整理的文献增补，删去重复，最后编定为33篇。根据刘向述及当时秘府中所保存有书题的文献，即《国策》、《国事》、《短长》、《事语》、《长书》和《修书》，很显然他编辑《战国策》时至少使用了6种同样性质、同样范围的原始资料。这些文献今天都已经失传，但是，根据它们的标题，可以很清楚地将其分作3类：

（一）各诸侯国的地方文献记载，包括《国策》和《国事》。两种书题的第一字都是"国"，所以，它们一定像《国语》那样是按国别编排的。它们显然属刘向提到的"有国别者八篇"那些材料。通行本《战国策》分周及7个诸侯：秦、齐、楚、赵、魏、韩、燕，和3个小诸侯：宋、卫、中山等部分。这样，刘向明确提及的8篇似乎与周和7个主要诸侯有关，后三者仅占很少一部分。这些文献可能不是各诸侯的官方历史，因为官方史书是编年体形式，且已毁于秦火；而《国策》和《国事》更可能是各国编撰的与国家事务有关的其他记载。

通观全书，各个段落，无论长短，一般记述一个独立事件，与前后文所记事件无关。有一些故事与已经考定为真实的历史事实相同，它们可能采自诸侯的官方档案。例如，秦国部分的头几段记载。卫鞅（更以商鞅知名）去卫往秦，他在秦国进行了8年的改革，直到秦孝公死后他被车裂。这段记载与《史记》卷六十八相似。其他一些故事，如关于医生扁鹊、王孙贾、智伯或六国间政治联系的故事也可从《史记》或其他历史文献加以证实。

（二）轶事，如刘向定为《事语》的那些文献。它们可能是按话题分类、用话语形式记述的各诸侯的历史故事集。"语"这个词也见于书题《国语》，这是一部依国别编次的春秋轶事文集。同样，《事语》一定是由战国时代同类材料组成的作品，苏秦和他由忠于拥秦联盟转向忠于反秦联盟的故事可为例证。儒家的传统观点极不赞同这个故事的道德意蕴，但是，由于它的文学价值，它被认为是最好的历史传奇故事。它的生动甚至极度夸张的叙述可能出自人们口耳相传的轶事，它们在各诸侯国之间逐渐演变成民间传说。《战国策》中的这些故事大多用极富想象力的话语形式写成，所以，相信此类叙述的依据是轶事或上述的《事语》。

（三）外交家的辩论和相关的材料，包括《短长》、《长书》和《修书》，它们可能是根据辩论的类别而编次的。"短长"可解释为短和长、错和对、失和得或劣势和优势，是指争论中双方之间的对立论辩。它们所记的显然是某些外交家通过夸大一方论点、贬抑另一方论点而表达案例的实践；或者，为了取悦某人而当面赞扬（长）并同时背后诋毁（短）别人。有些学者认为，词语"短长"是指编写同一种文献时所用的长度不同的简牍。实际上，人们并未发现这样说法的例证。况且，即使文献是写在长短不齐的简牍上，也没有理由猜测这一词语就是特指外交文献。那些被称为《长书》和《修书》的资料也许仅叙述了计谋的一个方面，否则它们所应该含有更长的辩论记载。《战国策》中有特别含有很多不同外交家有关计谋或阴谋的论辩，较少是故事、轶事或寓言，而可视作历史记载的段落近乎没有。很清楚，《战国策》是一部根据不同资料而编成的书；因此，不可能武断地将它归入单一的分类：历史类或小说类。

二、年代及作者

《战国策》所记事件的年代大体与刘向序所说相符。刘向说，此书涵盖春秋末至楚汉之兴245年间的历史。楚，作为帝国权力的争夺者，出现在公元前209年，向前推245年是公元前454年。除与卫灵公（公元前534—前493年在位）相关的一件事外，它记述的所有事件都属于这个时代。一些学者认为，关于卫灵公的那段话是作为和上下文有关的引文所插入，不是作为春秋时代的一个独立事件载入《战国策》的。书中多数内容和战国中期相关，仅智伯故事的年代稍早，智伯的采邑在公元前453年被赵、魏、韩所瓜分。

《战国策》所记最晚事件的年代约在公元前221年左右（例如在公元前227年那次不成功的行刺秦王，第二次企图行刺发生在公元前221年，秦始皇即皇帝位后）。既然它记载的最晚事件和公元前1世纪编纂成书之间有约200年的时间距离，因此，某些前汉时代的材料也有可能被收入此书。

自从唐代学者把它的作者定为刘向以来，此书的作者问题长期受到质疑。《旧唐书·经籍志》注“谓刘向撰”；《新唐书·艺文志》则称为“刘向《战国策》”。顾广圻（1776—1835）甚至认为，《战国策》源于刘向的学派，因此，不同于韩非子、司马迁和其他学派的作品。由于序文清楚记载，它是刘向根据当时所存不同的古代文献而校订、编次完成的一部书，所以，刘向是编者，而不是作者。

有些学者（如罗根泽）提出，《战国策》和已失传的蒯通（约前236—前196）的《隽永》是同一种书。这个论点的依据是《史记》的一条史料：蒯通是一位外交理论家，他有81首解说战国计谋的作品。这一学说依据的是“隽永”一词同词语“长书”、“修书”武断联系，并由此假定，刘向一定是从81首《隽永》中选取了33篇编纂《战国策》的。可是，刘向在他的原始材料中没有提及过《隽永》，再说也没有正面的证据来支持这一观点。

所有将《战国策》的作者归于单一个人的观点都是基于此书最初就已作为一本完整书籍而存在这一错误的前提，他们忽略了刘向序文中关于此书是他根据战国时代存在的不同文献编次而成的叙述。随着他对秘府中原始材料的再编辑，刘向拟定的书题《战国策》自然取代了诸如《国策》或《国事》之类的旧书题。由于这一原因，原来的书题不再被使用，也不著录于现存的《汉书·艺文志》中。而《汉书》书目中著录的其他著作就没有像《战国策》的编者所引用的文献那样产生过较大影响。总之，《战国策》是当时存在但又不知其名的战国时代的几位作者所写材料的汇集，应无疑问。

三、文献源流和早期注释

《战国策》是刘向在公元前26年到公元前8年之间所编纂。当时,他率领一批学者校订秘府中所存的各种书籍。最早为《战国策》作注也是以注《淮南子》闻名的高诱(约168—212)。《隋书·经籍志》著录刘向撰《战国策》32卷,另有高诱注21卷。《旧唐书》和《新唐书》的书目中都著录有刘向编和高诱注的文本,各有32卷。到宋代,将原著与注合并著录为一个条目已成惯例。《宋史·艺文志》著录是高诱《战国策》33卷;日本藤原佐世(9世纪)的书目中也著录了高诱注的33卷本。

在宋代,部分《战国策》连同高诱注逐渐失传。《崇文总目》(编于1034—1042)记载,内府所存的本子遗失原文12篇(第2—10,31—33)和注12篇(第1,5,11—20)。其后,一些学者开始着手复原《战国策》。其中曾巩(1019—1083)的贡献最大。在1060—1067年间,曾巩作为史馆修纂负责校注古文献。通过搜寻私人藏书中的所有本子,他审定原文21篇(第1,11—30)及注10篇(第2—4,6—10,32—33),在重构2篇(第5和31)后,他复原了一个33篇本。显然,曾巩本与刘向的原本不完全一样,特别是第5和31篇;但是,经过3次校订的曾本一直被视作权威本,所有后来的版本都用它作为底本。

几乎和曾巩同时,大约在1064—1067年间,民间学者王觉也致力于校注《战国策》;但是,他的本子没有流传下来。当孙朴(约1050—1093)在1086年被任命为内府的编修时,他进一步校订此书,改正550字。此本称作王本,在1093年抄存内府。

南宋时期,也同时有两位学者分别研究《战国策》。他们的校注已成为今天所见不同版本的直接祖本。姚宏(约1100—1146)据曾巩本和其他版本校正此书约480处。他的序作于1146年,后于1160年由其弟姚宽(1104—1161)抄录。

第二种流行的《战国策》注释是鲍彪(1106—1149)撰写的注。此本有1147年的序及1149年的修订序。它的全部正文先按国别、再据年代先后重编为10卷。尽管鲍彪没有遵循传统的方法来保留原著的编排顺序,但他所作的一些更正与判断显示出他过人的才学,并解决了大量先前未能解决的问题。

元朝的吴师道(1283—1344)根据鲍彪本和姚宏注撰写了最高水平的《战国策》10卷本考据,成于1325年,有1333年跋。此书首次印于1355年,《四库全书》编者誉为自古以来研究此书的最佳注释。

明代学者没有作出重要研究成绩,仅有许多加些附注的鲍、吴本的重印本,如王廷相本(1522年)、葛鼒本(1523年)、龚雷本(1528年)、杜诗本(1552年)、张文爟本(1587年)和李克家本;还有著名印书家闵齐伋1619年印刷的三色本。清代孔广森(约1780年)和李锡龄(约1850年)重印了闵齐伋本。后来,此本又收入清末和民初的几部丛书中。在日本也很流行,是多数日本重印本及译本的底本。

可能是由于政治原因,姚宏本直至18世纪中叶才广为流传,那时卢见曾(1690—1768)发现并于1756年翻刻了一个宋刻本。另一刻有姚宏注的宋本由黄丕烈(1763—1825)在1803年依原本重新影刻,所据底本是他私人的藏本,并附有所作校勘记3卷。此本由于仿印迫近原貌及所附注释而颇受称道。后来,又有学者对它重加校勘、修订。1927年所印《四部备要》即采用此本。在姚宏本还未流传前,和吴师道注一同流传的鲍彪本在明和清初流行。1922年,它被首先收入《四部丛刊》。这样,两种互相竞争的版本,一种是依国别编次的姚宏本33篇,另一种是吴师道修订按年代先后编排的鲍彪本10卷,就成为现代流行最广、影响最大的原本及注释,所有其他的近代版本都采用这两种作为底本。

四、新发现的战国文献写本

1973年,马王堆发现的帛书中有一种与《战国策》相关的文献,曾被称作"别本《战国策》"、"帛书《战国策》"和"战国纵横家书"。这一写本原有27章,约1.7万字,其中有1.1万字保存完好。这些新发现的材料约有60%不见于通行本《战国策》。新出土的文献包括信件、对话和纵横家的辩论,其内容在文体和性质上同《战国策》相似,但是,它们既未按国别排列,也未依年代顺序编次。由于可以清楚地确定一段错简的字数和一枚木简上的字数相同,所以,可以相信,它们是从写在简牍上的本子移录到帛书上的。

马王堆发现的战国文献帛书

这些材料中有9章(第15、16和18—24)在通行本《战国策》和《史记》中可以找到对应部分,有两章(第4和5)的部分文字与《战国策》相同,其他16章则不见于现存的其他文献。根据其内容及布局,可分为3组:

(一)第1—14章是同苏秦家中3人和其他两人有关的故事。内容连贯、文体一致、各章用字相同,显示各章出处相同。

(二)第15—19章,内容虽互不相关,但在各章的末尾注明字数多少,在这一组的末尾所记总字数为2 870,这个数字完全与5章末尾所记数字之总和相等,这就证明它们来源相同。

(三)第20—27章,各章内容互不相关;也没有记载各章的字数,它们的出处似乎各不相同。

这些文献所记的事件全部都在战国中晚期,第1至14章的事实与发生在公元前300至前286年的事件有关;第15至27章的故事与发生在公元前353至前235年间的事件相符。27章中有24章发生在公元前307至前221年,其16章大部在公元前289至前283年之间。

新发现的文献的价值是毋庸置疑的。它们代表了一个不同的资料来源,也许比刘向编撰《战国策》时所依据的资料还早,而且,司马谈(约公元前110年卒)或司马迁(约前145—前86)也未见到过这些资料。再者,这些新材料对于通行本《战国策》的文字校勘和战国时代中国史实的研究也很重要。战国晚期的编年过去主要依靠纪年止于公元前299年的《竹书纪年》中涉及的历史事件和《史记》中述及的史事。这样,公元前299年至前221年秦统一之间就有78年的空白。新发现的文献中大多数涉及年代可定为战国晚期的史事,因此,它们对重建那段时间的年表特别重要。

关于这些新发现的资料释文及考据研究可参考下列论著:

(一)马王堆汉墓帛书整理小组编:《马王堆汉墓帛书战国纵横家书》,北京:文物出版社,1976年。原文用简体字转录(原发表于《文物》,1975年,第4期,第14—26页),后附唐兰、杨宽和马雍的论文(后两篇曾发表于《文物》,1975年,第2期,第26—34页;《文物》,1975年,第4期,第27—40页)。

(二)马王堆汉墓帛书整理小组编:《长沙马王堆汉墓帛书(3)》,北京:文物出版社,1978年,影印原文并加注释。

(三)曾鸣:《关于帛书〈战国策〉中苏秦书信若干年代问题的商榷》,《文物》,1975年,第8期,第23—30页。

(四)工藤元男:《马王堆出土〈战国纵横家书〉和〈史记〉》,《中国正史的基础研究》,1984年,第1—26页。

五、附录

主要版本

①高诱注,姚宏校正,卢见曾校勘:《战国策注》,33篇,见《雅雨堂丛书》和《畿辅

丛书》。

②《战国策注》,33 篇,据姚宏宋本,黄丕烈校勘,附札记 3 卷,《士礼居黄氏丛书》影刻本(1803),湖北崇文书局重刊(1869);《四部备要》(1927)和《丛书集成》(标点本,1936)排版重印。

③鲍彪校注,吴师道重校:《战国策校注》,10 卷,收入《惜阴轩丛书》(1846);《四部丛刊》(1922)影印元刊本。

④《战国策》,3 卷,上海:上海古籍出版社,1978 年;繁体字排印标点本,底本是姚宏本,附其他版本的异文及校勘记,另附于鬯《战国策》编年(据上海图书馆写本)、人名索引、马王堆帛书原文释文。

研究著作选目

①张琦(1764—1833):《战国策释地》,2 卷,见《广雅书局丛书》(1900);《丛书集成》重印。

②钟凤年:《国策勘研》,北平:哈佛燕京学社,1936 年。

③齐思和:《战国策著作时代考》,《燕京学报》34 期(1948),第 257—278 页。

④克伦普:《战国策及其小说》,《通报》48 期(1960),第 305—375 页。

⑤郑良树:《战国策研究》,新加坡:学术出版社,1972 年;台北:台湾学生书局,1972 年。

⑥诸祖耿:《战国策集注汇考》,3 卷,南京:江苏古籍出版社,1985 年。

⑦何建章:《战国策注释》,4 卷,北京:中华书局,1990 年。

⑧冯作民:《白话战国策》,3 卷,台湾:星光出版社,1979 年。

⑨孟庆祥:《战国策译注》,哈尔滨:黑龙江人民出版社,1986 年。

英文译本

①克伦普:《诡计:对〈战国策〉的研究》(Crumpt, J. I., Jr. *Intriques: Studies of the Chan-kuo tse*),密歇根,安阿伯:密歇根大学出版社,1964 年。选入 50 篇英译,附有作者认为其内容为小说的评论与分析。钱存训的书评见《亚洲研究学报》第 24 卷(1965),第 328—329 页。

②克伦普:《战国策》(Crumpt, J. I. Jr., *Chan-kuo tse*. Oxford: Clarendon P., 1970)

日本版本

①横田惟孝和安井息轩(衡):《汉文大系》,第 19 号,1915 年,新版有长泽规矩也注及索引,1958 年。

②牧里谦次郎(藻川)编:《汉籍国字解全书》,38—40,1917 年。

③宇野哲人编:《国译汉文大成》,第 12 号,1920 年。

④中村久四郎编:《汉文丛书》,1927 年。

⑤林秀一编:《新译汉文大系》,第 47—49 号,1977 年,1981 年。

⑥常石茂编:《东洋文库》,第 64、74 和 86 号,1966—1967 年。

⑦守屋洋编:《中国的思想》,第 2 号,1964 年。

⑧常石茂编:《中国古典文学大系》,1972 年,第 7 号。

⑨泽田正熙编:《中国古典新书》,1968—1969 年。

索引

①《战国策通检》,北平:中法汉学研究所编,1948 年。

②重泽俊郎:《战国策固有名词索引》,京都:京都大学文学部哲学史研究室,1960 年。底本是姚宏本。

③莎朗·菲德勒(Sharon J. Fidler)和克伦普(J. I. Crump, Jr.):《战国策索引》,密歇根,安阿伯:密歇根大学出版社,1973 年。

④刘殿爵、陈方正:《战国策逐字索引》,《先秦两汉古籍逐字索引丛刊》,香港:商务印书馆,1992 年。

作者原著,刘学顺译,作者修订

原载英文本 *Early Chinese Texts: A Bibliographical Guide*, ed. By Michael Loewe (Berkeley, 1993);中文本《中国古代典籍导读》,(英)鲁惟一主编,李学勤等译,沈阳:辽宁教育出版社,1997 年。

四 | 纸墨印刷

第一章 中国古代造纸的原料

造纸过程中最重要的步骤，是将漂浮在水里的纤维体抄捞在帘席上，形成一张薄片。因此，造纸术发明的一个关键，便是适当纤维的发现，用很经济的原料提供最佳的纤维体，使成本低廉而供应不缺。中国造纸术的起源，通常可推溯到古代在水里漂洗敝絮。[1]制造一张张薄纸的意念，极可能是漂絮时偶然让剩余在帘席上的纤维体晾干而产生的。我们可以相信，开始时纸都是用旧的材料制成，而这些材料的来源有限。后来所用原料品种陆续增加，包括各种新鲜植物纤维体，如大麻和树皮。因此，造纸原料供应无缺，纸张才能大量生产。

根据现存实物和文献记载，中国古代的造纸匠明智地选用许多不同种类的植物作为造纸原料，这些原料至今很多仍在继续应用。实际说来，所有的植物都能提供纤维体，但只有那些富于纤维素、易于处理、来源充裕、成本低廉的植物，才最适合用于造纸；尤其是提供较多修长纤维素而较少黏合体的植物更为理想。在浸化的过程中，所有黏合物质都要剔除。这种适宜于造纸的原料，包括韧皮植物如大麻、黄麻、亚麻、苎麻和藤，树皮如楮皮和桑皮，禾本科植物如竹、芦苇和稻麦的茎秆，以及被子植物如棉花等。大麻和棉花是最好的原料，可以提供纯净而修长的纤维体。但由于二者都是纺织业所必须的原料，因此中国造纸的主要原料，长久以来，乃是楮皮和竹。

按照年代先后，麻大概是最早采用的造纸原料，其采用时期可溯至西汉（公元前206—公元8）；而楮皮从东汉（25—220），藤从晋代（265—420），竹从唐代（618—906）中叶，麦稻的茎秆大概从宋代（960—1280）开始，亦先后被采用。除了大麻和藤外，其他植物至今仍普遍用作造纸的原料。唐代以后，只有极少的大麻用于造纸，而从宋代初年，藤的产量已供不应求。各地造纸所用原料不一，大抵是就地取材。

最早关于纸的详细记载是苏易简（957—995）的《文房四谱》，其中谓："蜀中多以麻为纸，有玉屑、屑骨之号；江浙间多以嫩竹为纸；北土以桑皮为纸；剡溪以藤为纸；海人以苔为纸；浙人以麦茎、稻秆为之者脆薄焉，以麦藁、油藤为之者尤佳。"[2]这种情况大抵在苏氏以前和以后也都是如此。本文即在研究中国最常用的各种造纸原料，根据各种记载和实物，探讨它们的特质、栽培和制造过程，并追溯它们何时开始被采用和采用的范围，以见中国造纸术的悠久历史和贡献。

一、大麻、黄麻、亚麻、苎麻

今日所知中国最早的造纸原料，都是一些能提供丰富修长韧皮纤维体的植物。这些植物中较重要的是：大麻（Cannabis sativa）、黄麻（Corchorus capsularis）、亚麻（Linumperenne）和苎麻（Boehmeria nivea）。它们在中国各地都有出产，特别是中国的北部和西部。中国古代典籍通称这些植物为"麻"。明代以前，棉花尚未广泛应用在纺织业上，麻大抵是中国最早的制布原料。苎麻是多年生植物，明宋应星（1587—1660）说："（苎麻）色有青黄两样，每岁有两刈者，有三刈者。绩为当暑衣裳帷帐。"[3]古纸大多是用这一类韧皮植物的纤维制成。

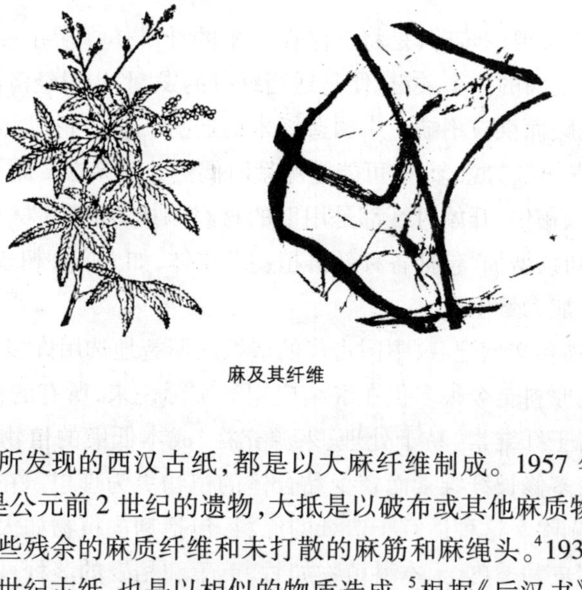

麻及其纤维

在中国西北部所发现的西汉古纸，都是以大麻纤维制成。1957 年在陕西灞桥所发现的古纸，最晚是公元前 2 世纪的遗物，大抵是以破布或其他麻质物件制成，因为在其表面可以看到一些残余的麻质纤维和未打散的麻筋和麻绳头。[4]1934 年在罗布淖尔所发现的公元前 1 世纪古纸，也是以相似的物质造成。[5]根据《后汉书》记载，麻是蔡伦所用造纸原料之一，而他所用的其他材料，如破布和渔网，应该也是麻类造成。[6]在新疆发现的 3 至 8 世纪古纸，除了桑树皮外，主要是以大麻、亚麻和苎麻纤维体制成。[7]在敦煌所发现的写本，年代为 4 至 10 世纪，主要也是以大麻、苎麻和黄麻制成。[8]北京所藏的 32 件敦煌写本，年代为公元 265—960 年，据报告其纸张主要是以大麻制成。[9]

麻纸的特质是柔韧、细密而不透水，在唐代盛行用于书法、书籍和官方文书。四川是麻纸的主要产地，所产麻纸大小颜色品种不一，特别被唐室采用于诏令和一般文书。[10]正史记载，集贤院学士每月御赐四川麻纸五千番。[11]开元年间（713—742），两京四部书，皆以益川（今四川）麻纸书写。[12]唐代以后，文献上很少见有麻纸的记载。我们可以推想从那时开始，大麻已不再是造纸的主要原料。麻类所以最早用作造纸原料，大概是因为最初从漂絮得到的纤维薄片，是来自主要以麻类制成的破布。在 19 世纪以前，大麻在欧洲也被用于造纸。此后，麻类的供应不够，木浆的应用乃日见普及。时至今日,不少高级用纸仍以大麻制成。不过由于纺织、制绳及其他方面对麻类的需求更为殷切,唐代以来,人们便逐渐以藤和竹来替代麻类为造纸原料。

二、藤

在中国的若干地区,尤其是东南部今日浙江和江西一带,藤曾大量被用为造纸原料,藤纸在这些地区盛行几达千年。其他地区如四川虽亦有藤纸的记载,但产量有限,不能和江南相比。藤纸的起源可以推溯到3世纪的剡溪(今浙江嵊县),据说剡溪两岸山上,绵亘数百里都是攀藤。以剡溪藤株制成的纸,就叫作“剡藤”。晋代作京官的河南人范宁(339—401)曾说:“土纸不可作文书,皆令用藤角纸。”[13]唐代藤纸盛行,产地由剡溪而广及江南其他地区。地方志及其他典籍记载,在8世纪初有11个州以纸作为贡品,其中杭州、衢州、婺州(皆在今浙江)和信州(在今江西)皆贡藤纸。[14]若干地区每年贡纸达6 000张。浙江嘉兴由拳村所出产的“由拳纸”为攀藤所制,尤为著名。

藤纸的特点是光滑、细密和耐用。各种颜色的藤纸,用于公文、图籍、书画和其他用途。唐代规定白藤纸用于赐予、征召、宣索和处分的诏书;青藤纸用于太清宫道观荐告词文;而黄藤纸则用于敕旨、论事敕和敕牒。[15]在敦煌出土的写经,很多都是写在染潢的藤纸上。宋代书法家米芾说:“台(天台)藤背书滑无毛,天下第一,余莫及。”[16]藤纸亦被制成纸囊,存储炙过的茶叶,可使香气不泄。[17]

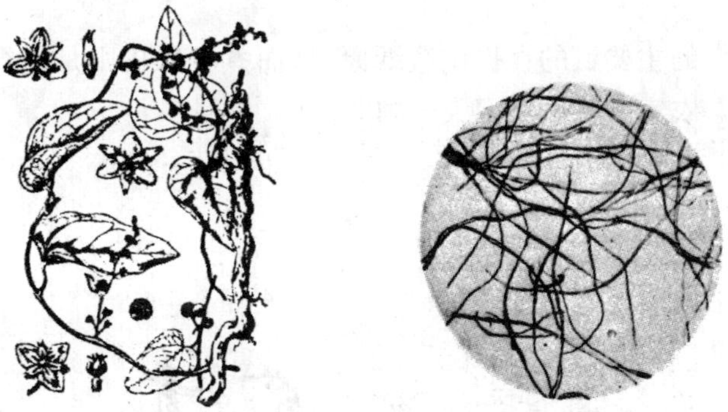

藤及其纤维

藤株生长的区域不广,加上成长时间颇长,不像大麻和楮树只需1年至3年的时间即可收割,因此供应逐渐衰竭。不少文人都惋叹由于过度的任意斩伐和不注意栽培,使得藤株供应逐渐断绝。唐人舒元舆(835年卒)的《悲剡溪古藤文》说:“人人笔下动数千万言……自然残藤命易甚。”[18]由于剡溪藤株日益衰竭,宋代藤纸的生产中心乃由浙江西部逐渐移至浙江东部。天台所产的藤纸“台藤”,在宋代极受重视,而由拳纸亦盛行不衰。宋代以后,藤纸的生产日渐式微,这是由于藤的来源不继。自唐中叶以后,竹乃逐渐替代藤和麻而成为造纸的主要原料。

三、榖、楮、构、桑

以树皮造纸的记载，最早见于《后汉书·蔡伦传》，但范晔并没有提及蔡伦是用何种树皮。3世纪的董巴说："东京有蔡侯纸，即伦也。用故麻，名麻纸；木皮，名榖纸；用故鱼网作纸，名网纸也。"[19]榖(Broussonetia papyrifera)是一种野生灌木，生长在中国很多地方，特别是北部。由于造纸需要大量榖皮，农人种植榖树，作为一种辅助作业。榖、楮和构是不同种类的桑科植物，三者的树叶形态和读音都很相近，所以常被混淆不清。关于种植榖、楮和处理树皮的方法，最早的记载见贾思勰(约543—555年间在世)的《齐民要术》。他说：

> 楮，宜涧谷间种之；地欲极良。秋上，楮子熟时，多收；净淘，曝令燥。耕地令熟，二月耧耩之，和麻子漫散之，即劳。秋冬仍留麻勿刈，为楮作暖。(若不和麻子种，卒多冻死。)明年正月初，附地芟杀，放火烧之，一岁即没人。(不烧者瘦，而长亦迟。)三年便中斫(未满三年者，皮薄不任用)。斫法：十二月为上，四月次之。(非此两月而斫者，则多枯死也。)每岁正月，常放火烧。(自有干叶在地，足得火燃。不烧，则不滋茂也。)二月中，间劚去恶根(劚者，地熟楮科，亦以留润泽也)。移栽者，二月莳之，亦三年一斫(三年不斫者，徒失钱，无益也)。指地卖者，省功而利少；煮剥卖皮者，虽劳而利大(柴足供然)。自能造纸，其利又多。种三十亩者，岁斫十亩；三年一遍，岁收绢百匹[20]。[21]

可知种植楮树的主要目的在提供造纸原料，而煮剥取皮则是造纸的第一步手续。种植楮树和造纸是农家一种收利很大的副业。

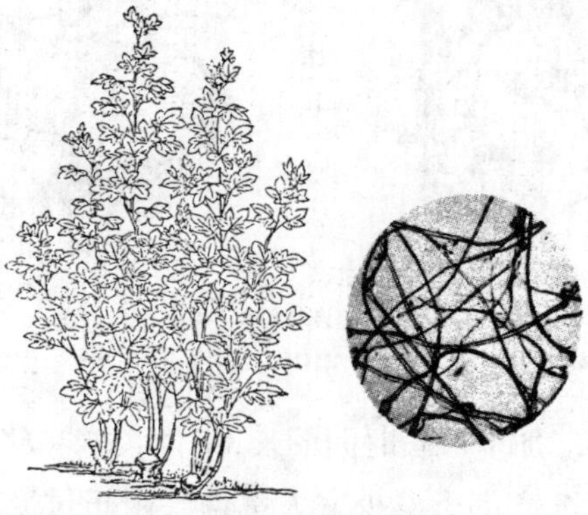

楮及其纤维

楮皮造纸可能源自"塔巴"(Tapa)的制造。"塔巴"是一种捶打而成的树皮布，盛行于太平洋各岛屿。[22]"塔巴"一词，和中国树皮布的名称发音甚为相近。中国古代文献中常提及中国南部和西南部少数民族所出产的树皮布，名曰"荅布"、"榻(拓)布"和"榖布"。[23]由于这些产品主要用于衣服而不是书写，所以被称为布而不叫作纸，但它们捶打而成的制作过程和制纸过程比较相近,而和纺织的程序大异。东汉蔡伦采用树皮造纸的发明,可能是受树皮布文化的影响。[24]

在春秋时代,有用楮皮造成的冠冕,叫作"楮冠"。[25]在唐宋二代,很多以纸造成的衣服、甲胄、被褥和帷幔,都是用柔韧耐用的楮纸制成。称作"楮币"的纸钞,主要的原料也是楮皮。楮纸同时也应用于糊窗、作书籍封面、书写和其他用途。在晋、唐时代,楮纸是一种颇为流行的书写用纸。在敦煌和吐鲁番出土的很多写本,都是采用楮纸。[26]桑皮曾否被用为造纸原料,曾经有不同意见。马可·波罗(Marco Polo)在他的游记里,提及中国的纸币是以桑皮造成。[27]布累资雪奈德(E. Bretschneider)认为马可·波罗的说法不对,纸是以楮皮而不是桑皮所制。[28]但劳福征引一些文献上的资料,认为桑皮和楮皮都是造纸的原料,证明马可·波罗的说法完全正确。中国人不仅用桑皮造纸,而且他们惯用桑皮纸作纸钞。[29]

桑皮也一直是中国造纸原料之一。苏易简曾提及"北土以桑皮为纸"。[30]《明史》谓大明宝钞"以桑穰为料,其制方高一尺,广六寸,质青色"。[31]1644 年,大抵由于通货膨胀的关系,政府征收 200 万斤桑皮来制作纸钞,几乎引起一次农民暴动。[32]宋应星亦说:"桑皮造者曰桑穰纸,极其敦厚。东浙所产,三吴收蚕种者必用之。"[33]直至今日,桑树各省皆产,而桑皮被称为"很好的造纸原料"。[34]

四、竹

除了极北部以外,中国各地皆曾是竹的出产地。在古代,竹大抵生长在北方沿黄河一带。由于气候的变迁和大量的采伐,竹的产区逐步南移。今日,长江流域的江苏、浙江,和南部的福建、广东各地,竹的生长都很茂盛。由于竹的纤维体修长,成长很快,成本低廉,从唐代中叶以来,竹一直是造纸的主要原料之一。[35]

以竹造纸的最早记载,见唐李肇(9 世纪初)的《唐国史补》所说"韶(在今广东)之竹笺"。[36]和他差不多同时的段公路(约 850 年在世)也提到"竹膜纸"。[37]竹开始应用于造纸,应早于文献的记载,因此竹纸的生产不会晚于中唐,或 8 世纪后半期。竹的应用大抵在替代大麻和藤,前者是纺织的重要原料,而后者的供应,到了唐季已日渐衰竭。

广东气候温暖潮湿,竹的生长甚为茂盛。以竹造纸大抵从广东开始,而在宋代传播到江浙一带,那时造竹纸的技术尚不够成熟,制成品的质地,大概也很差。苏易简说:"今江浙间有以嫩竹为纸,如作密书,无人敢拆发之,盖随手便裂,不复黏也。"[38]大诗人苏轼(1037—1101)也说:"今人以竹为纸,亦古无有也。"[39]另一宋代作者周密(1232—1298)说:"淳熙末始用竹纸。"[40]可知竹纸直至 12 世纪下半叶才盛行于江浙一带。1201 年编纂的《嘉泰会稽志》说:"剡之藤纸,得名最旧,其次苔笺,然今独竹纸名天下。"[41]

从文献记载中,我们知道竹纸是在 8 世纪晚期发明的,而一直到 10 世纪时制造技术尚未成熟。不过包括各种不同种类和颜色的剡溪产品,在 12 世纪末或 13 世纪初已十分流行,尤其是受书法家和画家的推崇。我们还不清楚从 8 世纪到 12 世纪这一段

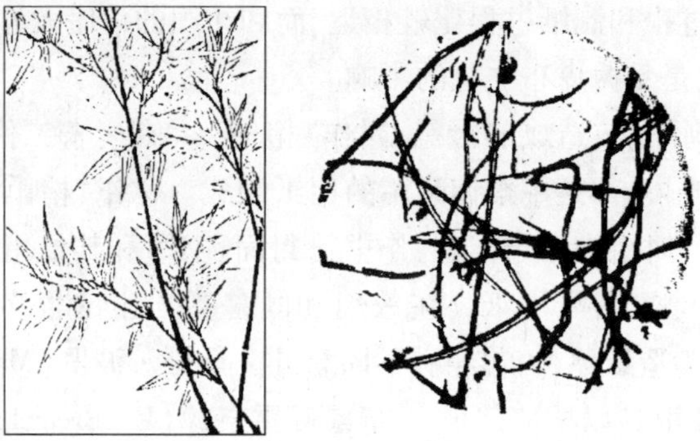

竹及其纤维

长时期内，竹纸的制造如何日趋完善。据《嘉泰会稽志》的记载，竹纸的制造技术可能深受藤纸的影响。

明宋应星的《天工开物》，有一整卷是关于以竹和楮皮造纸的技术。关于竹纸的制造，宋氏说："其竹以将生枝叶者为上料。节界芒种，则登山砍伐，截断五、七尺长。就于本山开塘一口，注水其中漂浸。恐塘水有涸时，则用竹枧通引不断瀑流注入。浸至百日之外，加功槌洗，洗去粗壳与青皮（是名杀青）。其中竹穰，形同苎麻样，用上好石灰化汁涂浆，入楻桶下煮，火以八日八夜为率……歇火一日，揭楻取出竹麻，入清水漂塘之内洗净……用柴灰浆过，再入釜中，其上按平，平铺稻草灰寸许。……如是十余日，自然臭烂，取出入臼受舂（山国皆有水碓），舂至形同泥面，倾入槽内。"[42]

宋氏接着描述如何以纸帘从槽中取得纸浆，再从纸帘上将纸覆落板上，压水去湿，和最后在热墙上将纸焙干。这种方法一直流传未废。约在200年后的杨钟羲所描述的竹纸制造过程，和《天工开物》的记载大致相同。只是杨氏提到由伐竹开始到纸焙干，一共要经过72次人手，并引述当时造纸的谚语为证："片纸非容易，措手七十二。"[43]直至今日，人工以竹造纸的方法大抵和从前一样。[44]

五、其他造纸原料

除了上面所提到的数种主要原料外，很多其他的植物亦用于造纸，最普通的当属稻麦的茎秆。草纸的制造，比其他种类的纸张都来得简单。由于稻草茎秆的纤维体柔软，提炼时的舂捣过程可以缩短。苏易简提到江浙一带以麦茎稻秆造纸，而混以油藤的品质尤佳。[45]宋应星亦提及以竹和稻秆混合制造包裹用纸。[46]亨特（Dard Hunter）对造草纸的过程作过如下说明：先将茎秆略为舂烂，再放进石灰溶液，浸透后倒在坑内。当茎秆完全分解后，即放进布袋内。然后把布袋放在溪涧里，将石灰质冲净。[47]今日包裹用纸、火纸和卫生用纸，仍多是用稻草茎秆制成。

绘画和书法所用的"宣纸"，主要是以檀皮制成。檀树（Dalbergia hupeana）是一种硬木，生长的地区主要是在安徽宣城一带。今日在出产宣纸的泾县流传着一种传说，谓东汉时蔡伦的一位门徒孔丹发现檀皮浸在溪水里，日久腐化，转为白色，可以作为造纸原料。[48]

另一种造纸原料是习称"芙蓉皮"的木槿(Hibiscus mutabilis)。一般相信唐代名妓薛涛所造的书笺即是以芙蓉皮制成。宋应星说:"四川薛涛笺,亦芙蓉皮为料煮糜,入芙蓉花末汁。或当时薛涛所指,遂留名至今。其美在色,不在质料也。"[49]

用海苔所作的"侧理纸",常见于古代文献。4 世纪的王嘉说:"(张华)造《博物志》四百卷,奏于武帝……即于御前赐……侧理纸万番,此南越所献。后人言陟里,与侧理相乱。南人以海苔为纸,其理纵横邪侧,因以为名。"[50]4 世纪后的很多作者也常提到以海苔造纸。[51]苏易简亦提及南方以苔造纸。[52]不过,我们不清楚海苔是侧理纸的主要原料,还是许多混合原料中的一种。海苔是由修长、坚韧和有黏性的纤维组成,颇有可能被用在造纸或上胶过程中;而那些复杂错综的细丝则被留在纸面上,成为一种装饰图案。

虽然木棉能提供最佳的纤维体,但是棉花并没有成为造纸的主要原料。时至今日,造纸工业仍避免使用生棉造纸,这大概是因为棉花是纺织业所必须的原料,用于造纸,不合经济原则。至于所谓"棉纸",并不是以棉花制成。宋应星说:"其纵文扯断如绵丝,故曰绵纸。"[53]近日,木棉的茎秆亦有用于造纸,但棉纸并不是棉花制成,应是无可置疑的。

蚕丝曾否被用为造纸原料,尚难断言。关于蚕丝应用于造纸的记载,一般都是根据文字学上的臆测,而缺乏明确的证据。一般学者认为"纸"字从"糸",因此最早的"纸"应是用蚕丝制成。[54]在纸发明前,文字多记录在缣帛上。在纸发明以后,"纸"即成为缣帛的代替品。虽然"纸"字是从"糸"旁滋生而来,但纸并不一定就是蚕丝所制成。很多包括"糸"部首的字,如绳、索、绨、结、绘、缌、缘等等,也只是说明所代表的是一种纺织物,或近似的物体,而不一定是以蚕丝制成。从技术方面来说,专家们都指出纯丝纤维体缺乏能使植物纤维体结合在一起的黏性。[55]以纯丝质纤维体制成的纸,今日尚未有发现。而早期的文献上亦无任何纯丝造纸的记载。

蚕丝纤维可能和其他纤维体混在一起作为造纸原料,或者蚕茧的丝绵亦可能被采用过。文献上常提及"蚕茧纸",如 6 世纪的虞和及 8 世纪初的何延之都谈到大书法家王羲之喜用蚕茧纸。[56]北宋年间专为抄写佛经而制成的"金粟笺",据说也是以蚕茧制成。[57]宋应星说纠缠或破碎的蚕茧都不能缫丝,而被制成一种用于被褥和衣裳的填料,叫作"锅底绵"。[58]很可能这种丝的废料和丝绵被用于制纸,因为蚕茧含有一种胶质,可以将纤维体黏合在一起,而这种胶质在缫成丝后即不复存在。

当造纸术在 12 世纪中叶传入欧洲时,欧洲的造纸匠大抵并不知道以新鲜植物纤维体造纸。在造纸术西传后 500 余年,西方的纸都是以麻质或棉质的破布制成。18 世纪初叶以后,破布来源逐渐短缺,价值昂贵,不再是一种廉价的造纸原料,欧洲的科学家不得不寻求新的原料,以应付造纸业日益增加的需求。[59]不少种类的植物都被加以试验,包括大麻、树皮、木材、茎秆、葛藤、苔藓和谷壳,虽然十数世纪以前,中国早已采用新鲜植物造纸。至于木浆最后被普遍采用,是从 19 世纪初叶才开始,因为来源充足,从此成为造纸业的最主要原料。由于中国的森林资源有限,木材主要是留为建筑和制造器具之用,很少用于造纸。虽时至今日,造纸业仍鼓励采用木材以外的其他植物作为造纸的主要原料。[60]

（马泰来译）

原刊《香港中文大学中国文化研究所学报》,第7卷第1期,1974年12月

注释:

1. 段玉裁(1735—1805)的《说文解字注》首先提出造纸术可能源自古代的漂絮。他注释"纸"为"澈絮箦也",见:丁福保.说文解字诂林.上海:医学书局,1930,页5902。劳榦.论中国造纸术之原始.中央研究院史语所集刊,1948.第19本,489—490.对这个说法复加以演释,参看钱存训.书于竹帛.上海:上海书店出版社,2002.增订本,页112;又钱存训.中国科学技术史:纸和印刷.北京:科学出版社,1990.页32

2. (宋)苏易简.文房四谱.丛书集成本,页53

3. (明)宋应星.天工开物.国学基本丛书本,页39

4. 1957年的初步报告,说纸是由一些近似丝纤维体的物质所造。但1964年,纸业研究所的显微观察报告,说样本中有黄麻。1966年的一篇论文中的附记,说黄麻乃大麻之误。见:潘吉星.世界上最早的植物纤维纸.文物,1964(11):48—49;及潘吉星.敦煌石室写经纸的研究.文物,1966(3):47,附言。

5. 黄文弼.罗布淖尔考古记.北平:国立北平研究所史学研究所,中国西北科学考察团理事会,1948.页168,图版23、25

6. (南朝宋)范晔撰.后汉书.卷一〇八,页五.艺文本;Tsien. 136

7. A. F. R. Hoernle. "Who Was the Inventor of Rag-Paper?" *Journal of the Royal Asiatic Society*, 1903. 665ff; Thomas F. Carter. *The Invention of Printing in China and Its Spread Westward.* 2nd ed., rev. by L. C. Goodrich; N. Y.: Ronald, 1955: 6-7

8. Robert H. Clapperton. *Paper: A Historical Account of Its Making by Hand.* Oxford, 1934. 18

9. 潘吉星.敦煌石室写经纸的研究.文物,1966(3):40—41

10. (唐)李隆基撰,李林甫注.大唐六典.1836年刊本,卷九,页66

11. (宋)欧阳修,宋祁等撰.新唐书.卷五七,页2.艺文本

12. (五代)刘昫等撰.旧唐书.卷四七,页46.艺文本

13. (唐)虞世南辑.北堂书钞.1888年刊本,卷一〇四,页5

14. (唐)李吉甫撰.元和郡县志.丛书集成本,卷二六,页681—694;卷二八,页743—763

15. (唐)李肇撰.翰林志.百川学海本,页3;王明.隋唐时代的造纸.考古学报,1956(11):123

16. 书史.丛书集成本,页20

17. (唐)陆羽.茶经.百川学海本,卷二,页3

18. (清)董诰等编.全唐文.1818年刊本,卷七二七,页20—21

19. (宋)李昉等编.太平御览.四部丛刊本,卷六〇五,页7.舆服志

20. 根据《说文解字》和《魏书》,一匹四十尺。

21. (北魏)贾思勰著.齐民要术.丛书集成本,页92—93;石声汉.齐民要术今释.北京:科学出版社,

1957—1958
22. Dard Hunter. *Papermaking: The History and Technique of an Ancient Craft*. rev. ed. New York, 1957: 27-47
23. 凌纯声. 中国古代的树皮布文化与造纸术发明. “中央研究院”民族学研究所集刊, 1961(11): 2—5, 29—31
24. 同上注, 页 21—26, 40—43。
25. (汉)韩婴撰. 韩诗外传. 丛书集成本, 页 4
26. 王明, 前引文(见注 15), 页 120。
27. Henry Yule. *The Book of Ser Marco Polo*. 3rd ed. rev. London, 1903, I. 423
28. E. V. E. Bretschneider. *History of Botanical Discoveries*. Leipzig, 1935, I. 4
29. Berthold Laufer. *Sino-Iranica*. Chicago, 1919: 560-63. 引文包括 S. Julien, Ahmed Sibab Eddin, Aurel Stein, J. Weisner 及中国典籍。
30. (宋)苏易简. 文房四谱. 丛书集成本, 页 53
31. (清)张廷玉等撰. 明史. 卷八一, 页 1. 艺文本
32. (清)倪会鼎撰. 倪文正公年谱. 丛书集成本, 页六〇; (清)顾炎武著. 日知录. 丛书集成本, 卷四, 页 103
33. (明)宋应星著. 天工开物. 页 219。Laufer. 561, 1-2 引 S. Julien, 称中国人将麻类制成品, 如绳和纺织物, 都放置在远离饲蚕的地方, 又说以桑叶饲蚕和放置蚕茧的桑纸, 二者之间似有一种非常的关系。
34. 喻诚鸿、李沄. 中国造纸用植物纤维图谱. 北京: 科学出版社, 1955. 页 37, 图版 34
35. 晋代已有竹纸的说法, 一般认为不确。赵希鹄(约 1225—1264 在世)《洞天清录》说王羲之和他儿子王献之的“真迹”是书写在贵池出产有栏界的竹纸上。可是同书又说二王真迹片纸无存, 因此赵氏所说的“真迹”应是后世摹本。
36. (唐)李肇撰. 唐国史补. 津逮秘书本, 卷下, 页 18
37. (唐)段公路撰. 北户录. 湖北先正遗书本, 卷三, 页 7; 唐崔龟图注: “睦州出之。”
38. (宋)苏易简. 文房四谱. 丛书集成本, 页 56
39. (宋)苏轼著. 东坡志林. 丛书集成本, 页 43
40. (宋)周密著. 癸辛杂识. 津逮秘书本, 前集, 页 35
41. 嘉泰会稽志. 1926. 卷一七, 页 42
42. (明)宋应星著. 天工开物. 页 217—219
43. 杨钟羲著. 雪桥诗话. 1917, 续集. 卷五, 页 39—40
44. Hunter. 214-217; 罗济. 竹类造纸学. 1935; 浙江省政府. 浙江之纸业. 杭州, 1930: 240—258
45. (宋)苏易简. 文房四谱. 丛书集成本, 页 53
46. (明)宋应星著. 天工开物. 页 219
47. Dard Hunter. *Chinese Ceremonial Paper*. Mountain House, 1937. 16
48. 洪光、黄天佑. 中国造纸发展史略. 北京: 轻工业出版社, 1958. 页 22
49. (明)宋应星著. 天工开物. 页 219
50. (东晋)王嘉撰. 拾遗记. 汉魏丛书本, 卷九, 页 7; 又(宋)李昉撰. 太平御览. 卷六〇五, 页 7
51. (宋)苏易简. 文房四谱. 丛书集成本, 页 54, 引陶弘景(451—536)、苏敬(7 世纪)诸家之说; E. V. E. Bretschneider. *Bontanium Sinicum: Notes on Chinese Botany from Chinese and Western Sources*. London, 1882-95, Pt. 3: 369-370
52. (宋)苏易简. 文房四谱. 丛书集成本, 页 53
53. (明)宋应星著. 天工开物. 页 219
54. Edouard Chavannes. “Les livres chinois avant l' invention du papier”. *Journal Asiatique*. 1905. 12; Carter. 4; Tsien. 133-135; 劳榦, 前引文(见注 1), 页 489—491。

55. Armin Renker 对丝织纤维体的能否应用于造纸甚表怀疑，见 *Papier and Druck in fernen Osten* . Mainz, 1936.9；法国里昂纸业公会会长 Henri Alibaux 亦同意 Renker 的见解，见 L' invention du papier. *Gutenberg Jahrbuch*. 1939.24

56.（唐）张彦远.法书要录.津逮秘书本，卷二，页10；（宋）桑世昌.兰亭考.知不足斋丛书本，卷三，页9。但（宋）陈槱（约1190—1219）.负暄野录.知不足斋丛书本，卷下，页4，说"所谓茧纸，盖实绢帛也。"

57.（清）张燕昌.金粟笺说.丛书集成本，页1—17

58.（明）宋应星著.天工开物.页33—34

59. Hunter. 312-340

60. 喻诚鸿、李沄，前引书（见注34），页1。

第二章　纸的各种用途考略

纸之所以可贵，主要是因为它的价格低廉和质地轻便，因此它可以作为各种物件的代用品。许多世纪以来，它不仅代替了某些价值高昂而不可或缺的物品，它的质地更能提供其他物品所不能供应的各种用途。纸最早大概用于包裹和衬垫器物，在东汉初始用作书写。大约公元三四世纪时，纸就已开始被用来制作图案、文房用具、扇子和雨伞。五六世纪时，名片、风筝、灯笼、纸巾和卫生纸又相继问世。至于纸用于家庭祭祀大约开始在 7 世纪，用于国家祭典及用纸制作家具和房屋的模型则在 8 世纪。到 9 世纪，纸更用作服饰、甲胄、居室物品、纸牌和交易媒介。总之，在西方对纸还一无所知的时候，中国就早已出现了这些供书写、装饰、贸易、礼仪、祭祀、家庭和娱乐等所用的各种纸代用品。

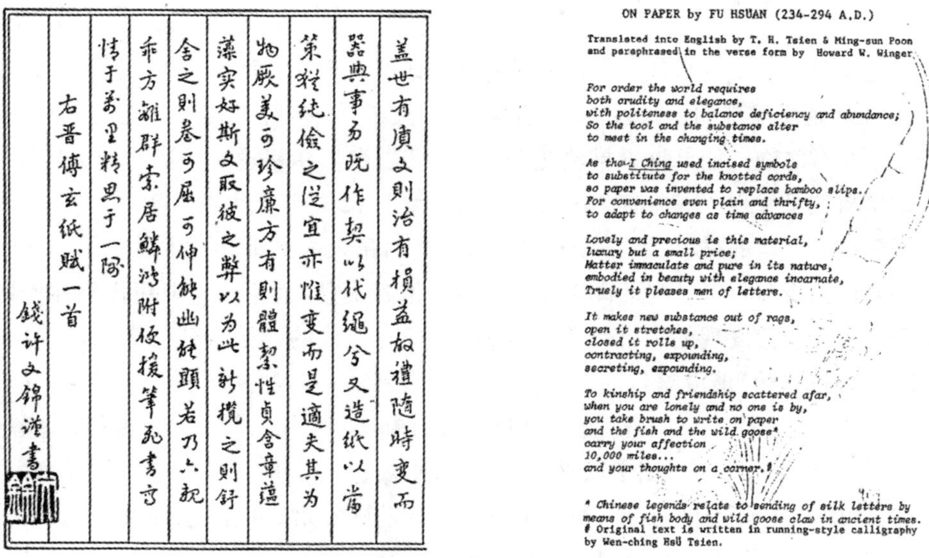
盖世有質文則治有損益故禮隨時變而
器典事易既作契以代繩兮又造紙以當
策猶純儉之從宜亦惟變而是適夫其為
物厥美可珍廉方有則體潔性貞含章蘊
藻實好斯文取彼之弊以為此新攬之則舒
舍之則卷可屈可伸能幽能顯若乃六親
乖方離群索居鱗鴻附便援筆飛書寫
情于萬里精思于一隅
右晉傅玄紙賦一首
錢許文錦謹書

ON PAPER by FU HSUAN (234-294 A.D.)

Translated into English by T. H. Tsien & Ming-sun Poon
and paraphrased in the verse form by Howard W. Winger

For order the world requires
both crudity and elegance,
with politeness to balance deficiency and abundance;
So the tool and the substance alter
to meet in the changing times.

As the I Ching used incised symbols
to substitute for the knotted cords,
so paper was invented to replace bamboo slips.
For convenience even plain and thrifty,
to adapt to changes as time advances

Lovely and precious is this material,
luxury but a small price;
Matter immaculate and pure in its nature,
embodied in beauty with elegance incarnate,
Truely it pleases men of letters.

It makes new substance out of rags,
open it stretches,
closed it rolls up,
contracting, expounding,
secreting, expounding.

To kinship and friendship scattered afar,
when you are lonely and no one is by,
you take brush to write on paper
*and the fish and the wild goose**
carry your affection
10,000 miles...
and your thoughts on a corner.#

* *Chinese legends relate to sending of silk letters by means of fish body and wild goose claw in ancient times.*
# Original text is written in running-style calligraphy by Wen-ching Hsü Tsien.

钱许文锦书赠李约瑟研究所晋傅咸《纸赋》

纸在公元前发明和改进，稍后便代替了竹帛用作书写。经过了一段时期，纸、墨、笔、砚的结合使用，使书写逐渐发展成为一种独特的艺术，而书法和绘画更在纸张上发挥了最高的艺术表现形式。由于文房、装饰等用途，纸上增添了各种鲜艳的色彩和精致的图案，而造纸术亦因此更见进步而精致化。

印刷术发明以前和以后，纸张都是书籍制作的主要材料。由于价廉和轻便，纸亦可以制作各种代用品，如仪式上所用贵重物品的模型，或者代替体重而物料成本昂贵的金属货币。现代纸和纸制品几乎在全世界的每个角落里都可以找到，而在印刷、传播、商业、工业，以及家庭日常生活中更提供了数以百计的用途；如果细加考究，其中不少用途都可以溯源至千百年前的中国。纸在古代就像今天一样，可以用在各种不同的场合，也替代了各式各样名贵物品的功能。

中国纸的种类繁多，名称各异，这正好反映了造纸术的日趋进展。有些纸名代表其制作的原料，有些源自制作的地区，也有取自设计名家的名号，更有些纸因加工制作，或以形式、大小、用途等等而得名。以下将综述文献记录中所载及现存古代纸品中所见各种纸张的种类和用途，并追溯其起源和发展，以见纸在中国文化上所产生的推进作用和在世界历史上所应有的地位。

一、书写和印刷用纸

纸的发明，最初似乎并非如一般人所想象的是用作书写。根据现有资料，纸大概在发明了许久以后，才因“缣贵而简重”而成为竹帛的代用品。由于现今尚未发现所称西汉的纸上有长篇文字，或在记载上述及西汉时已用纸作书，我们可以假定纸是在东汉时才开始作为书写和制作书籍之用。据《后汉书·贾逵传》所载，建初元年（公元76年），诏逵入宫讲《左氏传》，并选高材者20人，“教以《左氏》，与简、纸经传各一通”。

这是文献上所见以纸作为书籍材料的最早记载。至于实物上的最早证据，可能是1942年在居延所发现的一张残纸，上有隶草文字20余，劳榦教授定为公元109或公元110年左右之物。如果这一推测正确，这张纸当产生在蔡伦造纸的时代。1974年在甘肃旱滩坡又发现了一些有字的残纸，据称为公元2世纪后半期之物。[1]

至于作为书籍的材料，纸张并未能立即代替竹帛。大约纸和竹木并用了300年，和帛书并用至少500年。到了晋代纸卷才完全取代简牍，而帛书直至唐代仍在使用。本世纪以来在新疆发现的大批纸张文件，其上载有年代的都始自公元3世纪。东晋初，荀勖（231—289）谓汲冢竹书皆用二尺黄纸重新缮写，藏之中经，副在三阁。最近在新疆出土的晋写本《三国志》，也是用加工的白麻纸所书。[2]从历代著录书籍单位所称的“篇”、“卷”中，亦可看出书籍材料的演进，而纸卷的普遍应用，完全代替了竹木简牍，当在晋代。[3]根据现有的证据，我们可以假定纸是从公元1世纪起，才开始用于长篇书写，自公元二三世纪以来，才被大量用于制作书籍和文献。

现存最早的纸卷书籍，大都写成于3世纪，如三国魏甘露元年（256年）用“六合

A B C

D E F

A 砍竹　B 煮煮　C 抄纸　D 压榨　E-F 烘干

明《天工开物》造纸过程图

纸”抄写的《譬喻经》为目前我所知最早的写本。[4]“六合纸”是大麻、楮皮、破布和渔网等材料所掺和制成。宋代书法家米芾（1051—1107）曾述及“六合纸”始自晋代[5]，一直沿用至宋代，名称未改。其他现存古代纸卷书籍，大都是用大麻、苎麻、楮皮等制成。有时也采用藤、桑等材料。至于竹和禾本植物所造的纸，从宋代以来，才大量采作印书之用。[6]从对现存古纸的科学分析以及从文献中所见，唐代通用的纸都是由麻、楮皮和桑皮所制成。英国博物馆所藏敦煌写经纸 60 多件和北京图书馆所藏 23 件，曾先后经显微分析法研究鉴定[7]，据称这些早期的纸差不多全是经由精心捣拌的纤维体所造成。一般而言，这些纸都制作精良，厚度均匀，表面上并无细孔或斑痕，上胶合度，可用现代的钢笔和墨水书写其上，而不漫漶。但公元 8 世纪中叶以后的纸，一般都质地松散，纤维分布不均匀，吸墨力亦差。[8]

唐代以后，用来抄写佛经和其他书籍的纸主要有二，都是用麻类纤维制成。白色的称为“白经笺”，尺寸较小，但由于填料和加工，所以并不单薄；黄色的名为“硬黄纸”，用黄檗汁浸染，纸面光滑、坚韧、紧密而辟蠹，较厚的一种产自四川，较薄的则产自西安、洛阳和徽州。同样质地的纸在宋代仍继续生产,以供抄写佛经之用。最名贵的一种称为“金粟笺”,是特别制作为海盐广惠寺抄写藏经之用。这种纸是宋治平至元祐年间(1064—1094)产自苏州,质地坚固结实,内外皆加蜡,表面平滑并具有光泽,而无水线的痕迹,每张纸上都印有“金粟山藏经纸”的红色印章。广惠寺藏经凡万卷之多,每卷用纸 15 张连接而成。“金粟笺”为收藏家所珍贵,并加仿制,称为“藏经纸”,迄今仍用于书籍和卷轴的标签。[9]

另一种精工制作的纸,是南宋时福建建阳所产的“椒纸”,以花椒种子的汁浸染,可以杀虫,永不蠹蚀;其质地近似“金粟笺”,但较薄而有光,呈金黄色,颇为坚韧。据云这种纸上的香气能历数百年而不散。此外,宋代尚流行其他用来制书的纸:如“革钞纸”是由江西抚州所产的攀藤类植物革藓所制成,质白而光滑;湖北蒲圻所产的“蒲圻纸”,厚度适中;四川广都所产的“广都纸”,为楮皮所制;浙江嘉兴所产的“由拳纸”,是由拳村出产的攀藤所制作;以及高丽所产的“鸡林纸”,质地光滑而厚重,正反皆能书写。[10]

自宋代以来,印刷术的普及,促进了造纸术的发展。在开封、成都、宣城、杭州和建阳等地,国子监、地方政府、私家和书坊都大量印制书籍,因此各地成为制纸和印刷工业的中心。如将现存宋、元、明、清各代用不同纸张制成的印本分析研究,可以见到当时印刷用纸的种类和质地。大致说来,一般抄写和印书的用纸都是轻薄、柔软、精细,主要原料是竹和楮皮,有时并混以稻麦的禾秆或其他材料。在元、明两代,有一种用竹造成幅度特别宽大的“大四连”纸,作为书写之用。在一些地区,以精选的竹类制成一种厚重而坚韧的纸,称为“公牍纸”,专供公牍文件之用。在用作印书和文房的各种纸张中,品质最好的据称是江西永丰所产以竹制作的“棉纸”,洁白而坚韧;其次是浙江常山所产的“柬纸”,厚重而柔软;再其次是福建顺昌所产的一种“书纸”,价格便宜;最次的是福建所产的一种“竹纸”,短狭、色暗、易碎,其质地和价格都很低。[11]浙江开化所产的一种“开化纸”,质地特殊,清代的武英殿特别选择这种纸,作为印制“殿本”之用。有时旧纸背面亦可再用作书写,称为“反故”;或将废纸洗去朱墨污秽,浸烂入槽再造,名曰“还魂纸”。[12]

二、书画和艺术用纸

“宣纸”一直是最广泛用于艺术方面的纸。质地精细、洁白、柔软,产自宣州(今安徽宣城),一般专供书法和绘画之用。“宣纸”是以檀树皮和禾秆混合制成。其品质视乎其原料中檀皮所占的比例。最上等的“宣纸”,是纯以檀皮为原料;普通的“宣纸”,檀皮约占 1/2 至 7/10 不等。以檀树皮制纸的方法,相传是东汉时蔡伦的弟子孔丹在泾县(隶宣州)于无意中发现浸在溪涧中的檀皮腐蚀后所成的纤维体,因此用以造纸。“宣纸”一词最早见于唐代的文献,当时宣州泾县以“宣纸”作为贡品。此后,“宣纸”一直为艺术家所乐用。[13]

并非所有产自宣州的纸都质地优良和适合于书画之用。不少以竹和禾类制成的纸,主要用于包裹、冥器和其他手工艺如制伞等。只有由檀皮或檀皮和禾秆混合所制的纸适合书法和绘画之用。这些质地较优的纸如"玉版"纸,是一种洁白而厚重的大型纸;"画心"纸是艺术家的宠物;"罗纹"纸表面具有近似纺织的细纹。一些艺术工作上的要求和书写及印刷不同,有时需要面积极大的纸张。"宣纸"就以幅度宽大著称,有的宽8尺长12尺,每张厚度可有1层至3层。其中"匹纸"长至50尺。据说制作时由两个以上的工匠用纸帘将纸浆从大桶中抄捞取出;制作2层要抄捞2次,3层则需抄捞3次。[14]这样制成的纸,质地柔软,富吸水力、光滑、坚实而有弹性,适用于书籍、文件、信笺、摹拓,并特别适用于书画。

另一种为艺术家所推崇的是"澄心堂纸",那是特别为南唐后主李煜(937—978)所制。这种纸的原料是楮皮,但须经过特别方法浸漂,使其纤维纯净。纸张初步制成后,还需磨光和上蜡,使其更加光泽而耐用。明张应文(公元16世纪)谓:"南唐有澄心堂纸,肤如卵膜,坚洁如玉,细薄光润,为一时之甲。"[15]另一位明代收藏家屠隆亦谓:"澄心堂纸极佳,宋诸名公写字及李伯时画,多用此纸。"[16]据说欧阳修编纂《五代史》就用这种纸抄写。大抵在澄心堂以后,制造此纸的方法在宋代仍在沿用,并未失传。

三、文房、契约和交际用纸

许多世纪以来,纸张上常增染彩色或加以图案,作为信笺、诗笺和商业契约之用。这些纸张或是用单色漂染,或是用套色印刷,或是加以浮雕的图案,或是洒以金银色的细粉,使之更为名贵悦目。制造这类纸张,本身说来就是一种艺术。不少名家对设计和提倡,都作出了一定的贡献。据说晋代名书家王羲之(321—379)喜用紫色笺纸。桓玄(404年卒)作"桃花笺"纸,有缥绿、青、红等色,是蜀地的名产。[17]这些都是早期的彩色笺纸。

到了唐代,笺纸的花式更多。谢师厚制作"十色笺",每十幅为一榻,和十色水逐榻以染。"十色笺"有深红、粉红、杏红、明黄、深青、浅青、深绿、浅绿、铜绿、浅云等色。[18]其他尚有各类悦目的笺纸,称为松花、金沙、流沙、彩霞、金粉、龙凤(红及金)、桃花和冷金。当时最著名的笺纸大概是四川名妓薛涛所制的一种小型深红色笺纸,她用自制的这种笺纸与当时名诗人元稹、白居易等相唱和。据说这种称为"薛涛笺"的深红笺纸,是以芙蓉皮和芙蓉花瓣所制成,[19]自四川传至别地,数百年间,全国各地皆模仿制作。

在彩色之外,再加图案,这类笺纸,大概是在唐宋时期开始发达。上面所说的"十色笺",据说在染色后,每幅于方版上砑之,则隐起花、木、麟、鸾,千态万状。[20]五代时,姚颢(940年在世)的子侄善造"五色笺",据谓:"光紧精华,砑纸版乃沉香刻,山水、林木、折枝、花果、狮凤、虫鱼、寿星、八仙、钟鼎文,幅幅不同,文缕奇细,号'砑光小本'。"[21]所谓"砑光",当系以凸、凹板压印而成的一种浮雕图案,称为"拱版"或"拱花"。

大约在这时期,"水纹纸"(Watermarks)和"云石纹纸"(Marblepaper)已在中国制作和使用。据称宋李建中(945—1013)的《同年帖》为楮皮纸,其中呈暗花波浪纹,是早期的"暗花纸",亦称"水纹纸"。[22]至于"云石纹纸",据苏易简(957—995)谓:蜀人造"鱼子笺",以细布用面浆胶令劲挺,隐出其纹,又谓之"罗笺"。并说,亦有作败面糊,和以五色,以纸曳过令露濡,流离可爱,谓之"流沙笺"。亦有煮皂荚子膏,并巴豆油,傅于水面,能点墨或丹青于上;以姜揾之则散,以狸须拂头垢引之则聚。然后画之为人物,砑之为云霞,及鸷鸟翎羽之状,繁缛可爱,以纸布其上而受采焉。[23]这些当是制作"云石纹纸"最早的记载。专研造纸历史的亨特谓公元1282年,"水纹纸"在欧洲最早应用;而"云石纹纸"则是波斯人在公元1550年所发明。[24]根据前述资料,则中国制作这种艺术性的用纸,最晚亦当在此300年至500年以前。

彩色笺纸的印刷技术,到了明代已登峰造极,使绘画和木刻发生了密切的联系。最著名的是公元1645年前后胡正言所印的《十竹斋笺谱》。[25]胡氏是安徽休宁人,后定居南京。他的笺谱有花卉、果树、山水、岩石、人物、古玩、文具的图画,用木刻彩色套印。每色一版,称为"套版",或称"饾版"。现存最早的一种是南京吴发祥(1578年出生)在公元1626年印制的《萝轩变古笺谱》,分上下两册。[26]其中一些图画和《十竹斋笺谱》相仿,但技术多用线条勾勒,不及十竹斋之用色彩深浅、渲染、烘托等法为华丽。至于十竹斋的题材、画诗以及凸版砑印的技术,无疑当受前人的影响。这种套版印制文房笺纸的方法,一直流传至今。

有图案的笺纸,除用于书信和作诗外,亦用于商业契约,一般称为"简帖"。这种特别设计的笺纸是明清之际徽州的印工所创作。契约可能原先是书写在普通的笺纸上,但后来为文人所喜爱的山水图画渐为民间图案所替代。[27]

用作通报拜访的"名刺"或"拜帖",起源自汉代,当时用木简书写名字,作为通候之用。以纸张取代木简,大约是公元五六世纪的事情,当时拜访者的地望和官阶亦常书写在名刺上。名刺大约阔二三寸,初时是白色,唐时改用红色,据说红纸的价格因此提高十倍。当时访客在拜访官邸或私宅时,必先呈递一张书写拜访来意的便条,在拜访者被接见前,通常先由主人在名刺后签署。

在明代中期,名刺的面积扩大。一般平民使用白色的名刺,仅翰林学士使用红色的名刺,并以大字将名字书写在名刺之上。[28]明宋应星谓:"若铅山诸邑所造柬纸,则全用细竹料厚质荡成,以射重价。最上者曰'官柬',富贵之家通刺用之。其纸敦厚而无筋膜。染红为吉柬,则先以白矾水染过,后上红花汁云。"[29]

四、装饰和糊墙用纸

用纸糊窗,在中国很普遍。使用玻璃以前,上至宫室,下至农家,窗格都是用白纸裱糊。中国房屋内的窗户都有格构[30],纸张可以裱糊其上,使柔和的阳光透过。中国厅堂的门隔,上半通常用格构造成,而下部则多没有空间。古时糊窗是用罗纱,后来用细薄而坚韧的纸。这种纸通常用楮树皮混以竹或稻茎制成,质地坚韧,难以撕揭或破裂。品质最佳的一种名为"棂窗纸",专供皇室糊窗之用。明代所通用的糊窗纸,是广信(在今江西)所产,每张长7尺,阔4尺,其中有些并染上各种颜色。[31]

清代建国后不久,《大清律例》中就有关于以纸糊窗的详细记载。其中特别规定每年都需要以朝鲜贡纸糊饰太和殿、保和殿、中和殿、文华殿的窗格。此外,每两年需用黄绫补接缝边。太常寺负责征用各坛庙的窗户及灯笼所需用纸。外藩朝贡各馆的用纸,则由理藩院负责。[32]据记载,每年春秋二季在中江的市场中交易的朝鲜纸达108 000张之多。[33]时至今日,中国、日本和朝鲜的旧式房屋里,门窗一般仍是用纸裱糊。[34]

至于"糊墙纸"(Wallpaper)或称"花纸",西方学者都称源自中国。16世纪时法国传教士从中国带到欧洲;后来荷兰、英国、法国的商人,亦自广东将墙纸输入西方。到了17世纪,糊墙纸在欧洲开始被仿制。[35]17至19世纪时由中国带回手绘花鸟、山水或家居生活的墙纸,在欧洲特别风行。在西方有关中国糊墙纸的最早文献记载是1693年英国玛丽皇后有关"中国和印度的饰橱、屏风及挂帘"的记述。所谓"挂帘"(Hangings),相信就是中国的墙纸。大约在1772年左右,约翰·麦基(John Macky)描述旺斯特德(Wanstead)皇宫的装饰,谓"其中有人物、花鸟等物的中国糊墙纸,都是前所未见而最生动的作品。"这些图画,栩栩如生,麦氏以为"研究中国墙纸,便可以明了中国的文化了。墙纸上所画的植物,如常见于中国和爪哇的竹,比西方最佳植物书籍中所绘的插图还要传神"[36]。直至本世纪,中国手绘的各种花纸,仍被视为最美丽的墙纸。一位英国名建筑师曾说:"能够在一间糊上北京墙纸的卧室中醒来,乃是一件最惬意无比的事情。"[37]

墙纸在中国的历史,不像在欧洲和美国那样记载清楚。所有西方的著作都指出墙纸起源于中国,反而在中国文献中却很少关于所谓墙纸的记录。研究墙纸历史的专家和汉学家都同意,公元1630年法国鲁昂(Rouen)的一位印刷家和同时期英国人所制作的所谓"民间花纸"(Folkpaper)都是从传教士带回的中国墙纸中得到启发。[38]后来欧洲旅行家的游记中,亦提及17世纪以后中国北方墙纸的使用情况。那时的清帝,尤其是康熙(1662—1722年在位)对一般装饰艺术甚感兴趣。[39]很多中国墙纸的图案和当时运往欧洲的中国瓷器图案相仿,相信都是由同一群专营外销的艺术工匠所制作。

16及17世纪时,中国房屋使用糊墙花纸的情形,今日甚少资料可稽。中国大部分的房屋,每间都是以木板或石灰泥墙分隔。自古以来,彩色图案通常都是直接绘在墙壁上。《三辅黄图》载:"以椒涂壁,被之文绣。"《酉阳杂俎》谓:"大历(766—779)末,张璪尝画古松于斋壁。"《图画见闻志》亦谓:"名览壁画,置之甘露。"[40]较早的一则有关墙纸的记载,也许是明末文震亨(1585—1645)论室内装饰一文。他说:"小室忌中隔,若有北窗,则分为二室。忌纸糊,忌作雪洞。此与混堂无异,而俗子绝好之。"[41]所谓"忌纸糊",似即指纸糊墙壁。同卷又反对在墙壁上绘壁画与题字,谓"俱不如素壁为佳。"清初李渔(1611—1680)反对用白纸,而主张以酱色纸糊壁作底,再撕裂豆绿云母笺贴于其上,以作点缀。[42]则当时即使有纸糊墙壁,一般亦为素纸或单色纸而非花纸。

至于以花纸糊墙,最早是何时在中国采用,很难确定。据我的假定,所谓"花纸",

也许是中国画轴的变形。中国人以山水、人物、花鸟等不同题材的绘画卷轴,悬挂墙壁,作为装饰,由来已久。也许经传教士带回欧洲的花纸就是这种画轴。李渔曾谓悬挂字画:“裱轴不如实贴,轴虑风起动摇,损伤名迹,实贴则无是患。”[43]欧洲人初期也是将图画装框,挂在墙上,作为装饰。后来则将其直接裱糊在墙上,代替了挂在墙壁上的昂贵毛织品。一项早期文献提及安装墙纸的方法说,先用木楔将一木制的边框钉在墙上,然后将一块帆布安放在边框内,最后将墙纸张贴在帆布上。由于这样的处理,这些墙纸可以很容易随时移动。这种墙纸,可能就是一些悬挂在中国厅堂内用作装饰的画轴,到了欧洲以后,逐渐变形而实贴在墙壁上,成为后来风行一时的糊墙纸了。

五、服饰、居室用纸

用纸取代纺织品制作各种衣服、被褥和其他家庭用品在文献中常有记载。但早期记录中的纸制品是用“真纸”,或是用树皮制造的“假纸”,还没有确定的结论。古代的记载中,早有一种称为“拓布”、“答布”或“縠布”的货品,同太平洋岛上和热带地区出产的一种称为 Tapa 的树皮布很相近。[44]Tapa 是一种桑科植物的树皮,经捶打而成的薄页,一般称为“树皮布”,可制作衣服。“拓布”一词可能是谐音,也可能含有捶打成布的意思。这种材料虽称之为布,但和纺织品相比,其性质更接近于纸,我们姑且称之为“假纸”。其后,将縠皮或其他纤维捣碎,制成纸浆,经过化学作用而制成的纸,我们可称之为“真纸”。

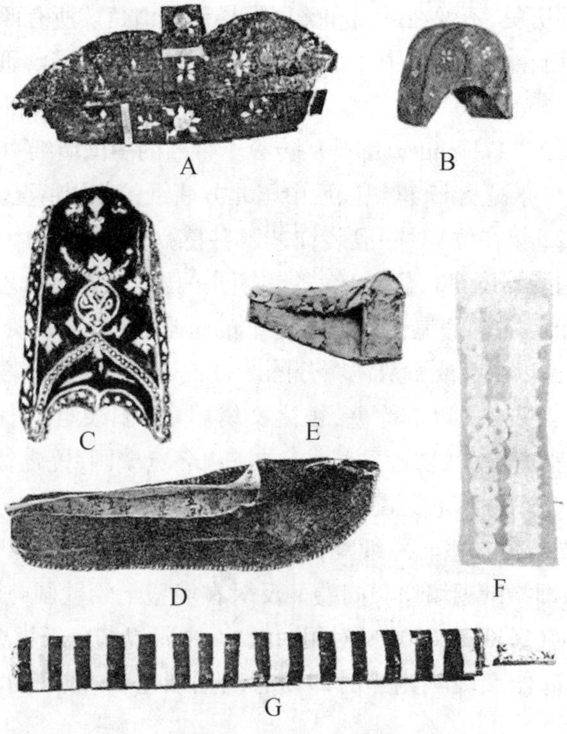

A—C 纸冠　D 纸鞋　E 纸棺　F 纸钱　G 纸伞

新疆发现的唐代纸制品

关于这种假纸最早的记载出自《史记》，其中曾提到某地商人在一年中出售"帛絮细布千钧、文采千匹、榻布皮革千石"。[45]《汉书》也有同样的记载，但称为"答布"。[46]其后的文献中称为"縠布"。三国时吴人陆玑说："縠，幽川人谓之縠桑，或曰楮桑……今江南人绩其皮以为布，又捣以为纸，长数丈，洁白光辉，其里甚好。"[47]显然，縠树的内皮可制成近似布匹的"假纸"，也可捣碎成浆，制成"真纸"，但都可代替纺织品制作衣服。

纸冠、纸鞋　在汉代的文献中、有多处记载以縠皮布或楮皮制作纸冠或头饰。《韩诗外传》曾述及公元前6世纪的一位鲁国人原宪"楮冠黎杖"。[48]在后汉时代，男子盛为头饰，称为"帩头"或"幧头"，[49]此处所称的楮冠或帩头，大概是假纸而非真纸所制。到了唐宋时代，纸冠似为道士的服饰，诗人亦仿效之。宋王禹偁《道服》诗云："楮冠布褐皂纱巾"。[50]陆游《行年》诗亦云："楮弁新裁就，悠然学道装。"自注云："新作两纸冠。"[51]这时的纸冠当系真纸所制，可能已成为某些文人所喜爱的一种服饰。在新疆的一座唐代古墓中，曾发现了几顶纸帽，它们是用厚纸覆以黑色丝绸粘合而成。最近，在吐鲁番出土的一批古物中，有一双公元5世纪制作的纸鞋，黄色，纸质为亚麻纤维，有布纹。[52]直到现代，纸张还用于衬垫布鞋。

纸衣　最普通的纸服是纸衣或纸袄，早在汉代就已使用树皮布裁制。据《后汉书·南蛮西南夷列传》记载，武陵（属今湖南）人"织绩木皮，染以草实，好五色衣服，制裁皆有形"。[53]这种树皮布是汉武帝时期南部和西南部的少数民族部落向朝廷纳贡的地方特产。《广州记》作者裴渊（公元3世纪）和《名医别录》的作者陶弘景（456—536）也曾提到了"武陵人作縠皮衣，甚坚好"。[54]这些纸衣大概是"假纸"，而非"真纸"所制。据说唐代大历年间，有一僧人，称为苦行，不衣缯絮布绝之类，常衣纸衣，时人称为"纸衣禅师"。[55]宋陆游《雨寒戏作》诗云："幸有藜烹粥，何惭纸作襦。"其他也有许多诗文证明当时的平民和僧侣，不单在夏季，即在其他季节也都穿着纸衣。[56]这些后来所指的纸衣当是"真纸"所制作。

宋苏易简说："山居者常以纸为衣。"[57]大概是因为佛教的传统反对穿着丝织品。纸衣保暖性能很强，但不及纺织品透气，有碍健康。苏氏说："衣者不出十年，面黄而气促，绝嗜欲之虑，且不宜浴，盖外风不入而内气不出也。"关于纸衣的制法，苏氏说："每一百幅，用胡桃和乳香各一两煮之，不尔，蒸之亦妙。……阴干，用箭干横卷而顺蹙之，然患其补缀繁碎。"这样将纸压成皱纹状，便更具有良好的弹性，以防易于破裂。苏氏又称："今黟、歙中有人造纸衣段，可如大门阖许，近士大夫征行亦有衣之，盖利其拒风于凝沍之际焉。"马可·波罗在他的游记中也说："他们用某些树的树皮制成很好的夏季服装。"[58]

纸帐、纸被　许多家居用物也是纸做的。在唐宋诗词及其他文献中常常提到这种日常纸制代用品，如纸帐、纸纬、纸衾、纸被、纸席、纸襞、纸瓦、纸屏等。苏氏说，汉南阳太守羊续（公元2世纪人），字叔祖，为人廉洁，以清率下，使用纸纬和纸被，破裂时，"以败纸糊补之"[59]。苏轼在元丰八年（1085年）《自金山放船至焦山》的诗中道："困眠得就纸帐暖，饱食未厌山蔬甘。"他对纸帐的保暖有不胜陶然之情。[60]明高濂对纸帐的制作方法谓："纸帐，用藤皮茧纸缠于木上，以索缠紧，勒作绉纹，不用糊，以线折缝缝之，顶不用纸，以稀布为顶，取其透气。或画以梅花，或画以蝴蝶，自是分外清致。”[61]实际上，纸帐的主要功用是冬天保暖，夏天防蚊。

纸被和纸褥主要是和尚、道士以及文人学士在冬天用来保暖的。在文献记载中，常见纸被作为一种酬赠的礼品，可见当时这种礼品价格虽很便宜，大概并非常用。北宋惠洪和尚（1071—1128）赋诗道谢玉池禅师馈赠纸被，诗曰：“就床堆叠明如雪，引手摸苏软似绵。拥被并炉和梦暖，全胜白氎紫茸毡。”[62]宋陆游《谢朱元晦寄赠纸被》诗云：“纸被围身度雪天，白于狐腋暖于绵。”[63]另一诗谓：“纸被蒙头方坐稳”。他们对纸被的保暖、洁白、柔软称道备至，其舒适似不下于棉毛的纺织品。

纸甲　在古代的战争中也有用纸制作的甲胄，以掩护身体和手臂，称之为纸甲或纸铠。这种纸甲轻便而坚固，特别适用于当时南方一带的步兵，因为江南的地形低洼，气候潮湿，不便使用铁质所制作的盔甲，它不仅笨重，且易生锈而破烂。但唐开元年间所编的《唐六典》所记载13种盔甲中，没有提到纸甲或纸铠，可知纸甲大概始于中唐或晚唐。当时徐商（847—894）拜河东节度使，“置备征军凡千人，襞纸为铠，劲矢不能洞”[64]。

宋御林军督头李韬(968年卒)率兵攻打河东，但见“城中人悉被黄纸甲，为火光所照，色俱白”[65]。又宋仁宗康定元年（1040年），命江淮两地制纸甲3万副，给陕西戍军。当时纸甲主要用于步兵，但水兵也用。宋洪适谓，在招安海贼时，缴获的两艘海船中发现“船内有纸甲一百一十副”[66]。宋泉州知府真德秀在申请枢密院措置沿海防御工事时谓：“本寨兵器却稍足备，但水兵所需者纸甲。”[67]他要求以铁甲50副换取纸甲。由此可知，唐末以来水陆两军俱用纸甲。

关于纸甲最详细的记载和图解见明茅元仪（1629年卒）的《武备志》，他说：

> 甲为用命之本，当锋镝而立于不败之地者，此也。南方地形险陷，固多用步。步驰难以负重，天雨地湿，铁甲易生锈，烂必不可用矣。倭夷土贼率用火铳神器，而甲有藤有角，皆可着用，但铅子俱能洞入。且体重难久，今择其利者，步兵惟有缉甲……[68]

纸甲的制作，据《武备志》载：“步兵惟有缉甲，用缉布不等。若纸绵俱薄，则箭亦可入，无论铅子。今须厚一寸，用绵密缉，可长至膝，太长则田泥不便，太短则不能蔽身。”[69]笨重的盔甲只能用于兵舰，因为那里的士兵不是在泥泞地带上行走。又因敌方的武器如在射程之内，不使用重型盔甲就不能防御。

为保护肩膀和手臂，还使用一种“纸背手”。据称每一副用布内外4层，以一定长度的布，加上棉花、茧纸和绢线。这种纸背手同北方制造的铁背手相似，但纸造的更为灵活、轻便。通常这种纸背手长及全臂，上厚下薄，肘关节处最薄，以利屈伸灵活。这种纸甲后来由云南、贵州和广西的一些少数民族所使用，直至清末，仍有制作。据1892年美国的《商务报告》说，中国的西南一带，纸甲用纸和布各15层互叠，可御手枪子弹或相距百码的来复枪弹。当时云南所制作的纸甲有多至60层者，质轻而坚固。[70]

六、祭祀用纸

纸在中国的许多祭典和礼仪中，都曾起过特别重要的作用。如家庭祭祀，民间宗教和某些供奉圣贤的场合中，用纸代替实物已成了社会上一般通行的风俗。纸经过剪裁或折叠以代表各种不同的事物，是具有象征和经济意义的。在葬礼和祭祀祖先中最常用的纸代替品有冥钱、服饰、器皿、车辆、奴仆、牲畜、房屋，甚至棺材。用纸制成各种祭品，就地焚化，借以告慰死者在天之灵。

冥钱　最早的礼仪用纸大概是代替金属钱币作为陪葬品。上古时是用大量的珠宝人畜殉葬。到汉代则以金属钱币取代价值昂贵的珠宝和活物随葬。后来，因经济或其他原因，才用纸仿造钱币和实物以作陪葬品。防止盗墓，大概也是原因之一。

纸冥钱通常是金属硬币或真纸钞票的仿制品。为区别于伪造的假币，它具有不同的形状和图案。冥钞通常是一张印有硬币图案的纸，或一张裹有锡箔的小纸，以供折成金银元宝。这种纸钱有时用海草或槐花的汁液染成黄色。锡箔纸象征白银，染成黄色则代表黄金。正如唐代《法苑珠林》所记："以黄金涂大锡作金，以纸为绢帛最为贵上。"[71]由此可见，焚烧纸钱的习惯始于金属钱币的仿制品，只是后来当纸钞流行，冥币才同硬币的仿制品一起出现在祭典中。

纸冥钱的出现显然在公元9世纪初采用真纸钞之前就已存在。除文献记载外，在新疆出土的初唐古墓中曾发现用纸剪成的一串纸钱。[72]唐封演说："古埋帛，今纸钱则皆烧之，所以示不知神之所为也。"[73]唐侍御使兼充祠祭使王玙，开元间（713—741）将焚烧纸钱的习俗引入朝廷祭典。[74]当时及后世对此举一直争论不休。有人斥之为亵渎神灵，亦有人赞为实际，因这样不仅减少墓茔的盗窃，而且也使真币免于埋藏而得以流通。

宋代朝官廖用中曾上书取缔焚烧纸钱，他认为这种卑俗的传统是对神灵的虚妄和亵渎。[75]关于家庭祭祀，宋朱熹说：

> 纸钱起玄宗时王玙，盖古人以玉币，后来易以钱。至玄宗惑于王玙之术，而鬼神事繁，无许多钱来埋得，玙作纸钱易之，文字便是难理会。且如《唐礼书》载范传正言，唯颜鲁公张司业家祭不用纸钱，故衣冠效之。而国初言礼者错看，遂作纸衣冠而不作纸钱。[76]

对于焚烧纸衣冠的起源是否为误解原文，尚不确知，但据朱子之言，可知焚烧纸钱起于初唐，而焚烧其他纸冥器则兴于宋代初年。

纸冥器　既然宋代穿戴纸衣、纸冠已很普遍，则使用纸代替丝绸或其他纺织品祭祀神灵，当是很自然的事。尽管许多士大夫对于纸祭品存有疑义，但自此以后，在祭祀中使用纸冥器的习惯继续了很多世纪，直至如今。据宋人孟元老说，北宋首府开封，每逢各种节日皆出售纸钱及各种纸祭品，供人购买焚化，借慰神灵。[77]又曰：

七月十五日中元节,先数日,市井卖冥器、靴鞋、幞头、帽子、金犀假带、五彩衣服,以纸糊架子盘游出卖……及印卖《尊胜目连经》。又以竹竿斫成三脚,高三、五尺,上织灯窝之状,谓之盂兰盆,挂搭衣服、冥钱在上焚之。[78]

这样的祭品多少与佛教仪式有关,这也是儒家士大夫反对焚烧纸冥器,以祭祀祖先的原因之一。马可·波罗曾目睹祭品焚化的情景。他说,他们带了各种用棉纸制成的纸祭品,如披戴鞍辔的纸马、男女纸俑、纸骆驼、纸甲、纸衣,还有满装的纸钱。他们将这些纸祭品同死者的尸体一同焚化。据他们说,这样死者在归天以后,将会得到活的奴仆和牲畜以及金银财宝。[79]这一风俗,一直延至后代。

冥纸通常称为火纸,一般是用竹制成。竹子的纤维先经烧煮,然后掺入灰浆,经过滤后,再用清水淘洗。其生产过程同其他纸张的制造基本相同,不同的是它们不是焙干而是晒干。这种纸大多焚化以祭神灵。明宋应星说:"盛唐时,鬼神事繁,以纸钱代焚帛……故造此者名曰火纸。荆楚近俗,有一焚侈至千斤者。此纸十七供冥烧,十三供日用。"[80]焚化火纸的传统至今仍在中国的某些地方和海外华侨居住的社区沿袭下来。亨特在20世纪30年代见闻中曾记述说:

在中国的许多城市和海外唐人街道的两旁,人们常可以看到沿街的露天商店里陈列着各种纸冥器,从式样考究、配有锃亮金银纸锁的纸箱,到绘有各种细致图案的纸袍,还有各式纸鞋、纸帽、纸衣以至规格齐全的纸车、纸马,甚至纸汽车。[81]

纸冥器的生产已成为一种专门的手工艺,它可以将几乎所有的东西模仿得惟妙惟肖。甚至在本世纪初,这种祭祀用纸在中国的手工业造纸业中还占有很大比例。据1930年调查,浙江有约25 000家造纸工场生产手工艺纸,主要有4种用途:迷信、书写、包装及其他。在该年所生产价值2 000万元的产品中,迷信用纸数量最大,约30%用作祭品而焚化。[82]

纸神　以彩色印绘的民间神像和民族英雄的偶像在中国的许多家庭和商店里早已起着重要的作用。房屋的墙壁或门上所贴挂的神像,主要用于祭祀和避邪。它们包括灶神、门神、土地神和一般家庭所祭祀的其他神祇。灶神像挂在厨房的墙上,每年十二月廿三日与香烛和纸钱一起供祭,过后将神像焚化,送神归天。然后在除夕,再挂出一幅新的神像,称为"邀神"。

最普通的家庭神像是护门神。它们通常贴在房屋入口的双扇门的两边。这两张神像分别代表唐代武将尉迟恭和秦琼,他们身披铠甲,头戴护盔,手执兵戈。其他为满足人们的愿望而选择的神像,如寿星、财神也是印绘在纸上,有时三神并立,象征福、禄、寿三星。在商店或手工作坊还祭奉许多其他的神或民族英雄,崇拜他们对其行业的贡献。因此酒仙李白就成了酒店的圣人,屠神张飞被供奉于肉铺,三国里的英雄关羽在许多家庭中成了最受欢迎的保护神,即驱邪避恶的战神。

这里和我们所讨论的纸最有关系的神是蔡伦。因被认为是纸的发明人,他就成了造纸业的祖师，长久以来，一直被造纸业的工人和业主所供奉。在其家乡耒阳和墓地所在的龙亭（今陕西洋县，蔡伦封龙亭侯），以及造纸业的中心如成都皆建有蔡伦庙。[83]印绘在纸上的蔡伦像，不仅在中国而且在日本的纸厂和纸店中也广为流行。我们所见的一幅18世纪木版套印的蔡伦像，幅宽29.6厘米，采用绿、红、黄、粉红、紫、黑六色套印。蔡伦端坐画中央，黑髯（实际上太监是不应有胡须的），手持如意；身旁四人侍立，其中两人手捧纸书。在蔡伦的前面供祭着两只牲畜，传说是鸡嘴和猪鼻最早将一堆湿纸逐张揭开的。画的上端写着“禹亭侯蔡伦祖师”。[84]虽然祭祀纸神主要是受佛教的影响，但道教也多把他们的符咒用朱砂写或印在纸上祈求保佑。[85]有时这些符咒刻成大型印章，以红色印在纸上。由此可见，道家也用纸作为他们法力的象征。

圣贤崇拜　一般读书人都尊崇有文字记录的纸。因为纸上所印圣贤的训谕应受人顶礼膜拜，而不应遭受践踏。因此每张写印有文字的纸，甚至纸屑都应尊重。“敬惜字纸”这个标语，也就成为中国传统社会中一句人皆尊崇的座右铭。虽然我们不知道这一传统兴于何时，但儒家士大夫以此增高其权威和地位则是毋庸置疑的。一则较早的记载见于公元6世纪的《颜氏家训》：“吾每读圣人之书，未尝不肃敬对之，其故纸有五经词义及贤达姓名，不敢秽用也。”[86]在古代社会中，不仅儒家如此，佛教也有相同的传统。《文昌宝训》说：“一切闲文字，皆与藏经同。故自古惜字者，每得科名报，亦得长寿报，亦得广嗣报，因果颇多，慎不可忽。”[87]

为了处理这些受崇拜的字纸，在街头和寺庙的庭院中，常建造这种专用的字纸炉，以焚烧收集到记有文字的废纸屑。纸灰则置入坛内，最后投入河中。这种风俗也许有避免乱丢纸屑的清洁作用，但同宗教信仰和崇拜圣贤当有一定的关系。

七、交易媒介用纸

用纸作为交易媒介大概始于9世纪初，这时由于商业和政府交往日益频繁，促使“飞钱”成为一种便利的交换方式，以避免携带或运输沉重的金属硬币。“飞钱”又名“便换”，虽然记载中没有说明是用何种材料所制，但其轻便如飞，用纸代替，极属可能。当时到京城出售货物的各地商人把他们的售货所得，存在长安的票柜坊，取得一张票据，可以在指定的地方兑换现金。这个机构原是由商人自行组织，后于公元812年由政府接管。因为飞钱主要是一种票据，其性质相当于汇票，而非真正的纸币。直至后来继续使用，才逐渐形成一种法定的纸币制度。

现存最早的纸币北宋交子

五代、宋初期间，沉重的铁币，每千枚大钱重达25斤，流通和携带极不方便。因此四川一带的商人，集资发行票据，进行贸易交换。公元11世纪初，宋朝政府授权16家私人票房发行一种称为“交子”的交换媒介,这是一种最早能兑现的纸币。后因私商衰落,“交子”无法兑现,宋仁宗天圣元年(1023年)政府在益州(今成都)设立交子务,由国家统一发行,以铁钱为准备金,并规定最高发行额和3年为1期的流通期限。到徽宗大观元年(1107年),交子改为“钱引”用6块雕版印刷,盖有红、蓝、黑3色的印章。[88]至北宋末年,一共发行票值7 000万贯,数量激增,流通期限延长,因此币值大跌。

南宋时,纸币名称甚多,流通区域更广。虽然“交子”和“钱引”也曾使用,但最流行的纸币名为“会子”。最初也是由民间发行,绍兴三十年(1160年)由户部接管,并建立类似的流通期限和数额。这时流通的区域已从四川扩及两淮、湖北和京西等地。南宋末年政府开支浩繁,纸币的发行超过原来规定的流通数量和期限,因此引起了恶性通货膨胀。两宋除发行纸币外,还使用纸印刷其他票据。其中一种为茶盐司所发行的“交引”,在生产茶盐的地区可以兑换现金,也可以交换相同或类似的产品,发行的“交引”采用特制的纸张,并在交引库的督办监察下,由设于临安的交引库印刷。[89]

印制“钱引”所用的纸,最初来自民间的纸厂。随着需求的增长和防止伪造假币,政府在徽州和成都皆建立了官方的纸厂,生产一种专作“钱引”用的楮纸,故这种“钱引”原称“楮币”或“楮钞”。这种纸可能掺杂丝质或其他纤维和配料,使之难以伪造。据记载熙宁元年(1068年)建立的成都纸厂,在绍熙五年(1194年)雇佣抄匠61人,杂役31人。[90]从四川运载纸张至杭州路途遥远,乾道三年(1167年)又在杭州附近的安溪设立了另一所官营纸厂,乾道九年(1173年),该厂雇用约2 000人。“钱引”的印刷是在会子库内,每日雇用约200人。[91]除使用木版外,也用铜版印刷。

尽管“钱引”采用特种纸张,图案复杂,盖有彩色印章,并对伪造者施以严刑,以求杜绝伪造假币的犯罪,但这种罪案仍屡有发生。宋淳熙年间,有台州人唐仲友伙同刻字匠蒋辉,伪造“会子”2 600张,每张1 000文。根据朱熹的奏折,此人用梨木在10天内仿刻母版,用梧州特制的纸张印造,于淳熙十年(1183年)6个月内,共印制20次,每次一二百张。[92]

元朝发行的纸币有“交钞”、“中统元宝钞”、“至元宝钞”、“至正交钞”等多种。中统元年(1260年),发行“丝钞”,以丝作为储备。至正十年(1350年)又发行一种“中统钞”,统一了当时的货币制度。这种纸钞不仅在元朝的广大疆域中普遍流行,而且传播到世界其他各地。公元1280年传入维吾尔地区,1294年到达波斯,1296年传入朝鲜,1334年日本首次发行“铜楮”,1396年越南亦开始使用纸币。西方国家直到17世纪后半叶才陆续开始由银行发行纸币。[93]据说欧洲的某些银行的账簿和存款单据也都受到了中国用纸的影响。

纸币曾是欧洲许多早期作家津津乐道的一个主题。用纸币代替笨重而材料成本昂贵的交换媒介,这种创造性的智慧给他们留下了深刻的印象。西方最早有关纸币的记述见于威廉·德·罗巴克(William de Rubruquis,约1215—1270)的报告,他在1253至1254年间出使蒙古。他说:“中国普通的钱是用棉纸制成,作为交易媒介,大小如手掌,上面印有一定的条纹和类似蒙古人印章的符号。”[94]马可·波罗在他的游记中有这样的评论:“可汗每年制造此种可能给付世界一切帑藏之纸币无数,而不费一钱。”[95]

明代使用纸币成效不大,只发行一种。印有洪武年号的“大明宝钞”,于1375年开始发行,但因逐渐贬值,银锭成为主要的交换媒介。到15世纪末,纸币几乎销声匿迹。同纸币一同发行的还有一种用于盐、茶及其他货物交易的票据。当时各地纷纷索取制作这种票据的用纸。洪武二十六年(1393年)各省供给150万张,以应需要。[96]

明末虽试图恢复使用纸币,但因严重的通货膨胀未能实现。崇祯十六年(1643年)某朝官曾上书列举纸钞的十便十妙,即:

> 造之之费省,行之之途广;赍之也轻,藏之也简;无成色之好丑,无称兑之轻重;革银匠之奸偷,杜盗贼之窥伺;钱不用而用钞,其铜可铸军器;银不用而用钞,其银可入内帑。[97]

次年朝廷征收桑皮200万斤,为印刷纸币之用,几乎导致农民暴动。[98]

清朝使用硬币,除紧急时期外,没有大量发行纸币。咸丰三年(1853年)因镇压太平天国起义,军费开支浩大,清政府才发行两种名为“官钞”和“宝钞”的纸币。因这两种纸钞不可兑换,其价值很快跌落,不久废止。直到光绪二十三年(1897年)才由中国通商银行发行一种新式银行券,是为现代纸币之始。

八、家用纸制品

最初家庭及其他日常用的许多物品是由丝绸、皮革、羽毛、兽角和象牙等较贵重的材料所制造,后来逐渐被纸取而代之。以下所述的一些家庭日常用品,早在公元三四世纪魏、晋时代就被纸取代,那时纸已普遍使用于各种日常用品。自唐代以来,几乎所有今天仍在用纸制作的物品就一直使用这种质轻价廉的材料。

纸灯笼　灯笼通常先用木头或竹子做成框架,然后粘上各种半透明体的材料如兽角、皮革或丝绸,但纸灯笼则做得更为精致和灵巧。将蜡烛置入其中,点燃后用作室内或户外的装饰品,或夜行时用作照明。最有趣的是每年正月十五日的元宵节花灯会上展出名目繁多的灯笼。虽然早在公元6世纪就有关于灯笼的诗,但一年一度的灯会直到唐代才开始。[99]

用纸制作灯笼最早始于何时,尚不确知,但唐代无疑已使用纸灯笼。在敦煌发现一本唐代寺庙的账簿中曾记载:“买白纸二帖,帖别五十文,糊灯笼卅八个,并补贴灯笼用。”[100]宋孟元老(约12世纪初)曾提到北宋都城开封每年正月十五元宵节的热闹情形。他说“自灯山至宣德门楼横大街,约百余丈,用棘刺围绕,谓之棘盆,内设两长竿,高数十丈,以缯彩结束,纸糊百戏人物,悬于竿上,风动宛若飞仙”。[101]周密(1232—1298)也说宋孝宗时,杭州每逢灯会:

> 灯品至多,苏福为冠,新安晚出,精妙绝伦。……无骨灯……魫灯……羊皮灯

……罗帛灯……外此有五色蜡纸菩提叶,若沙戏影灯,马骑人物,旋转如飞。又有深闺巧娃,剪纸而成,尤为精妙。[102]

明代也有类似的盛况。据《绍兴府志》载:“元宵明旧制,驰禁十日,而越中亦颇盛,率前二后五,每至正月十三日夜,民则比户接竹棚悬灯,大都土制为多,其纸灯颇呈纤巧。”[103]

纸扇　日常应用的扇子最早是用羽毛制作的,以蔽日遮尘。后来丝、竹、象牙、骨、檀木和棕叶都曾用于制作各种扇子。据说用纸制作扇子始于西晋。至东晋孝武帝和安帝(373—418 年在位)时,都以经济原因禁止用帛制扇,使得纸的这种用途大增。而王羲之父子所作的“扇书”均成为御藏珍品。[104]朝廷并以纸扇赐其臣属,据说宋元祐间哲宗喜用纸扇,其臣属以其价廉而称颂他为“人君俭德”。[105]

宋代流行圆扇,据说折扇是 11 世纪由日本经朝鲜传入中国。这种扇子是用折好的纸贴于各种扇架上所制成,扇面并加书画,以增美观。宋代咏折扇者颇多,[106]如苏轼谓“高丽白松扇,展之广尺余,合之只两指”即此也。金章宗(1190—1208 年在位)以好咏扇而遐名。明熹宗(1621—1628 年在位)常书格言警句于折扇,钦赐其臣属。这种风气在文人中最为盛行。自明、清以来,以书法和绘画装饰折扇已形成了一种十分流行的艺术品。明代还使用一种以硬皮纸制作的油纸扇,[107]通常未经艺术加工,供平民在夏日取风祛暑之用。

纸伞、纸旗　油纸在明代也用来制伞。据说伞起源于古代在战车上使用的一种谓之“盖”的车篷。为了防雨在车顶铺上一幅丝织品称为“伞”。纸伞大概始用于公元 4 世纪末或 5 世纪初拓跋族建立魏朝(386—532)的时期。红、黄伞由皇家使用,百姓则用蓝伞。明洪武元年,朝廷颁旨:“庶民并不得用罗绢凉伞,许用油纸雨盖。”伞不仅用于蔽日遮雨,而且还用于各种仪仗。政府官吏出巡,以“罗伞”或“遮阳”为前导;“万民伞”则是民间赠送政府官员的一种纪念品,上有名单,以示歌功颂德之意。[109]

纸旗大概很早就已使用。新疆出土的一座唐墓中曾发现几件纸旗。其中一件是用几张字纸粘贴而成,上面绘有黑白相间的条纹,一端有木杆,可以卷起。[110]

包装纸、纸包、纸杯、纸巾　纸用于包装大概早于书写。1957 年在陕西灞桥发现一座古墓中的纸,据称是用来包裹或衬垫青铜镜。《汉书》中所称的“赫蹏”,一般认为是早期的树皮布或楮皮纸,在公元前 12 年的一件谋杀案中,即已用来包裹毒药。[111]因为纸张质地柔软、价格低廉,人们很自然就用纸来包装许多其他物品。唐代的“纸囊”,“以剡藤纸白厚者夹缝之,以贮所炙茶,使不泄其香也”。侍茶时还以折叠成方形的“纸帊”衬托茶杯。[112]据说清代杭州“蔡治山家纸套杯,大小凡十,各别一色,彩画精细,虽以热酒注之,不渗不漏”。[113]南宋时,朝廷赏钱以纸包之,赐予官员,谓之“纸包”,[114]据明宋应星说:“最粗而厚者名曰包裹纸,则竹麻和宿田晚稻稿所为也。”[115]直至现在仍同样使用这种原料制作包装纸。1935 年浙江省生产的包装纸占当年纸总产量的 20%。[116]

草纸　使用卫生纸,应在 6 世纪以前就已开始,尽管文献中对用纸净身一事避而不谈，但当时有一项记载谓，禁止使用有文字的纸作为这种用途。颜之推（531—591）说："其故纸有五经词义及贤达姓名，不敢秽用也。"[117]一位9世纪初到过中国的阿拉伯旅行家也曾对纸的这种用途作过好奇的记载，他在851年的报告中说："他们（中国人）不爱清洁，便后不是用水净身，而只用纸拭擦而已。"[118]草纸是用稻草制成，纸质甚软，且少费工时，因此成本比其他任何纸张低廉。当时这种纸大量用于日常生活，为供朝廷专用，洪武二十六年（1393年）宝钞司制造了长3尺、宽2尺的草纸72万张，供宫内一般之用，另有3寸见方、浅黄色、质地厚实柔软，并带有香味的草纸15 000张，供皇族使用。由于宝钞司造纸数量甚多，"其衙门左临河，后倚山，有泡稻草池，每年池中滤出石灰、石渣极多；二百余年，陆续堆积，竟成一卧象之形，名曰象山"。[119]本世纪初，仅浙江一省每年的草纸产量就为1 000万包，每包1 000至10 000张不等。[120]

九、娱乐用纸

纸作为一种娱乐材料供消遣之需，具有很多的用途。它可以剪裁成各种图案贴在门窗、灯笼和其他物品的表面，包括衣饰和鞋子，以供刺绣；它亦可以折成平面或立体的图形以供消遣。通过折叠、剪裁和粘贴而制成的纸花是一项很流行的娱乐和装饰品。因为体轻，纸张特别适合于制作风筝。结实的纸或制型纸可以取代坚硬、昂贵的材料制作各种玩具和其他娱乐用品。纸最晚于6世纪或7世纪就已开始用于这些娱乐性的目的。

剪纸　用剪子或刻刀将纸剪刻成各种图案用作节日或其他活动的装饰品，是中国一个具有悠久历史的民间工艺。它可能源于春节时镂刻人物、花鸟或风景的习俗。梁代宗懔（6世纪）说："正月七日为人日，以七种菜为羹，剪彩为人，或镂金箔为人，以贴屏风，亦戴之头鬓，又造华胜以相遗。"[121]据说这种风俗起自晋代贾充（217—282）之妻李夫人。唐段成式说："立春日，士大夫之家，剪纸为小幡，或悬于佳人之首，或缀于花下，又剪为春蝶、春钱、春胜以戏之。"[122]这种剪纸在唐代颇为流行。在敦煌曾发现一张黑纸上贴有浅黄色纸刻成的神龛剪影和几朵纸花，[123]在新疆也发现有六朝剪纸图案，这些大概是迄今发现最早的剪纸。

历史上有许多故事描述剪纸艺术家的精湛技艺和杰出作品。南宋周密说："旧都天街，有剪诸色花样者，极精妙……又中瓦有俞敬之者，每剪诸家书字，皆专门。其后忽有少年，能衣袖中剪字及花朵之类，更精于二人。"[124]记载中的剪纸艺人多为男性，但实际上剪刻者女子为多，她们通常是在农闲时作为一种副业。

剪纸的内容包括：农村生活如耕种、纺织、采桑、打鱼、牧羊、放牛、喂猪、养鸡等，或象征吉祥、颂祝福利，或是神话及戏剧中的人物，或作花卉、禽鸟及其他图案。其形式或为单幅，每幅独立；或为双幅，采取对称形式；又有多幅成套，如四人组戏剧、八仙过海、十二生肖、二十四孝等等；三角形组成的图案，多为四幅，贴于窗角；而用于墙壁者多为大幅圆形的图案。剪纸和绘画不同，它的构图大都是几何形、对称，占满全面，并带有地方特色。

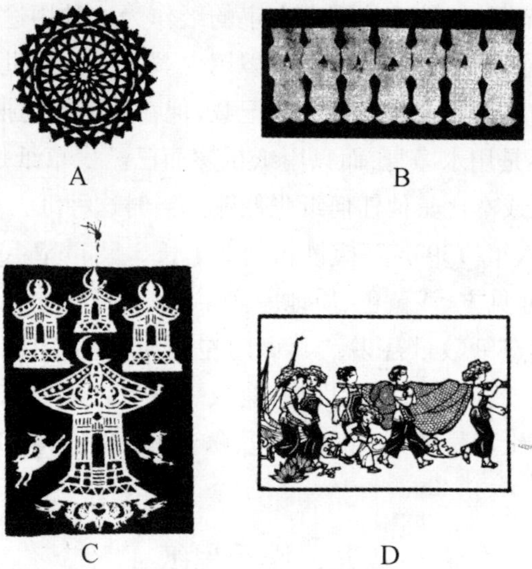

A 图案　B 人形　C 神龛　D 鱼网

古代(约 5—7 世纪)和现代剪纸

折纸　一张平面纸可以折成各种形状和式样,如人物、动物、花卉、衣服、家具、楼阁和许多其他供娱乐消遣的东西。折纸大概是最有趣的一种民间艺术,它有助于训练手指灵活,培养平衡和对称感,并为理解和掌握现代物理和数学提供了一个直观的形象。很多数学家用折纸说明他们的科学兴趣,尤其是涉及三维空间和几何结构的许多问题。[125]

在折纸传播到世界各地之前,大概它已在中国盛行了许多世纪,但最早起源何时还不清楚。根据现有的证据,其使用不会迟于初唐。敦煌发现的几朵纸花,显示了早期折纸工艺的精巧。[126]今天,折纸是很流行的儿童手工课程之一;即使对于世界各地的成年人,这也是一种重要的消遣活动。折纸在日本、欧洲和美洲尤为盛行,西班牙、英格兰和许多拉丁美洲国家的折纸专家甚多,他们用各种文字写作了不少关于折纸的文章和书籍。[127]

纸风筝　春秋两季,儿童常以放"纸鸢"即风筝作为游戏。当风筝在空中飞行,儿童仰面直视,张口哗呼,这对他们的健康很有裨益。重九登高,更是放风筝的佳节。但古代文献中常记载风筝在测量、风向、运送、信号和通讯等军事上的用途。据说公元 549 年"台城之围,梁武以纸鸢告急于城外"。[128]这是一则有关风筝最早的记载。另一故事说:公元 781 年唐将张伾守临洺(现河北),"为田悦等所攻,马燧等救兵未进,伾急以纸鸢放过悦营,悦射之不及,乃落燧营。言,三日不救,洺人且为悦食,燧等遂进解围,是纸鸢亦有时济用"。[129]据明人记载:"纸鸢又名风鸢,初五代汉李邺,于宫中作纸鸢,引线乘风为戏,后于鸢首以竹为笛,使风入作声,如筝鸣,俗呼风筝。"[130]据德国汉学家劳福说,风筝自中国遍传朝鲜、日本、安南、柬埔寨、暹罗、马来西亚、菲律宾、婆罗洲等地为时甚早,16 世纪末传入欧洲,是飞行原理的始祖。[131]

纸牌和其他　用纸制作绘有各种图案的纸牌大概在公元9世纪以前就已存在，据谓唐代中叶"有人掷叶子戏"。[132]宋欧阳修也说："叶子格者，自唐中世以后有之。"[133]另有一部名为《叶子格戏》的书，也说是出自晚唐一妇人之笔，自后历代作家对于这种游戏颇有记述。

明代纸牌流行，黎遂球《运掌经》述及纸牌的尺寸和功能谓："凡牌之用有数适焉。大可一寸，高倍出之，厚仅盈指。纸轻小，便易挟以偕游，一也；灵活可思，二也；无弹棋坐隐之烦，三也；可容至四人以作酒政，多至十人而赢，四也；可以聚谈不厌，五也；附以韵语，分而赋诗，六也。"[134]

清代因赌博成风，《大清律例》特立条文，凡印制或出售纸牌千张者，或官员赌博者，一律惩处不怠。[135]

还有许多其他纸做的消遣娱乐用品在文献中也偶有记载。如代替云南石棋子的纸棋子，横吹的"纸笛"，竖吹的"纸箫"，如《闽小记》所载："开元寺前有卷纸作箫者，品在好竹上。"[136]此外还有纸皮影、烟火、爆竹和各种玩具如纸老虎等，也都是用纸制作的娱乐品。

第1—4节为马泰来与陈雄英合译，原刊《香港中文大学中国文化研究所学报》，第9卷上册（1978年）；第5—9节为奚刚译，原刊《汉学研究》，第5卷第1期，1987年6月。

注释：

1.（南朝宋）范晔撰．后汉书．卷一〇八，页5．贾逵传．台北：艺文印书馆，1956。居延纸，见：劳榦．论中国造纸术的原始．史语所集刊，1948，第19本．496—498。钱存训．书于竹帛：中国古代的文字纪录．上海：上海书店出版社，2002：109—110，118—120。旱滩坡纸，见：文物，1977(1)：59—63

2.（晋）郭璞撰．穆天子传．四部丛刊本，荀勖序，页3。潘吉星．新疆出土古纸研究．文物，1973(10)：52—60

3. Tsuen-hsuin Tsien. *Written on Bamboo and Silk* . Chicago，1962. 92. 钱存训．书于竹帛，页71—73

4. 这是东京书道博物馆所藏最早附有年份的写本之一。

5. 评纸帖，见：美术丛书，册6，页305。"六合"或谓地名，或谓系六种原料合成。

6. 关于古代纸卷的成分，见：Lionel Giles. *Descriptive Catalogue of the Chinese Manuscripts from Tunhuang in the British Museum*. London，1975. xvi. 潘吉星．敦煌石室写经纸的研究．文物，1966(3)：40—41。钱存训著，马泰来译．中国古代的造纸原料．香港中文大学中国文化研究所学报，1974，7(1)：27—39。及刘仁庆，胡玉熹．我国古纸的初步研究．文物，1976(5)：74—79

7. Robert H. Clapperton. *Paper: An Historical Account of Its Making by Hand.* Oxford，1934：22-26. 潘吉星．敦煌石室写经纸的研究．文物，1966(3)：39—74

8. Clapperton. 18,22

9.(清)张燕昌(1738—1814)著. 金粟笺说. 丛书集成本。张氏是一位金粟笺收藏家;书中有详尽的史料,并摹描了笺前后两面的印鉴。近人仿制金粟笺样本,见:R. H. Van Gulik. *Chinese Pictorial Art as Viewed by the Connoisseur*. Rome,1958. Appendix V,no. 19

10. 有关"椒纸"及其他各种纸张制作的书籍,见:叶德辉. 书林清话. 北京:中华书局,1959:163—166

11.(明)胡应麟撰. 少室山房笔丛. 北京:中华书局,1964:57

12. 宋应星. 天工开物. 国学基本丛书本,页 218

13. 宣纸的原产地是泾县,胡韫玉在 1923 年出版的《纸说》,《博学斋丛刊》本,是第一部记述宣纸制作过程的著作。陈彭年. 关于宣纸问题. 造纸工业,1957(2):24—27

14. 制作"匹纸"的方法,见:安徽新安县志. 1888 年刊本,卷十,页 17

15.(明)张应文撰. 清秘藏. 卷上,见:美术丛书,册 4,页 216

16.(明)屠隆撰. 纸墨笔砚笺. 见:美术丛书,册 10,页 136

17.(宋)苏易简撰. 文房四谱. 丛书集成本,卷四,页 49

18.(元)费著撰. 笺纸谱. 丛书集成本,页 1—2

19.(明)宋应星著. 天工开物. 页 219

20.(宋)苏易简撰. 文房四谱. 卷四,页 53

21.(宋)陶谷著. 清异录. 惜阴轩丛书本,卷二,页 34

22. 潘吉星. 故宫博物院藏若干古代书法用纸之研究. 文物,1975(10):84—85

23.(宋)苏易简撰. 文房四谱. 卷四,页 53

24. Dard Hunter. *Papermaking: The History and Technique of an Ancient Craft*. 2nd ed. rev. and enl. New York, 1967:260,479

25.《笺谱》叙,署"崇祯甲申(1644)",但卷二"悬兰图",胡正言题有"乙酉(1645)春日十竹斋临周公调先生笔意。"又此书有 1935 年(北平)版画丛刊会复刻本。又 Jan Tschichold. *Chinese Colour Prints from the Ten Bamboo Studio*. London,1972. 选印初版笺谱二十四幅,彩色逼真,并有引言,详述中国木刻及套版技术。

26. 沈之瑜. 跋萝轩变古笺谱. 文物,1964(7):7—10

27. 赖少其. 套版简帖. 上海:上海人民美术出版社,1964. 收录简帖四十款。附录契约二纸,其一署崇祯十三年(1640)。

28.(清)赵翼撰. 陔余丛考. 1750 年刊本,卷三十,页 24

29.(明)宋应星著. 天工开物. 页 219

30. 窗子花格,在中国有三千年以上的历史,一些明代木建筑物的花格,迄今尚存。见:*D. S. Dye. A Grammar of Chinese Lattice*. 2v. 1937

31.(明)宋应星著. 天工开物. 页 219

32.:(清)昆冈等纂. 大清会典事例. 1899 年刊本,卷九四〇,页 5

33. 徐珂. 清稗类钞. 上海:商务印书馆,1917. 第 3 册"外藩类",页 13—14

34. 纸窗和纸门照片,见:Hunter. 221;Figs. 193-194

35. 关于中国墙纸在欧洲的传播,见:Phyllis Ackerman. *Wall Paper: Its History, Design and Use*. New York, 1923:10-20;E. V. Entwisle. *The Book of Wallpaper*. London,1954:43-48;Entwisle. *A Literary History of Wall Paper*. London,1960:11ff; Kate Sanborn. *Old Time Wallpaper*. New York,1905:14-29

36. 以上引文俱见:Entwisle. *A Literary History of Wall Paper*. 13,23,49

37. Sacheverell Sitwell. *British Architects and Craftsmen*. 1945. 见:Entwisle. *The Book of Wallpaper*. 17-18,序文所引。

38. 中国影响,见:Berthold Laufer. *Paper and Printing in Ancient China. Chicago*,1931:19-21

39. 见前引 Ackerman. 11-20

40. 引文俱见:古今图书集成. 台北:文星书店,1964. 卷九八,页 59 所引。

41. 此节引用中国科学院考古研究所夏鼐先生 1972 年 7 月 17 日答李约瑟教授函中所述,特此申谢。

42. (清)李渔著. 李渔全集. 台北:成文出版社,1970. 册 6,页 2403—2440

43. 同上注,册 6,页 2398

44. 树皮纸的出产和制作,见:Dard Hunter. *Papermaking:The History and Technique of an Ancient Craft*. 2nd ed. New York,1978:25-47;凌纯声. 中国古代的树皮布文化与造纸术发明."中央研究院"历史语言研究所集刊,1961(11):30

45. (汉)司马迁撰. 史记. 同文书局本,卷一二九,货殖列传,页 15

46. (汉)班固撰. 汉书. 卷九一,货殖列传;东观汉纪. 卷一二,马援传

47. (三国)陆玑著. 毛诗草木鸟兽虫鱼疏. 丛书集成本:29—30。榖、楮、构为不同种类的桑科植物,但三者的叶形和读音都很相近,见钱存训. 中国古代的造纸原料. 香港中文大学中国文化研究所学报,第 7 卷第 1 期(1974):27—39

48. (汉)韩婴撰. 韩诗外传. 丛书集成本,页 4

49. (南朝宋)范晔撰. 后汉书. 卷七一,页 32;卷七三,页 7

50. (宋)王禹偁著. 小畜集. 四部丛刊本,卷八,页 22

51. (宋)陆游著. 剑南集. 四部丛刊本,卷三七,页 2

52. 纸冠图,见:Aurel Stein. *Serindia* . Oxford,1921. Vol. 4. pl. XVII. 纸鞋,见:潘吉星. 新疆出土古纸研究. 文物,1973(10):54

53. (南朝宋)范晔撰. 后汉书. 卷八六,页 1

54. 引文见:(明)李时珍著. 本草纲目. 万有文库本,卷三六,页 78—79

55. (宋)李昉等纂. 太平广记. 北京,1959. 卷 289,页 2297

56. 熊正文. 纸在宋代的特殊用途. 食货半月刊. 卷 5(12):36—37

57. (宋)苏易简撰. 文房四谱. 丛书集成本,卷四,页 55

58. Henry Yule. *The Book of Ser Marco Polo*. 3rd ed. London,1903. Vol. 2. 191

59. (宋)苏易简撰. 文房四谱. 卷四,页 55

60. (宋)王十朋注. 集注分类东坡诗. 四部丛刊本,卷二三,页 424;其他有关纸帐的诗,见:(宋)王禹偁. 小畜集. 卷十,夜长;(宋)洪适. 盘洲集. 卷二,冥坐庵;(宋)陆游. 剑南集. 卷七三,霜夜;(宋)邹浩. 道乡集. 台北:汉华文化公司,1970:266—267;又(明)桑贞白. 香奁诗草. 丛书集成本,页 20

61. (明)屠隆撰. 考槃余事. 丛书集成本,页 73

62. (宋)释慧洪语,觉慈编. 石门文字禅. 丛书集成本,卷十三,页 128

63. (宋)陆游著. 剑南集. 卷三六,页 8;又卷二一,页 14;卷三六,页 18;卷七四,页 8,皆有纸诗。

64. (宋)欧阳修,宋祁撰. 新唐书. 卷一一三,页 10

65. (元)脱脱等撰. 宋史. 卷二七一,页 10

66. (宋)洪适著. 盘州集. 四部丛刊本,卷四二,页 4

67. (宋)真德秀著. 真西山文集. 1665 年刊本,卷八,页 16

68. (明)茅元仪辑. 武备志. 1621 年刊本,卷一〇五,页 17—18

69. 同上. 卷一〇五,页 19。

70. 广西通志. 1801 年刊本,卷二七八,页 22;美国商务报告,见:*Consular Reports on Commerce and Manufacture*. no. 147 . Washington,D. C. 1892. 494

71. (唐)释道世撰. 法苑珠林. 四部丛刊本,卷四八,页 18—19

72. 见前引 Stein. Vol. 4,Pl. XCIII。

73.(唐)封演撰.封氏闻见记.北京:中华书局,1958:55
74.(五代)刘昫等撰.旧唐书.卷一〇九,页13a;(宋)欧阳修,宋祁等撰.新唐书.卷一三〇,页1;(宋)司马光撰.资治通鉴.北京,1956:6831
75.(元)虞集撰.就日录.说郛本,卷十四,页4
76.(宋)朱熹著.朱子全书.江西书局本,卷三九,页16—17
77.(宋)孟元老撰.东京梦华录.丛书集成本,卷八,页126; 161—162
78.同上,卷八,"中元节",页218—219。
79.见前引Yule译本,Vol.2.191;又Moule & Pelliot译本,p. 337,用"棉纸"字样。
80.(明)宋应星撰.天工开物.国学基本丛书本,页218
81.Dard Hunter. *Chinese Ceremonial Paper*. Mountain House,1937:207-211
82.浙江之纸业.杭州,1930:358
83.(明)费著.笺纸谱.丛书集成本,页1
84.彩色复印本,见:Jan Tschihold. *Der Erfinder des Papiers, Ts' ai Lun, in einer alten Chinesischen Darstellung*. Neujahrsgabe. Zurich, 1995
85.Thomas Francis Carter. *The Invention of Printing in China and Its Spread Westward*. rev. by L. C. Goodrich;N. Y.:Ronald, 1955:13,17-18;notes 13-14
86.(北齐)颜之推著.颜氏家训.四部丛刊本,卷五,页13
87.(清)陈藩.修慝馀编.丛书集成本,页1;公门不费钱功德录.丛书集成本,页2
88.彭信威.中国货币史.上海,1958:284—285,图42及43
89.咸淳临安志.1930年刊本,卷九,页8a;(宋)吴自牧撰.梦粱录.丛书集成本,页77
90.(明)曹学佺撰.蜀中广记.卷六七,页14,18—23
91.咸淳临安志.卷九,页7—8;(宋)吴自牧撰.梦粱录.页77
92.(宋)朱熹著.朱文公文集.四部丛刊本,卷十八,页17—32;卷十九,页1—27
93.西方最早使用纸币的国家为瑞典,1661年;美国,1690年;法国,1720年;俄国,1768年;英国,1797年;德国,1806年。见:曾我部静雄.纸币发达史.东京,1945:189—200
94.Donald Lach. *Asia in the Making of Europe*. Chicago,1965,Vol.1.34
95.(意)马可·波罗著,冯承钧译.马可·波罗行纪.上海:商务印书馆,1937:382
96.(明)李东阳等纂.大明会典.卷一九五,页4—5所载,计河北3.8万张;浙江2.5万张;江苏20万张;湖南、湖北17万张;陕西,15万张;山西及北京等10万张;山东及河南等5.5万张;福建4万张。
97.(清)计六奇撰.明季北略.国学基本丛书本,页268
98.(明)倪元璐编.倪文正公年谱.丛书集成本,页60;(清)顾炎武.日知录.丛书集成本,卷四,页103
99.(清)赵翼撰.陔余丛考.1750年刊本,卷三一,页19
100.Edouard Chavannes. *Les documents chinois decouverts par Aurel Stein dans les sables du Turkstan Orietntal*. Oxford, 1913, nos. 969, 971
101.(宋)孟元老撰.东京梦华录.丛书集成本:页110—111
102.(宋)周密撰.乾淳岁时记.说郛本,卷六九,页9—10
103.(清)陈梦雷编.古今图书集成.考工典.卷二三一引绍兴府志
104.(唐)张彦远.法书要录.丛书集成本,页64
105.(宋)朱弁.曲洧旧闻.丛书集成本,页14
106.(清)赵翼撰.陔余丛考.卷三三,页13—14;(明)王圻等撰.三才图会.1690年刊本,卷一二,页42
107.(明)宋应星著.天工开物.页219
108.(明)王圻等撰.三才图会.卷一二,页22

109.(明)王三聘著.古今事物考.丛书集成本,页140

110. Stein. Vol.4,PL. XCLLL

111.(汉)班固撰.汉书.卷九七,页13

112.(唐)陆羽著.茶经.百川学海本,第九集.卷二,页3

113.(清)施鸿保撰.闽杂记.台北:闽粤书局,1968:125

114.(清)翟灏撰.通俗编.台北:大化书局,1977:513

115.(明)宋应星著.天工开物.页218

116.浙江之纸业.页358—359

117.(北齐)颜之推著.颜氏家训.卷五,页13

118. Eusebius Renaudat(tr.). *Anciennes relations des Indes et de la China de deux voyageurs Mohometans*. Paris, 1718.17

119.(明)刘若愚撰.酌中志.丛书集成本,页113

120.浙江之纸业.页236,245—246,276—283

121.(南朝梁)宗懔撰.荆楚岁时记.四部备要本,页113

122.文物参考资料,1957(8):13—15,引《酉阳杂俎》。

123. Stein. Vol.2.967;Vol.4,Pl. XCIII

124.(宋)周密撰.志雅堂杂钞.粤雅堂丛书本,卷一,页38

125. Sundra Row. *Geometric Exercises in Paper Folding*. rev. by Beman and Smith ;Chicago,1901, 1941;Cooper Union Museum. *Plan Geometry and Fancy Figures: An Exhibition of Paper Folding*. Philadelphia,1959

126.同注123。

127.西文折纸书目收二百余种,见:Gershon, Legman. "Bibliography of Paper Folding". *Journal of Occasional Bibliography*. 1952:3-8

128.(清)赵翼撰.陔余丛考.卷四〇,页25a

129.同上。

130.(明)陈沂著.询刍录.丛书集成本,页3

131. Berthold Laufer. *Prehistory of Aviation*. Chicago,1928.36

132.(清)汪师韩撰.叶戏原起.1886年刊本,页1a

133.(宋)欧阳修撰.归田录.说郛本,卷二,页13b

134.(清)汪师韩撰.叶戏原起.页10,引文

135.大清律例事例.1870年刊本,卷八二六,页13;卷八二七,页3,4,6

136.(明)陆容撰.菽园杂记.丛书集成本,卷二,页140;(明)周亮工撰.闽小记.丛书集成本:26—27;(清)施鸿保.闽杂记.页125;邓之诚著.骨董琐记.北京:明斋,1933.卷一,页13

第三章　中国墨的制作和鉴赏

中国墨历经漫长的发展过程，其起源或可追溯至3 000年以前。在中国文明的贡献上，纸、墨及印刷可称鼎足而三。墨在中国文化中的重要性极为显著，它不仅用于书写，且兼具艺术品质及学术上的地位，向为文人学士所乐道。中国古代造纸工及印刷工的姓名事迹，今日所知甚少，可是数以百计的墨匠却广泛载录于文献。而历代专门记述墨的专书，为数亦多。墨的评价早有定论：在中国，名墨精品价等黄金；在国外，东方及西方皆有中国墨的传入和仿制。

从公元前14世纪至公元4世纪间，在甲骨、玉石、陶泥、简牍、缣帛及纸张上以黑墨或彩色书写的实物，乃是中国最早用墨的例证。公元前3世纪至公元三四世纪的一些墨块实物，近年亦陆续出土，稍晚于此的墨制品也见存于今日。然因实物不多，且尚未予以详细分析，故目前研究墨的质地、成分及制造，仍有赖文献资料，惟古籍对于汉代以前的制墨方法，则甚少记载。

自汉至宋的一段时期，制墨原料多为松烟、胶，及其他添加物的混合品。在此之前，漆已用于书写简短文字于某种硬面的物体上，但未广泛用于一般书写。这一时期也使用"石墨"，但范围有限。宋代以降，动植物或矿物油的油烟用以取代松烟，至于所用颜料、接着剂及添加物，虽年代久远，也无甚差异，但用料比例，各家制墨法各不相同。

在唐代以前即已制造具有多面的棱柱形墨，在其平滑的表面饰以图案与书法，这在制墨史上可称创举。此类饰墨逐渐演进，各展巧思，自成一格，此后并制造镌有组合纹饰的套墨，以供文人学士及宫廷赏玩。甚至发展为一种藏墨的好尚，使墨在书写的实用价值以外，更加上赏玩的美学价值。

一、墨在中国及其他文化中的地位

在中国，文字书写不仅是一项纪录的方式，也是一种艺术。早自汉代以还，书法就已成为一种主要的艺术形式，遂使所有与之相关的事物都能分沾书写的风雅。因此，素有文房四宝之称的纸、墨、笔、砚，不仅为书写所必须的工具，更为鉴赏家所喜爱而搜藏。除书写外，墨也使用于绘画、印刷，并充作化妆品，甚至作为药材。

中国墨通常保持固体形态，用前加水在砚石上研磨成为墨汁。因固体形态不易蒸发，便于长期保存。图案纹饰可以模印或镌刻在墨锭上，使墨发展成为一项独特的艺术品。墨质持久，光泽黝黑，是中国墨的特质；中国许多古代文献和书画，留传千载，而墨色光泽如新。

中国并非唯一用墨书写的古代文明国家，证据显示，埃及墨可能早于中国，而追溯至公元前2500年以前莎草纸发明之际就已使用。埃及墨为液体形态，所用原料得自焚烧动物的骨骼，至公元前1100年后就传播到西亚地区。[1]旧约和新约《圣经》数度提及用墨，他处也提到用墨和书写，这显示犹太人在居留埃及期间就懂得用墨。[2]希腊人书写羊皮纸和莎草纸使用不同的墨。希腊墨皆为黑色，制造原料得自焚烧的干酒糟或象牙，类似中国墨，保持固体形态，在使用之前加水研磨。罗马墨也大致相似，虽然有些原料采自墓葬的人骨，但泥土、矿物、树脂、烟灰、油烟和乌贼汁等，亦加采用。油烟墨和乌贼墨用于书写莎草纸上，可以湿海绵拭去字迹重写，此一特性异于耐久性的中国墨。另一种以黄蜂卵所生树瘿制成的墨则供羊皮纸使用。至于阿拉伯墨大概渊源于希腊墨，主要原料为松烟。[3]

在印度，墨的使用因为早期禁止书面记录宗教著作而发展较迟。其古叙事诗《摩诃婆罗多》(*Mahabharata*)述及凡出售、伪造，或抄写婆罗门教《吠陀经典》(*Veda*)者必遭打入阴曹地府。据公元前4世纪的希腊记载，印度最早用墨书写于旧棉布及桦树皮。公元1世纪又有希腊作者记载，谓有“印度墨”(Indikon milan)从印度Barbarikon港输出，罗马学者蒲林尼(Pliny，23—79)将其与当时罗马制的一些上品墨相提并论。[4]不过，劳福指陈，此种印度墨实际源自中国。[5]因为许多其他珍贵商品，如丝绸之类，由中国西传欧洲，往往取道印度，远在前汉已然。

日本墨及朝鲜墨均以松烟或油烟为原料，其制法皆源自中国；因其制造过程与中国的制墨法几乎雷同，而制墨、造纸、制笔等手工艺，都是当时遣唐的留学生依照规定必须学习的技艺。至于西藏墨为液体形态，但其制法也是传自内地。

由于上述各地的古墨今已无存，因此难以与中国墨作有意义之比较。不过众所周知，中国墨的独特品质使之普获钟爱，并使世界各地连同欧洲在内都争相仿制。17世纪耶稣会士李明(Louis le Comte)称道：“中国墨简直无与伦比，法国人一再设法仿制，迄今徒劳。”[6]1735年杜赫德(Jean DuHalde)也写道：“欧洲人曾苦心仿制中国墨，但终于一无所获。”[7]在论及可能使中国墨得以风行的特性时，劳福认为：

> 首先，中国墨能表现深沉纯正的墨色；其次，墨质持久，色泽如新，几乎永不变质。中国的书写文件可浸水数周而不虞洗去字迹。……就汉代所写文献观之……其墨色明亮，质地固定，犹如昨日所写一般。同样优良的墨迹也存在印刷工艺中，留传今日的宋元明清印本，其纸张、墨色均保存完美，有如初印。[8]

上述各种特殊品质，当然系因中国墨所含的各种成分，及其制作所运用的精巧方法使然，将于后文再作探讨。

二、中国墨的起源及早期样品

根据传统说法，中国墨的发明一向归功于东汉书法家韦诞，时在公元3世纪初叶。然而考古发掘及文献上的证据均说明各种墨或类似墨的书写材料的普遍使用，当远早于此。陕西半坡出土彩陶上所见的早期花纹及符号，显示红色及黑色颜料的使用可远溯至新石器时代。[9]在商代后期占卜甲骨上残留的红黑两色已刻或未刻的字迹，红色颜料已鉴定为朱砂，碳质黑色颜料经鉴定证明为墨。[10]在商代的石器、玉器及陶器上也发现以黑色汁液所写的文字。

西周的青铜器铭文已使用"墨"字的初文，但显然系指黥面或刺青的刑罚而非作为书写之用。[11]以墨用作书写的最早记载见于战国时期的著作。《庄子·田子方》："宋元君将画图，众史皆至，受揖而立，舐笔和墨。"[12]稍后有两处记载述及春秋时期以墨作书。《韩诗外传》卷七载有晋国臣子周舍对赵简子说："愿为谔谔之臣，墨笔操牍，从君之后。"[13]《管子·霸形》谓齐桓公"令百官有司，削方墨笔"。[14]以上三节引文均足以说明用笔蘸墨书写的过程，《庄子》一节更可显示墨在使用之前系固体形态。

近年考古发掘已获得春秋、战国及秦代各种以墨书写于玉石及简牍上的大量文献。自1950年代以来，考古发现更提供数件人造墨实物。最古的一块系在公元前3世纪即战国末年至秦代的12座墓葬内所发现，于1975—1976年间在湖北云梦县睡虎地出土。据发掘简报称，该墨（编号M4：12）为圆柱形，墨色纯黑，圆径2.1厘米，残高1.2厘米。同一墓葬内尚发现砚石及用以研墨的研磨石，两者均遗有使用痕迹及墨迹。[15]

此外，1965年在河南陕县刘家渠数座东汉墓葬内发现5件古墨样品。据报告称，其中3件（编号8：60、37：45及102：9）保存较好，均作圆柱形，系用手捏制而成，墨的一端或两端曾研磨使用过。样品直径自1.5厘米至2.4厘米，残高自1.8厘米至3.3厘米不等，其中之一并有木盒。[16]1958年在南京老虎山两处东晋墓葬掘出两件古墨样品。据报告称，M2号墓所出的墨为条形，长约6厘米，宽约2.5厘米；M3号墓所出的墨已破碎，无从获得尺寸。上述样品经分析化验，推断M2号墓的墨系掺和有机物的泥土而非真墨。M3号墓的墨谓墨色黑而质轻，在显微镜下与现代墨比较，粒子相似，成团状，加热能燃烧，烧后留灰少许。此点与现代墨相似，故断定为墨。[17]据此可以推断M2号墓所出之墨类似早期记载所述的"石墨"，而M3号墓所出者则为较高级的人造墨。[18]

三、中国墨的颜料及成分

自13世纪以来，学者即认为中国墨的发展可分为3个阶段：最初以漆所制，嗣以矿物，最后则以松烟及油烟为之。关于中国墨是否曾以漆为原料的说法，现代学者有不同意见。关于漆书的现存最早文献见于五六世纪间所纂修的《后汉书》及《晋书》；不过这些记载所述皆早于汉代的简牍，而此类文献所称的漆书，解释亦各有不同。[19]

就近代考古发现而言，漆可能曾在坚硬而不吸墨的表面书写。据上述睡虎地秦墓所发现一批竹简文献记载，凡国有工具、甲胄及武器等，质地坚硬，无法施刀雕刻者，则以漆及朱砂书写其所属官署名称。[20]此类简牍也引述漆园管理及检验漆品质的规则。[21]据其注文显示，漆系早期专供书写于某些不吸收水性墨的材料，诸如金属物品上。不过可以确定漆并非主要的书写材料，因为迄今尚无考古发现证明漆曾使用于简牍或缣帛。但在某些墨的制作中，可能有少许漆的成分，作为配料。

以缣帛书写，至少可追溯至公元前5世纪，战国以迄汉代的帛书已陆续从中国本土及中亚地区多处遗址出土。[22]纸张用于书写长文始自东汉。公元2世纪以墨书写之样品亦于居延、敦煌、楼兰及他处遗址发现。[23]然此等早期缣帛及纸张文献的用墨迄未予以化验，因之，其中成分也就难以断言。

烟墨制作图

松烟是传统制墨最常用的原料，自东汉韦诞时代已经如此，曹植（192—232）《长歌行》诗云："墨出青松烟，笔出狡兔翰。"[24]堪为例证。5世纪的《齐民要术》认为韦诞的制墨配方是用细致且清纯的烟灰，经捣杵及筛滤，以除去一切附着的植物杂质。[25]虽然此种烟灰来源并未指明，但揆诸事实，既有除去植物杂质的程序，它必为木材，或松烟所制。据最近用扫描式电子显微镜所作的一项研究显示，14世纪以松烟所制的中国墨，其碳粒子形体极小而且划一，要优于同样以烟灰所制作的现代墨。[26]明宋应星（1587—1660）在《天工开物》所述松烟制墨法为：

> 寻常用墨，则先将松树流去胶香，然后伐木。凡松香有一毛未净尽，其烟造墨终有滓结不解之病。凡松树流去香，木根凿一小孔，炷灯缓炙，则通身膏液就暖倾流而出也。
>
> 凡烧松烟，伐松斩成尺寸。鞠篾为圆屋，如舟中雨篷式，接连十余丈，内外与接口皆以纸及席糊固完成，隔位数节，小孔出烟。其下掩土砌砖，先为通烟道路。
>
> 燃薪数日，歇冷入中扫刮。凡烧松烟。放火通烟，自头彻尾。靠尾一二节者为清烟，取入佳墨为料。中节者为混烟，取为时墨料。若近头一二节，只刮取为烟子货卖，刷印书文家仍取研细用之。其余则供漆工、垩工之涂玄者。[27]

虽然松烟为制墨最常用的原料，但宋代以后，另有油烟制墨法，即灯心燃烧所产生的油烟，其中有动物油、植物油及矿物油，诸如鱼油、菜油、豆油、大麻油、芝麻油、桐油及石油等。在明代，据称松烟墨占十之九，油烟墨占十之一。[28]据 1735 年杜赫德所述油烟制墨作业程序为：

> 墨工在注满油料的容器内点燃五六支灯心，然后将之放妥并覆以漏斗状铁盖，两者须保持适当距离，以便收集全部烟灰。收集足够之后，就取下铁盖，以鹅翎扫其底部，使烟灰落于干厚纸板上。此即其制作细致光泽的墨的方法。上等油料能增加墨的光泽，使墨更受重视与厚爱。未经鹅翎扫下及黏附于铁盖者均属粗质油烟，将之刮在碟上，用以制作寻常用墨。[29]

松烟及油烟的主要成分为碳。呈游离状态的碳不易与其他材料混合，因此，制墨加碳须与接着剂并用，使碳料得以附着于书写物体的表面。中国墨所含粘合剂的另一作用在于结合碳微粒，以保持固体形态。另一种早期中国墨的来源即“石墨”。它似为某种矿物质，可就其原本形态使用，也可加工磨碎使用。文献所称的“石墨”可能是某种形态的煤炭、石油或石墨，因早期纪录所载“石墨”所发现的遗址均坐落于现今生产石墨的地区。

中国墨在传统上以胶为粘合剂，是以各种动物的残骸，如生皮或皮革、肌肉、骨骼、甲壳、兽角、鱼皮、鱼鳞、鱼鳔等制成。[30]所用水质也不容忽视。上述的物质煮沸后，所形成的黏汁须以纱罗筛除渣块，使凝为固体后方能使用。[31]在制墨前，须先将固态胶加梣皮汁等溶剂予以溶解。[32]胶与颜料之比例因选材及墨的黏度而有不同，而黏度则由施墨书写的材料性质而定。例如，18 世纪初所编《格致镜原》卷三七记载制墨配方，就有油烟及胶等量取用之“对胶法”。[33]

除上述主要颜料及粘合剂外，明代之前尤需添加其他材料，以改善墨的黏度、色泽及气味。其所用各种添加物有时竟多达 1 100 多种。[34]其中包括：蛋白、藤黄、生漆、皂角及巴豆等以改善墨的黏度；朱砂、梣皮、紫草、茜草、黄蒲、黑豆、硫酸铜、五倍子、地芋、卷柏、核桃、牡丹皮、猪胆、鲤鱼胆、珍珠、零陵香豆、石榴皮及银朱等以改善墨的色泽；以及丁香、檀香、甘松、樟脑和麝香等以改善墨的气味。[35]

四、制墨的技术程序

由于制墨配方通常严守秘密，以防同业竞争。因此，留传至今的配方仅为当年实际使用的极小部分。虽然制造一般用墨的程序大致相同，但其确切成分、调制方法、分量多寡等，则各有家法，颇多出入。据宋李孝美（约1095年）、晁贯之（约1100年）、明沈继孙（约1398年）等所撰关于制墨法之早期著作所述，[36]制墨步骤包括搜烟，罗筛并拌入既溶胶及各种添加物揉搓、捣杵、蒸剂、入模、覆灰、阴干、上蜡、储存及研试等过程。现存中国的最早制墨配方是东汉韦诞所作，载录于5世纪后魏贾思勰所撰《齐民要术》卷九"合墨法"：

好醇烟捣讫，以细绢筛于缸内，筛去草莽，若细沙、尘埃。此物至轻微，不宜露筛，喜失飞去，不可不慎。墨一斤，以好胶五两浸梣皮汁中；梣，江南樊鸡木皮也。其皮入水绿色，解胶，又益墨色。可以下鸡子白，去黄，五颗，更以真朱砂一两，麝香一两，别治细筛，都合调，下铁臼中，宁刚不宜泽，捣三万杵，杵多益善。合墨不得过二月、九月；温时败臭，寒则难干。潼溶见风，日解碎。重不得过二三两。墨之大诀如此，宁小不大。[37]

其后，甚至今日，制墨所用的各种主要成分，如颜料（烟灰）、粘合剂（胶），及各种添加物（梣皮、蛋白、朱砂、麝香）等，均可见于此一最早的配方。

南朝梁代（502—577）的冀公另有一配方，载录于宋苏易简撰《文房四谱》卷五：

松烟二两，丁香、麝香、干漆各少许，右以胶水溲作挺，火烟上熏之，一月可使。入紫草末，色紫；入秦皮末，色碧。其色俱可爱。[38]

10世纪南唐李廷珪所创制墨配方见于宋李孝美撰《墨谱法式》卷下"廷珪墨"：

牛角胎三两，洗净、细剉，以水一斗，浸七日；皂角三挺，煮一日，澄取清汁三斤。入栀子仁、黄檗、秦皮、苏木各一两，白檀半两、酸榴皮一枚，再浸三日。入锅煮三五沸，取汁一斤，入鱼胶二两半，浸一宿。重汤熬熟，入绿矾末半钱，同滤过，和煤一斤。[39]

其后，明沈继孙所创的新配方，以油烟取代松烟为原料：用桐油烧烟十两，陈年牛皮四两半，陈年鱼胶半两，秦皮、苏木各半两，煎浓汁搜和蒸杵制之。[40]明清两代制墨配方，其用料可能较上文所述者略少。当时墨工似乎不如往昔般使用许多添加物，借以减少成本，因之也降低墨的品质。

中国墨的特质经常见于记述名匠制墨的文章中。著名墨工韦诞所制之墨，南齐太子萧子良称其墨光黝黑，"一点如漆"。[41]南北朝墨工张永所制亦"色如点漆"。[42]晚唐以来，名匠辈出，载诸史册。[43]最驰名者当推出身制墨世家的李廷珪（享名于950—980）。其父李超（享名于907—936）亦为制墨名家，李氏原奚姓，世居河北易水，后迁安徽歙县。廷珪继承父职，任南唐李煜朝廷墨务官，以贡献卓著，而获赐姓荣宠。廷珪父子制墨质地坚致，据称"墨能削木，误堕沟中，数月不坏"。[44]

宋张遇（享名于1068—1085）以油烟、麝香、樟脑、金箔制墨，状如钱子，因以闻名。[45]潘谷（享名于1086年）制墨用胶甚少，1斤烟灰仅入5至10两，捣10 000杵，以此著名。宋徽宗（1101—1125在位）以苏合油搜烟制墨，为人重金搜求。元朱万初（享名于1328—1330）以用纯松烟制墨而获禄赏。[46]明清两代墨工主要以墨的造型及风格著称，制作精巧的套墨，且兼顾成分及品质。吴叔大以桐油、胶、碎金、麝香为料，捣10 000杵，而使墨光似漆，坚致如玉，因以扬名。[47]19世纪早期，胡开文以猪油、油烟、鹿胶，及12种其他添加物包括珍珠、麝香入墨而闻名。[48]

虽然中国墨通常是固体形态，但也制作墨汁。为节省用墨前的调墨之苦，因此大量调制墨汁，贮于竹管。这种特制墨汁大都针对商业需求而生产，如印刷业需墨量很大，磨墨供不应求。因此，印刷用墨须先取自烟囱尾端的粗质烟灰，和胶与酒，然后贮存于桶内，以待日后取用。墨糊须贮存三四个伏暑始能去其恶臭。总之，贮存愈久，品质愈佳；反之，如用新调的印墨印刷，极易模糊。使用前必须加水于墨糊，彻底调匀，再以马尾筛过滤，方能使用。[49]

上品红色印墨系以银朱及铅丹，在掺有白芨根液的水中煮沸所成的混合物。稍次者则系以水煮红苋所得的汁液，惟易于褪色，色泽不及前者鲜明。蓝色印墨系取材于靛青，是一种产自中国本土且色泽耐久、用以染布的蓝色颜料。普鲁士蓝不宜用于印刷，因纸张受潮就会模糊走样。[50]

隐形墨水的使用，当不迟于12世纪。元《东南纪闻》载有南宋初的一则故事云，枢密王庶之子以诽谤宰相秦桧（1090—1155）而遭褫官贬职。在贬所遇一方士，能以药和水作字，隐去字迹，投于水中则显现。王庶之子戏书"秦桧可斩"四字，投诸水中以验之。方士竟持纸而去，欲告于官，给以厚贿乃止。[51]虽然此一故事是否属实，难以考究，然其书写所用液体当系化学药品，如明矾之类。若以某种溶液处理，文字即可显现。

墨也通常入药，最晚可溯至10世纪。有一记载谓以墨研成细末调酒赐予宋王之子妇，急救其血崩之危。[52]明李时珍《本草纲目》列举许多以墨调剂的处方。松烟墨经火炙、研末，并调以水、醋，及其他成分如萝卜、葱、指顶花汁、胆汁、酒及干姜等，亦可用以治疗产后血晕，至于痢疾、痈肿、鼻出血、肿瘤、异物入目等其他病症，也有疗效。[53]依症状性质，含墨药剂或为口服，或须外用。据称，墨的疗效乃因其具有碱性，能调和血酸及缓和血流不止，墨所含兽皮胶也是止血良药。[54]李氏并谓以石油等油烟，或麦梗等草烟所制的墨，则不得入药作医疗用途。

五、中国墨的艺术及鉴赏

早期中国墨为固体形态，可从1953年在河北望都附近所发现之望都汉墓壁画得知。该壁画绘有一“主计史”坐于矮榻上，座前放置三足砚，上有墨锭，旁有水盂。墨锭系立置，圆锥形。[55]汉晋时代文献中每提及墨，常以“丸”或“枚”称之，虽然通常“丸”指圆形物，“枚”指扁平物，但对此类量词的实际形状，并未详述。也有记载谓晋代以后的墨为“螺”形，其确实形状，则不得而知。[56]

中国墨的各种形式

一般认为中国墨在唐代皆制成棱柱形。[57]最近在秦汉及晋代墓葬所发现的都是圆柱形，望都汉墓壁画中的墨也是圆柱形。斯坦因(Aurel Stein)在新疆吐鲁番地区曾发现两件唐代的墨，一件是棱柱形，另一件是圆柱形。[58]长方或扁圆形的墨可能同时存在，也可能较晚。大概中国古墨的形式是多样的。

棱柱形具有多平面的特色。墨锭多平面的发展可能在于便利制作图案及纹饰，而纹饰也使墨从单纯的实用物品一跃成为美术工艺制品而更趋风行。墨锭图案肇始于唐代，其最早惯用的素材为祥瑞动物，如龙及鲤，还有书法。明清时代许多墨锭均为扁平式，一面加图案，另面加书法。此类纹饰通常具有象征性，如龙、麒麟、狮、鲤、鹿、松、鹤、龟、葫芦、梅花、石榴、竹笋、山水、起居即景、发明创作、宗教人物、徽号，及其他种种。有时填金的题咏包括制墨人及年代，背面纹饰有格言、宗教箴言、吉祥语、诗句，以及书法等等。墨的造型也别出心裁，往往模拟各种艺术品，诸如钟鼎、玉饰、铜镜及古泉币等。

墨锭的各种造型及纹饰系由造墨之家所设计,用铜模或木模雕刻而成。铜模所制纹饰线条明快清晰,但雕模不易。木模较易雕制,但有时在墨上遗留木纹。墨锭纹饰如为浮雕,其墨模乃阴刻纹饰,使注入的墨剂经压挤成形后,其纹饰图样成为浮雕。明初沈继孙所撰《墨法集要》载有插图,绘示墨锭六面所用六片式模板,以及一个模座,称为总模。[59]

纹饰套墨在清代相当盛行,今日仍多市售。通常套墨系由一个主题所构成,诸如各种动物、八卦、皇城眺景、壮丽山川等。套墨通常装在特制的锦盒中,嘉庆年间(1796—1821)鉴古堂奉敕制作的"御苑图墨",全套计有64件,制作极为精致。[60]

中国的藏墨之风,最初可能以其品质和体制的差异,为文人所重视,因喜爱良墨而选择收藏。且墨质中的胶、烟配合,力求轻清、细腻,捶捣加工,大有考究。两墨相比,颇有不同,因此书画家喜用良墨。更以历代科举,重视书法,因此竞求佳墨,以助其功业。现存藏墨记录并有早于10世纪以前即南唐及宋代者。宋苏轼笃好此道,藏墨500锭;其友吕行甫亦以此闻名于世。明清时宫廷以藏墨丰赡著称,传留于今。

为赏玩及品评墨锭艺术,自16世纪后期以来,许多藏墨目录经由墨工、墨商,或藏墨家先后编集出版。最早且最具影响力的杰作当推两部木刻图谱:一为1588年安徽歙县方于鲁所作《方氏墨谱》,收录图例逾380幅,按图饰及题材分为6类,并附有题跋多篇;另一图谱集是18年后,其徒程大约(约1541—1616)所印《程氏墨苑》,收录彩色图例约500幅,并附录题咏、赞词及品评。[61]两书性质及内容相似,若干甚至雷同,然在图饰数量及艺术成就上,后者当略胜一筹;其中且有西文字母及《圣经》故事[62],使该书成为最早含有西方题材插图的中文图书。

另一类藏墨目录为墨商所印制,其中以记载当时价目为其特色,显系供营业之用。《墨史》即其早期例证。此书系安徽歙县墨坊主人程义所印,列有名目、质量、重量,及价目等,并附有友好所撰的赞词。[63]第三类藏墨目录以好墨人士收藏为主,如1670年张仁熙所撰《雪堂墨品》,及1684年宋荦所撰《漫堂墨品》。两书均列举墨工、墨名、图饰、制作日期、造型、件数及重量等。[64]藏墨及评墨的兴趣迄今相沿不衰,如1956年左右所印《四家藏墨图录》一书,收入北京4家私人所藏83种明清古墨的拓片及说明,可作代表。[65]

(高禩熹译)

原刊《"故宫"学术季刊》,第5卷第4期,1988年9月注释：

1. 埃及和西亚用墨，见：Frank B. Wiborg. *Printing Ink*: *A Historywith a TreatiseonWesternMethodsof ManufactureandUse*. New York：Harper，1926. 137；及 J. H. Breasted. "The Physical Process of Writing in the Early Orient and Their Relation to the Origin of the Alphabet". *American Journal of Semitic Language and Literature*. 1916(32). 230ff

2. 参见注 1，Wiborg. 1

3. 希腊墨、罗马墨及阿拉伯墨，见：Wiborg. 71-76

4. 参见注 1，Wiborg. 62-65

5. 参见注 1，Wiborg. 2

6. Louis LeComte. *Nouveauxmémoiressur létat présentdeChine*. Paris: Anisson，1696. Eng. tr. *Memoirs andObservations*…London，1697. 192

7. Jean Du Halde. *Description Geographique*, *Historique*, *Chronologique*, *Politique et Physique de l' Empirede la Tartarie Chinoise*. Paris，1735-1739；Eng. tr. London，1736-1741. Vol. 1. 370

8. 参见注 1，Wiborg. 41-42

9. 西安半坡：原始氏族公社聚落遗址. 北京：文物出版社，1963，页 156

10. R. S. Britton. "Oracle bone Color Pigments". *Harvard Journal of AsiaticStudies*. 1937(2)：1-3；及 A. A. BenedettiPichler. " Micro chemicalAnalysis of PigmentsUsedintheFossaeofthe Incisionsof Chinese OracleBones ". *Industrial andEngineering Chemistry*. Analytical ed. 1937(9)：149-52

11. B. Karlgren. "GrammataSerica: ScriptandPhoneticson Chineseand Sino-Japanese". *Bulletinof the Museumof Far Eastern Antiquities*. Stockholm，1940(12) no. 904b

12. (战国)庄周著. 庄子. 四部丛刊本，卷七，页 36b

13. (汉)韩婴撰. 韩诗外传. 四部丛刊本，巷七，页 6a-b

14. (春秋)管仲撰. 管子. 四部丛刊本，卷九，页 1b

15. 睡虎地秦墓发掘简报. 文物，1976(9)：53

16. 河南陕县刘家渠汉墓发掘报告. 考古学报，1965(1)：160

17. 南京老虎山晋墓. 考古，1959(6)：295

18. 同上。

19. 漆书争论一节，见：钱存训. 书于竹帛：中国古代的文字纪录. 上海：上海书店出版社，2002：143—144

20. 睡虎地秦墓竹简. 北京：文物出版社，1978：71—72，121—122，138

21. 在漆质测验时，所用程序称作"饮水"。此语所指未明，但其通常概念似为漆质与其测验所需水量多寡成反比。

22. 同注 19，页 110—160。

23. 同注 19，页 131—142。

24. 同注 19，页 159—161。

25. (北魏)贾思勰著. 齐民要术. 丛书集成本，卷九，页 231

26. J. Winter. " Preliminary lnvestigations on Chinese Ink in Eastern Printings". *Advances in Chemistry*. 1975(138)：209，213-214，219

27. (明)宋应星撰. 天工开物. 国学基本丛书本，页 276—277

28. 同上。

29. 注 7，Vol. 1. 371。

30. Lily Chia-Jen Kecskes. *A Study of Chinese Inkmaking*; *Historical*, *Technical and Aesthetic. M. A. Thesis*, University of Chicago, 1981. 55

31. 注 19，页 160。

32.（北魏）贾思勰著. 齐民要术. 丛书集成本，卷九，页 231

33.（清）陈元龙撰. 格致镜原. 1735 年刊本，卷三七，页 26—27

34. H. Franke. *Kulturgeschichtliches über die chinesische Tusche.* München: Bayerischen Akad. d. Wiss., 1962. 59

35. 参见注 30，页 59。

36. 参见注 35，页 33 以下部分。

37.（北魏）贾思勰著. 齐民要术. 丛书集成本，卷九，页 231

38.（宋）苏易简撰. 文房四谱. 丛书集成本，页 67

39.（宋）李孝美撰. 墨谱法式. 美术丛书本，页 172—173

40.（明）沈继孙撰. 墨法集要. 丛书集成本，页 22

41. 注 34. 卷三七，页 21a。

42.（宋）陆游撰. 老学庵笔记. 学津讨原本，页 4

43. 陆友（约 1330 年）所撰《墨史》及麻三衡（享名于 1637 年）所撰《墨志》共收录古代至 1637 年间墨工 448 名。

44.（元）陆友撰. 墨史. 丛书集成本，页 10 以下部分。

45. 墨志. 丛书集成本，页 2

46. 注 30，页 27—29。

47. 穆孝天. 安徽文房四宝. 上海：上海人民出版社，1962：28

48. 参见注 31，页 42。

49. 卢前. 书林别话. 中国现代出版史料. 北京：中华书局，1955. 丁编，页 632—633

50. 同上。

51.（元）佚名撰. 东南纪闻. 守山阁丛书本，卷一，页 7a-b

52. 注 44，墨史. 页 16—17

53.（明）李时珍撰. 本草纲目. 北京：人民卫生出版社，1975：446—449

54. 注 7，Du Halde. Vol. 1. 372。类此应用也流行于西方；Francesco Carletti. *Ragionamenti sopra la cose da lui vedute ne soui viaggi.* Vol, 1. 84，载有 1595 年作者在秘鲁访问时，为当地毒虫所伤，患处即应用少量墨汁治愈。见注 1，页 48。

55. 望都汉墓壁画，页 3—14。

56. 参见注 1，Wiborg. 22-23。

57. 同上。

58. Aurel Stein. *Serinda*: *Detailed Report of Exploration in Central Asia and Western China.* Oxford: Clarendon Press, 1921. Vol. l. 316

59.（明）沈继孙撰. 墨法集要. 丛书集成本，页 64—65，所附墨模插图及说明。

60. 此一套墨系纽约市大都会艺术博物院藏品；见：Chi-chenWang. "Notes On Chinese lnk". *Metropolitan Studies.* 1930-1931(3)：130

61. 有关方、程二人的逸事，见注 6l，Chi-chen Wang. 126 以下部分；K. T. Wu. "Ming Printing and Printers". *Harvard Journal of Asiatic Studies.* 1942(7). 204 以下部分；及 L C Goodrich(ed). *Illustrated Chinese Primer*; *Hsin pien Tui Hsiang Ssu Yen.* Hong Kong: University of Hong Kong, 1967; reprint, 1976：212-215, 438-439

62. 四幅圣经故事插图后记所附日期为 1606 年 1 月 6 日，可能出于利玛窦亲笔。

63. 书巢. 记墨书四种. 文物，1979(6)：72—73

64. 参见注31,81–82。

65. 四位藏墨家为张子高、张䌹伯、尹润生及叶恭绰;叶恭绰. 四家藏墨图录序言. 四家藏墨图录. 上海:上海书店出版社,2006

第四章　中国雕版印刷技术杂谈

中国雕版印刷的书籍，千余年来积存不下千百万卷，但其制作的方法及刻印的工艺过程，至今文献中还找不到详细的记录。历代目录学家对于书籍的研究，每多注重刻书源流、图书形制、版本鉴别，以至藏书掌故等记述，至于雕刻和印刷的一些技术问题，则绝少提及。偶从一些习见的语汇如“灾梨”、“锓梓”一类名词中，或可对木料略知一二，其详则不得而知。至于如何选材？如何制版？如何雕刻？如何印刷？使用何种工具？每版可印多少张？每书印制多少部？这些有关书籍的制作方法和工艺过程，则极少记载。

有关中国雕版印刷的少数资料，多散见明代以来的笔记，其他文献即偶有记述，亦多为所印何书、何时、何处或何人所印。严格说来，这些资料多属出版范围，非关印刷。《书林清话》、《书林余话》等著作，广集刻书及藏书等资料，但皆未及雕版方法、工具及过程，近人所著目录学、版本学及印刷史诸书，虽对行款、刻工、装订等有所记录，但对雕版技术甚少触及。西人著作中或偶尔述及，亦多略而不详。

年前，笔者为李约瑟《中国科学技术史》大系写作《纸和印刷》一书[1]，因其偏重科技，曾搜集有关雕印技术方面资料，以供参考。但遍检群书，竟未见有关此类文献。唯一的记述是卢前的《书林别话》一文[2]，但其中所述多为刻书步骤、纸墨、装订，以及近代刻工等记录，对于版片采用的各种木材、雕刻所用的各种工具，以及印刷的工艺过程等等，亦未述及。1979 年秋间笔者访问北京荣宝斋及上海朵云轩两书画社，曾向当时仅存的几位刻字工人请教雕印方法，并搜集雕刻工具和版片等实物，以供研究。两社的主要出品虽为木刻水印画，但其雕刻方法与刻书大致相同。且上海书画社仍有少数师傅授徒，从事雕版印书工作，使这一中国传统的手工作业，得以不绝如缕。[3]

本文所记主要即根据年前访问所得、专家的提示，以及文献中所见的一些零星资料，将雕版印刷的选材、制版、雕刻、印制等工艺流程，作一系统的叙述，为这即将失传的雕版印制技术留一记录。至于活字印书，历代文献中记载较详；虽有许多技术问题仍待解答，但他处已有讨论，本文即不再重述。

一、制版与工具

中国雕版印刷所采用的木料，通常是梨、枣和梓木，间用黄杨、银杏、皂荚，以及苹果或其他果树木。选用这些落叶木材制作板片的原因，主要是以其纹理细密，质地均匀，易于奏刀；同时这些木料干湿收缩度不大，资源丰富，价格低廉，各处均可就地取材。梨木或称杜梨，硬度适中，纹理细致，因此一般都用以制作板片。枣木和黄杨的木质较硬；银杏即白果木，面积较宽，吸墨性亦较强；而梓木和皂荚木的木质最坚硬，适宜于雕刻精细的线条和插图。针叶树的木料虽质地柔软，纹理直顺，但因其木料中所含树脂过多，易于翘曲，且多疤节，所以制作雕版，多不采用松板一类的木材。

板片制作的方法有二：其一是断纹法，其二是顺纹法。西洋木刻多取木纹横断，即木口板，使木纹的横断面攒聚一处，宜于细刻。但中国刻书用的板片，多取顺纹直切，以取得纹理顺直的板面；如此不仅面积较大，且能避开树干的疤节和中心难镌的部分。

解材成板后，板片通常浸泡在水中约一个月，再行晾干备用，如此可使木材体内的树脂溶解，干燥后不致翘裂。如遇急需，板片亦可置入水中煮三四小时，然后取出在背阳处阴干，忌在阳光下曝晒或用火烤。有时也采用存储年代久远的木板，因已风干，即不泡煮，板面也不会翘曲。木板干燥后，两面刨光，用植物油拭抹板面，再用芨芨草细细打磨，使之光滑平整。木板的规格视书页的大小而定，一般为长方形，约宽 30 厘米、高 20 厘米、厚 2 厘米，两面雕刻，每面可刻双页。

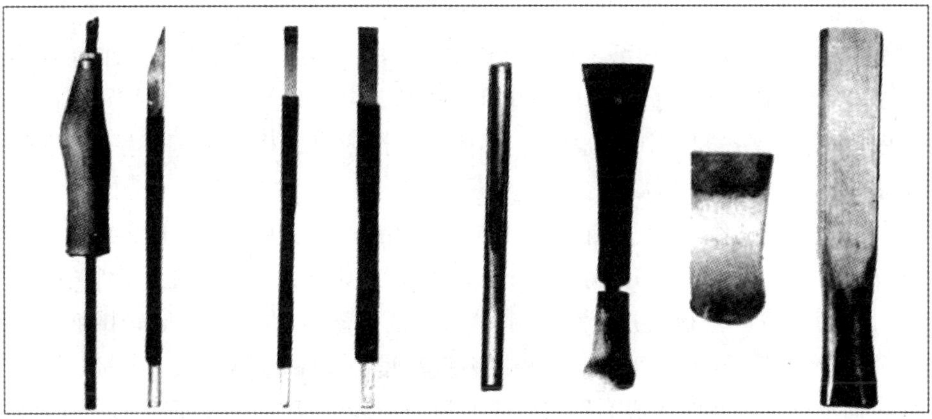

雕版工具

雕版所使用的工具，大小、形状各异，功用不同，主要有刀、錾、凿、铲等刃具。刻字刀有斜口或平口，用以刻划板面着墨部分的边缘使成阳文的线条。刀身可加活动的木柄，易于执掌。“錾刀”有平口或圆口，在挑刀时作铲空之用；“大弯凿”或大小“剔空刀”，为剔空或打空用；“平口凿”用以铲除刻划后多余的木屑；“圆口凿”则以木槌敲击柄尾，在直行间铲成一道浅槽；“小圆凿”为刻圈用；“两头忙”小凿，一端细小如针，用以剔除细密处的木屑。另有“单刀凿”，为修补与凿空用；“铲刀”为修补字或切戳用；“钉凿”为钉空用。此外还有一些附属工具，如“规矩”为制版和拉线用，“刮镰”为刮板用，“刨子”为刨平板面用，“木槌”为敲击凿子铲空时用。又有各种形式的“刷子”，多用棕树皮制成。“扁平刷”为上板用，“圆墨刷”为上墨用，“长刷”或“耙子”为刷印时用。这些传统刻印工具，虽其中有一些和现代木刻所用工具相似，但形制并不完全相同。

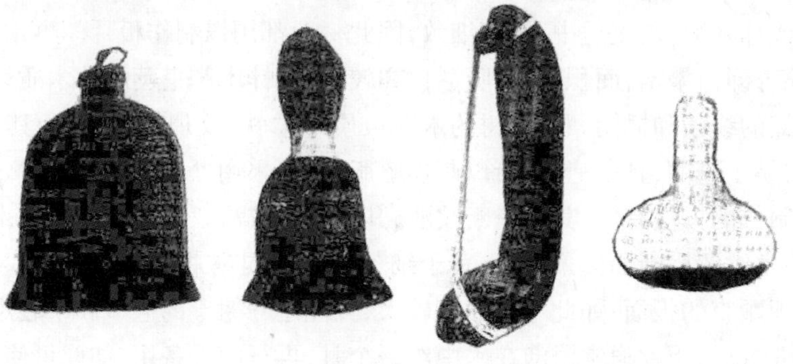

印刷用的各种刷子

二、雕刻步骤

雕版印制过程包括写样、上板、刊刻、校样和印刷等步骤。雕刻之前，先由抄写人将原稿誊写在一张极薄的白纸上，称为“写样”。每纸用红色印制行格，称为“花格”。两行之间留有空白一行，每行三线，正中有一中线，作为每行之中准，使缮写得以整齐。如有注则双行小字，书写以中线为界。书体或正楷或直肥横细的宋体字，易于着刀，序、跋多用行楷，或由书法家为之。

纸样写成后，先作初校，如有错字，即在字旁用符号记明，将正字书于纸的上端，或称“天头”。再将错字用铲刀挖除，重贴再写，二校后始成定样。校正后即将写样反贴于板面，称为“上板”。板面先薄涂浆糊，然后将纸面覆贴，以扁平棕刷轻拭纸背，使字迹转现在板面。待干燥后，用食指轻轻擦去纸背底层，以刷子拭去纸屑，再以芨芨草打磨，使板面上的字迹或图画成为一层薄膜而显出清晰的反文，有如直接抄写于板面上一样。如此，刻字匠即可按照墨迹，加以雕刻。另一法可将纸样以浓墨书写，反贴于用水湿透的板面上，用力压平，待墨迹吸入板面后，将纸揭去，与前法将纸面留在板上者不同。但用此法取得的字迹不若前法之清晰，因水少不能吸墨，水多将墨溶解，所以雕版印书多不采“墨浸法”而取“贴样法”。

雕版的任务主要是将板上有墨迹的部分保留，而刻去板上的空白部分，使有墨迹之处形成约1毫米凸起的阳文反字。开刻时先在每字的周围附近刻划一刀，放松木面，称为“发刀”。以右手握刀，以左手拇指抵助，引刀向内而非推刀向外，然后在贴近墨迹的边缘再加正刻或实刻，形成字旁的内外两线。刻时先将直线刻完，再将木板横转，逐一刻横。先自左起，撇、捺、勾、点，逐一雕刻。然后将发刀周围的刻线与实刻刀

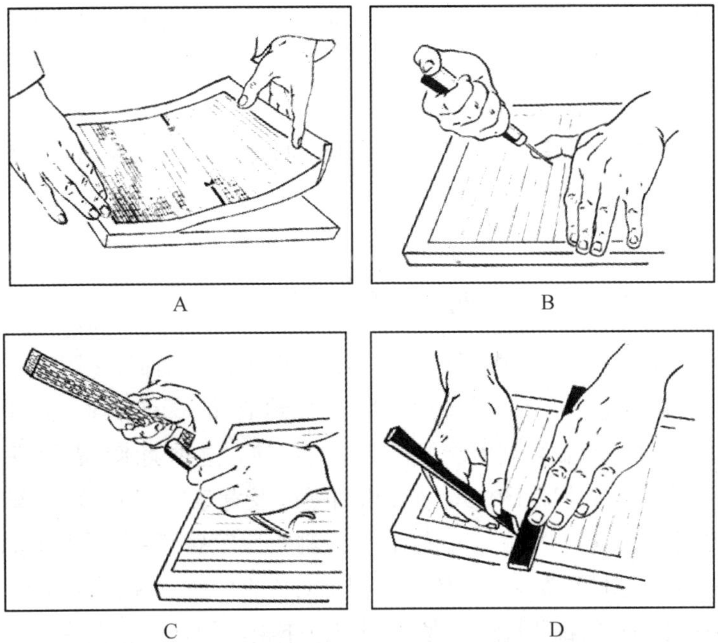

A 上板　B 发刀　C 打空　D 拉线

雕版过程

痕二线之间的空白木面，用大、小剔空刀剔清，这一步骤，称为“挑刀”。

刻字时，刀口不宜站立，否则线条单薄易断；倘刀口太平，则字迹印刷不清。所以发刀时应在二者之间，使线条的弧度稍作梯形。笔画挑成后，即铲去行格间所余的空白板面。先用圆口凿以木槌轻敲柄尾，将无字处之空白木铲去，成一浅槽，再用平口凿及小刀剔去未清之处并加修整，称为“打空”或“剔空”。然后将板面四周的边框以及每行的行格用刻字刀及规矩削齐，称为“拉线”。最后将板片的四边锯齐，以刨子或铲刀加以修整，再用水洗刷板上所留的碎木和纸样。如此雕版工作即告完成。

三、刷印过程

雕刻完毕后，即可印刷。先置备应用的纸、墨、刷等工具。印刷用墨多取烟煤，化牛皮胶加酒以水调和成稀糊状，储入缸中，经三四个伏暑去除墨臭，方能使用，陈墨愈久愈佳。用时先以马尾筛加水调和，涤除渣滓，取其净墨刷印。另有红、蓝二色，供样本初印或印制特种书籍所用。红墨为朱砂与铅丹的混合剂，掺入白芨，用水蒸煮而成。或以苋菜制成液体，但色泽易褪。蓝墨为靛青所制，色泽经久不变。至于印书用纸，名目繁多，另有《纸的各种用途》文中述及，此处从略。

印刷时先将雕版用粘板膏固定在案桌之上，将纸平置。印刷工人手持圆墨刷略蘸墨汁涂于雕刻凸起的版面，随即以白纸平铺其上，再用狭长的长刷或耙子轻轻拭刷纸背，然后将印好的纸张从版上揭下晾平，这时纸上的文字或图画已成为正向。印刷时一般先以红墨印出初样,作为末校之用。如刻版有误或行格损裂,可加以修补。倘仅一二错字,可用钉凿挖补。先挖去错字成一刻槽,另削成木块用槌嵌入挖空的坑内,以铲铲平,再描反体字重刻。如错误较大,则进行镶嵌或将版面刨平重刻。挖补或修正后之改样,再次校对,如无错误,即成定本付印。如此以黑墨反复刷印,直至取得所需之印数为止。

四、套印与拱版

彩色套版印刷的方法是从雕版单色印刷的基础上发展而成,多用于印制两色或多色的套印本、评点本、地图、纸币、年画、糊墙纸、契约纸、信笺和书画。尤其是中国的水墨画有其特殊的风格,套版复制更能保持原作的精神。这种美术作品现在虽可采用彩色照相制版的方法复制,但是图中的网纹和油墨以及背景常有阴影,不若木刻水印法可显出原作的笔法、色彩和浓淡。一位瑞士的制版专家曾说:“中国的彩色印刷比世界上其他任何印刷艺术更需要完全依靠印刷者对美术的修养和技巧的体会。”[4]因为仅靠手工熟练或擅长书画,都不能达到使复制与原作相似的效果和意境。

套版是指一般彩色印刷用分色套印的一种雕版方法。但是历代印刷加彩的方法也有多种不同。最初可能是在单色的印本上用手工着色的“手彩法”,如敦煌所发现五代时期(947 年)的《大慈大悲观世音菩萨》像,两张同裱一幅,正面图中上、下黑线图案及观音手中所持物皆上加橙黄色,背面的圆形图案有红、黄、橙、蓝、绿、黑诸色,但细加观察,可断定是手涂,而非印出。[5]其次是“盖印法”,在单色印刷品上加盖彩色印记。如宋代纸币交子、会子系黑墨所印,再加捺朱、蓝二色印记。这两种彩色方法虽不能称为套版,但却是套印的前驱。

另一种套印法是双色或多色,即在同一板上,在不同的部位,同时上色,一次印刷。如元至元六年(1340 年)所印《金刚般若波罗蜜经》,经文朱印,注文墨印,但在交接处有时两色相混,可能是上色时误涂,如分板当不致如此。[6]或在同一板上分别上色,分次印刷。如明万历间吴兴凌氏四色套印的《世说新语》,和其他明清朱墨套印本,可能都是采用此法。

最著名的套版或饾版是照色彩不同的原样,按色分别制成一组版片,每版一色,逐次套印。至于“饾版”一词,大概因为各色版片不仅分色,更按深浅、浓淡、阴阳、向背不同而刻制多块印版,堆砌拼凑,有如“饾”,故名。套版印刷起源于何时,尚无确证。前述五代观音像及宋代纸币,虽是套色,并非套印。

1973 年在西安碑林的石柱中发现一幅《东方朔盗桃图》版画,系浓墨、淡墨及绿色所印,并有红色印章,据称是 12 世纪金代平阳所印。[7]1974 年山西应县佛宫寺木塔内发现一批辽代文物,其中有绘画《药师琉璃光佛说法图》3 幅,墨印,用朱、绿两色填染,另有《南无释迦牟尼佛像》3 幅,木版彩印绢本,人物轮廓用笔墨勾画,套印红、黄、蓝 3 色,年代约当公元 1000 年辽圣宗时期。[8]如果年代确实,这几幅版画当系现存最早的彩色印刷品。

套版的印制包括设计、勾描、上板、雕刻、着色和印刷等步骤。一幅彩色图画,因其笔墨色彩和深浅等变化不同;必须先剖析原作,设计分色、分版,然后勾描稿样。为了描摹逼真,一般采用透明薄纸(现在可用胶片)放在原作之上,根据分色的套敷,分别描绘,作为雕刻的原稿。板片数目多少不一,少则二三块,多至数十、数百以至上千块,当视原作色彩多寡和色调的深浅而定。因为图画的线条较书籍的字体有时更为纤细,一般多选用木质较硬而纹理细致的黄杨木,将勾描稿上板雕刻,这和前述书稿写样上板以及雕刻的手续基本相同。但印刷的过程复杂,需要高超的技术和美术修养相结合,才能取得完美的效果。

套版印刷用的工作台通常用两块木板制成长桌,中间留有空档。雕版固定在台的左侧,旁置水、墨、颜色、刷子等印制工具。纸张放在台的右侧,一端用木杠将纸压牢。印刷时将原作放置桌前,供调制颜色及随时揣摩、对比的需要。颜色用毛笔上色,主要是按原作色彩的浓淡、深浅在板上着色,然后将右侧固定的纸张逐一揭起,铺在着色的板面,用耙子、长刷研印或拭刷,从右到左,并视原作色彩的浓淡和笔法的粗细,施以轻重、缓急的压力。有时先印某色,干后再印他色;有时必须在颜色干燥之前立即加印他色,才能显出颜色的层次和深浅。每一张印毕,立即将纸揭起,落入中间的空档。等一色完毕,再换他板着色,逐一套印,直至应套的颜色全部完成。

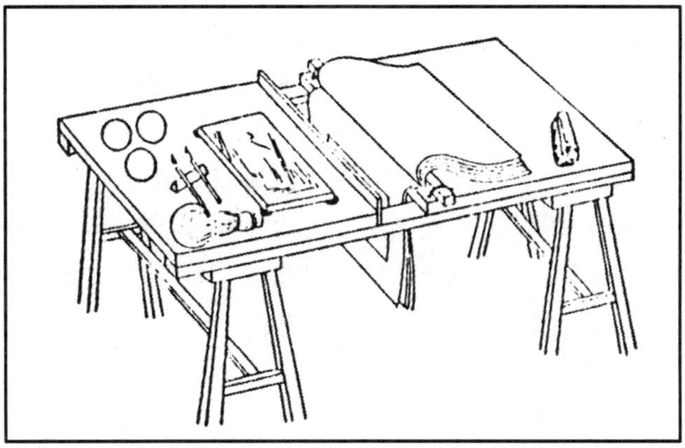

套版印刷的工作台

除上述彩色套版印刷外,另有称为“拱版”或“拱花”的技法,也是一种美术与技术相结合的高级印刷术。拱版有两种方法:一种是“平压法”,用一块板片雕刻凹形花纹,用纸平铺其上,施加压力,在纸面上显现凸出的花纹。另一种是“双夹法”,用两板分别雕刻阴阳花纹,印时以纸夹在两板之间,板合起后,即在纸面压出凸出的花纹。一般拱花没有颜色,如果着色,应在压印前先印彩色,再压“拱花”。据瑞士制版专家齐可德说,这是一种真正的凹凸版压花,有如雕刻正文字模,再制成反文的单字一样。

“拱花”的印法一般多认为是明末胡正言在 1644 年至 1645 年以套版印制《十竹斋笺谱》时所创意,但不久前发现的明吴发祥于 1626 年所印《萝轩变古笺谱》中已有拱花,较十竹斋早 19 年。日本所藏的《殷氏笺谱》中亦有拱花,时间亦早于十竹斋。

"拱版"印刷无疑也是中国人所发明,因为凸版花纸在18世纪中叶以后才在德国出现,至1796年在英国注册专利[9],所以凸版印刷中国早于欧洲至少100多年。

五、雕印数量估计

雕版印书,每版可印多少张?每书印制多少部?比较活字排印的效速如何?此类问题,在中国文献中很少提及。尤其雕版印刷,版可存储,随要随印;版片可以出租,不知租借者印制多少;有时一版存储几百年,跨越数代,印数难以计算。但是书籍印制的数量反映当时知识的传播、读者的多寡,以及著述的影响等等情况,对于学术兴衰、社会变革和人事变动,都有直接或间接的关系。下面根据一些零星资料,试作推算和估计。

第一,每一版片可印纸多少张?虽然中国文献中没有交待,但西方的著作中却偶有记述。也许国人对于习见的书籍印制,耳熟能详,不加注意,而西方人士则以印刷发明于中国,且雕版与西方的金属活字印刷术,大异其趣,因此喜加描绘,不仅述及印数,即雕印过程亦间有记录,虽记录略而不详,但足补中国文献之缺失。

有关中国雕版印书的过程,最早见于14世纪初一位波斯学者所著《世界史》,其中述及写样、雕刻、版片存储及印刷等手续,但极简略。不久一位阿拉伯作家将此记述收入其所著《知识的园地》一书。其后的记载见于16世纪末耶稣会教士利玛窦的《中国札记》,他说一个熟练的工人,每天可印刷1 500张。18世纪杜赫德所写的一部《中国通史》,其中更有纸墨及印刷专章记述。及至19世纪初,英、美来华的传教士及外交官所作有关中国的著述中,亦谓一个印刷工人每日工作10小时,可印制3 000至6 000张;每块书版可初印16 000张,字迹清楚,其后略加修整,可再印10 000张。[10]

第二,每书印制多少部?虽雕版印数难以确知,但活字本印数可供参考。活字本因印就即拆除,印制者常在书中或其他文献中记载印数。如元大德二年(1298年)王祯用其所制木活字排印《旌德县志》,共成100部;明万历二年(1574年)周堂用铜活字印《太平御览》1 000卷,也印成100余部;清道光二十七至二十八年间(1847—1848)翟金生用其自制泥活字所印《仙屏书屋诗集》则多至400部;清雍正四年(1726年)铜活字《古今图书集成》则仅印66部;近人卢前谓雕版通常初印30部。如加算原刻重印、后印,估计雕版印书也和活字印数大致相同,即平均每版印制100部左右,翻刻、重刊当作另版计算。一般而言,经、史、参考用书、通俗读物当较多,诗文集及学术性著述则较少。

第三,雕版与活字印书的速度,也可根据一些偶见资料,作一粗略比较。按明洪武十年(1377年)郑济所刻《宋学士文粹》跋文所记,此书共122 000余字,6人分写纸样,由刊工10人历时52日而成。该书每版16行,行27字,如以大约400字计算,平均每日每2人可雕成1版。前述元王祯用木活字所印《旌德县志》,全书6万字,据称未及1月即印成100部,如也以每版400字计,则每日可排印2 000字,约合5版,较之雕版可快10倍。虽然王祯未说明所用人数,但据明铜活字本《太平御览》所记"二人整摆、二人印行”一节，此 1 000 卷巨著仅由 4 人操作，而前述 6 万字之书，人工当不致超过此数。

注释：

1. Tsuen-hsuin Tsien. *Paper and Printing*, in Joseph Needham, *Science and Civilisation in China*. Vol. 5, Part l. Cambridge University Press, 1985; revised 3rd edition, 1988. 刘祖慰译. 中国科学技术史：纸和印刷. 北京：科学出版社, 1990

2. 收入：张静庐编. 现代中国出版史料. 北京：中华书局, 1955—1959. 丁编，下册

3. 据朵云轩负责人称 1973 年由老工人训练中学毕业生 9 人学习木刻，费时 6 个月，印成《共产党宣言》1 册约 2 万字。1977 年，影刻宋端平本《楚辞集注》，宣纸线装，6 册 1 函，刻工极精。可是上海这个刻字班子，现在已经散去。

4. Jane Tschichold. *Chinese Colour Printing from the Ten Bamboo Studio*. London, 1972. 41

5. Pelliot. 4295-4299

6. 乔衍琯. 套色印本. 古籍鉴定与维护研习会专集. 台北：中国图书馆学会, 1985: 229—331

7. 文物, 1979(5): 3—5，图版 20

8. 文物, 1982(6): 7，图版 1

9. Frank Staff. *The Valentine and lts Origins*. London, 1929

10. 此节所引各书作者及书名，详见注 1，*Paper and Printing*. 201。

11. 傅增湘. 藏园群书经眼录. 北京：中华书局, 1983，第 5 册

第五章　中国对造纸术及印刷术的贡献

本文英文原稿，乃应联合国教科文组织《信使》月刊(UNESCO *Courier*)总编辑之邀，为该刊"国际书年"(International Book Year)专号用通俗文笔所撰，于1972年12月在该刊的10多种语文版(英语、法语、西班牙语、德语、俄语、意大利语、阿拉伯语、日语、波斯语、希伯来语、印地语及泰米尔语)同时刊行。惟当时该刊独缺联合国法定的5种语言之一的中文版，爰经编者请马泰来同学译刊于香港《明报月刊》1972年12月，与《信使》月刊其他语文版同时发表。

——编者注

现代书籍构造的基本特质，是将文字用黑墨印在白纸上。在制作材料和生产方法的演进中，中国的贡献，可以说是最基本的也是最重要的。纸于公元前在中国发明是人所共知的事实。在公元七八世纪时，中国人首先应用雕版印刷，而活字印刷的发明，亦远在谷登堡(Johann Gutenberg，约1397—1468)之前400余年。[1]由煤烟制成永不褪色的墨，可以溯源到中国远古时代，虽然这种墨在西方一直被误称为"印度墨"。在纸、墨和印刷术被结合采用以后，书籍才能大量生产，流通广远。[2]

印刷术是人们公认的"文明之母"，而纸则是用以保存人类思想和抱负以及增进知识传播和交流的重要载体。纸和印刷术是促进西方现代化的中国"四大发明"的两种(另外两种是火药和罗盘)。在古代文化交流的各种成就中，很少有其他发明可以和造纸术及印刷术的重要性相比。二者对现代文明皆有极深远的影响。虽然现代社会还有其他的传播媒介，但它们还不能代替纸和印刷术所具有的基本性和永久性功能。

一、纸在中国的演进及其用途

将水中捣碎的纤维体置于精细的帘席上，让水流去，再将剩余的一层纤维体晾干，这就是“纸”了。在造纸术发明后的2 000年来，造纸的技术和工具日益精密，但其原理及过程和当初并没有两样。公元前数世纪，中国人已在水中漂洗丝絮和破布，制造一张张薄纸的意念，极可能是由于漂絮时偶然让剩余在帘席上的纤维体晾干而产生。[3]

一些西方学者对造纸术源自中国的说法最初并不深信。他们的怀疑，部分是由于西文“纸”字（英语 paper，法语、德语 papier，西班牙语 papel）是由“莎草纸”（Papyrus）一字滋生而来，部分则是由于他们对中国纸的特性并无所知。莎草纸的应用虽在纤维纸之先，但它是将莎草切为薄片黏合而成，而纸则是由捣碎的纤维体经过去水之后制成。初时人们是在纺织物上书写，纸是从纺织物改进而成的一种廉价替代品。纸和纺织物的关系极为密切，不仅最初二者是由相同的原料制成，它们的形体和性质亦极相似；甚至它们的用途有时亦可互易。二者最大的分别，是它们的制作过程和生产成本的差异。纺织物是由纺成线状的纤维体以物理方法织成，而纸则是利用化学作用使已分裂的纤维体凝结成一均匀的片状物。

相传纸是东汉蔡伦所发明。和帝元兴元年（公元105年），蔡伦上奏，以树皮、麻头、破布及渔网造纸。此一传统上认为造纸术发明的年代，并不表示纸在那一年才开始制造。文献和实物的证据，指出在此以前已有以植物纤维制成的纸存在。最近在中国各地所发现的古纸碎片，其年代远在公元以前。1957年在陕西西安灞桥的古墓里，发现一些纸张碎片。最迟不晚于汉武帝时期（前140—前87）。[4]远在公元前4世纪末已有“纸”字的出现。蔡伦的贡献是应用新的材料和改良其制作的过程。过去用破布或其他的二手造纸材料，供应皆极有限。从树皮或其他新鲜植物所取得的纤维体，提供了新的造纸原料来源，因而使得纸能大量生产，满足日益增加的需求。

中国造纸的主要原料，包括韧皮植物如大麻、黄麻、亚麻、苎麻和藤，树皮如楮皮和桑皮，禾本科植物如竹、芦苇、稻麦的茎秆，以及被子植物如棉花。大麻和棉花是最好的原料，可以提供纯净和修长的纤维体。但由于二者都是纺织业所必须的原料，因此千余年来中国造纸的原料主要是楮皮和竹。楮皮自东汉时就已采用，竹则在晚唐才开始，到宋代才广泛应用。[5]

纸在发明后不久就被用于书写，但直至公元3世纪，纸才完全取代简牍和缣帛作为书籍的材料。从那时起，精细的抄纸帘被采用，上胶和加重的技术使纸张更适合于书写。纸张更用黄檗汁染潢防蛀，以谋永久[6]；并染成各种颜色作为诗笺和信笺等用途。纸并被剪成各种图案或折成各种式样，以供装饰和娱乐之用。[7]纸更大量应用于公文、书籍、绘画、书法、名刺、礼仪、包裹、糊窗，以及日常用品如扇、伞、灯笼、玩具，以至卫生用纸。这些物品在公元6世纪结束前就已在中国被广泛制作及应用。

7世纪或8世纪以后，纸帽、纸衣、纸被、纸帐、纸帷，和其他日常用物的纸代替品，已很普通，以至纸屏、纸瓦、纸甲也加应用。[8]在9世纪初以纸印制的“飞钱”开始用以替代笨重的金属货币。马可·波罗是欧洲人到中国的早期旅行家之一，他记述在大汗帝国内纸币的广泛流通和在祭祀时焚烧纸冥器。[9]蒙古帝国的扩展，把纸币、纸牌和其他各种纸品以及印刷品传遍各地。波斯人在1294年首次发行纸币，并沿用汉名，称之为“钞”（Cau）。据说很多中世纪欧洲银行所用的账簿以至存款收据，都是以中国的制度作为蓝本。

糊墙花纸也是在中国发源。16世纪时，法国传教士将之传入欧洲，大受欢迎，自17世纪起即在欧洲各国相继仿制。墙纸在中国的起源不详，但中国家庭以书画挂轴作为装饰，则十分普遍，并有久远的历史。可能一些欧洲家庭起初亦悬挂这些画轴，或者牢固在墙壁上，后来则用中国画匠所绘制有特别图案的花纸，直接裱贴在墙上，成为墙纸。这种带有中国风格的墙纸，至今仍可在许多欧美的邸第中看到。[10]

二、中国印刷术的起源和发展

纸的应用，使得书籍的成本减轻，并且易于携带。但书籍的大量生产和广泛流通，则有赖于印刷术的发明。我们不知道第一本书是何时何地在中国印成，最早的印刷家亦史无明文。印刷术的起源，大概是逐步发展，经过长期试验后，始得改进而趋于完善。佛教徒和印刷术的发明关系尤大，因为宗教作品需要大量的复本，方能广为传播。在印刷术发明以前，中国复印文字的技术已很久远，如采用印章和封泥取得复文，以镂花版在纺织物和纸上取得重复的图案，和在石碑上拓取碑文等。这些方法都是雕版印刷术发明的先导。[11]

印刷术大抵是公元7世纪中在中国开始采用。1966年在朝鲜发现的汉译《无垢净光大陀罗尼经》，刊刻时代大约在8世纪初。[12]另有其他《陀罗尼》经卷的早期刊本，亦曾在日本发现，刊刻时代约在公元770年前后。这些发现说明印刷技术在8世纪时已相当精巧，并流通广远。由于朝鲜和日本在此以前已受中国文化影响甚深，印刷品和印刷术是从中国传入，当无疑问。

同时期的印刷品，尚未见于中国本土。但9世纪和10世纪的印刷品，不少曾在中国境内发现，并保存至今。譬如，公元868年刊印的《金刚经》卷子，公元877年和882年的历书，公元947年至983年间刻印的一些单张佛画，和公元956年、965年、975年吴越国王钱俶所雕印的《宝箧印陀罗尼经》。这些早期的印刷品大抵都和佛教有关。儒家典籍直到10世纪初期才开始刊行。从那时开始，印刷术就被广泛应用于各种作品。通过官方、民间、佛寺和书商的努力，技术日益改善。11世纪至13世纪的中国印刷品，大抵可以和欧洲的“摇篮本”（Incunabula）相媲美，宋刊本作为中国的摇篮本，是以纸张、墨色、书法、绘图和刻工的精美见称于世。

雕版所用的木料，都取自落叶树，如梨木、枣木、梓木和苹果木，因为它们的纹理光滑平匀，易于雕刻。雕印的步骤是在雕刻前，先将文字抄写在薄纸上，反转以米糊黏贴在木版上。待其干后，将纸背刮去，仅留一层薄膜，可以看到文字的反文。然后再用刀凿等依着字的笔画雕刻凿削，让每一字划凸出。木版雕好后，即以手刷上墨，再把纸铺在木版上，以软刷在纸背上刷过。据说一个熟练的印刷工人，每天能印 1 500 页至 2 000页。

中国印刷术的发展，由于 11 世纪的活字印刷和 12 世纪套色印刷的应用，而更趋进步。根据沈括(1031—1095)的记载，毕昇在宋仁宗庆历年间(1041—1048)，以胶泥制成活字。方法是先以胶泥刻成单字，放在火中烧硬；印刷时，先将活字安放在敷有松脂蜡和纸灰的铁板上，再以另一铁板将字面按平。如将数块铁板轮流使用，则印刷速度更高。[13]后来，其他材料亦被用以刻制活字，如 13 世纪的木活字，15 世纪至 16 世纪的铜活字。在此后的数百年间，以木、铜、锡、铅、瓷和泥所造的活字，一直被更替应用。[14]

套色印刷在 12 世纪或更早的时期已被使用，而在 17 世纪晚期进步尤快，当时不少画谱和笺谱都是以套色印成。所谓"套版"，是利用一组版片，每块版片刷上一种颜色，逐次印在同一张纸上。这种方法多用于版画、地图、信笺、诗笺和评点的书籍。[15]

雕版印刷是中国印刷史上的主流，活字印刷仅是偶然的插曲。主要原因是中国文字的字汇数目庞大，雕版印刷比活字印刷较为经济并更易于处理。当所需用数量的书籍印就后，书版可以储藏，到需要重印时，再取出使用，如此不必积压存书。只有在大量印刷卷帙繁多的书籍时，活字印刷的优点才较显著。19 世纪中期以后，由于西方技术的输入，雕版印刷和传统的活字印刷都为现代印刷术所逐渐替代。虽然机械取代了手工，但是书籍构成的基本特质，则并未有显著的变更。

三、纸和印刷术的传播

纸发明以后，它不仅在中国本土极为流行，并且向整个世界传播。在东方，纸在 2 世纪时传至朝鲜，3 世纪时传至日本；在南方，3 世纪时传至越南，7 世纪前传至印度；在西方，3 世纪时传至中亚，8 世纪时传至西亚，10 世纪时传至非洲，12 世纪时传到欧洲，16 世纪时传到美洲，并在 19 世纪传入澳洲。很多人说中国人把造纸的方法秘而不宣，直至 8 世纪时，一些造纸工人被阿拉伯人俘虏，造纸术才为外人所知。这个说法并不确实。造纸术的迟迟传入欧洲，主要是由于地理上和文化上的隔膜，而不是人为的保密。试看中国邻近的国家，在它们和中国接触后不久，造纸术即跟着传入。

当中国文化开始东渐，在 2 世纪时朝鲜人即从中国得到抄写在纸张上的书籍，并借用中国文字为其书写文字。经过朝鲜，中国书籍在 3 世纪传至日本。不过，一直到了公元 610 年，朝鲜僧人昙徵在中国学习到造墨和制纸法，渡海至日本向皇廷倡议造纸，日本才知道造纸的方法。从那时起，数以百计的朝鲜和日本僧侣和学生，前往中国留学并携回书籍。他们曾学习中国的印刷术，而在回国时带返这种技术。

造纸术何时南传，虽不可知，但必为时甚早。中国典籍记载，在 3 世纪末，一些以南越土产原料所制的纸张，用作贡品献给晋室；我们可以假定造纸术是从中国传去。直至今日，越南的造纸技术，据称比较其他亚洲国家，和中国的造纸术最为接近。[16]以印本书籍而言，从10世纪开始，越南即获得各种中国典籍，包括儒释道三家的经典、本草、医书和小说。在越南以雕版、活字和套色印成的中文和中越两种文字的书籍，至少继续不断地有数百年的历史。

造纸术传入印度，大抵不会晚于7世纪。唐代僧人义净在公元671年至694年间往印度访法，在他所编撰的《梵语千字文》里，有梵文“纸”字(Kakali)。由于在很长时期内，印度的经典都是以口传授，全赖背诵，纸的普遍使用大抵是在12世纪回教盛行以后的事。[17]印刷术传入印度，为时更晚。

公元751年怛罗斯(Talas)之役，高仙芝所率唐师为阿拉伯军所败，中国俘虏中有数人是制纸工匠，造纸术始传至撒马尔罕(Samarkand)。40年后，中国人在巴格达(Baghdad)建立第二座造纸厂，造纸术跟着传入大马士革(Damascus)、的黎波里(Tripoli)、也门、埃及和摩洛哥。阿拉伯人在西方垄断纸的生产，凡500余年之久，直至造纸术在12世纪传入欧洲，欧洲人才开始设厂造纸。[18]

在摩尔人(Moors)征服伊比利亚半岛(Iberian Peninsula)后，他们把造纸术传入西班牙，并在公元1150年前后在萨地瓦(Xativa)建立造纸厂。一座制作破布纸浆的工厂亦在该地建成。造纸术传入欧洲的另一途径，是由埃及或巴勒斯坦渡过地中海经西西里岛而至意大利。从13世纪晚期开始，在意大利的巴比亚那(Babriano)、博洛尼亚(Bologna)和热那亚(Genoa)等城都有造纸厂的建立。14世纪在法国和德意志的不少城市亦有造纸厂。著名的造纸家厄尔曼·斯特罗马(Ulman Stromer)，在公元1390年间在纽伦堡(Nuremberg)建立了一座造纸厂，所用的工具和方法，包括水力舂打纸浆的机械，都和中国所用的设备甚为相近。在15世纪，造纸术传入荷兰、瑞士和英国，并在16世纪传至新大陆——公元1580年传至墨西哥，17世纪后期传至其他美洲殖民地。在超过1 500年的时间内，造纸术从中国传至世界上几乎每一个角落。

欧洲的雕版印刷仿自中国，殆无疑问；至于活字印刷术是否受到中国的影响，是尚可研讨的一个课题。但可肯定的是欧洲人应用印刷术以前，他们已经知晓中国印刷术的存在，并且习见中国的印刷品。所以中国印刷术的发明，可说是世界各国印刷术的先驱。[19]至于造纸术在中国发明，而别的国家据以仿效，则是确实无疑的事实。当造纸术从中国传至其他国家时，它的技术已经相当成熟。我们可以说，造纸术是中国贡献给世界的各种发明中，最为完全也是影响最为深远的一种伟大贡献。

(马泰来译)

注释：

1. 谷登堡，德国人，通常被认为是第一位应用活字印刷技术的欧洲人。参看：Pierce Butler. *The Origin of*

Printing in Europe. Chicago: University of Chicago Press,1940

2. 关于印刷发明前的中国书籍和文字的记录,参看:Tsuen-hsiun Tsien. *Written on Bamboo and Silk; The Beginnings of Chinese Books and Inscriptions*. Chicago:University of Chicago Press,1962。钱存训著. 中国古代书史. 香港:香港中文大学出版社,1975;郑如斯增订. 印刷发明前的中国书和文字记录. 北京:印刷工业出版社,1988;宇都木章等译. 中国古代書籍史——竹帛に書す. 东京:法政大学出版社,1980

3. 参看:陈槃. 由古代漂絮因论造纸."中央研究院"院刊,1954(1):257—265

4. 参看:田野. 陕西省灞桥发现西汉的纸. 文物参考资料,1957(7):78—81;潘吉星. 世界上最早的植物纤维纸. 文物,1964(11):48—49;潘吉星. 敦煌石室写经纸的研究. 文物,1966(3):41

5. 参看:王明. 隋唐时代造纸. 考古学报,1956(1):115—126;石谷风. 谈宋代以前的造纸术. 文物,1959(1):33—35

6. 参看:王重民. 说装潢. 图书馆学季刊,1931,5(1):39—41

7. 剪纸自六朝即已开始,敦煌曾发现一剪纸图案,及折成的纸花,当系现存最早的剪纸和折纸的艺术品。

8. 参看:杨旻. 谈纸衣. 光明日报,1962 年 4 月 17 日。纸甲的应用,自唐代即已开始,宜于江南步卒,轻而不锈。《武备志》卷二〇五有图及说明。

9. 参看:沙海昂(A. J. H. Charignon)注,冯承钧译. 马可·波罗行纪. 上海:商务印书馆,1935;上海:中华书局,1954 年重刊:382—388

10. 参看:Kate Sanborn. *Old Time Wall Papers*. Greenwich,Conn., 1905:14-29

11. 参看:Tsuen-hsiun Tsien. *Written on Bamboo and Silk*. 54-58,86-89

12. 参看:L. Carrington Goodrich. *Printing: Preliminary Report On a New Discovery. Technology and Culture*,1967,(8:3):376-378

13. 参看:(宋)沈括著,胡道静校注. 梦溪笔谈校证. 北京:中华书局,1962:597—603

14. 关于中国的各种活字版,参看:张秀民. 元明两代的木活字. 图书馆,1962:1,页 56—60;明代的铜活字. 图书馆,1961:4,页 55—61;清代的铜活字. 文物,1962:1,页 49—53;清代的木活字. 图书馆,1962:2,页 60—62;1962:3,页 60—64。清代泾县翟氏的泥活字印本. 文物,1961:3,页 30—32。钱存训. 论明代铜活字版问题. 庆祝蒋慰堂先生七秩荣庆论文集. 1968:129—146。朱家濂. 清代泰山徐氏的磁活字印本. 图书馆,1962,4:60—62

15. 参看:K. T. Wu. "Colour Printing in the Ming Dynasty". *T' ien Hsia Monthly*,1936 (3):137-160;燕义权. 铜版和套色版印刷的发明与发展. 中国科学技术发明和科学技术人物论集. 北京:三联书店,1955:205—215

16. 参看:Dard Hunter. *Papermaking in lndo-China*. Mountain House, 1947:42-43

17. 参看:季羡林. 中国纸和造纸法输入印度的时间和地点问题. 中印文化关系史论丛. 北京:人民出版社,1957:99—129;中国纸和造纸法最初是否由海路传到印度去的. 同上书,页 130—136

18. 参看:姚士鳌(从吾). 中国造纸术输入欧洲考. 辅仁学志,1928,1(1):1—85;增注本,改署"善因",书目季刊,1966—1967,1(2—4):53—71,69—90,57—80;Library of Congress. *Papermaking: Art and Craft*. Washington,D. C.,1968:16-29

19. 关于中国印刷术的发明及传播,参考:Thomas F. Carter. *The lnvention of Printing in China and lts Spread Westward*. 2nd ed.,rev. by Carrington Goodrich; New York: Ronald Press,1955. 刘麟生译. 中国印刷术源流史. 上海:商务印书馆,1938;吴泽炎译. 中国印刷术的发明和它的西传. 上海:商务印书馆,1957;胡志伟译. 中国印刷术的发明及其西传. 台北:商务印书馆,1968;张秀民著. 中国印刷术的发明及其影响. 北京:人民出版社,1958。钱存训著,刘祖慰译. 中国科学技术史:纸和印刷. 上海:上海古籍出版社,北京:科学出版社,1990

五 | 文化交流

第一章　近代译书对中国现代化的影响

本文应用计量目录学的方法，对中国翻译史作综合分析的研究。指出近代各时期译书的来源、类别、性质和数量，反映出当时译书的动机及知识分子的思想和动向。原著为作者的硕士论文 *Western Impact on China through Translation: A Bibliographical Study*，节录发表于英文《远东季刊》(*Far Eastern Quarterly*)1954 年第 14 卷第 3 期。中文本由戴文伯译刊香港《明报月刊》第 9 卷第 8 期(1974 年 8 月)，转载北京《文献》1986 年第 2 期。

——编者注

翻译不仅是一门科学或一种艺术，也是人类知识交换和国际文化沟通的一项实际工具。由于近代文化背景不同的国家接触频繁，翻译的价值更见重要。西方各国虽然语言各异，但有共同的文化背景作为基础，所以翻译的问题，多从语文的观点来考虑，而无须从文化的差异来探讨。至于东西文化的沟通，不仅有语言上的障碍，且以文化类型迥异，困难就更多。

西书的移译为中文，开始于 16 世纪的末叶。由于宗教热忱的鼓舞，耶稣会士发轫译事于前，新教传教士继起于后。自 19 世纪中叶以来，翻译外文成为中国走向现代化的一种手段，因此翻译的题材和原著的来源，常指示现代中国思想界的大势以及政府政策的方向。至于各时期译书的性质和数量，也反映出译书的动机和对知识兴趣的一般趋势。

近代中国的许多政治家和文化界的领袖，每多不谙外国语文，他们的现代知识，大多来自中文译本。从清末以来的各种译书目录，可见翻译在中国的特殊重要性。中国学者对于目录学的观念，向来重视其中著录的内容；所谓"辨章学术，考镜源流"，实际就是现代所谓"内容分析"，这与"统计目录学"的理论极为相似，即从分析书目的内容，进而追溯文化的长成。本文要旨即以计量方法研究和分析译书在中国近代史上所反映的西方文化对中国现代化所产生的影响。[1]

一、耶稣会士的译著

16世纪末叶，西方知识在中国的出现，标志着从佛教传入以后第二次外来文化的大输入。在紧接着的两个世纪中，先后译书400多种，所涉及的范围，对中国人而言，都是新的知识领域。这些译著有半数以上是关于基督教教义，1/3是各种科学，其余是西方制度和人文学科（见表1）。因此很明显，耶稣会士译书的主要动机是为了传扬教义，但也带来了西方的科学和制度。

表1　耶稣会士的译述（1580—1799）

译书种数					
科目	十六世纪	十七世纪	十八世纪	总数	百分比
基叔教（天主教）				（251）	57
《圣经》	—	3	3	6	
神学	6	119	18	143	
仪式	1	49	9	59	
史传	—	23	6	29	
杂录	—	11	3	14	
人文学科				（55）	13
哲学、心理学	1	7	1	9	
伦理	1	9	—	10	
政府	—	2	—	2	
教育	—	4	—	4	
语言、字典	2	6	1	9	
文学	—	1	—	1	
音乐	—	1	1	2	
地理、舆图	1	9	3	13	
杂录	—	5	—	5	
自然应用科学				（131）	30
数学	—	16	4	20	
天文	—	83	6	89	
物理	—	6	—	6	
地质	—	3	—	3	

续表

译书种数					
生物、医学	—	8	—	8	
军事	—	2	—	2	
杂录	1	2	—	3	
总计	13	369	55	437	100

附注：(1)表中所列数字仅代表个别的译述或原稿，重印的版本不包括在内。

(2)资料来源：*Louis Pfister*, *Notices biographiques et bibliographiques sur les Jesuites de l' ancienne mission de Chine*, 1552 – 1773 (Shanghai: Imprimere de la Mission Catholique, 1932–34) 2 vols.; Henri Bernard, "Les adaptations chinoises d' ouvrages europeens, 1514–1688". *Monumenta Serica* 10(1945). 1–57, 309–388; "…, 1689–1799", op. cit 19(1960). 349–383.

在会士们的译著中，最早是罗明坚(Michel Ruggieri)的《圣教实录》。此书在1582年撰成，1584年在广州刊行，是西方人士用中文撰述并在中国出版的第一部书籍。1596年利玛窦(Matteo Ricci)在他的《天学实义》中，将基督教义与儒家思想相联系，从中国经典中采集了许多支持基督教教义的引证来加以引申。又为了适应中国人对天文和数学的重视，更翻译这方面的西方著作，借以抬高西方文化在中国的地位。当1607年《几何原本》第一次在中国印行时，会士们认为此书的出版，"正合时机，借以降低中国人的自傲心理；因为虽名儒俊彦，亦得承认，他们阅读一本印着中国文字的书，虽一再钻研，仍不晓其意义"[2]。

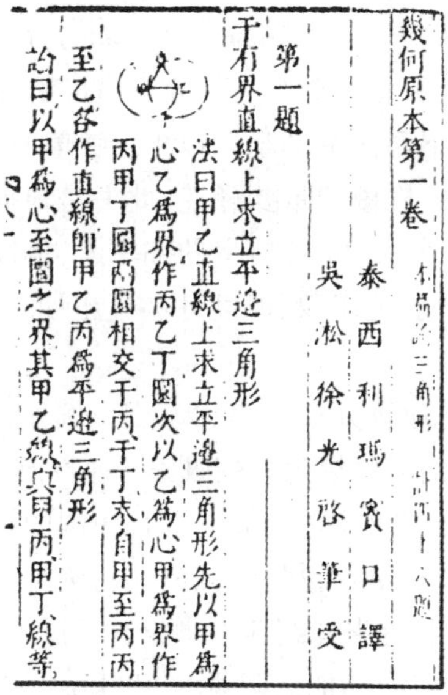

利玛窦、徐光启合译的《几何原本》

明万历间刻本，前六卷

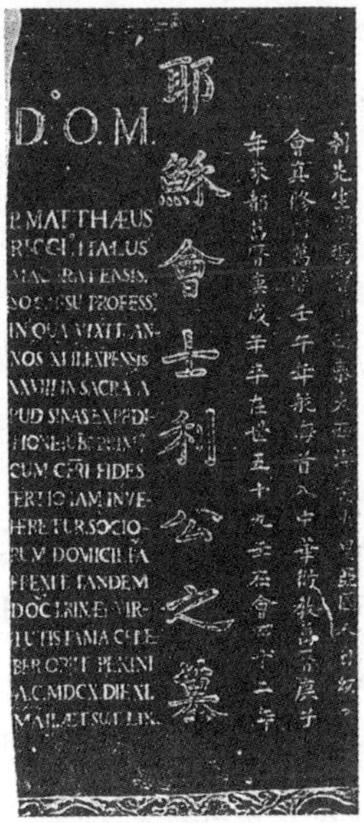

利玛窦墓志铭(1610年)

一些具有西方科学知识的中国学者，先后相助耶稣会士进行译述工作。当时译书的方法，通常是由西人口述，华人笔录，前者称为“口译”或“授”，后者称为“笔受”或“演”。在这些中国学者中，徐光启于1605年开始和利玛窦诸人合作翻译科学著作不下10种。李之藻亦致力于科学研究，他所编辑的《天学初函》(1629年)，是最早关于西方学术的一部中文丛书。王徵致力于应用科学的研究，探寻以西方机械设计的知识来改进农具，在他的译述中，有些专门名词和术语，至今仍在沿用。

利玛窦用中文撰述和译书不下20多种，他所翻译的克拉维斯(P. Christophus Clavius)注释的欧几里德《几何原本》前6卷(1607年)，《四库总目》推崇为“弁冕西术”。他的《西国记法》(1595年)是第一部用中文撰述有关心理学的著作，此书指出“脑”才是记忆的所在，并非如中国传统认为“心”是记忆的部位。但他对中国最大的贡献，乃是他的划时代巨构《万国全图》(1584年)。此图是根据奥提力阿斯(Abraham Ortelius)《舆图汇编》所绘制，由此中国人对世界地理的知识得以扩大。

另一位意大利人熊三拔(Sabathin de Ursis)以介绍西方水利技术而见称于世，在他的《泰西水法》(1612年)中，采用机械图式来加以解说。至于他的《药露记》(1617年)，是中文关于西方药物学的一本滥觞之作。金尼阁(Nicolas Trigault)对中国语言学的研究颇有贡献，他的《西儒耳目资》(1626年)，是一部最早试将中文拉丁化的著作。他所译的《况义》，即《伊索寓言选集》(1625年)，是第一部介绍到中国的西方文学作品。和他同时的龙华民(Nilcholas Langobardi)所著《地震解》(1626年)，对天启四年的地震作了一项科学的解释。

高一志(初名王丰肃，Alphonse Vagnoni)所译亚里士多德的《空际格致》(1633年)，是关于气象学的第一部中文译述；他的《西学治平》(1630年)，是最早用中文有系统介绍西方政治科学的书。首先介绍西方教育的是艾儒略(Julius Aleni)的《西学凡》(1613年)，其中说明了欧洲大学的课程和制度；他的《职方外纪》(1623年)，是最早用中文撰述关于世界地理的一部著作。傅泛济(Francois Furtado)介绍了西方的逻辑，所译的《名理探》(1631年)，是亚里士多德哲学的一部分。邓玉函(Jean Terrenz)所译的《人身概说》(1625年)，是首次介绍西洋解剖学并以中国医学理论来作对比。邓氏的《奇器图说》(1627年)，是一部关于机械的重要译述，此书是根据4种有关机械的底本编译而成。到了1642年即伽利略(Galilei)逝世的那一年，伽氏和其他科学家在物理学方面的许多新发明，诸如望远镜、地平仪、温度计和气压计之类，就都已传到了中国。

明朝灭亡和清人入关，对耶稣会士的地位并没有多大改变。例如，汤若望(Jean Adam Schall Von Bell)，起初为明廷雇用，后来继续为清朝服务。他不但设计天文仪和制造铳炮，而且也有大量的译述。1626年，当他译《远镜说》时，中国的第一架望远镜即是由他传入。1640年他译《矿物寻源》，这是讨论科学探测矿物资源的第一部中文译本。和他同时的利类思(Louis Buglio)，是首先介绍西方动物学的译述者，当葡萄牙人于1678年向清廷进贡一头非洲狮子的时候，他从阿觉文提(Ulisse Aldrovandi)的《博物学》书中，抽译有关狮和鹰的两部分，而成《狮子说》与《进呈鹰说》二书。最初介绍球面三角学和对数的是穆尼阁(Jean Nicholas Smogolenski),在他撰述的《天学会通》(1656 年)中,开启了用西方计算日月食的方法。另一位颇具影响力的耶稣会士南怀仁(Ferdinand Verbiest),他所著《坤舆图说》(1672 年),进一步提供了关于世界地理的知识。至于他译的《眼科解剖》(1682 年),是第一部关于西方眼科的中文译本。

1688 年南怀仁逝世后,虽然耶稣会士仍继续来到中国,但他们的译著已不甚重要。18 世纪的译者,多系关于神学方面的著作;同时他们又致力于将中国经籍移译为西方语文。但有一项成就特别重要,便是在 18 世纪初期,会士们集体绘制了一部中国全图,即《皇舆全览图》。在 1708—1718 年间,先后有 10 多位耶稣会士参与是项工作,这是中国首次作全国性的勘测地形,该图成为后来绘制中国舆图的主要蓝本[3]。

二、新教传教士与译书

经过一段几十年的中断时期,在 18 世纪末和 19 世纪初期,新教传教士继续耶稣会士所遗留的工作。虽然他们大体上遵循耶稣会士译书的方式和技巧,但译述的性质和品质并不相同。耶稣会士多和文人士大夫相交,而新教传教士主要和商人及平民往来。因此传教士的译著,大多是为传教用的通俗性小册子和学校课本。虽然数量很多,但他们译述的品质也不能与耶稣会士的相比。这或许是新教传教士除了医生以外,不像耶稣会士在科学方面都有相当的素养,而与他们合作的中国人士,又大多不是卓越的学者。在 1810—1867 年间,所有传教士的译著,除了 12% 涉及西方科学和制度外,其余全系有关基督教义的译述(见表 2)。[4]

表 2　基督教传教士的译述(1810—1867)

出版种数				
科目	文言	方言	总数	百分比
基督教			(687)	86
翻译《圣经》	28	37	65	
注释《圣经》	30	3	33	
神学	344	74	418	
使徒传记	11	37	48	
圣教问答	37	16	53	
祈祷	17	14	31	
圣诗	18	21	39	
人文学科			(46)	6
政治	2	—	2	
经济	2	—	2	
语文课本	11	8	19	

续表

	出版种数			
历史	6	—	6	
地理	14	3	17	
自然应用科学			(47)	6
数学	8	1	9	
天文学	6	1	7	
历书	12	—	12	
物理学	4	—	4	
植物学	2	—	2	
医学	13	—	13	
杂录	13	2	15	2
总计	578	217	795	795

附注:(1)表中数字仅代表书籍和小册子,杂志上的翻译文章未包括在内。

(2)资料来源:Alexander Wylie, Memorials of Protestant Missionaries to the Chinese (Shanghai: American Prosbyterian Mission Press, 1867), 314-31.

新教传教士在中国最早的出版物是马礼逊(Robert Morrison)译的《使徒行传》,这是根据耶稣会士的旧译抄本所修订,于 1810 年第一次印行。新教传教士在中国早期的传教工作,是与翻译《圣经》分不开的,因为耶稣会士没有将《圣经》全部译成中文,直到 19 世纪初期才有中文全译本《新旧约全书》问世。一部是马士曼(Joshua Marshman)所译,1822 在印度塞拉姆浦尔(Serampore)用铅活字印行;另一部是马礼逊所译,1823 在马六甲刊行。

除了宗教方面的编译外,也有一些关于外国史地和西方制度的译述,如麦都思(Walter H. Medhurst)所编的《东西史记和合》(巴达维亚,1828 年),是最早使用石印术所印的中文书之一。该书将中国历史与《圣经》记载平行排列,以示中国历史与《圣经》记载有相同的地方,据说"此书之作,目的在纠正中国人的狂妄夸大,以示西方有早于耶稣纪元前四千年的记载。"裨治文(Elijah C. Bridgman)所编的《亚美利哥合省国志略》(1838 年),是第一部提供中国人对美国了解的作品。其他介绍西方国家的译述,有郭实猎(Karl F. Gützlaff)的《大英国统治》(1834 年)、《古今万国鉴》(1838 年)和《万国地理全集》(约 1840 年),这 3 部书曾经几次修订和重印。郭氏的《制国之用大略》(约 1840 年)和《贸易通志》(1840 年)加上马礼逊的《英事撮要》(马六甲,1833 年)是 19 世纪前半期介绍西洋制度最重要的译著。

在数学、天文、医学和其他科学方面,新教传教士所译的重要著作,直到 1850 年后才出现。伟烈亚力(Alexander Wylie)在数学方面有相当的贡献,特别是完成欧几里德《几何原本》第7至15卷的译本。伟氏又和李善兰合译棣么甘(Augustus De Morgan)的《代数学》(1895年)、罗密士(Elias Loomis)的《代微积拾级》(1859年)和侯失勒(John F. W. Herschel)的《谈天》(1859年)。李氏同艾约瑟(Joseph Edkins)合译胡威立(William Whewell)的《重学浅说》(1858年)和《圆锥曲线说》(1866年),并与韦廉臣(Alexander Williamson)合译林德利(Lindley)的《植物学》(1859年)。在这些译品中所创立的若干科学名词,至今仍在沿用。

新教传教士对近代中国医学的发展有良多的贡献,如合信医生(Dr. Benjamin Hobson)的5部主要编著,《全体新论》(1851年)、《博物新编》(1855年)、《外科新说》(1857年)、《妇婴新说》(1858年)和《西医略论》(1858年),构成一套生物医学全编,多年来在中国一直被视为标准的医学著作,并经日人翻译为日文。以后,嘉约翰医生(Dr. John Glasgow Kerr)也编译了不少外科、药物学、梅毒、眼科、妇科和炎症等医学书籍[5]。

传教士的译著,多由教会自办的印刷所出版,最初在中国的辖区之外设立,1842年鸦片战争之后,便迁移到中国的各口岸城市。在1895年至少有14处设有教会的印刷机构。最早从事译印工作的是伦敦教会印刷所,原由马礼逊和米怜(William Milne)于1818年前后在马六甲创立,与英华书院属同一系统。这间印刷所后来迁往香港,再移到上海,以墨海书馆名称从事译印。1847年,该馆在伟烈亚力监督之下成为教会的编译和出版中心,直到后来由美国长老会印刷所接办。这间美国长老会印刷所原于1844年在澳门成立,1860年迁移到上海,在该地以美华书馆名称从事编印,由姜别利(William Gamble)任监督。在1891—1895年间,美华书馆出版品的总数,约有70%是关于医学、科学以及字典和教育方面的译著。另一著名译印的教会组织,是大众所熟知的益智书会(Society for the Diffusion of Christian and General Knowledge),后易名为广学会(Christian Literary Society for China)。该会最初为韦廉臣于1887年创办,后由李提摩太(Timothy Richard)继续主持,目的在编印一套适合教会学校通用的课本和普通读物。

林乐知与《万国公报》(1868年创刊)

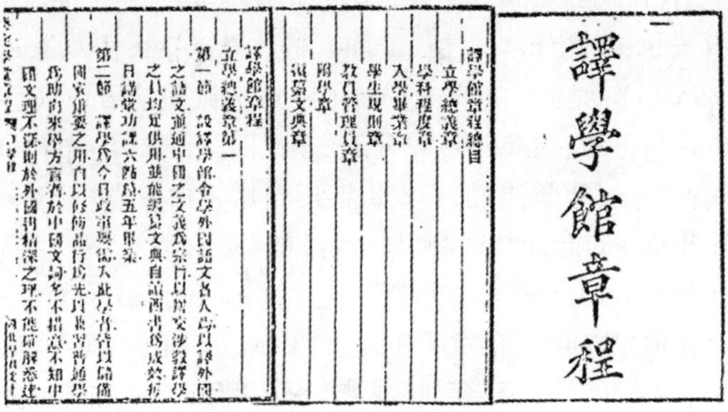

譯學館章程

譯學館章程總目
立學總義章
學科程度章
入學畢業章
學生規則章
教員管理員章
附學章
編纂文典章

譯學館章程
立學總義章第一
第一節 設譯學館令學外國語文者人爲以譯外國之語文通中國之文義爲宗旨以期交涉教譯學之任均足供用並能編纂文典自讀西書爲成效
日講堂功課六點鐘五年畢業
第二節 譯學爲今日政治要需大此學者皆以儲備國家重要之用自以修飭品行爲先且於習普通學爲助向來學方言者於中國文詞多不措意不知中國文理不深則於外國語精深之理不能融解恐速

同文馆设立的译学馆章程(1903年)

广学会因出版若干刊物而特别著名,如《万国公报》是政治和宗教性的月刊,由林乐知(Young J. Allen)主编的《益智新录》是科学月刊;《中西教会报》是教会的机关刊物;《东西洋考每月统计传》于1833年在广州创刊,是教会在中国境内出版的第一份华文综合性杂志,后由广学会继续刊行。教会的出版物,最初没有引起中国学者的注意,因为他们认为这些刊物只是宗教宣传品,但这种态度在1895年甲午战争后有所转变。因为广学会出版由林乐知编撰的一部《中东战纪本末》,报道较为翔实可靠。后来该会出版李提摩太所译麦肯济(MacKenzie)的《泰西新史撰要》,据说曾经销售到100万册。教会为了传教需要大量的出版品,特别是《圣经》,他们用西方活字版的技术印刷中文,刻字模,铸中文铅字和使用印刷机。因此,铅印术和石印术对近代中国出版事业产生了重大的影响[6]。

三、政府和私人的译书

中国政府机构于19世纪中叶开始从事译书工作,因此翻译的趋势有了很大的转变。这时期的显著特点是政府主办译事,一般人亦了解到西方科学知识的重要。虽然西方的观念对于中国的既成秩序有其潜在的危机,但西洋的技术对于国防的需要,更是刻不容缓。因此,译书的动机,多半由于政治和经济利益所促成。如表3所示,在19世纪后半期,自然科学和应用科学的译品大量增加,构成这一时期译品总数的70%以上。这些译本半数以上译自英文,其余译自德、法、俄和日本等国的文字。政府设立各种机构来训练通事和译书人才,并遣派留学生出国深造。若干具有中文和西文能力的作家成为职业性的翻译人员。同时,因印刷成为有组织的企业,译品易于出版,并透过译事学校和政府机构,更能传达于广大的读者,因而译品较前有更广泛的影响。翻译的方法和技巧,如题材的选择,名词的标准化,以及各种翻译的分工等也在普遍地讨论。

表3　19世纪后期的译书(1850—1899)

科目	语文								
	英	美	法	德	俄	日	其他或不详	总计	百分比
哲学	5	1	—	—	—	—	4	10	1.8
宗教	3	1	—	—	—	—	1	5	1.0
文学	1	1	—	—	—	—	1	3	0.5
艺术	1	—	—	—	—	—	1	2	0.3
史地	25	10	1	1	2	16	2	57	10.0
社会科学	23	5	2	6	—	6	4	46	8.1
自然科学	96	26	3	2	—	32	10	169	29.8
应用科学	123	33	6	16	—	29	23	230	40.6
杂录	9	5	1	4	—	3	23	45	7.9
总计	286	82	13	29	2	86	69	567	
百分比	50.5	14.5	2.3	5.1	0.3	15.1	12.2		100

附注:(1)表中数字仅代表译书,杂志译文未包括在内。

(2)资料来源:徐以愻,《东西学书录》(上海,1899)2册。此书于1902年增订,加入300种,因未见此书未采用。

政府从事翻译西方资料开始于1839年,当时林则徐在广州雇用一批翻译人员,从事翻译西书和报章上有关洋人的意见和活动,以作情报;特别搜集有关瓷器、茶叶、军事和鸦片的资料,以进呈御览。另外编有一份《华事夷言录要》,从外国出版品中搜集关于中国报导的摘要,由袁德辉等负责选材和译述。后来这些译文的一部分收入《四洲志》(1841年),经魏源重编,并增入一些译自外国杂志的资料,成为通行一时的《海国图志》(1844年)。半世纪以来,此书一直被视为了解西洋最权威的编著,在中国和日本都广为流传。

中国经过几度战败之后,乃于1861年决定设立一所语文学校,定名为同文馆,以造就适任的通事和译书人才[7]。这所学校后来陆续扩展,增添了多种外国语文,并新开辟关于科学和西洋制度的课程。根据1888年《同文馆题名录》所记载,该年有注册学生125人,教习19人,其中8位属英、法、德、美等国籍。校中图书馆藏有中文书300册,西文书1 700册,并有各种语文的报纸和杂志。1873年设立一所印刷局,出版所译中文的外国著作,并将此等译品分送各省当局,转发当地官员阅读。在这些译品中,丁韪良(William A. P. Martin)首次介绍了《万国公法》和西洋法典。1869年后,丁氏任该校总教习(即校长)。其他译品包括有西洋政法制度、历史和科学等著作。这些译品都用上等纸张印刷,有的进呈御览。但就数量来说,同文馆译书的贡献较少,在40年漫长的时期中,仅译了大约26部著作,包括未译完和未出版的多种在内。

同文馆与京师大学堂于1901年合并,1903年在该校设立一所译学馆,有学生120人,授英、法、德、俄、日文5种语文,并增设科学、法律和外交程序的课程。但训练期限较同文馆的8年缩短为5年。该馆特色之一,是成立文典处,主持编纂正规字典,分为英、法、德、俄、日5种语文。每种语文有3类字典,即中文-外文、外文-中文和一种科技名词的词典;每字都注有发音和定义。但因该馆寿命不长,故成就有限。

上海江南制造局于1869年将其成立不久的翻译馆与广方言馆合并[8],后者系一外语学校,1863年成立于上海。这两所机构,一从事教学,一从事编译,合作甚为密切,较其他官方翻译机构产生了更多的译品。迄至1871年,这所翻译馆出版了许多关于科学、工程、军事和其他学科的译本。最初担任翻译工作的是华衡芳和徐寿。其他西籍和中国学者参与是项工作的有傅兰雅(John Fryer)、玛高温(Daniel J. McGowen)、林乐知、舒凤(由美国归国的留学生)、赵静涵(医生)、贾步纬(数学家)和徐建寅(徐寿的儿子,曾访问欧洲)。就翻译的数量和涉及学科之广,诸人中当以傅兰雅的贡献最多。他和华、徐、赵及他人合译关于科学的著作达130余种。据傅氏于1880年的报告中称,江南制造局译书有156种,其中出版了98种,共发行了3万多部。该局的译印工作继续到20世纪之初,在1871—1905年间,出版译书共达178种[9]。

译书的风气于19世纪末叶特别热烈,反映在若干私人所支持的会社,专门从事翻译西书。其中较重要的有傅兰雅于1875年成立的格致书室,译印若干关于科学和技术的书籍,其中如《须知》和《图说》类最为通行。另一私立机构是译书公会,由一批中国学者在1897年左右所创立。因官方已专注于翻译自然科学和应用科学的书籍。该会的目的在专译西方历史和制度的重要著作,预定从法、英、日文等书籍中,选译30部著作,分期刊载于《译书公会报》,据称该杂志每期发行3 000份[10]。

经过维新运动的激励,1895年后若干大学和出版社都参与译事,如上海的南洋公学、太原的山西大学,以及北京的京师大学堂都设立了翻译科。19世纪末叶与20世纪之初,至少有40所官办和私人经营的出版机构从事译印。如新学会社专译农业书籍,广智书局专译历史和制度的著作,《小说林》期刊则专译文艺作品。出版社纷纷在上海设立,成为中国出版业的中心。

四、20世纪的译书

20世纪在中国历史上是一革命的时代,各种思想、制度与文化生活都有激烈的改变,反映在译事上的是学术兴趣的转型。过去数世纪以来,翻译的重点是自然和应用科学,现在转而热衷于社会科学和人文学科的移译。这种新的趋向不仅对现代中国政治和社会发展产生了极大的影响,也显示中国知识分子日益了解到要解决中国的基本问题,不能全靠军事和技术,还须具有现代政治、经济和社会组织的综合知识。

当本世纪初期,较多是在社会科学方面的翻译,在1902—1904年间,几乎半数的译品是关于史地、政治、经济,尤其教育制度方面的著作(见表4)。当时一般人关心制度的改革,主要是受到日本维新政策的影响,这对中国的翻译是决定性的因素。但是由于第一次世界大战期间日本对华的侵略态度,经过一段时期的激愤之后,翻译英文的著作再居首位。1912 至 1940 年间,1/4 以上的译品是译自西方文学著作(见表 5),其中 90% 是小说、戏剧和诗歌,其余是文学理论和批评。另外有 1/3 以上的译品是关于社会科学和历史,而特别重要的是关于意识形态的著作。马克思主义在本世纪前后首次介绍到中国,但马克思和恩格斯的全部中文译本,一直到 1920 年间才开始出现[11]。在 20—30 年代,研究新社会科学的兴趣达到高潮,译出了不少关于辩证唯物主义的俄文著作。这些介绍意识形态的译品,为共产主义在中国的发展奠定了基础。

表 4　20 世纪初期的译书(1902—1904)

	语文和国别								
科目	英	美	法	德	俄	日	其他和不详	总计	百分比
哲学	9	2	—	1	—	21	1	34	6.5
宗教	1	—	—	—	—	2	—	3	0.6
文学	8	3	2	—	2	4	7	26	4.8
史地	8	10	3	—	—	90	17	128	24.0
社会科学	13	3	3	7	2	83	25	136	25.5
自然科学	10	9	5	—	—	73	15	112	21.0
应用科学	3	3	3	14	—	24	9	56	10.5
杂类	5	2	1	2	—	24	4	38	7.1
总计	57	32	17	24	4	321	78	533	
百分比	10.7	6.1	3.2	4.5	0.7	60.2	14.6	—	100

资料来源:顾锡广,《译书经眼录》(杭州金佳石好楼印,1935)二册。此书目是继续徐以愻《东西学书录》1902 年的增订本。

因翻译科学方面的书籍增加,对于西方名词术语选择与中文相当的字义,就产生了很大的困惑。有些学者和有关机构开始讨论,如何将专门名词和术语标准化。梁启超曾建议:音译可用于人名和地名,意译可用于政府机关,对于科学和技术名词,则创造新字[12]。20 世纪之初,政府和学术团体曾从事名词标准化的工作。1918 年,教育部、中国科学社和若干专家共同组成一个科学名词审查委员会,包括医学、化学、物理、数学、植物学和动物学等名词的审订。自 1931 年以来,有关医学、生物和化学等多种词典先后出版。

国立编译馆自 1932 年成立以来,先后组成约有 37 个委员会继续从事名词标准化的工作。直到 1947 年,标准化的中国科学名词才拟订和采用,共分为 97 类,其中 35 类由教育部颁布采用[13]。此外,编译馆主要的任务是翻译和出版外国著作,以及将中文著作译为西文。并特别设立一个委员会负责选择用以翻译的书籍和约聘译者。关于西方哲学、历史和文学的著作,已翻译的有亚里士多德、柏拉图、康德、达尔文、莎士比亚、萨可莱(Thackeray)、易卜生和其他名家的作品。迄至1946年,有50部以上通行的古典著作译为中文出版;当时尚有100多种正在翻译和印刷中的译本[14]。

20世纪中,大多数的译品是由中国人自己翻译,没有外籍人士参与。多数中国译者都曾受过外国语文的训练,并各自翻译自己专门的学科。若干译者成为职业性的,对于介绍西方思想、文学和技术,都有很大的贡献。其中严复较其他早期译者有完全不同的学历背景,他曾受中国古籍的熏陶,也受过新式教育,又去英国深造,并且结识了一些西方哲学家。1895年甲午战争后,严氏深受刺激,乃于1896年开始翻译赫胥黎的《天演论》,由此达尔文的"物竞天择"和"适者生存"的理论首次介绍到中国。该译本于1899年出版,一时风行并采作学校课本。严氏又译亚当斯密斯的《原富》(1902年)、穆勒的《群己权界论》(1903年)和《名学》(1905年)、斯宾塞的《群学肆言》(1903年)、甄克思的《社会通诠》(1904年)、孟德斯鸠的《法意》和耶芳斯的《名学浅说》(1908年)。这8种西方的经典著作,对现代中国思想产生了极大的影响。

在翻译技巧方面,严氏创立了"信、达、雅"的标准,并用古文意译。为了迎合读者的心理,使人不致感到这些新观念完全系舶来品,他引用中国典籍中的成语作为解说。可是这种翻译方法,常会曲解原意。当时京师大学堂的总教习吴汝纶,在给严氏的信中曾批评道:"执事若自为一书,则可纵意驰骋,若以译赫氏之书为名,则篇中所引古书古传,皆宜以原书所称西方者为当,似不必改用中国人语,以中事中人固非赫氏所及知。"[15]这种批评道出了严复译书的问题。

早期所译小说中,以林纾对中国读者影响最大。在他之前,传统中国文学中,小说没有地位;甚至在20世纪初期,除非这种小说是既富兴趣,又长于文章,否则少有人阅读。林纾是第一位用古文翻译西方文学作品的作家。因他不谙外国语文,全靠他的合作者选材和口译,由他笔述。合作者固非全是上驷之材,因而他的译品常被识为选材既非上乘,而译笔又每多不当,只是根据一个外国故事的情节,用中文重述而已,这是意传而非翻译。但这些缺点并不能减低林氏对广大读者的影响力。当19世纪末叶和20世纪之初,林译西方小说不下180余种[16]。虽然林译小说很多为后来译者重新翻译,但首先介绍西方小说给中国读者的,还是要归功于林氏。

最早翻译西洋小说的现代中国作家和译者,许多原来是学习科学和技术的,后来转治文学,从事翻译和写作。鲁迅是大家所熟知的人物,他曾在国内习海事和矿务,后来在日本学医,1903年他开始翻译两篇味纶的短篇故事。1909年他和弟弟周作人合译《域外小说集》,其中包括安得烈夫、柴霍甫、显克微支、王尔德、爱伦坡、莫泊桑和其他名家的作品。他们起初用古文直译,不为一般读者所欢迎。据说他们的第一部译作,出版10年后仅售出了21本[17]。鲁迅后来的译品改用白话,译了许多俄国和日本作家的作品,如法兑也夫、果戈里、高尔基和潘特烈叶夫诸人的短篇小说,卢那卡尔斯基的《文艺与批评》,爱罗先珂的《童话集》,以及厨川白村和鹤见佑辅的随笔等。周作人则以翻译东欧作家的作品而闻名。

郭沫若于1928年译歌德的《少年维特之烦恼》,1932年译《浮士德》,另译有辛克莱、高尔斯华和托尔斯泰诸人的作品,以及译自英、德和俄国诗人的诗歌。其他著名的译者如田汉，译有莎士比亚、托尔斯泰、王尔德和默林克等人的剧作；傅东华译了多种文学批评的作品；梁实秋以译莎翁戏剧而闻名；关琪桐译了若干西方哲学家如笛卡尔、培根、柏克利和休姆诸人的名著。在科学方面，多数译者翻译他们专业的书籍，但也有少数旁及其他学科。

五、对外关系与译书

两国间的文化交流，常系于两国间政治和经济上的亲疏，外交关系愈密切，文化关系也多易沟通。从16世纪至18世纪，天主教罗马教廷与中国的关系是相当独立的，但这种情况只维系到欧洲对外扩张的第一阶段。从19世纪末叶直至当代，中国对外关系曾经历了许多不同的阶段。在这时期中所产生的译作，正符合中国近代史上外交关系的演变。从1842年鸦片战争至1895年甲午战争，将近半个世纪，英国在中国的势力独占优势，这时期的译品正反映出这个事实。1850—1899年间所产生的567种译品中，50%是译自英国的著作（见表3），早期的译者如马礼逊、米怜、麦都思、郭宝猎、缪耳赫德（Muirhead）、伟烈亚力和其他诸人的译述，大多与英国在华的政治经济利益有关。从1895年中日战争至1919年“五四”运动，因日本维新后的崛起，这对中国是一大刺激，由于中国萎弱，面对西方列强的威胁，改革运动的主要目标在仿效日本。因而在20世纪之初，有1万名以上的学生成群东渡[18]，更有强调学习东洋和自日文翻译远较从西文直接翻译为便捷的意见。[19]结果，这一时期从日文翻译的作品，高达总数的60%（见表4）。

日本对中国的侵略，特别是当第一次世界大战期间，引起对彼邦的仇视，因而导致中国的译述再转向西方国家。当时美国对中国的态度友好，赢得中国人士的好感，学生倾向留美代替了留日。密切的文化关系，引致大量翻译美国科学和文学作品。虽然译书目录中，英文译品不能分别美国著者或英国著者，但自民国成立至1940年以来，英美作品构成译品总数的56%以上（见表5）。

表5 民国时代的译书（1912—1940）

	语文和国别							
科目	英美	法	德	俄	日	其他和不详	总计	百分比
哲学	164	17	31	11	22	3	248	4.7
宗教	97	10	5	—	11	—	123	2.3
语言	25	2	4	1	1	7	40	0.8
文学	505	210	101	239	174	233	1462	27.6
艺术	24	4	2	6	15	—	51	1.0
史地	491	37	29	21	53	10	641	12.0
社会科学	763	72	118	42	351	5	1351	25.5

续表

语文和国别								
自然科学	585	25	46	3	112		771	14.6
应用科学	311	2	41	3	217	—	574	10.8
杂录	23	2	—	—	13	—	3.8	0.7
总计	2988	381	377	326	969	258	5299	
百分比	56.4	7.2	7.1	6.2	18.2	4.9		100

附注:(1)表中数字仅代表译书,杂志译文未包括在内。

(2)资料来源:平心编,《全国总书目》(上海:生活书店,1935)。此书目收录1912—1940所出版新书计20 000种中,列入4 159种译本;又《图书季刊》英文版,1935—1940,收录译本1 140种。

在19世纪,中国与俄国在政治和文化方面的关系,不如英、日、美三国重要。直到1920年间,才有少数俄国文学和社会科学的著作译为中文。在1919—1949年间,译自俄文的作品仅有约650种,如和67%的英文译本比较,它仅占此期译品总数约7 000种中的9.5%。自1949年中华人民共和国建立以来,与苏联在政治、经济、文化各方面都发生密切的关系,大量的翻译俄文著作,成为新政府政策的一部分。据1950年的报导,该年出版各科的译品约有2 147种,其中1 662种或77.5%译自俄文,而译自英文的著作仅有382种,占译品总数18%[20]。

其他西方国家,与中国的政治和文化关系都较疏远,译自德文和法文的译品数目,也较英、美、日为少。如表3、4、5所示:译自法文的共计411种;译自德文的430种。此外译自其他国家的作品,至少代表22个国籍的著者[21],其中以译自意大利的较多[22]。在西方文化输入中国的过程中,日本扮演着重要的角色。从日文译为中文的历史可追溯到1880年,但翻译的重要时期开始于1895年中日甲午战争之后。自20世纪初以来,中国学者翻译了许多日文著作,特别是关于经济、政法、农业和医学方面的著述。日本文学创作,由归国的留学生大量介绍,翻译了许多日本名作家的作品,每人常译有5—10种之多。1927年左右,左翼文学在中国兴起,日本资料提供了大量的翻译素材,大约在1880—1940年间,译自日文的2 204种著作中,最高的百分比是社会科学,其次是自然和应用科学、文学和其他学科[23]。

因中国人对日文较西文易于阅读和翻译,许多西方的著作,重新由日文译为中文,如雷马克的《战后》、考茨基的《马克斯的经济学说》,以及鲁迅所译的俄国小说,大都是由日文转译而来[24]。一位中国作家曾批评道:在日文译本中的一些更改、删节和错误,再转译为中文时,就有更多的变动、更改和错误。[25]像这样的译品,怎能保持它原有的形式和意义呢?假如一部俄文作品译为德文或英文时已有一些错误,再译为日文时,又增加一些错误,于是从日文译本再译为中文时,一定是集错误之大成了[26]。

六、结语

从16世纪末至20世纪40年代,除了发表在报刊上许多翻译的文章以外,估计译书的总数应超过1万种,其中大多数系20世纪初年的产品。虽然本文所收集作统计的资料未能完备,但相信表中的数字足以代表某些学科和语文在各时期的一般趋势。这些译品的确切影响,尽管不易作出正确的评估,但将所涉及的学科和语文加以分析和综合,对于了解译书的一般情况和趋势,至少能有一些帮助。翻译的题材反映一个时期的需要和兴趣,很明显,人文和社会科学在过去的译品中占主要地位,其总数达70%,而自然和应用学科仅占27%(见表6)。这或可说明,一方面因人文学科事实上较技术知识更为基本和重要;另一方面,人文和社会科学是一种累积的知识,其所蕴涵的旧知识,不像在科学和技术的领域内可为新知识所代替。

总计译品所涉及的科目,文学所占的比例最高,这大量移译西方文学作品,大半由于政治和社会改革的动机,而非仅为怡情遣兴。因文学是最通行的大众阅读媒介,许多现代中国知识分子认为它是教育广大群众的最好工具。因此,大量输入西方文学作品成为鼓吹社会改革的媒介,就不足为异了。

表6 近代译书所涉及的主要知识领域(1580—1940)

译书种数							
科目	1580-1790	1810-1867 *	1850-1899	1902-1904	1912-1940	总数	百分比
人文学科	(282)	(706)	(20)	(63)	(1 924)	(2 995)	3.92
哲学	19	—	10	34	248	311	
宗教	251	687	5	3	123	1 069	
语言	9	19	—	—	40	68	
文学	1	—	3	26	1 462	1 492	
艺术	2	—	2	—	51	55	
社会科学	(19)	(27)	(103)	(264)	(1 992)	(2 405)	31.5
政治	2	2	20	79	448	551	
经济	—	2	14	3	367	386	
教育	4	—	12	54	211	281	
社会	—	—	—	—	325	325	
史地	13	23	57	128	641	862	
自然科学	(127)	(34)	(169)	(112)	(771)	(1 213)	16.0
数学	20	9	34	9	154	226	
天文	89	19	12	—	49	169	
地理	6	4	45	10	59	124	
化学	—	—	18	9	77	104	

续表

译书种数							
地质	3	—	17	46	50	116	
生物	6	2	28	31	148	215	
其他及通论	3	—	15	7	234	259	
应用科学	(4)	(13)	(230)	(56)	(574)	(877)	11.5
医学	2	13	45	9	220	289	
农业	—	—	46	5	72	123	
工程	—	—	93	10	124	227	
军事科学	2	—	47	32	118	198	
其他及通论	—	—	—	—	40	40	
杂录	(5)	(15)	(45)	(38)	(38)	(141)	1.8
总计	437	795	567	533	5 299	7 631	100

* 在此期中,译书数字有彼此重复处,其中属社会科学者 2 种,自然科学 6 种及应用科学 5 种,共计 13 种。

翻译的素材代表 25 个国家以上的著述,以英、日、俄文的作品为最多,其中有些是转译而非译自原文。有些所谓"中文原著",事实上是根据外国著作的一种或多种底本编译而成。有些译本并非译自该科的最佳选本;有时同一部作品,有两种或多种译本,如此,在译本的品质上,虽然可以比较出优劣,但放弃其他重要著作未译,而产生许多重复的译本,毕竟是一种人力浪费。翻译在 1930 和 1940 年代,无论在选材和技巧方面,都有相当的进步,虽然有待改进的地方很多,但译书对中国现代化的影响,是毋庸置疑的。

注释:

1. 本文所指翻译,系由原文译为中文而不更改其内容的书籍为限。除早期耶稣会士的译述难以分别其著、译外,其他称为编订之作品或期刊中之译文,均不计在本文的统计之内。

2. Henri Bernard. *Matteo Ricci's Scientific Contribution to China*, trans. by Chalmers Werner. Peking: Henri Vetch, 1935. 68

3. 关于耶稣会士在学术上的贡献,参见:方豪著. 方豪文录. 北平:上智编译馆,1948 年;罗常培. 耶稣会士在音韵学上的贡献. 中央研究院历史语言研究所集刊,1929,第 1 本第 3 分册;范适. 明季西洋传入之医学. 上海:中华医史学会,1943,2:1a—3a;惠泽霖(Hubert Verhaeten)著,景明译. 王征与所译奇器图说. 上智编译馆馆刊,1947,2(1):26—36;Alexander Wylie. *Notes on Chinese Literature.* Shanghai, 1922; Walter Fuchs. *Der Jesuiten Atlas der Kanghsizeit.* Peking, 1943

4. 关于新教传教士的译述,见:Alexander Wylie. *Memorials of Protestant Missionaries to the Chinese.* Shanghai: American Presbyterian Mission Press,1867; William Milne. *A Retrospect of the First Ten Years of the Protestant Mission to China.* Malaaca, 1820

5. 梁启超. 西学书目表. 上海:时务报馆,1896,1:4b—6a

6. 关于教会出版事业,见:Gilbert Mclntosh. *The Mission Press in China.* Shanghai: American Presbyterian Mission Press, 1895:35-58; Albert J. Garnier. *A Maker of Modern China.* London: Garey Press,1945. 77; K. T. Wu. "The Development of Typography in China during the Nineteenth Century". *Library Quarterly*, 1952(22):288-301;杨寿清著. 中国出版界简史. 上海:永祥印书馆,1946

7. 关于同文馆的创立及译书经过,参见:Knight Biggerstaff. "The T'ung Wen Kuan". *Chinese Social and Political Science Review*, 1934 (18):307-40;同文馆题名录为该馆校历,于1879年开始编印,以后每隔数年编印一次;译学馆开办章程. 北京,1903. 18

8. 关于江南制造局译书,见:冯桂芬. 显志堂稿. 1876,10:18—20;John Fryer. "An Account of the Department for the Translation of Foreign Books at the Kiangnan Arsenal". *North China Herald*, January 29, 1880 (24);格致汇编. 1880,第3年,第5—8卷;周昌寿. 译刊科学书籍考略. 张菊生先生七十生日纪念论文. 上海:商务印书馆,1937:425—428

9. 其中有关自然科学者66种,军事38种,工程和制造25种,医学11种,农业7种,历史和制度21种。关于江南制造局译书全目,参见:魏允恭撰. 江南制造局记. 上海:文宝书局,1905,2:15—22

10. 译书公会报. 1897(1)

11. 梁启超在《新民丛报》1902年第18号,页22最早提及麦喀士(即马克思),不久即有数部日文著作的中译本,对社会主义有较详的介绍,如:日人福井早藏著,赵必振译. 近世社会主义. 上海:广智书局,1903;1920年陈望道中文全书译本《共产主义宣言》。

12. 梁启超. 论译书. 饮冰室合集. 上海:中华书局,1936,第1册,页64—76

13. 1947年教育部颁布采用的科学名词,其中包括化学、药剂和药物学、天文、物理、矿物、气象、地质、解剖、细菌和免疫、病理、电机工程、化学工程、普通心理学、社会、经济、教育、统计等,见:中华年鉴. 南京:中华年鉴社,1948,下册

14. 国立编译馆工作概况. 南京:国立编译馆,1946

15. 王常. 严几道年谱. 上海:商务印书馆,1936,页35

16. 阿英. 晚清小说史. 上海:商务印书馆,1937. 谓林译小说约171种,包括的作家有英国99人,美国20人,法国33人,俄国7人,瑞士2人,以及比利时、西班牙、挪威、希腊和日本各1人,尚有5人国籍不明。马泰来著. 林纾翻译作品全目. 见:林纾的翻译. 商务印书馆,1981年收录184种。

17. 见前书,页283—284。

18. 舒新城著. 近代中国留学史. 上海:中华书局,1933,页46

19. (清)张之洞著. 张文襄公全集. 1937. 卷二〇三,页15

20. 翻译通报. 1951,3(5):9—10

21. 杨家骆撰. 图书年鉴. 1923年度,第6编,页1—444

22. Pi Shu t'ang. *Catalogo di opere in Chinese tradotte dall Italiano o riguardanti l' Italia i Saggio di bibliografia.* Peking:Centro Culturale Italiano, 1941

23. 实藤惠秀著. 日本文化の支那への影响. 东京:萤雪书院,1940:8—9

24. Wolfgang Franke and Dschang Schau-dien. *Titelverzeichnis Chinesischer uebersetzungen Deutscher Werke.*

Peking: Deutschland-Institut, 1942
25. 蒋光慈著. 异乡与故国. 上海:现代书局,1930. 131
26. 梁启超著. 译印政治小说序(1898). 饮冰室合集. 上海:中华书局,1936,第2册,页34—35;又小说与群治之关系. 同上书,1902, 第4册,页6—9;鲁迅著. 呐喊. 上海:北新书局,1926,序页4

第二章　美国对亚洲研究的启蒙

本文是1959年夏季作者在夏威夷大学亚洲研究暑期班的英文讲稿，收入印第安纳大学出版的《亚洲研究与州立大学》(*Asian Studies and State Universities*. Bloomington：Indiana University，1960)一书。内容主要指出美国一般人对亚洲文明的无知和误解的原因，以及早期对亚洲各国研究的动向及其影响，对象是参加亚洲研究暑期班的大学生和中学教员，强调亚洲研究的重要性，目的在引起美国社会对这一问题的重视。这篇讲稿曾引起普遍重视，因为作者虽没有参加其后各届，但夏威夷大学仍要求在以后各届复印散发。中文本系冼丽环译，原载《大陆杂志》第22卷第2期(1961年3月15日)。

——编者注

一位在美国访问的印度学者于1956年向各大学的学生举行了一次调查，以测验一般美国大学生对印度了解的程度。问题中有一条是："当别人提到印度这个名词时，最先出现于你的印象中的两三个联想是什么？"一位普林斯顿大学四年级学生回答说："奇异的风土人情，大多数人民都很穷困，很多老虎。"许多学生都联想到马可·波罗、绳戏、热带莽林和坐在钉板上苦修的瑜珈信徒，却只有少数学生提到印度的文化，为争取独立而作出的奋斗，以及一些杰出作家所写有关印度的书籍。威斯莱大学的一位学生评论这个调查的结果，说："那些问题让我明白了我对印度的了解是多么贫乏，真叫人发窘。"如果向美国学生提出关于中国、日本，或其他亚洲国家同样性质的调查，其结果的肤浅也将和了解印度的情形大致相仿。

一、美国教科书中的亚洲

这个调查进一步指出，一半以上被调查的学生都是在小学的地理和社会科学课本上听说到印度的。那么我们且问："这些播下有关亚洲国家知识最早种子的课本，对于亚洲曾作过如何公正的论述呢?”其实,一般学者和教育家们并不是新近才注意到这个问题。早在1917年,耶鲁大学一位中国学者刘廷芳首先以批判的眼光注意到美国教科书上对中国的论述。他深深地感到,美国孩子从他们的课本上得到关于中国和中国人民的认识是不正确的,那许多资料足以产生一种对中国人的种族歧视和傲慢态度。约在23年后,哈佛大学的邱吉(Alfred M. Church)又在美国各大学中作了一次有关对中国和日本认识的相仿研究。他发现,典型的高中学生花在与东亚相关的社会研究上的时间,可能不到1%;因此,这些学生对于中国及其他地区的国家,自然所知极少。最近,芝加哥大学的道柏斯坦(Robert K. Dobberstein)对美国19世纪的课本中关于东亚的记载也加以详细分析。他指出那种不公正的论述皆由于著者不能理解中国和日本各具有值得尊重的同等文明,而恒以西方的标准来衡量东方文化的价值。

自第二次世界大战以来,美国教科书内关于中国的报导,已有显著的增加,但这些资料仍旧微不足道,质的方面又不平衡,缺乏公正的眼光,而且陈腐过时。这是1946年由美国教育评议会和美国太平洋学会,选出一批美国各校应用最广的课本,分析有关中国、日本、印度和东南亚各国的资料研究中所获得的结论。在此之后,另有两个相仿的研究:一个是1956年由华美协进社主持的调查,专门研讨美国课本中有关中国的资料,以求测定其质量的多寡、精确和适合的情况;另一个研究是由联合国教科文组织发起,结果见于1956年出版的一个特别委员会的报告(Report of the Committee on the Treatment of Asia in Western Textbooks and Teaching Materials)。后一研究的范围虽不只限于美国,但其结果是同样发现许多材料普遍地不正确、陈旧,而且缺乏适当的选择。

多年以来从许多调查中所发现的缺点,现今可能在某些方面仍然属实。第一,课本中论述亚洲和亚洲与世界关系的资料一向太少。譬如在1903—1917年间写成的23部世界史教科书中,述及中国的内容达到1%者仅有一部。1946年各级学校地理课本中叙述亚洲国家之篇幅占到4.11%,世界史中占7%,美国史中占3.2%,公民及其他有关现代问题的课本中占到1.3%。虽然从资料的总量上看来已有相当的增进,但许多学者都认为这些材料仍不足和不当。有些资料未能达到应有的明智选择,而少数记载如《马可·波罗游记》之类,则大部分教科书中都过分渲染。

第二,叙述不正确、语意含糊、省略事实,这些都给予青年读者们错误的印象。例如,在介绍中国方言时,有一本教科书的作者说:“全中国只有很少几个人曾经在北京受教育而且会说国语。”大家都知道,大多数中国人都会说所谓的国语。从20世纪30年代以来,全国各学校都一律教授国语,一个人会说国语,可不一定要在北京受过教育。有些课本里经常选用一些陈腔滥调,诸如“开放”、“落后”、“中国沉睡了”或“黄色的帝国”等等。有一本历史课本上附有一张自纪元前4000年到纪元后1917年间世界史上“60个重要日期”表,其中仅举了一件有关亚洲的事件即1868年日本明治维新。这种介绍和选材,很容易导致学生们的无知、误会甚至曲解事实。

第三,许多课本中对亚洲的评价,既没有眼光而又肤浅。亚洲的故事通常都被描写成落后的大陆,西化才意味着进步。而工业的不发达,好像就等于亚洲在各方面都落后。有一本书这么说:“美索不达米亚、埃及,甚至中国曾有他们自己的文明。”这意味着中国文明不能和西方文明相提并论。许多插图,完全从旅游观光的立场着眼,特别注重奇异的风土人情或不寻常和不合常态的景象,许多都是完全过时的。一本教科书的著者说:“我们觉得中国人比埃及人、巴比伦人或印度人都难于了解。”另一个又说:“中国人的语言这么怪,他们的社会风俗与我们的如此不同,他们的土地又离得这么远,因此,中国人实在太难以了解。”又有一位说:“日本与此情况略同,代表着与我们截然不同的东方型式。”如此特别强调别国的土地、人民和风俗的怪异,每使青年们抱着畏缩不前的态度去认识这些他们原计划探索的国家。而且这些叙述的精确性,也大有问题。

教科书内对亚洲论述的不当,不仅要归罪于著者和出版者的无知,而那些常被用来作为著书根据的失实而陈旧的资料尤该谴责。这些资料有些已是19世纪或20世纪初写成的,常常难免于歧视、错误和偏见。这与17、18世纪间耶稣会传教士所写的报告又很不同,那些作品曾使欧洲人对亚洲,特别是中国,留下了很深刻的印象。然而19世纪和20世纪初期的传教士和旅游者的作品,却大部分充满肤浅、曲解和对亚洲人民傲慢的态度。运用这些资料时,若不能加以批判性的检讨和健全的判断,则极易产生这种过分简单的结论和错误的论断。而这些论述反映在一般教科书的内容中,因此却被一般美国人所接受。

二、美国对亚洲研究的发轫

虽然传教士有时以傲慢的姿态对待亚洲,然而他们却是最先学会了亚洲的语言和文化,也就成了最早专办亚洲外交和商务的语言专家。而且,他们对亚洲国家的评论和研究,也就或是或非地影响着美国的舆论。当亚洲的语言和其他学科被介绍到美国大学课程的时候,这些人中有些便成了美国亚洲研究的专家和启蒙导师。

19世纪美国的亚洲研究有两大推进力:其一,如上所述,系适应美国教会向亚洲发展及其他实际的需要;其二则因美国高等教育深受欧洲学术研究风气的影响,许多大学课程都仿照欧洲的体系,同时许多美国学生都到欧洲求学,因此欧洲汉学和梵文研究的学术传统便为美国各学校所仿效。在19世纪末叶和20世纪初期,大学里的中文和印度研究讲座,除少数系由过去的传教士担任外,大多数皆由欧洲学者或曾经在欧洲大学接受训练的美国学者主持。直到1930年代,研究亚洲的美国学者才开始有其独立的研究路线。

最初美国对亚洲的学术研究集中于两个主要的国家:印度和中国。早在1841年,梵文首先被列入耶鲁大学的课程;中文研究的开始却迟了将近30年。1836年,一位年青的耶鲁毕业生索斯伯利(Edward Elbridge Salisbury)到欧洲研究东方语文。5年后,耶鲁聘他为阿拉伯文和梵文教授,虽然他很想接受这份荣誉,但他却以为自己没有资格承担这份工作,因而留在欧洲继续深造了两年,直到1843年他才回美国接受耶鲁的职务。虽然他根本的兴趣在近东,索氏对梵文和中文的研究,乃是在美国从事的此项学术研究工作中最早的。

索斯伯利在耶鲁的极少几位梵文学生中,有一位就是惠特尼(William Dwight Whitney)。他于1849年进入耶鲁,其后到柏林随名师研习。当他在1854年回到美国时,便被耶鲁聘为梵文和印度文学的教授。以后40年间,他继续教授梵文及其他东方语文。他是美国梵文研究的真正始祖,为当代大多数梵文学者的老师,这些人大都是他的学生或学生的弟子。惠特尼的著作极多而且包罗万象,有350种都是讨论梵文和语言学的,他被尊为美国科学语言学之父。

另一位美籍梵文学者是贺尔(Fitz Edward Hall),他于1846年毕业于哈佛,其后到印度研究。1850年被聘为印度一所公立学院的梵文教授,他编著了一套《梵文文法》,这是由美国人所写此类著作中的第一部。然而,当时美国竟无销售此书之市场,亦无处能施展他的长才。1859年他到了英国,在牛津大学获得了一项荣誉学位及教席。虽然他的大部分著作都在英伦所写,而他的影响却深广地遍及美国。

除了这些梵文研究的学者外,许多传教士也致力于印度文化的探讨。贺辛顿(Henry Richard Hoisington)是在锡兰和印度的传教士,19世纪中叶回到美国,便在威廉斯学院(Williams College)讲授印度文化。他出版了两本讨论东方天文学和印度哲学的译著。其他有贡献的学者尚有阿伦(David O. Allen),他论述印度的巨著汇集了他毕生在印度工作时所收集的资料;以及阿杰(William R. Alger),他的诗集中包括若干译自梵文的诗篇。

整个19世纪和20世纪初期,美国各大学都有一种根深蒂固的梵文研究传统,而且维持一些国际知名的梵文学者以迄于今。除了索斯伯利和惠特尼外,还有耶鲁的霍普金斯(Edward W. Hopkins)、约翰·霍普金斯大学的布卢姆菲德(Maurice Bloomfield)、哥伦比亚大学的杰克逊(Abraham V. W. Jackson)、哈佛大学的蓝曼(Charles R. Lanman)、加利福尼亚大学的赖德尔(Arthur W. Ryder)。这些学者吸引了许多学生从事印度的研究;但社会上对于此种专家的需要并未因此而有相当的增加。结果,许多人发现他们所受的训练无法学以致用,因为找不到适当的工作,而不得不另谋生计。这种趋势,直到第二次世界大战后才被扭转,这时对现代印度的兴趣及对于印度文化之社会科学的研究方见开始。

三、对中国、日本及朝鲜的早期研究

美国学术界对于中国的兴趣,以语言研究为先,继则社会风俗、历史、宗教和其他科目。早在1818年,杰斐逊(Thomas Jefferson)给朋友的一封信中,曾表示他极欲知道中国表意文字是否合宜于用作传达科学理念的工具。对中国语文同样的好奇,因而促使当时的美国哲学学会会长杜彭书(Peter S. Du Ponceau)在1838年发表了一篇《中国文字之性质及特征》(*A Dissertation on the Nature and Character of the Chinese System of Writing*)的论文。著者本人显然未读过中文,仅从欧洲人的作品和一些报告中知道了一些原则,那就是中国、日本、高丽、琉球和安南的语言虽然彼此不同,但都能借共同的书写文字而互相了解。第一个真正会讲和写中文的美国人是亨特,他在1825年13岁那年抵达中国。曾在马六甲的华英书院研究中文,继受雇于一商业公司,最后成为该公司的股东之一。他写过《广州的番鬼》(*The Fan Kwae at Canton*,1882)和《中国拾萃》(*Bits of Old China*,1885),这两本书成为日后许多论述早期中美关系的重要参考资料。

19世纪少数美国传教士学者中,有3个杰出的人物值得一提。第一位是裨治文(Elijah Coleman Bridgman),他是第一个到中国的美国传教士。在1829年前往中国的途中遇到了亨特,亨特自愿从部首教他中文。1832年裨氏在中国创办了第一份英文期刊《中国杂志》(*Chinese Repository*),这是专为向西方读者报导远东情况的一份刊物。他为这杂志写了很多文章,也翻译了许多中国书塾中所用的课本。1841年他出版了《中国广东方言文选》(*Chinese Chrestomathy in the Canton Dialect*),是早期利用罗马字拼音作为学习中国语言的一种专书。

另一位研究中国文化的美国先进是卫三畏(Samuel Wells Williams),他于1833年到达中国,在一个教会出版社当印刷工人,就在那儿学会了中文和日文。其后历任伯理(Perry)日本远征队的翻译官,美国驻华公使馆秘书和代办,最后成为一位作家和耶鲁大学的中国文学教授。1848—1851年间继裨治文之后任《中国杂志》的编辑,也发表了许多论文。他的最风行的著作是《中国总论》(*Middle Kingdom*)一书,于1847年出版。此书虽然缺点很多,但当时仍被推为早期美国人所写关于中国的一部标准著作。他的《中文缀音字典》(*Syllabic Dictionary of the Chinese Language*)于1874年出版,是早期研究中文的学者普遍采用的一部中英字典。

丁韪良(Williams Alexander Parsons Martin)是另一位杰出的传教士,为本世纪初闻名中美学术界的学者、政客。19世纪60年代他做过传教工作,又当过美国驻华使馆的翻译官,后来任同文馆的国际公法教授;当北京京师大学堂成立时,他被任为第一任校长。他写了很多中文和英文的著作,包括他自己的回忆录等。他在中国的活动,特别是他与中国官场的交往,对中国19世纪末叶的革新运动有相当的影响。

其他致力于中文研究的传教士有:马蒂尔(Calvin W. Mateer),他的《国语教本》(*Mandarin Lessons*,1892)曾一度被用作标准课本;古律治(Chauncey Goodrich),他的《袖珍中英文字典》(*Pocket Dictionary*,1891)到1933年已销售了15 000册,至今仍是西方学生学习中文的一部轻便的参考书;方法敛(Frank H. Chalfant)是西方学者中研究中国古文字和甲骨文的少数先驱者之一。

美国传教士抵达日本稍晚于中国。最先从事学术研究的是赫本(James Curtis Hepburn),他于1859年到日本行医播道。因为当年他在普林斯顿所受的拉丁文训练和他对日文的兴趣,使他完成了一部著名的《日英·英日字典》,于1867年首次出版,1873年出版节本。这不但是第一部日英字典,而且其中的罗马字拼音法经过后来的一些修正,至今仍为西方学者所通用的标准方法。

美国人所著的最早和销行最广的日本史,当推格利菲斯(William Elliot Griffis)的《皇国》(*The Mikado's Empire*)。格氏是东京帝国大学的英语讲师,曾写过许多有关日本、韩国和中国的书。虽然他不是一位传教士，但留日期间曾与许多传教士交结，如赫本便是他最好的朋友。《皇国》中一半叙述日本史实，另一半则为其个人的观感，这本书系1876年出版，在19世纪后期风行一时，出版后仅4个月便印行第2版。

19世纪美国人所写有关朝鲜的书很少。最早的一本是《高丽：隐士国》(*Corea: The Hermit Nation*, 1882)，也是格利斯菲利用日文资料所写成。美国早期对朝鲜研究最有贡献的是赫伯特(Homer B. Hulbert)，他是住在汉城多年的传教士，与当时的宫廷交往颇密。他的著作有《朝鲜史》(*History of Korea*, 1905)和许多刊登在《高丽杂志》(*Korean Repository*, 1892—1898)和《高丽评论》(*Korean Review*, 1901—1906)的专论。这两种杂志都是由他主编，其中他曾发表许多有关朝鲜社会和历史的学术论文，是当时政治绝好的记述。但此等对朝鲜的早期兴趣，却被1910年日本的吞并所中断。此后，朝鲜的研究，仅被视为日本研究的一种附属品，直到第二次世界大战和其后的朝鲜战争，才重新触发对于朝鲜的学术研究。

四、对中国和日本教学的提倡

自1876年后，中文教学开始列入美国的大学课程中。耶鲁首先创设了中国语言的讲座，聘请卫三畏为首任教授。3年后，哈佛罗致中国学者戈鲲化为中国文学讲师，他和他的家属前来剑桥是当时的一件大事，正如《哈佛纪事》(*Harvard Register*)所记载：这是"他所隶籍的古老国家以及我们所属的新兴国家间的一种精神上的连结。"不幸，3年后戈氏逝世；自此，哈佛多年未开设中文课程，直到20世纪30年代，赵元任和梅光迪才先后担任此职。

1890年，加利福尼亚大学鉴于加州与亚洲间贸易的繁荣与适应此种需要是大学的任务，因而设立阿加西斯氏(Agassiz)东方语文讲座。然而，这职位一直未有人担任，直到1896年才由一位英国人傅兰雅受命此职，他是一位著名的翻译家，曾在江南制造局将100余部西书译成中文。他于1915年退休，由江亢虎和小卫廉士(Edward Thomas Williams)先后继任讲座。

1901年，哥伦比亚大学创设丁良(Dean Lung)中文讲座，以纪念一位以忠心赢得其雇主赞誉的中国人。雇主是哥伦比亚大学的校友，他捐了一笔可观的款项，复由丁良赠款补充，以促进中文的研究。1902年，德国汉学家夏德(Frederick Hirth)受任此讲座，许多客座教授如英国的翟理斯(Herbert Allen Giles)和法国的伯希和(Paul Pelliot)都从国外邀请前来讲学。在富得禄教授担任此讲座之前，包特(Lucius Chapin Porter)亦曾短期担任此职。

芝加哥大学的中国语文教学正式开设较他校为迟，虽早在1928年陈受颐曾开设一门中文课，另有几门关于亚洲历史、宗教和国际关系的课程，也早由麦克奈尔(H. F. MacNair)等人开讲，但直到1936年顾立雅加入该校教授的行列，才正式开设中国语言和文化的课程。芝大的早期毕业生中，有不少是研究中国的著名学者，如德效骞(Homer H. Dubs)翻译《汉书》，梅贻宝曾译《墨子》并治中国哲学史，顾立雅专攻中国古代史，陆同卢（Donald F. Lach）研究中西交通史。他们对中国文化的各方面，都有启蒙的贡献。

在芝加哥另有一位早期的汉学领袖劳福博士，他是出生在德国的汉学家，精通十多种亚洲语文，著述等身，对中西交通史的贡献尤为杰出，如《中国与伊朗》（*Sini-Iranica*，1919）一书，详述中国与古代波斯的文化交流，影响深远，非精通中亚多种语文者，不能执笔。他虽未从事实际教学，但对美国汉学研究的贡献却很大，他于1898年开始在富地自然科学博物馆（Field Museum of Natural History）建立著名的收藏。他的博学精深，当时无人可以匹敌，至今也很少有人能步其后尘。

直到20世纪初期，美国才开始教授有关日本的课程。在1906年，一位日本学者浅川贯一在耶鲁大学开讲日本历史。约在同一时期，斯坦福大学也开办了远东史讲座，由崔特（Payson J. Treat）主持，他曾写过许多有关日本外交史的书。1914年，两位东京帝国大学的日本教授姉崎正和服部宇之吉应聘到哈佛讲授佛教和日本文化。但日本语言则过了很久才开始授课。

夏威夷大学由于处在东西方会合的有利地位，是最先开设日本语文课程的美国大学。早在1920年，对中国和日本的语言、文学、历史的研究，已开始由日本原田助博士和中国王天木进士创设。王氏于1922年离校，由李绍章继任，他创办了东方研究学系，1935年扩展为东方研究所，为教学与研究之综合机构。在1930年前后，该校开设的亚洲与太平洋地区的课程为美国各大学中开设这类课程最多的前3位。当时其他各大学均未教授日语，直到1940年代，岸本英夫在哈佛、久野芳三郎在加州大学以及异三郎在华盛顿大学开始授课。自此以后，日语才被列入许多其他大学的课程。

美国对亚洲研究的兴趣，自20世纪30年代以后，特别受到各基金会的资助和学术团体的提倡，因此得到很大的鼓励和推进。这些早期设立的机构有美国东方学会（American Oriental Society），创建于1843年。在其前半世纪的历史中，索斯伯利和惠特尼是两个最重要的人物，尤以惠特尼为最，他主持该学会学报的出版，主要对近东与印度的研究，其次为中国和日本。在20世纪30年代，该会于每年的年会中和美国学术团体联合会（American Council of Learned Societies）召开多次讨论中国的特别会议。1928年，此会成立远东研究促进委员会（Committee on the Promotion of Far Eastern Studies），举办了多次研究班、暑期学校和语言讲习所，并于1937—1943年间出版《远东研究简报》（*Notes of Far Eastern Studies*）。此委员会就是远东学会（Far Eastern Association）即今亚洲研究学会（Association for Asian Studies）的前身，出版有季刊、书目年报、通讯和专书。

另一个从事亚洲研究的著名机构是美国太平洋学会（American Institute of Pacific Relations），于1925年创立，为太平洋学会的美国分会，出版《太平洋事务》（*Pacific Affairs*）季刊及讨论亚洲和太平洋国家的各种专书。战前从事此种活动的尚有日本学社（Japan Society），创建于1907年；华美协进社（China Institute in America），创办于1926年；哈佛燕京学社（Harvard-Yenching Institute），创办于1928年。它们都是美国从事亚洲地区研究的机构。

除了这些私立研究机构外,政府各部门如农业部、国务院、国防部、户政局、国立医学图书馆,以及国会图书馆等,也在推进对亚洲事务的探讨和研究,特别是有关亚洲政治、经济和军事的发展。

五、美国收藏的亚洲图书及艺术品

自19世纪以来,随着对亚洲研究兴趣的增加,亚洲各国的文学与艺术作品逐渐进入了美国各图书馆和博物馆中。征集的开始可追溯到一个世纪之前。1868年,美国政府经由其驻华使节,要求以书籍和植物种子交换大清帝国的人口调查资料。一年后,中国政府回赠了约1 000册中国经典和科学书籍以及花卉和其他植物种子,以答谢美国的馈赠。这些中文书运抵美国后,庋藏于国会图书馆,成为美国图书馆中最早的亚洲资料。

随后数年,经由中美学者的赠送和捐助,中文书籍被引进了许多大学和公共图书馆中,如耶鲁、哈佛、加利福尼亚、哥伦比亚等大学,和纽约公共图书馆等都开始收藏中文书籍。日文书籍直到1906年前后才开始由耶鲁大学和国会图书馆建立日文专藏。同时,劳福博士在1907—1910年旅行远东时,首先为芝加哥3所研究机构征集中、日、满、蒙和藏文的书籍。

在第一次和第二次世界大战之间,许多大学创立了著名的中日文藏书,这使远东研究兴趣再次受到鼓励。这些藏书包括康奈尔大学的华生文库(Wason Collection),普林斯顿大学的葛思德东方书库(Gest Oriental Collection),和芝加哥大学的远东图书馆(Far Eastern Library)。至于那些较早的东亚书藏,则在有系统和大规模的征集之下而更进一步地扩充。

自二次大战以来,有关远东的教学和研究广泛的列入许多大学课程,东亚藏书也突飞猛进。由于研究兴趣逐渐趋向于远东的社会科学和现代与当代事务,新的出版物开始拥入美国图书馆中。截至1960年代,除了许多规模较小和私家的收藏外,东亚语文资料约有250万册分藏于美国近20个重要图书馆中。其中约有2/3是中文,1/3是日、韩、满、蒙及藏文。南亚和东南亚语文的资料也开始收藏。

美国博物馆很早即显示其对亚洲的兴趣。早在1831年,耶鲁艺术陈列馆(Yale Art Gallery)已开始收集亚洲艺术的代表作品。哈佛皮博迪博物馆(Peabody Museum of Harvard)、普林斯顿艺术博物馆(Art Museum of Princeton)以及宾夕法尼亚大学博物馆都在19世纪末叶开创了他们的亚洲艺术收藏。现在很多重要的博物馆都藏有特出的亚洲艺术品。如波士顿艺术博物馆(Boston Museum of Fine Arts)、纽约都会博物馆(Metroplitan Museum of Art)、华盛顿佛里尔陈列馆(Freer Gallery)、底特律美术馆(Detroit Institute of Arts)、芝加哥美术馆(Art Institute of Chicago)、堪萨斯城的纳尔逊美术馆(Nelson Museum of Art)和旧金山市的亚洲美术馆(Asian Art Museum),它们收集的亚洲艺术品都特别著名。

六、亚洲对美国的影响

读者也许要问,美国已有约一个世纪多的时间去研究和了解亚洲,可是亚洲对美国有些什么影响?众所周知,许多亚洲的传统和发明已经从中国、印度和日本传到欧洲,而美国人又间接从欧洲接受了这些贡献。然而,亚洲人的思想和制度、艺术和文学,也有很多直接传到美国,直接影响了美国人的生活和制度。不仅亚洲的农业经验已被美国政府和私人企业所利用,而且亚洲其他方面的经验和知识也丰富了美国人民的生活。

我们这一代所亲身经历,完全经由学术途径传播的最有利而重要的实例,就是美国采用了中国古代的"平粜"制度,那就是在丰收的年头由政府向农民收购米谷贮藏,到歉收时期便以平价抛售给平民。这项中国古代的经济理论,最早是由哥伦比亚大学的陈焕章在其1911年的博士论文中加以讨论。1918年,华勒斯(Henry Wallace)主编一份周报,这篇研究论文正巧落在他手里,自此他对这一项中国古代制度极为赞赏。当华勒斯于1933年出任农业部部长时,这个中国的理想终于为美国所采纳。他运用这项经济理论以控制不断增加的小麦及其他剩余农产品,当20世纪30年代中,美国剩余农产品的堆积,形成了1929年不景气的重要原因。1933年第一次颁布的农业调节法案(Agricultural Adjustment Act),乃是罗斯福实施新政的主要措施,也就是中国制度"平粜法"在美国具体化的一个案例。

其他如亚洲艺术,也使美国人的生活方式在某些方面获得了充实。不但东方的图案在现代装潢艺术和服装设计中非常流行,而且中日绘画的基本概念和技巧,对美国现代艺术的形式和创意也都有一些影响。现在所谓"书法画派"的兴趣便是一例。实际上,美国人对亚洲艺术的兴趣,可追溯到19世纪,例如,美国风景画家印兹(George Innes)曾赞誉中国画为"极富自然的韵味"。惠索勒(James McNeil Whistler)从许多亚洲艺术品中表现了对它们的欣赏,更主张注重"形式"而少顾"内容"。亚洲的影响又可见于美国的建筑。一些东方式的别墅和园林出现在中西部和南部,许多农场主人的邸宅都用中国式的裱墙纸和窗格作装饰。至今新英格兰许多家庭和公寓中仍留有中美早期贸易时代的遗物。

在文学方面,美国超验主义运动(Transcendentalist Movement)颇受东方哲学的影响。像爱默生(Emerson)、梭罗(Thoreau)和阿耳柯特(Alcott)都对印度和中国的哲学特别感到兴趣。20世纪中的印象派诗人(Imagist Circle)便曾受到中国诗的格律和意境的影响。著名诗人如庞德(Ezra Pound)和罗威尔(Amy Lowell)便因读了中国经典和诗词的西文译本而影响他们的作风。近年来,中西文学与哲学的比较研究也引起许多学者的兴趣。亚洲的经典、哲学、历史和文学的译本和著作,有些已经名列出版界畅销书和普及本之林。

经由学术性和通俗性的作品为媒介,亚洲人的理想和东方的生活方式,也逐渐传播到美国的社会。由于西方社会问题所引起的不安日渐增加,美国人开始注意到亚洲人的生活方式,特别是个人与家庭的关系、情绪的安定和道德标准以及拳术、医药和养生方法，借以调协日常生活。随着文化交流的增进，更多美国人将有机会作出更深入的研究和直接的观察，因此对向来的观点变得更善于批判。在不久的将来，毫无疑问，亚洲的影响将逐渐更普遍地渗入美国人的生活之中。

（冼丽环译）

原载《大陆杂志》第22卷第2期，1961年3月15日

第三章　中美书缘——纪念中美文化交换百周年

本文英文本系根据美国档案局所存当年美国国务院和驻华使馆往来的公文15件所作，发表在《哈佛亚洲学报》(*Harvard Journal of Asiatic Studies*)第25卷(1964—1965)。美国国会图书馆曾根据此文于1969年举行特别展览，将当年同治皇帝赠书陈列，以庆祝中美文化交换100周年；并将此文置于其特藏书库，以供读者参考。中文本系根据原文译刊《传记文学》第14卷第6期(1969年6月)，台北“中央图书馆”亦同时举行庆祝，并将此文印成小册分发。

——编者注

美国国会图书馆东方部藏有最早入库的中文书籍10种，约1 000册，装成130函，每函套面贴有白纸书签，上面印有英文说明：Presented to the Government of the United States of America by His Majesty the Emperor of China, June 1869 (1869年6月中国皇帝陛下赠送美国政府)。这批赠书越过太平洋到达美国，迄今已经过一个世纪，不仅是美国国会图书馆东方文库之祖，也是美国各图书馆中收藏最早和最多的一批东方语文书籍。可是这批书籍入藏的经过，不仅国人未悉其详，即国会图书馆亦无当时有关是项赠书的纪录[1]。

年前作者偶见有关此案之恭亲王奏折2件，根据其中所述年月，承美国档案局、农业部和主持国际交换的史密逊学院等机构之协助，陆续搜得当时美国国务院与其驻华使馆间有关此案之往来公文15件[2]。因其中交涉经过颇为曲折，同时也是中美文化关系史上最早的一件大事，曾撰文记述甚详[3]。因此文的提示，1969年成为最初中美文化交换的100周年，美国国会图书馆及台北“中央图书馆”同时举行特别展览，以纪念中美文化交换之里程碑，爰再择要以中文记述经过，以供读者参考。

一、美国政府三次请求

这批图书的交换，是先后由3个美国政府机构主动要求，前后经过两年和多次的交涉，虽然最后中国政府“颁赏”书籍10种给美国政府，但大部分内容实非美国政府原来所希望获得的资料。第一次要求是在1867年，美国国会于该年3月2日通过一项法案，将美国政府出版品每种留出50份，责成史密逊学院（Smithsonian Institution）向其他国家办理交换事宜。该院随即经由国务院通过驻北京使馆行文总理各国事务衙门请求办理，但是清廷置之未覆。大约经过了一年，美国驻华代办卫三畏[4]找了一个机会再度向总理衙门提出，并面托与外国使节往来较密的董恂[5]从中说项。董氏虽私自赞成，但谓此举须经其他衙门批准，恐一时不易实现云云。

经此初步接洽，卫氏乃覆函史密逊学院院长亨利教授（Professor Joseph Henry），谓中国政府虽对书籍至为重视，但与美国政府机构之出版品及报告书性质并不相同。且目前中国国内能通读西文书籍者全国恐不及20人，而美国国内能通晓中文书籍者，更属寥寥无几。即使交换成功对两国将来均有裨益，但是目前恐亦无人可以阅读，因此建议将此事从缓办理。

大概又经过了半年，美国新任驻华公使劳文罗（John Ross Browne）到达北京上任，此事乃又旧事重提。此次主动者为美国农业部，因为中国农产丰盛，几千年来给养如此庞大的人口，很想获得这方面的资料以供借镜，因此特派薄士敦上校（Col. Charles Poston）为驻华特派员，主持有关农业事项。当时美国驻华代办与总理衙门已有默契，对于图书交换一事暂予搁置，而薄士敦之遣华，似与此项了解相抵触。因此劳氏特致函恭亲王解释薄上校之任命系在驻华使馆报告到达之前，目下薄氏已到达北京，急望开始办理有关事务。

美国国会图书馆所藏同治皇帝1869年所赠的中国书

薄士敦抵达北京时，除带有五谷、蔬菜及豆类种子外，并携来书籍若干种，皆为有关美国农业、机械、采矿、地图及测量太平洋铁路之报告书。希望与中国交换同等性质的书籍。美国公使劳氏于1868年9月29日抵达北京，当其递送国书时，总理衙门大臣恭亲王及其僚属董恂、宝鋆、谭廷襄、徐继畬等数人均予接谈，当邀宴时，劳氏将交换农业种子及图书之事再行提出，并介绍薄上校说明其驻华任务，希望两国间建立交换关系，不仅美国可给予中国政府以各种协助，同时此举亦将使美国对中国在教育文化以及财务上种种设施，尤其在农业方面的成就，能有直接的了解。

薄上校偕同卫三畏于同治七年(1868 年)9 月 4 日晋谒恭亲王，亲自递送携华之种子及图书，并表示希望获得同等对象送还美国以作交换。后劳氏在其致国务院之报告书中云：虽清国政府中没有几人可以阅读所赠英文书籍，但其中的地图、机械、图画及表解，对于恭亲王及其同僚都极有兴趣。希望在不久的将来，外国书籍能为中国人所重视；至于农业种子，当可在短期内发现其价值。总理衙门于收到后，即覆函劳氏申谢，并谓此举不仅裨益农事，即对两国邦交之增进，亦多帮助。

当时总理衙门虽原则上同意两国间建立交换关系，但对于此举是否确当以及致送外国何种书籍，均未敢擅作主张，乃思援引前例，以作根据。恭亲王因于同治七年十月初四日奏称，道光二十五年(1845 年)间中国曾赏给俄国住京人士书籍，后俄罗斯备送该国书籍呈进[6]。又谓：

> 此次美国系先以书籍、谷种备进，与俄国案虽相同，惟先后各异。臣等检阅美国使臣来函，意重农人莳种，深望中国换给书籍，词颇恪恭向化，未便拒绝不受。当将书籍谷种，暂在臣衙门收存，一俟内务府覆到，臣等查酌情形，应如何颁赏美国书籍谷种之处，当再请旨遵行[7]。

当总理衙门静待谕旨时，美国国务院又因联邦土地局之请，再度于 1869 年 3 月 25 日训令其驻华公使向中国政府请求道光年间中国户籍调查的资料，该局谓曾向华京中国驻美使馆申请，但钦差三人均以要务羁身，无暇处理此事为理由，加以推却。因此劳氏重申前意，请将中国户籍及财务资料覆送，以便转递华盛顿应用。

二、总理衙门援例赠书

总理衙门接到此次公函后，未便再为推却，乃决定以相当书籍及谷种赠还，但为根据赠书俄国前例，曾向理藩院查明原委，并于同治七年八月二十五日奏称：

> 据理藩院咨覆，道光二十四年据住京俄罗斯达喇吗佟正笏呈，恳请领唐古忒《干珠尔经》、《丹珠尔经》各一部，曾经奏明颁给祇领等因[8]。兹于本年二月间，复据美国使臣递臣衙门照会，称本国书籍业已披览，尚未得观中华之书，并议检查中国民数册籍，臣等当即备文照覆，告以中国民数，每年各省咨报户部，并无成书。惟查道光二十四年颁给俄罗斯经卷，该国即备书籍呈送，此次既已收受美国书籍谷种，未便不答。臣等公同商酌，由臣衙门购买书籍共十种，装成一百三十套；并中国五谷菜子共十六种，装成五十六匣；花子五十种，装成五十匣，一并发交该使臣祇领，以示酬答。

总理衙门于钦准以后乃于同治八年四月二十七日(即1869年6月7日)将购得之书籍种子一并具函致送美国使馆,表示还答美国政府赠书及谷种之盛意。但谓户籍民数系由各省每年造册报送户部存查,并未印行成书,未能致送云云。

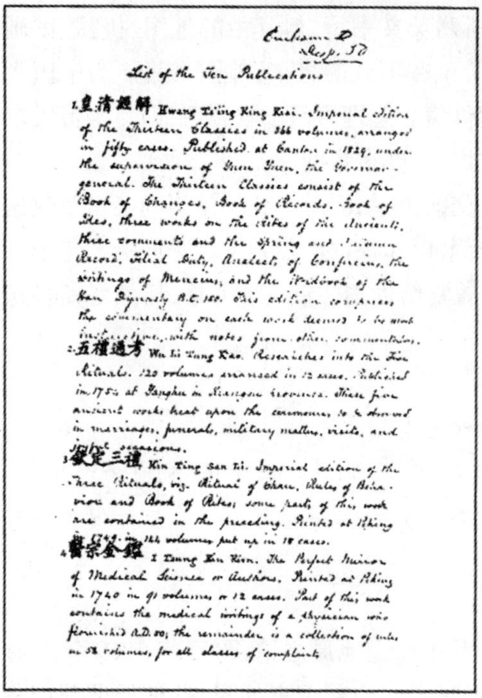

Enclosure D
Desp. 57

List of the Ten Publications

1. 皇清經解 Hwang Ts'ing King Kiai. Imperial edition of the Thirteen Classics in 366 volumes, arranged in fifty cases. Published at Canton in 1829, under the supervision of Yuen Yuen, the Governor-general. The Thirteen Classics consist of the Book of Changes, Book of Records, Book of Odes, three works on the Rites of the Ancients, three comments and the Spring and Autumn Record, Filial Duty, Analects of Confucius, the writings of Mencius, and the Wordbook of the Han Dynasty B.C. 150. This edition comprises the commentary on each work deemed to be most instructive, with notes from other commentators.

2. 五禮通考 Wu li Tung Kao. Researches into the Five Rituals. 120 volumes arranged in 12 cases. Published in 1754 at Yangchu in Kiangsu province. These five ancient works treat upon the ceremonies to be observed in marriages, funerals, military matters, visits, and joyful occasions.

3. 欽定三禮 Kin Ting San li. Imperial edition of the Three Rituals, viz. Ritual of Chau, Rules of Behavior and Book of Rites; some parts of this work are contained in the preceding. Printed at Peking in 1749, in 144 volumes put up in 18 cases.

4. 醫宗金鑑 I Tsung Kin Kien. The Perfect Mirror of Medical Science or Authors. Printed at Peking in 1740 in 91 volumes or 12 cases. Part of this work contains the medical writings of a physician who flourished A.D. 80; the remainder is a collection of rules in 58 volumes, for all classes of complaints.

同治皇帝赠送美国图书清单

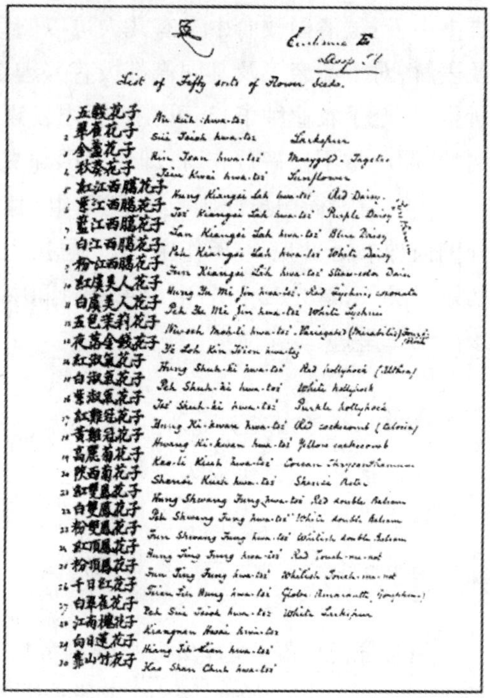

Enclosure E
Desp. 57

List of Fifty sorts of Flower Seeds.

1 五轂花子 Wu kuh hwa-tsz
2 翠雀花子 Sui Tsioh hwa-tsz Larkspur
3 金盞花子 Kin Tsan hwa-tsz Marygold. Tagetes
4 秋葵花子 Tsiu Kwai hwa-tsz Sunflower
5 紅江西臘花子 Hung Kiangsi Lah hwa-tsz Red Daisy
6 紫江西臘花子 Tsz Kiangsi Lah hwa-tsz Purple Daisy
7 藍江西臘花子 Lan Kiangsi Lah hwa-tsz Blue Daisy
8 白江西臘花子 Peh Kiangsi Lah hwa-tsz White Daisy
9 粉江西臘花子 Fun Kiangsi Lah hwa-tsz Straw-color Daisy
10 紅虞美人花子 Hung Yu Mi Jin hwa-tsz. Red Lychnis, coronata
11 白虞美人花子 Peh Yu Mi Jin hwa-tsz White Lychnis
12 五色茉莉花子 Wu seh Moh-li hwa-tsz. Variegated (Mirabilis)
13 夜落金錢花子 Ye Loh Kin Tsien hwa-tsz
14 紅淑氣花子 Hung Shuh-ki hwa-tsz Red hollyhock (Althea)
15 白淑氣花子 Peh Shuh-ki hwa-tsz White hollyhock
16 紫淑氣花子 Tsz Shuh-ki hwa-tsz Purple hollyhock
17 紅雞冠花子 Hung Ki-kwan hwa-tsz Red cockscomb (Celosia)
18 黃雞冠花子 Hwang Ki-kwan hwa-tsz Yellow cockscomb
19 高麗菊花子 Kao-li Kiuh hwa-tsz Corean Chrysanthemum
20 陝西菊花子 Shensi Kiuh hwa-tsz Shensi Aster
21 紅雙鳳花子 Hung Shwang Fung hwa-tsz Red double Balsam
22 白雙鳳花子 Peh Shwang Fung hwa-tsz White double Balsam
23 粉雙鳳花子 Fun Shwang Fung hwa-tsz Whitish double Balsam
24 紅頂鳳花子 Hung Ting Fung hwa-tsz Red Touch-me-not
25 粉頂鳳花子 Fun Ting Fung hwa-tsz Whitish Touch-me-not
26 千日紅花子 Tsien Jih Hung hwa-tsz Globe Amaranth (Gomphrena)
27 白翠雀花子 Peh Sui Tsioh hwa-tsz White Larkspur
28 江南槐花子 Kiangnan Hwai hwa-tsz
29 向日蓮花子 Hiang Jih-Lien hwa-tsz
30 高山竹花子 Kao Shan Chuh hwa-tsz

同治皇帝赠送美国花子清单

书籍10种,具有清单[9],兹据英文书单,译记版本如后:

1. 皇清经解　道光九年(1829)广东粤雅堂刊本,366册(按国会图书馆点查实为360册),50函
2. 五礼通考　乾隆十九年(1754)江苏阳湖刊本,120册,12函
3. 钦定三礼　乾隆十四年(1749)殿本,144册(实136册),18函
4. 医宗金鉴　乾隆五年(1740)北京刊本,91册(实90册),12函
5. 本草纲目　顺治十二年(1655)北京刊本,48册,8函
6. 农政全书　道光十七年(1837)贵州刊本,24册,4函
7. 骈字类编　雍正五年(1727)北京刊本,120册,20函
8. 针灸大成　道光十九年(1839)江西刊本,10册,2函
9. 梅氏丛书　康熙四十六年(1707)北京刊本,10册,2函
10. 性理大全　明永乐十四年(1416)内府刊本,16册,2函

以上各书,半数为医、农、算学之类,想系针对美国所赠技术之书答还;其他所选经解、礼经、小学、性理一类书籍,则未知何据。且各书仅及经子两部,而无史集之书,则

选择标准何在，亦颇费解。

除了书籍之外，为了还答美国政府所赠谷种，另赠花卉、五谷、豆类及蔬菜种子106种，附有详细名单均译有英文[10]，中文名目如后：

1. 花子50种，内有五谷花、翠雀花、金盏花、秋葵花、江西腊（红、紫、蓝、白、粉）、虞美人（红、白）、茉莉花（五色）、夜落金钱、淑气花（红、白、紫）、鸡冠花（红、黄）、高丽菊、陕西菊、双凤花（红、白、粉）、单凤花（红顶、粉顶）、千日红、白翠雀、江南槐、向日莲、靠山竹、秋海棠、蝴蝶梅、石竹梅、金银茄、老来少、西红柿、美人蕉、狮子头、九莲灯、石柱子、马兰花、玉兰花、藿香、芙蓉、喇叭花、罂粟花、狗尾、红千年。

2. 谷子17种，内有秋麦（红、白花）、莜麦、大麦、小麦、高粱（红、白）、玉米（黄、白）、黄梅、白黍、黄谷、白谷、棉花、芝麻、稗子。

3. 豆子15种，内有黑豆、黄豆、青豆、绿豆、蚕豆、扒豆、红谷、黑小豆、红小豆、黑碗豆、红云豆、白云豆、青豇豆、白豇豆、猫眼豆。

4. 菜子24种，内有春水萝卜、红胡萝卜、秋萝卜、大萝卜、春不老、根头菜、莴苣菜、茼蒿菜、白菜、韭菜、芹菜、芥菜、菠菜、香菜、倭瓜、东瓜、王瓜、烧瓜、甜瓜、丕辣、秦椒、瓠子、茄子、葱。

据美国农业部称，美国与外国交换农业种子，虽自1819年即已开始，但有纪录可查者，始自1898年，但非按国别分列，亦无赠送外国种子之名称，故美国农业部赠送中国政府系何种种子，则无从查究。据该部1869年报告中，谓有美国高原棉种50磅赠送中国政府。

三、文化交换增进了解

以上书籍及种子送到后，美国公使劳氏于6月10日覆函恭亲王致谢，略谓各件均已照单点收，即将转递美国政府，其中各类种子，定为美国未有之奇种，将转送农业部检点后加以适当应用。至于书籍，一俟送到，当仔细整理插架，俾通晓中国语文者易于查考。对于赠书之盛意，谨致深厚之谢忱。

在上述图书及种子送到美国公使馆后，以后即未有下文述及这批赠品如何运到美国，以及何时送达国会图书馆；不仅美国档案局未有以后之报告，即国会图书馆以及史密逊学院亦无当时之文件，足以说明其接收经过。惟美国公使劳氏于1869年6月29日最后致国务院之报告中谓书籍之整理及标签需时两月，方可就绪。至于种子当于下班航驶加尼福尼亚之轮船寄送华京。而一部分书籍直至1876年5月美公使仍在请示中[11]，可知这批赠书当系1876年或以后才全部到达美国，然后送交国会图书馆收藏迄今。

劳氏使华不及一载，即于1869年7月卸任返美，当时书籍尚未寄发去美。他于7

月1日赴总理衙门向恭亲王辞行时，特别致谢中国政府最近赠送之图书及种子，并对两国间举行交换所表示友好及善意，深表欣慰。劳氏在其临别致辞中谓美国目下尚少能读中国书籍之人，但对五谷及花卉等种子之欣赏，当可无庸置疑。希望在不久之将来，两国中均有甚多人士可以阅读彼此之书籍。但在目前，虽中国人通读英文者甚多，而美国人可以阅读中文者，恐尚不及美国联邦各州之数目（按当时计有38州），两国间对于彼此文物知识之与日俱增，当极有助于增进互相了解云云。

按百年前所交换之书籍及谷种等，数量虽极有限，但已播下中美两国间文化交流之种子，意义实深。不仅美国农事借重中国农产园艺之经验者甚多，而今日美国人士能通读中国书籍者，至少亦当千百倍于百年之前，而美国国会图书馆所藏之中文书籍现已增至50万册，其中有关中国物产记载之地方志，即达3 500余种，搜罗之富举世闻名。今后两国间如何吸收彼此之文化精髓，丰富彼此之精神与物质生活，实值得吾人深长思之。

注释：

1. 作者曾详细查阅美国国会图书馆1862—1878年之间图书交换登录簿及该馆馆长于1869—1871年间与外界往来公文收发登记簿，均无中国政府赠书之线索：主持国际交换的史密逊学院亦无是项记录。

2. 这批公文包括美国驻华公使致国务卿之报告书及总理衙门致美使馆之公文译本及附件等。详见注释3英文原作之附注，本文从略。

3. Tsuen-hsuin Tsien. "First Chinese-American Exchange of Publications". *Harvard Journal of Asiatic Studies*. 1964-1965, Vol. 25:19-30

4. 卫三畏为当时美国使馆秘书兼通译，于美公使布尔根（Anson Burlingane）卸任后第6次代理馆务，但始终未得升格为公使。离华后于1876年任耶鲁大学中文教授，著有《中国总论》（*The Middle Kingdom*）等书。详见上文《美国对亚洲研究的启蒙》。

5. 董恂，字忱甫，号酝卿，江苏甘泉人。曾译朗费罗（Longfellow）诗篇（"Psalm of Life"）为五律九首，题曰："长友诗"，可能为中文所译美国诗人最早之作。译诗见：（清）方浚师著. 蕉轩随录. 册十二

6. 俄国赠书357种，译名见：（清）何秋涛撰. 朔方备乘. 卷三九

7 原文见：筹办夷务始末. 卷六二，同治朝

8. 据《朔方备乘》记载所颁给俄国在京学生之书，系雍和宫所存《丹珠尔经》8000册。

9. 书籍10种，据清单应合949册，实存904册，想系当时误记。现存实数承美国国会图书馆比尔（Edwin G. Beal, Jr.）博士及吴光清博士代为详核，并此志谢。

10 . 花卉及农业种子英译名单，见英文原件，注25。

11. 1876年5月2日美公使再向国务院请示中国政府所赠之书籍，并建议寄存史密逊学院、加州大学或设在耶鲁大学之"美国东方学会"，而未述及国会图书馆。6月19日国务院覆函指示可运送史密逊学院，由该院加以处置。由此可推测这批赠书是先运到史密逊学院，再转送国会图书馆保存迄今。

第四章　欧美各国所藏中国古籍简介

此文为1984年11月间作者在台北举行的"古籍鉴定与维护研习会"中所指定的讲稿，对欧美地区所藏中国古籍的沿革及发展加以介绍，并指出其特点及重要性。原文所附"古籍的定义、问题和建议"以及所附各国藏书的详细表格均予删除，美洲的收藏并入另文。原报告请参考该会所出版《古籍鉴定与维护研习会专集》，台北，1985年。

——编者注

一、欧美收藏与汉学研究

西方国家对于中国语文发生兴趣，主要的原因有四，即基督教义的传播、商业发展的需要、外交人才的培养和学术研究的鼓励。传教、通商和外交往来，虽然对语言沟通有实际上的需要，但不一定依靠大量的藏书。如果只是学习语言，有几种课本就可应付。真正对中国书籍作有系统的搜求，主要是对中国文化作深入的了解，即所谓"汉学"(Sinology)研究为其导因。只有研究中国文化各方面的专题时，才需要浩如烟海的中文典籍，作为研究的基础。

最初西方对于中国文化的追求，可能出于好奇或仰慕，希望以中国思想中的人文主义补充西方文化中强调物质需要的缺陷。16—17世纪欧洲作家有关中国的著述，大都把中国描写成为文艺复兴时期知识分子理想中的国家。虽然他们所叙述的中国风俗、习惯以至政教制度都和西方不同，但对于这样一个地大物博、繁华富庶的东方古国，自然要有进一步认识的必要。其后，在欧洲的高等学院中，一般都设有非西方语文的学术讲座，因此中文也加入了这种讲座。奠定了研究近东、印度和远东三足鼎立的"东方研究"(Oriental Studies)基础。

一般说来，西方的所谓汉学乃是他们的东方研究之一支。在第二次世界大战以前，汉学研究的对象是传统中国文化中的语言、历史、哲学、宗教和制度，主要是基于研读中国经典原著，以西方的治学方法作出分析、阐述和结论。但自从1950年代以来，因为现代中国的研究进入了社会科学的各个领域，“汉学”这一名词便逐渐消失，而代之以“中国研究”（China Studies），虽然研究的范围仍有传统与现代之分。换言之，“汉学”可说是一种书本上的纯学术研究，其他非书本的研究和非传统文化的研究，就不在汉学的范围之内。

至于西方汉学起源于何时何地，一般有两种说法：一说是起源于法国，一说是开始于其他国家。实际上，欧洲最早接触中国文化的地区是南欧的葡萄牙、西班牙和意大利。尤其是在16—17世纪来到中国的许多传教士，他们对中国经典的研究开启了对汉学研究之门。其中最重要的人物如意大利籍的利玛窦以及其后陆续到达中国的耶稣会教士，他们不仅将西洋科学带到中国，也把中国文化介绍到欧洲。如“四书”最早于1593年译成拉丁文，不久就译成法文（1616年）、德文（1617年）、西班牙文（1621年）、意大利文（1622年）和英文（1625年）。“五经”也很早就译成拉丁文。有了他们的研究成果作为基础，最后才由法国人继承，成为正统的汉学研究。法兰西皇家学院在1814年正式开设中文和满文的特别讲座，东方语文学院也在1843年设置中文会话讲座，这是西方大学把中国研究列入正式课程的开始。其后，俄国在1851年、荷兰在1856年、英国在1876年，也将汉学列入大学课程。其他没有设立汉学课程的国家（如德国），也把学生送到法国接受训练，从此法国乃成为欧洲汉学研究的中心。

美国对中国的研究一直到19世纪后期才开始。因为教会向亚洲的发展，加上商业往来的增进，促进了中美两国间的文化交流。同时美国的高等教育一直是受到欧洲学术研究风气的影响，许多大学课程都仿照欧洲的体系，因此汉学也成为美国的东方研究之一支。

在19世纪末和20世纪初，美国大学里的汉学讲座一部分由过去留华的宣教士担任，另一部分则由欧洲的汉学家或由曾在欧洲接受训练的美国学者主持。一直到20世纪30年代，美国研究中国的学者才有比较独立的研究路线。语文的教学从文言兼顾到白话，研究的范围从人文扩充到社会科学，研究的对象从古代延伸到当代，这些观念和方法的改变都是从美国开始。而对非西方语文的教学和对所谓“地区研究”（Area Studies）的提倡，乃是第二次大战以来美国在西方高等教育方面所作出的一项重大贡献。如果说近百年来中国所追求的所谓“现代化”是西方的科技，则近年来西方所面临的现代化问题，便是对于非西方文化的了解与研究，而中国文化乃是其中重要的一环。

随着汉学教学和研究的发展，美国图书馆在百年前也开始收藏中文书籍。最初读者寥寥，据称那时能阅读中文者尚不及美国联邦各州之数目，而今日能看、能说或利用中文资料作研究的人数，至少千百倍于百年之前。目前美洲的中文图书，除中、南美的墨西哥、巴西、秘鲁等国几所重要大学略有收藏外，其余皆集中在北美。美、加两国现有收藏中文资料的图书馆大小将近100所，藏书总数达1 000万册，其中估计有1/3为线装古籍，大部为二次大战前所积存。

二战结束以来,西方研究中国的中心已从欧洲转移到美洲。不仅教学的普遍和研究的风气如此,而图书设备的扩充,尤为明显。因为经费比较充裕和管理的专业化,尤其许多中国学者参与策划、采编、参考等等工作,使许多大学及研究图书馆的资源、设备与服务都达到很高的水平,较之国内相等的单位有过之无不及。凡有研究价值的书刊都兼收并蓄,罕见的资料大多复制或影印,以求完备。因为没有政治上的禁忌,有许多文献只有在国外反而可见其全。今天美国东亚图书馆能在世界上有其特殊的地位,这是和中国学者与专业人员的贡献分不开的。

二、欧洲收藏的特色与重要性

自从16世纪许多欧洲国家开始向东方拓殖以来,通过探险家、商人、宣教士先后来到中国,开启了中西交通之门。这些人为了增进对中国各方面的了解,开始搜集图书带回本国,作为教学或研究之用;或加以翻译,作为有关中国著述的参考资料。譬如,16世纪两次来到中国的西班牙传教士马丁·拉达(Martin de Rada)在他的报告中就说搜集了不少各门各类的中文书籍,如历史、地理、方志、历书、航海、礼仪、律例、医药、地质、天文、传记、游艺、音乐、数学、建筑、占星术、手相、相面、书法、卜筮以及兵书。其中有方志8种,述及有关金银的记载。这些书最初带到菲律宾,由华人协助翻译,作为写作的参考。16世纪出版的一部最详细而有权威性的《伟大的中华帝国历史与现状》,为西班牙籍门多萨(J. G. de Mendoza)所著,其中有两章专述中国的书籍和印刷术。这些书籍可能带回欧洲,至今还有一些在西班牙和葡萄牙的修道院或图书馆中可以找到。

欧洲许多图书馆内的中文书籍都是在17、18或19世纪初年便开始收藏。不仅历史悠久,保存了许多资料,现在他处已经罕见;同时由于许多资料来源是私人所藏,原主为汉学家、传教士或外交官,因此这些收藏都有其专业性和特色。至于19世纪末至20世纪初,一些重要文献或是巧取或是强夺,至今仍存在西方。现将比较罕见或国内已经失传而收藏在国外的一些资料分别举例如下,以见其重要性之一斑:

(一)中国最早的写本、印本和拓本

这些在中国书籍发展史上最重要的原始资料,现在都收藏在欧洲各大图书馆之中。如存世最早的写本敦煌卷子,其中约2 000件在伦敦,4 000件在巴黎,10 000件在苏联。伦敦藏本中有380卷记有公元406—996年确切的年代,其中5世纪者6卷、6世纪者44卷。又一件3世纪的写本现存美国。这些都是中国最早的写本书籍。

至于印本,唐代的刊本国内已经少见,但至少有20件现存伦敦与巴黎,其中有9世纪的日历,单张的佛像和佛经,而举世闻名的唐咸通九年(868年)王玠为其二亲施舍刻印的《金刚般若波罗蜜经》则保存在英国图书馆中。巴黎所藏唐印本有《一切如来尊胜佛顶陀罗尼》及其他早期印本。至于最早拓本存世的有欧阳询书《化度寺塔铭》(632年)现存英伦,唐太宗书《温泉铭》(654年)及柳公权书《金刚经》(824年)现存巴黎。

现存最早有年代印本唐咸通九年(868年)印《金刚经》
现藏伦敦英国国家图书馆

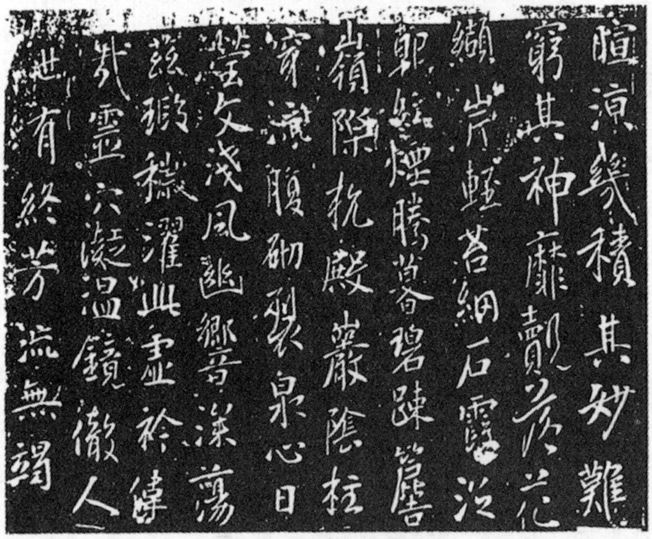

现存较早拓本之一唐太宗书《温泉铭》(654年)
现藏巴黎法国国家图书馆

五代吴越钱氏刊本《宝箧印陀罗尼》现存有丙辰(956年)、乙丑(965年)及乙亥(975年)3种。乙亥本流传最广,在国外各大图书馆均有收藏,丙辰本则极稀见,一卷于1957年为瑞典国王购得,现藏其皇家图书馆中。中国最大的写本类书《永乐大典》2万卷,存世者仅约3%—4%,其中不少存藏国外,如英国现存45册、法国4册、美国49册、德国及苏联所藏已在1951年归还中国。其他尚有文澜阁本《四库全书》2册现存哈佛,乾隆朝《清实录》现存伦敦大学,满蒙文本则存剑桥。

(二)国内失传的孤本或罕本

这些古书主要是早期欧洲传教士或游历者从中国携归,或者是后来的汉学家、外交官或私人所藏捐入图书馆。年代久远，有些书他处或已无存，经过国内外专家偶尔发现其中很多为国内所未见的孤本。向达、王重民、方豪以及伯希和等所作海外访书记均有详细报道。如西班牙埃斯科里亚尔（Escorial）城的圣劳仑图书馆存有明刊本的历史、针灸、小说和戏曲等书，其中有明杂剧30种、曲谱20种，据方豪说戏曲中至少有9种为国内所失传。向达记牛津藏书中有明清戏曲书数十种，其中不乏善本；又所藏福建民间歌谣中有关台湾者21种，皆道光初年刊本，极为稀见。最引人注意者为所藏台湾郑成功所刊《大明中兴永历二十五年大统历》两部（英国图书馆亦藏一部），内有《招讨大将军印》。永历二十五年即康熙十年（1671年），此时郑氏孤悬海外，奉明正朔，所用历书即与康熙《通书》推算不同。这一历书未见在国内收藏。其他实例甚多，不胜枚举。

（三）有关中西交通的早期史料

这一类资料在国外收藏特别丰富，多系早期欧美来华人士的著述、通信及文件等第一手史料。因不在四部之内，为国内藏书家所不纳或未加重视。尤其洋人以中文所写的译著，为中国士大夫所轻视。但是时过境迁，这些资料即使片言只字，都成为研究早期中西交通史的宝贵资料。如明清两代耶稣会入华宣教士的中文译著不下400多

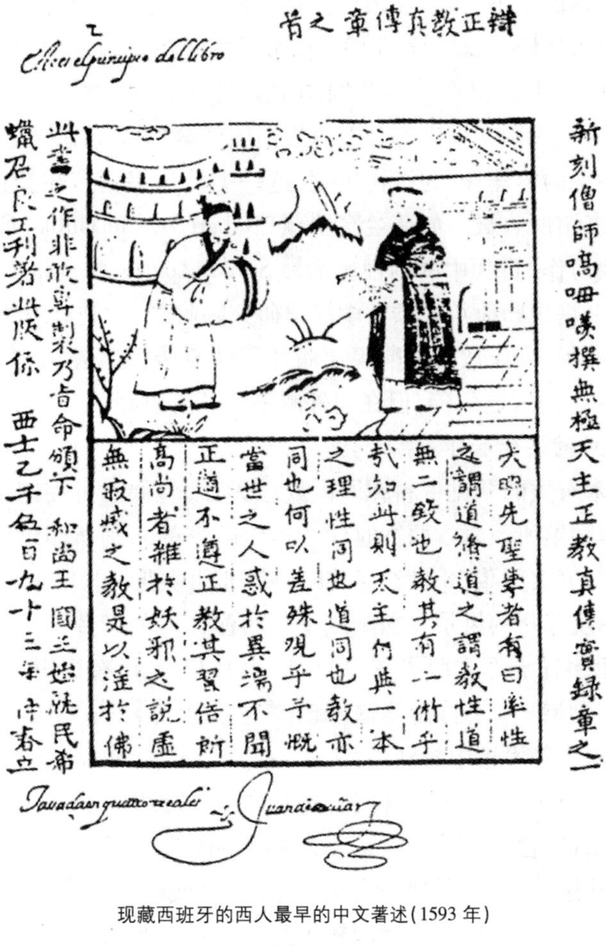

现藏西班牙的西人最早的中文著述（1593年）

种,很多存藏在国外。又如西班牙马德里图书馆中便有早期天主教教士的中文著作,其中有最早为伯希和所发现的一部《明心宝鉴》(1596 年刊本),为一位名郭波(Cobo)者所译,这是第一部介绍西洋科学的书。另有一部《无极天主正教真传实录》(1593 年刊本),也是一位西人执笔,比利玛窦等人的著作,要早十几年,但较罗明坚的《天主实录》(1584 年刊本)稍迟。其他如保存在梵蒂冈和意、西、葡等处图书馆中的资料,也都是在国内所不易多见。

另有在中国大陆以外地区所印的一些中文书籍,如菲律宾、新加坡、马来亚、马六甲、澳门等地早期宣教士的译著。上节所述两种中文译著便是在菲律宾所印,一些《圣经》、字典及早期的杂志则多在马六甲和澳门所印。至于保存在国外的外交文件,更是研究近代外交史的重要资料,如里斯本档案馆里存有 1 200 种有关澳门的原始文献,其他各国档案馆也存有不少中文资料,可供研究当时的通商、传教、禁烟以及和各国间的外交关系。

(四)禁书

因为政治或社会上的种种原因,有好多书籍在刊行后列入禁书,不许流通或遭销毁。历代的文字狱使无数的书籍受到毁灭。但在国外没有国内政治上或其他方面的禁忌,因此一些国内的禁书,得以在国外保存。最明显的例子便是太平天国所印书,根据《旨准颁行诏书》29 种及以后续刊 10 种,除了最近在国内发现少数几种外,全部或大部都是在国外的图书馆保存。如英国图书馆就藏有 30 种,纽约公共图书馆藏 24 种。现在辑印的太平天国文献大部分都是根据国外藏本所复制。

此外,艳情小说内容淫秽,为维持风化,这一类黄色书籍多在禁止之列,但为一些国外的私人或图书馆所收藏。如荷兰高罗佩(Robert H. van Gulik)所藏明清小说 117 种,其中一些是他写作《古代中国的性生活》(*Sexual Life in Ancient China*)所根据的主要资料。这一批书籍现归荷兰莱顿大学汉学研究院收藏,已制成缩微胶片出售。其中一些为明万历间雕版,高氏从日本购得原版片复印流传,如《花营锦阵》、《秘书十种》和《秘戏图考》,在国内久已失传,但在国外图书馆还有收藏。

(五)书籍以外的实物和印刷品

一些和印刷术有关的罕见资料在国内或已无存,但偶尔可在国外的收藏中发现。譬如,德国民俗博物馆所藏蒙古西征时代所传到欧洲的木刻所印纸牌,为现存最早的样本。牛津大学图书馆所藏 18 世纪清乾隆时代苏州桃花坞张星聚用西洋透视法所制作的版画,有西湖及苏州的风景和翻刻或模仿西洋作风的画片,都为他处所未见。日本青山新收入其所编《支那古版画图录》(东京,1933 年),有黑田源次序,矜为孤本。其他如《十竹斋书画谱》、《十竹斋笺谱》和《芥子园画传》的初印本和早期印本,也可在欧美许多图书馆或美术馆中找到。

至于现存的雕刻木版,明代以前者都已无存,但纽约公共图书馆斯宾塞特藏(Spencer Collection)所存的一块可能是现存最早的印版。此版残存正面长约 43 厘米,高 13 厘米,刻有佛像经咒,反面刊一头陀坐像,文字残缺,可识者有《掩口口林》,《敬施法印比丘》等字样。据称此版系民国初年河北巨鹿出土,上有乙丑(1925 年)秋冯汝

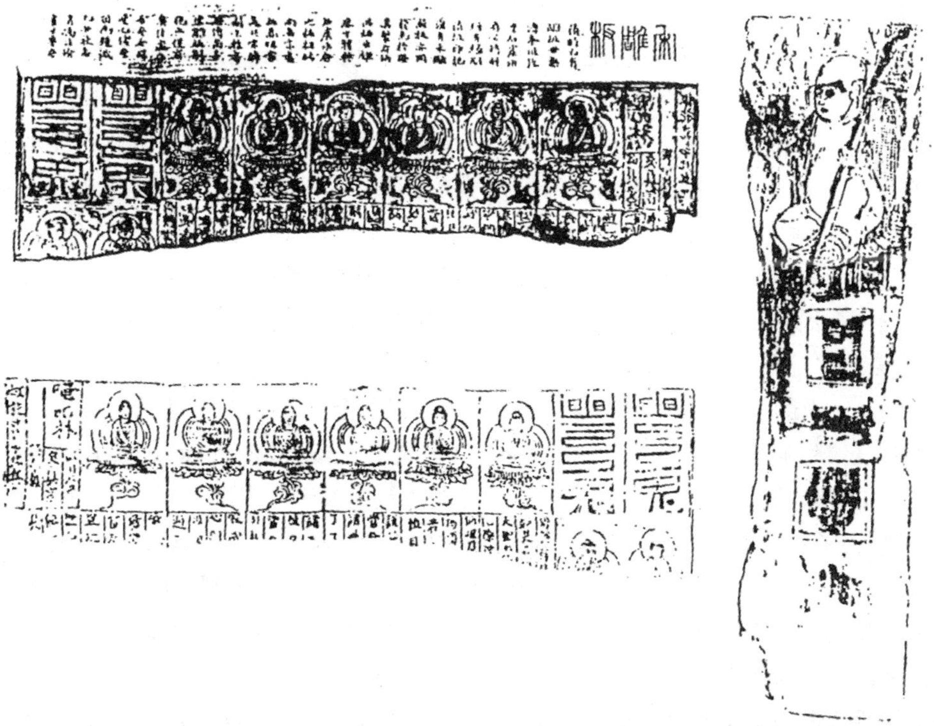

现存纽约的北宋雕版

玠题识,认为是北宋雕版。果如是,当系现存的一件作印刷用的最早雕版实物。

时代稍后的雕版实物和雕印工具,如刻字刀、凿、拍子、把子等,在国外图书馆或博物馆也间有收藏,作为中国传统印刷术的示范。巴黎国立图书馆所藏敦煌所获元代维吾尔的木活字,芝加哥自然科学博物馆所藏的雕刻工具、年画、刺孔复印的纸模,威斯康辛苹果城纸博物馆所藏木刻套印的木版等等,虽非孤罕,也是国内所未为人注意而为西方人士作有系统收集的实物,可供研究中国传统印刷术参考。

三、欧洲各国中文藏书简介

总的说来,欧洲各国收藏中文的图书馆,至少有大小 50 所以上,每一个国家都有一二所较有规模或特色的汉学研究中心和图书馆,估计收藏在 10 万册左右的有 10 所,10 万册以下的有 30 所,其余是一些数量较少的专门图书馆或特藏。和美国比较,欧洲中文图书馆的历史较为悠久,收藏的稀见资料为美国所不及,但在收藏的数量和服务方面都远不及美国的馆数之多、藏书之富、经费及人力之充裕,以及检索和使用之方便。

西欧各国较有规模的中文藏书,主要在英、法、德 3 国,每一国家至少有 10 所以上的国家图书馆和大学或研究图书馆。

(一)英国

英国图书馆继承大英博物院东方写本与刊本部的中文藏书约7万册,但拥有世界上最早的中文写本、印本和拓本,除法国以外保存最完整的敦煌卷子和收藏量仅次于美国的《永乐大典》,这些都是稀世之珍,没有他馆可相提并论。至于几所著名大学的藏书,大部分的来源是私人收藏。伦敦大学亚非研究学院是英国最早设有汉学讲座的一所大学,所藏中文书籍约137 000多册,古书主要来自莫里逊(Robert Morrison)、庄士敦(Reginald Johnston)等人的私藏和大学院以及英皇学院旧藏的移存。善本有明版100多种,《永乐大典》3册,抄本《清高宗实录》,特藏有各省拳乱奏折、通商及外交文件、海关档案及方志约2 000种。

牛津大学的中文书最早于1604年就开始入藏,全部是私人所赠送。稍后的收藏主要来自伟烈亚力于1881年所赠送约2万册及巴克豪氏(Edmund Backhouse)于20世纪初年所赠送约3万册,成为牛津所藏中文古籍的基础。其中四部书约占4万册,经史俱备,子集稍差。另有明版约200部、旧抄本357部、《永乐大典》19册、太平天国印书19种50册、丛书30多种、方志1 670种、基督教义书约2 000册,以及18—19世纪有关商业往来的资料,极为罕见。现在收藏已达10万册,另东方学院收藏有关美术及考古书籍约15 000册。

剑桥大学的中文藏书以该校汉学教授威妥玛(Thomas Wade)在1886年所赠私人藏书为其基础,其后由翟理斯编成书目。该馆所藏内有罕见抄本80余部,《永乐大典》2册、明钟惺《古诗归》1部、蒙汉合璧《清实录》及方志300种。该校图书大都按其主题分别入藏各系,普通参考书及考古美术资料则藏在东方学院,合计中文收藏约65 000册。

剑桥另有一独立的东亚科学史图书馆,现改称"李约瑟研究所",收藏李氏历年来搜集有关中国科技史的书籍及各国文字所写的论文、小册子等资料约2万册。善本中有金泰和四年(1204年)刊本《重修政和经史证类本草》30卷,明弘治、嘉靖间山西平阳刊本《新刊铜人针灸经》7卷,及明弘治十四年(1501年)无锡华理覆宋刊本《橘录》3卷。该馆所藏资料曾选出有关营养、针灸、中药、农业、木工及水利5组共25种,制有缩微胶片,由剑桥大学出版社发行。

此外尚有爱丁堡大学、杜汉大学、利兹大学亦收藏中文图书,但都是战后新设,藏书以现代资料为主。其他如皇家亚洲学会藏有方志、明清小说、满、蒙、藏文字典及其他中文书籍。大卫中国艺术基金会藏有中国美术、考古书籍5 000多册,书画及瓷器尤多精品。另有一些学会亦略有收藏。

(二)法国

法国是西方汉学研究的第一个国家,从16世纪开始便有耶稣会士从中国带回的书籍。康熙四十一年(1702年)有一位福建黄姓青年(Arcade Haong)来到法国皇家图书馆整理积存的中文典籍。这些资料为法国汉学研究较之其他国家更有成就的主要原因之一。黄君不幸在法夭折,其后续有杨德望、高类思二人于乾隆十五年(1750年)到达法国耶稣会,曾作有关中国政府制度的研究,成为亚当·斯密《国富论》(*The*

Wealth of Nations)间接取材的根据。

现在法国的中文重要收藏是在巴黎国家图书馆写本部东方组(Bibliotheque Nationale, Division des Manuscrits Orientaux),1908年伯希和自中国携回中文书8 000多册及敦煌卷子3 700卷,成为该馆收藏的重心。法兰西学院汉学研究所(College de France, Institutdes Hautes Etudes Chinoises)的中文收藏达40万册,数量为全欧之冠。其中有丛书2 500种,原版方志1 000余种。1959年又接收自北京运回之中法汉学研究所图书馆原有藏书,收藏因此更为丰富。

东方语文学院(Institut Nationale des Langues et Civilisations Orientales)于1843年设立中文讲座,图书馆于1874年成立,现藏书约3万册。在巴黎以外最主要的中文图书馆为里昂大学中文系中法大学图书馆(Universite Jean Moulin, Lyon, Bibliotheque Sinologique de l'Association Universitaire Franco Chinoise)藏书约1万册。其他尚有巴黎第七大学东亚语文系图书馆(Universite Paris Vll Bibliotheque de d'UER Asie Orientale)、吉美博物馆等机构亦藏有少数中文图书,供教学或研究之用。

(三)德国

德国的汉学研究发展较其他国家稍迟,因为早期欧洲对中国研究的耶稣会士都是来自法、意、西、葡等国。其后虽有一些德国籍的教士来华,如汤若望派在钦天监办事,对于其本国的汉学并无特别重要的贡献。那时德国没有汉学研究的设施,一些对中国有兴趣的人员必需到法国接受训练,而一些研究汉学的学者也少有就业的机会。著名的汉学家克拉普洛特-加龙省(Heinrich J. Klaproth) 1804年任教于俄国,1815年定居巴黎,1822年在法国编纂《柏林皇家图书馆所藏中文书目》,1840年由萧特(William Schott)续编,可知当时的中文藏书已渐受重视。此外,慕尼黑的中文藏书也很丰富,主要是由一位在法国造就的汉学家牛曼(Karl F. Neumann)于1829年在中国购得图书6 000卷,1831年回国后赠与慕尼黑图书馆3 500卷,其余归柏林图书馆存藏。

德国大学在20世纪初才正式设立汉学讲座,但很多德国著名汉学家多未能在其本国发展其所长。如翻译《诸蕃志》的夏德(Friedrich Hirth)与洛克希尔(W. W Rockhill)以及精通十几种东方语文而著作等身的劳福都在美国从事教学与研究,对美国早期汉学的发展起了促进的作用。世界大战摧毁了德国许多重要的图书馆,1945年后由于政治分裂,柏林国立普鲁士图书馆的中文藏书分散在各地,战后唯一未遭破坏的学术机构是汉堡大学的中国研究所,同时在柏林、莱比锡,随后在慕尼黑、科隆、波恩、符兹堡、厄尔朗根、海德堡、明斯特、洪堡以及波鸿的鲁尔等大学都设有中文讲座,因此图书设备也随之建立。现在德国国家图书馆设立在柏林,中文藏书11万册,巴伐利亚邦立图书馆13万册,汉堡大学7万多册,科隆大学3—5万册,波恩大学5万册,还有原在北京现迁移圣奥杉斯丁城的《华裔学志》(*Monumenta Serica*)社藏书约6万册。其他各大学的中文藏书多系战后成立,数量不多。

(四)西欧

西欧除了上述英、法、德三国外,主要的中文藏书当数荷兰莱顿大学汉学研究院(Sinologisch Institut, Rijks universiteit Leiden)图书馆。该校的汉学讲座成立于1875

年,中文藏书在1883年仅200多种,1930年尚不足千册,最近馆藏已增至16万册以上,其中有高罗佩(Robert H. van Gulik)藏书2 500种约1万册,内明版约50种、明清小说117种及有关书画、古琴等书,颇多稀见之本。

意大利的中文藏书为数不多,主要在罗马国家中央图书馆(Biblioteca Nazionale Centrale)、额我略大学(Pontificia Universita Gregoriana)、那不勒斯的东方大学亚洲学院(Oriental University, Seminar of Asian Studies)、威尼斯的东方学院(Oriental Institute at Venice)与威尼斯大学的中文系(University of Venice, Chinese Department),但收藏不多。梵蒂冈教廷图书馆藏有明清旧籍400多种,1922年由伯希和编成目录1册,但迄未出版。

比利时的中文藏书主要在比利时汉学研究所(Institut Belge des Hautes Etudes Chinoises),藏书约4万册;鲁汶大学东方语文研究所(Universite Catholique de Louvain, Institut Orientaliste),藏书2万册;以及比京博物馆(Musee Royaux d'Art et d'Histoire)等。

(五)北欧

北欧的中文藏书也颇负盛名,其中尤以瑞典皇家图书馆(Swedish Royal Library)为最,存有1879年入藏的劳登施高特藏(Nordenskiold Collection)约5 000册,马丁特藏(Gunner Martin's Collection)有关艺术图书数百种,以及五代显德三年(956年)印本《陀罗尼》经卷。该馆现与斯德哥尔摩大学图书馆、东方语言学院以及远东古物博物馆(Museum of Far Eastern Antiquities)4个单位所藏约7.5万册,合并成为戈斯德六世远东研究图书馆(King Gustav VI Adolfs Library for Far Eastern Research),统一管理,避免重复,这是最近欧洲各国专业图书馆的一种新趋势。

挪威最大的中文图书馆是奥斯陆的皇家图书馆(Royal Library),收藏满、蒙、藏文书甚丰,奥斯陆大学东亚研究所(University of Olso, East Asian Institute)亦有中文藏书。丹麦的主要中文藏书在皇家图书馆,哥本哈根大学东亚研究所(University of Copenhagen, East Asian Institute),以及斯堪的纳维亚亚洲研究院(Scandinavian Insititute of Asian Studies),这三馆所藏现均设于一处。

(六)东欧

东欧各国的收藏中文古籍情形,有关报道甚少。大概在捷克和匈牙利等国都有相当规模的中文藏书。如捷克布拉格(Prague)东方学院所属鲁迅图书馆在1950年设立,据1970年调查,藏书6.2万多册,最近的收藏必有增加。匈牙利的中文藏书主要在匈牙利科学院东方图书馆(Oriental Division, Hungarian Academy of Sciences Library),藏有蒙、藏文及斯坦因所遗存的图书。其他如东亚艺术博物院图书馆(Hopp Museum of East Asian Arts)和布达佩斯大学中文系图书馆(Department of Chinese Language, Eotos Lorand University, Budapast)亦有收藏,但大都为新书。

(七)俄国

俄国对中国的研究统称为"汉学",向来是东方学的一个部门。最早帝俄时代的汉学家也是东正教的传教士,在北京设有俄罗斯馆,学习汉文和满文,学生成为俄国早期的汉学家。1824年理藩院曾颁赏俄国在京学生达拉玛·佟正笏西夏文《干珠尔经》及《丹珠尔经》各一部,《朔方备乘》谓系雍和宫所存《大藏经》8 000 册,俄国送还的书名在书中并有详细记载。因为彼得大帝的提倡,与中国文化的交流都较他国更为积极。

前苏联的主要中文藏书在国家科学院汉学图书馆(Sinological Library, Academy of Sciences of the USSR)、列宁图书馆(State V. I. Lenin Library of the USSR)中文部、莫斯科大学图书馆(Moscow M. V. Lomonov State University)、国家科学院列宁格勒分院东方研究图书馆(Institute of Oriental Studies, Academy of Sciences, Leningrad Branch)、亚洲人民学院图书馆(Institute of People's University of Asia)、海参崴远东大学图书馆(Far Eastern State University, Vladivostok)及中亚细亚几所大学的图书馆。其中亚洲人民学院图书馆藏有敦煌卷子1万卷,已刊有详细目录。

第五章　美洲东亚图书馆的沿革和发展

本文英文稿原刊 *Journal of East Asian Libraries*, No. 135, February, 2005。中文本曾于 1979 年 9 月美国图书馆界访华代表团在北京和上海两地举行的报告会中择要报告，由中国图书馆学会根据录音发表，但极简略。现将此文重加修订补充，改用 2004 年 6 月底的调查数字，以供关心海外所藏中国和其他东亚语文资料者参考。

——编者注

美洲图书馆收藏东亚语文书籍，开始于 19 世纪后半期，迄今已有百多年的历史。经过陆续扩充，新馆日见增加，收藏逐渐充实，使用也更见普遍。目前，除南美设有两三所外，北美共有大小图书馆约 100 余所，藏有东亚语文书籍将近 1 600 万册，其中2/3为中文，其余为日文、朝鲜文和满、蒙、藏文等各种资料。这些非西方语文图书收藏的发展，不仅反映一般西方学者对东方文化研究的兴趣和动向，同时也对促进东西文化交流和加强国际间的了解起了很重要的作用。现在就将这一类图书馆在北美，主要是美国成长的经过，大概分为 3 个时期，加以简单的介绍。

一、东亚语文藏书的开始（1869—1912）

最初是在 1867 年，美国国会通过了一项法案，将美国政府出版品每种留出 50 份，责成史密逊学院向其他国家办理交换事宜。该院随即经由国务院通过驻北京使馆行文中国政府请求办理，但是清廷搁置未覆。一年后，美国农业部特派专员访华，除带有五谷、蔬菜和豆类种子外，并携带有关美国农业、机械、采矿、地图和测量太平洋铁道的报告书等一批书籍，希望和中国交换同等性质的种子和出版物。不久美国国务院又因联邦土地局之请，再度训令其驻华公使请求交换有关中国户籍和赋税的资料。总理衙门于接到这次公函后，不便再予迁延，因此奏准选购中国书籍 10 种，共约 1 000 册，装成 103 套，并花卉、五谷、蔬菜和豆类种子 106 种，于 1869 年一并送交美国使馆，以作还答。这一批书籍至今还很完整的保存在国会图书馆（Library of Congress）的书库中，不仅是该馆东方文库之祖，也是中美两国间图书交换的开始。

此后，国会图书馆又陆续收到美国驻华公使的私人藏书，其中并有满、蒙、藏文书籍若干。1904 年，中国政府参加美国圣路易市万国博览会后，将参展的一批图书赠送该馆。1908 年，因答谢美国退还庚子赔款，再赠予《古今图书集成》一部。在此后几年中，美国农业部经由一位植物学家施永高（Walter T. Swingle）的合作，为该馆陆续采购有关中国农业、丛书、类书、地图和方志等书约 2.3 万多册，使国会图书馆的中文藏书日渐充实。

在 19 世纪末期，美国各大学因仿效欧洲对东方语文的研究，中文教学开始列入大学课程内，中文图书也陆续入藏各大学和研究图书馆。1868 年，耶鲁大学的第一位中国毕业生容闳赠送给他的母校《古今图书集成》一套。次年，该校创设中国语文讲座，聘请从驻北京美国使馆退休的卫三畏担任首任教席。同年，哈佛也聘请了一位宁波学者戈鲲化为中文讲师，不幸他到任后不久就去世。在美国西岸，因为当时中美两国间商业往来频繁，柏克莱加州大学也在 1890 年设立了东方语文讲座，聘请曾在江南制造局任翻译的英国人傅兰雅担任。他在 1915 年退休后，由江亢虎继任，江氏将其私人藏书 1.3 万余册捐赠给加大。这些最早担任中文教学的教师以及许多大学的校友常将他们的私人藏书捐赠各该校图书馆，因此成为许多大学东亚语文藏书的基础。

哥伦比亚大学在 1901 年设立了丁良（Dean Lung）中文讲座，由该校校友卡奔特（Horace W. Carpenter）捐赠基金 20 万元，以纪念他的工友所代表的中国文化和对他的忠诚及忍耐，因此发愿提倡对中国文化的研究。丁良也加赠他的私蓄 1 000 元，使这一讲座延续至今。次年，该校又用此基金设立中文图书馆，中国政府也赠送《古今图书集成》一部，表示赞助。

在芝加哥，有一位在菲尔德自然科学博物馆（Field Museum of Natural History）任职的德国汉学家劳福在 1907—1908 年间去远东旅行，带回了大批的中、日、满、蒙、藏文书籍。其中有关科技图书 1.3 万册为约翰 · 克雷尔图书馆（John Crerar Library）所收藏（后归国会图书馆）；有关经、史、子、集等人文学科的图书 2.1 万多册为纽布莱图书馆（Newberry Library）所收藏（现归芝加哥大学）；另有关于人类学和考古学的资料约 5 000 余册和拓片 2 000 余件，至今仍在菲尔德博物馆。这些书籍在当时成为美国中部汉学研究的启蒙资料。

康奈尔大学也在 1870 年代开始讲授中文和有关中国的其他课程。1918 年该校校友华生（Charles W. Wason）将其自己收藏西文有关中国的图书一批约 9 000 册，捐赠给他的母校。同时并捐赠现金 5 万元作为继续采访之用。华生是一位工程师，他在 1903 年到中国旅行，对中国发生了浓厚的兴趣，因此开始收集有关中国的西文书刊、报纸、稿本和善本如《永乐大典》，以及乾隆时代英国遣华特使麦高尼（Lord

McCartney)的一批文书稿件。其中关于中国的西文资料之完备,在当时很少有其他图书馆可以相比。

在20世纪初期,美国大约有东亚语文图书20万册,分藏在10所图书馆中。除上述几所外,还有纽约公共图书馆、哈特福神学院(Hartford Seminary)和其他大学。这一创始时期的收藏,主要是经由赠送或交换而来,并非有计划的搜集。当时很少人能阅读这些书籍,仅由少数具有中、西语文知识的人员加以保管、利用和著录,也没有较详细的分类和编目制度来处理这些和西文书籍形式与内容迥异的资料。

二、东亚研究和图书收藏的进展(1912—1945)

美国东亚图书馆开始较有系统的发展,可说是在两次世界大战之间,即1912—1945年这一段时期。当时的收藏主要是为了辅助各大学逐渐增设有关东亚的教学课程和博物馆中对其所收藏艺术品的研究。通过有系统的采访,同时采用新的分类和卡片编目方法,使图书管理逐渐制度化。这些发展和美国学术界对亚洲研究兴趣的增加有分不开的关系。尤其是学术团体的提倡以及基金会和私人的经济支持,使图书资源得以快速的增加。

在20世纪30年代,由于美国学术团体联合会的领导,美国东方学会(American Oriental Society)在其每年一度的年会中曾多次召开讨论中国的特别会议,并成立中日研究促进委员会经常举办研究班、暑期学校、语文讲习所和出版《远东研究简报》。因此引发了1941年远东学会的成立,其后改名为亚洲研究学会(Association for Asian Studies)。该会出版季刊、专刊、通讯和书目年报等;其下设有许多专业委员会,东亚图书馆委员会(Council on East Asian Libraries)便是其中之一,主要任务是促进各东亚图书馆之间的联系和发展,并讨论业务上所面临的技术问题。

这一时期所设立的图书馆中,最重要的当属1928年成立的哈佛燕京图书馆(Harvard-Yenching Library)。在裘开明氏主持下,采用了新编制的《汉和图书分类法》和附有罗马字拼音的排印卡片目录,为当时一般东亚图书馆所采用。葛思德图书馆是加拿大一位工程师葛思德(Guion M. Gest)所创设。他因公务到中国时,用定州眼药治愈了他的青光眼,因而开始对中国的药业发生兴趣。先后搜集了中文医书500多种,共2 000余册。他离华后,委托了一位美国退休武官翟理斯继续收集,共得10万多册,其中有4万册为旧刊本和稿本,尤以明版最为丰富。这批书于1926年寄存加拿大麦计尔大学(McGill University),在1937年转售予普林斯敦大学(Princeton University),为美国收藏明刊本较多的图书馆之一。

加拿大皇家博物馆在1929年收购了北京慕学勋藏书约4万册,其中有370种约4 000余册为善本和稿本。这批书和其后增购约1万册,于1935年运回多伦多,连同该馆所藏甲骨、金石和其他有关美术、考古方面的资料,成为加拿大汉学研究的中心。

在美国中西部,芝加哥大学于1936年在东方语文系增设中国研究科目,由顾立雅主持。除教学和编辑中文课本外,同时成立远东图书馆、特别注重有关中国古代史研究的资料。1944 年收购了纽布莱图书馆的中、日、满、蒙、藏文书籍共 2 万多册，因此成为当时美国中部唯一具有规模的东亚书藏。

除此之外，夏威夷大学、西北大学、宾州大学（University of Pennsylvania）和加州的克里门学院（Claremont College）等也都相继设立中、日文图书馆。在第二次世界大战结束时，美国的东亚图书馆已增至 20 所，藏书共达 100 万册，大部分都是在太平洋战争发生前所收集，因此奠定了战后迅速发展的基础。

三、东亚研究的新趋向和图书的激增（1945—2005）

自从第二次世界大战结束以来，美国东亚图书馆的发展，可说是突飞猛进。不仅新馆和藏书数量激增，而采访的方针和性质，也都有很大的改变。主要原因是在战后美国感到精通非西方语文人才的缺乏，特别是对东方文化了解的肤浅。由于研究兴趣和实际需要，一般从人文学科趋向于社会科学的研究，并增加以前所忽略的各项科目，以及从古代和中古的研究，转为对现代和当代情势的重视。因此，大学课程中，除了原有的历史、地理、语文（主要是文言）、哲学、宗教、美术等传统的科目外，有关东亚的政治、经济、社会、教育以至语体文、文学、图书目录学等都有专门的教学和研究计划。介绍非西方文化的课程也从研究院扩展成为大学本部的必修科。而图书馆的藏书，也打破了一向以西文为主的传统观念。这些发展成为战后美国高等教育的一股主流。

美国对外国地区大规模的研究，开始在 1958 年。通过联邦政府的特别立法，以及一些基金会，大学和其他学术机构的支持，使得东亚图书馆在 1960 至 1970 年代有了空前的发展。一般说来，在这 10 年间建立的新馆超过了在这以前所成立的旧馆总数。而这期间新增加的图书亦相当于前此 100 年间所累积的总和。

在战后所成立的新馆中，至少有 5—10 所已成为现在美洲的主要图书中心。其中斯坦福大学的胡佛研究所（Hoover Institution）东亚图书馆是在 1945 年成立，主要搜集 20 世纪出版的中、日文资料。有关中国近代的史料，收藏尤其丰富，现有藏书约 26 万册。西雅图的华盛顿大学远东图书馆成立于 1947 年，注重 19 世纪和中国西南边疆的资料，现在藏书约 25 万册。洛杉矶加州大学东亚图书馆成立于 1948 年，对于艺术、考古、民俗、佛教的资料收藏尤为丰富，现在藏书约 25 万册。密西根大学亚洲图书馆也于同年成立。最初的收藏以日文为主，但在 1960 年代，大量收集中文资料。在最近所藏 30 多万册的中文书已超出日文，成为战后所设新馆中发展最快的一所。除此之外，至少已有 30 所州立和私立大学如东部的匹兹堡（Pittsburgh）、中部的伊利诺伊（Illinois）、威斯康辛（Wisconsin）、俄亥俄（Ohio）、明尼苏达（Minnesota）、西部的亚利桑那（Arizona）和南部的得克萨斯（Texas）等大学，也先后成立东亚书藏，以辅助教研之用。

在这一时期，加拿大的东亚藏书也有同样的发展。多伦多大学（University of Toronto）原存于皇家博物馆的穆氏藏书，自 1953 年起，除一部分有关美术和考古的书籍外，全部移存该校东亚图书馆，并增购新书，现藏约 30 余万册。不列颠哥伦比亚大学（University of British Columbia）在 1959 年收购了澳门姚钧石的蒲坂藏书 4.5 万册，其中有宋、元、明刊本和稿本约300种以及善本方志86种最为名贵，现藏约30万册以上。

美国在战后除成立许多新馆外，战前设立的旧馆扩充更速。国会图书馆从日本军方接收将近30万册敌产，因此日文藏书激增。在1950年又增设朝鲜文库。现在该馆东亚部的藏书，连同东亚法律图书馆的藏书已超过100万册。其中特藏有宋、金、元、明旧刊本和稿本约1 700种，方志3 750种，别集4 700种，丛书3 000种，地方报纸1 200种（80种摄有缩微卷）、"南满"铁道出版品3 000册，以及么些文经典3 000余册，尤为名贵。

哈佛燕京图书馆在战后收购了几批有关中国文学、戏曲、小说、佛学，以及许多稿本、试卷、唱本和商店账簿等资料，现在藏书已超过100万册，中文在60万册以上。其中特藏有宋、元、明和清初旧刊本2 300余种，稿本、乐谱1 100余种，地方志3 500种，类书1 300种，丛书1 400种和拓片300件，为美国大学东亚图书馆之冠。柏克莱加州大学在战后收购了三井和村上日本文库和阿佐美朝鲜文库共1.5万余册，现藏超过80万册，中文约占半数。其中有江南制造局译书100多种约1 500册和拓片2 100多件，极为稀见。哥伦比亚大学的中文藏书现已近40万册，其中以中国族谱约1 000种和地方志约1 600种最为名贵。

普林斯顿葛思德图书馆现藏在60万册以上，中文约40余万册。其中原藏善本有宋、元、明旧刊1 000余种（包括《碛砂藏》5 000余册和明版2.4万册）和医学1 200种，最为名贵。耶鲁大学也从1961年起，将全校散存各处之中、日文藏书集中成立东亚图书馆。近年并收藏了简友文的有关太平天国史料320种，现藏已超过60万册。芝加哥大学在1958年成立日本文库，同时扩充并征集有关中国近代史和社会科学方面的资料，现藏约60万册。其中中文近40万册，有善本约2万册，方志2 700种和经部书1 600种，为美国中西部收藏中文资料尤其是古典研究方面最丰富的一所图书馆。

四、总结和问题

自从第二次大战以来，西方研究东亚的中心已从欧洲转移至美洲。不仅教学的普遍和专业的提倡如此，而图书设备的扩充，尤为明显。自20世纪60年代以来，美洲的东亚图书馆新设了不下50所，根据最近调查，全东亚馆藏书已超过1 600万册，平均每年增加新书约50万册，经费估计在1 500万美元左右，其中1/3为购书和材料费，2/3为人员薪金。目前藏书在10万册以上的主要图书馆有38所，其中除2所在加拿大，其余都分布在美国的东部、中西部和太平洋地区。这些东亚馆的组织，大部分都隶属在总馆的行政之下，有些自成一独立单位，主管采访、编目、参考、流通、阅览等工作，并按语文或工作性质分组；或将其中一部分业务分别隶属于总馆的部门之中，如编目工作由总馆编目部担任，东亚部分仅负责采访和参考工作。

近年来，因各馆经费比较充裕，许多大馆的采购方针已不在严格的选择，而着重于某些专题的完备。因为资料搜罗的范围广泛，征集方面没有政治上的禁忌，凡有研究价值的书刊都兼收并蓄，罕见的资料亦多复制或影印，公开流通。从保藏方面说，许多当时的禁书因此得以保存。从研究的观点而论，有许多不见于中国的资料反而在西方得以完整的收藏。

在编排方面，书籍的分类主要是采用《国会图书馆分类法》，过去采用《哈佛燕京汉和图书分类法》的图书馆已都改用国会法。这些书一般都和西文书库分开排架，或将各种东亚语文资料混合排列，或再按其中不同的语文分别排列。编目方法自 1958 年以来，已加以统一规定。一般都采用国会图书馆编印的卡片，上面附有著者和书名的罗马字拼音，作为排列顺序之用。主题用英文标题混合或单独排列，但也有少数图书馆按主题分类序列，和东方传统式的目录相近似。近年来所有图书馆的作业已全部自动化。

目前在东亚图书馆工作的人员约在 500 人左右。其中 1/3 是专业职位，即取得美国图书馆学专业学位并精通一种或数种东亚语文和学科的人员；其他为助理职位，即对语文有专长而无图书馆专业训练的人员。专业职位录用较严，必须公开征求，经过严格甄别和专家的推介，才能入选。自 1960 年以来，因为东亚图书馆的急速扩充，导致这方面专业人员的缺乏。芝加哥大学图书馆学研究院曾在 1965 年特别召开会议，检讨有关区域研究和图书馆所面临的各种问题。同时和该校远东语言文化系合作开设特别训练这种专业人才所需要的课程，至今已有 30 多人取得这种专业的硕士和博士学位。另由美国联邦政府在 1969 年资助该校举办了一次 6 个星期的暑期训练班，给予在职馆员以补习这种专业课程的机会。目前的专业人员需求已没有 60 年代那样紧张，但每年仍有若干缺额待补。

总的说来，美洲和海外东亚图书馆有许多问题和中国图书馆界所面临的问题大致相同。尤其是采编技术的改进、参考工具书的编制、专业人员的训练、馆际合作的加强，以及汉字对计算机的应用和业务操作的自动化等等问题。主要的目的在提高工作效率，避免程序重复，扩充服务范围和便利读者的阅读与研究，以及对图书纸质的保存。这些乃是国内外从事图书馆工作人员共同关切的问题，也是可以相互学习和讨论的重要课题。

六 ｜ 怀念师友

第一章 记美国汉学家顾立雅教授

顾立雅(Herrlee G. Creel,1905—1994)博士是美国最早从事中国古代史专业研究的第一代汉学家,毕生从事教学研究,著述不辍。作者追随左右,亦师亦友近50年,在治学方法上,以至后半生的经历,都深受他的影响。顾氏不幸于1994年故世,此文系1996年6月顾先生逝世2周年纪念时所作,根据作者在其追思会中的讲稿补充写成。原载台北《历史月刊》1997年1月号。

——编者注

顾立雅像

在1930年代以前,美国虽有少数大学开设有关中国的课程,但大都效法欧洲学术传统,聊备一格;而主要教授如果不是来自欧洲,便是曾在中国居留、通晓中国语文的传教士。对中国文化作高深研究而有特殊成就的美国学者,实自1930年代才开始。当时,由于美国学术团体的提倡和基金会的资助,美国学者开始前往中国留学访问,从事专业的学术研究。他们回国后在各大学或学术机构从事教学、研究和著述,并培养第二代和以后的青年汉学家,对中美文化交流作出了一定的贡献。顾立雅教授便是其中之一,他是美国学术界最早对中国语言和文化作精深研究的一位启蒙大师,也是西方研究中国古代史的权威汉学家。

一、学历与经历

顾先生于 1905 年 1 月 19 日出生在芝加哥,中学毕业后即任新闻记者,对于写作有特殊的天才和历练。他曾就读美国中部两所大学,继转入芝加哥大学,攻读哲学和宗教史,先后取得学士(1926 年)、硕士(1927 年)和博士(1929 年)学位。在校时,因对孔子学说发生兴趣,曾从一位中国同学学习中文,并以中国思想为题写作博士论文。毕业后曾任伦巴德(Lombard)大学英文及心理学助教授,因偶然机遇与在芝加哥自然科学博物馆任职的德籍汉学家劳福博士相识。由于他的推荐,获得美国学术团体联合会的奖学金,于 1930—1932 年入哈佛大学进修,从梅光迪学习中文,开始研读中国古籍。1932—1935 年得哈佛燕京学社奖助到中国留学,从北平图书馆金石部主任刘节研究中国古文字学、甲骨文及金文,并曾数次赴安阳参观殷墟考古发掘,结交甲骨学者董作宾和其他古史专家。自此搜集文献和实物,开始以考古资料诠释中国古代史,写作专书并在中外学术刊物发表论文。

顾先生于 1936 年回美,受聘为芝加哥大学东方语言文学系及历史系讲师,开设中国语文、哲学及历史等课程。1937 年升任助教授,1940 年任副教授,1949 年任正教授。其间并创设远东图书馆,于 1939—1940 年再度访问中国,采购中文图书,经朝鲜及日本回国。第二次世界大战期间,他被征调从军,任国防部陆军上校情报官,同时在芝加哥大学设立预备军官讲习班,教授中文口语,直至 1945 年大战胜利后再返校任教。1954—1962 年,他受聘为东方语言文学系及其后改组的远东(后改称东亚)语言及文化系主任,并兼任由各系合组的远东研究委员会主任。1964 年被授予“马丁·雷尔森杰出讲座教授”荣衔,直至 1973 年退休。他先后在芝加哥大学服务 37 年,对开创中国及东亚研究和东亚图书馆有重要的贡献。

二、著述与研究

顾先生出版专书 8 种和发表论文数十篇,有中、日、法、意、西等语文译本。其著述不仅立论严谨,资料丰富,而文笔清晰流畅,尤为学术界所推崇。他对中国研究的兴趣,从写作博士论文《中国世界观的演进》(Sinism: *A Study of Evolution of the Chinese World View*. Chicago: Open Court, 1929)开始。其后在中国留学期间先后发表《原道字与彝字的哲学意义》(《美国东方学会学报》,1932 年;《学衡》,1933 年),《释天》(刘节译,《燕京学报》,1935 年),《商代铜器的制作与装饰之原始》(《华裔学志》,1935 年);《近年中国考古学之进展》(法文《亚洲美术评论》,1935 年)及有关中国古文字学等论文多篇，可见其最早就勤于写作及对中国古代文化研究的兴趣和趋向。

他的成名之作，当以《中国之诞生：中国文明的形成期》(*The Birth of China*：*A Survey of the Formative Period of Chinese Civilization*. London：Jonathan Cape, 1936；New York：John Day, 1937）一书开始。此书是他在中国留学期间所撰述，根据当时所见资料，对商周社会、政治、经济、文化、艺术等作全面介绍，为最早在西方风行的一部论述中国古代史的权威之作。这本书虽是学术性的著述，却是以通俗文笔写成，内容深入浅出，目的在引起一般读者的兴趣，以增进西方人士对中国古代文明的了解。为了写作此书，他对其中所引用的原始文献以及考古资料都曾详加考订，如甲骨文的引证、《诗经》"商颂"和《今文尚书》中若干篇章的阐释、夏代及史前的探索，以及对商代种族、地理、文化等问题的探讨，都收入他的《中国古代文化研究》第一集(*Studies in Early Chinese Civilization*, First series. American Council of Learned Societies, 1938)，为研究中国古代史各个专题的重要参考资料。

顾先生的著述，从商周历史到先秦诸子都有独到的见解。先后出版的专著还有：《孔子：其人与神话》(*Confucius*：*The Man and the Myth*. New York, 1949；London, 1951；Tokyo, 1961；王正义译，台北，2004)；《中国思想：从孔子到毛泽东》(*Chinese Thought from Confucius to Mao Tsetung*. New York, 1953；London, 1954；Paris, 1955；Rome, 1973；Madrid, 1976)；《什么是道家，及其他中国文化史研究》(*What is Taoism? and other Studies of Chinese Cultural History*. Chicago, 1970)；《中国政制的起源：西周王朝卷》(*The Origins of Statecraft of China*：*Vol. I, Western Chou Empire*. Chicago, 1970)；《申不害：公元前4世纪的中国政治哲学家》(*Shen Pu-Hai*：*A Chinese Political Philosopher of the Fourth Century B. C.* Chicago & London, 1974)。他对申子的考释乃是他多年来研究中国思想史的副产品，书中不仅对这位少为人注意的法家之祖的政绩多加表扬，且广集佚文，逐字逐句加以英译并详细注释，成为他的最后研究之作。在他的各种著作中，对我所提供的资料和意见，以及对文锦所写的汉字小楷，都有热情的致谢。

三、教学与活动

此外，为了中国语文的教学，顾先生曾编制了一套《归纳法中文文言课本》(*Literary Chinese by Inductive Method*, I-III, Chicago, 1938-1948)，先后由芝加哥大学出版社出版3册，采用中国传统启蒙所读的《孝经》、《论语》、《孟子》3种经典著作，系统地将书中单字，以甲骨文、金文、小篆、通行书体及其读音、部首、英文释义，逐一加以解释，再分别举例，以示每字的用法，书后附有句法、练习、原文、书写顺序、单字和复词的拼音与英译索引。这是采用科学方法学习古汉语的一套实用课本，融合语文、思想及历史于一体，为西方各大学所普遍采用。

当时芝大的中文教学从文言开始，注重阅读，由《孝经》启蒙，两年内读完《论语》和《孟子》，就可掌握古籍常用字汇约3 000字，以后再选读《左传》、《史记》和其他古书(先秦古籍每种字汇均在1 000至3 000字左右)，即可利用古典资料从事专题研究并写作论文。学生还需背熟以214个号码所代表的部首,遇到生字,随时检索字典,速度奇快,证明这套课本及其教学方法对研习中国古籍确有一定的效果。

顾先生于教学、研究和行政工作以外,也参加一些校外的学术活动。他于1954年被选为美国东方学会会长,任期2年,并在1956年年会中以“何为道教?”为题,作为会长致辞。1980年他曾参加在台北由“中央研究院”召开的国际汉学会议,并宣读论文《道家的变型》,讨论《老》、《庄》、《列子》各书的内容及其影响,这是他回美后唯一的一次远东之行,获得良好的印象。自1958年以来,由于美国联邦政府颁布的《国防高等教育法案》中,对非西方语文的重视,使美国学术界对中国研究的观念也产生了很显著的变化。如语文教学从文言到白话,研究对象从古代到现代,研究范围从人文到社会科学,课程水平也从研究院下放到大学本科。为适应这一潮流,他曾邀请各大学负责人,召开一次研讨会,商讨大学本科是否应加授有关中国文化的课程,并将讨论经过和各方意见编印《通才教育与中国文化》(*Liberal Arts Education and Chinese Culture*, Chicago, 1958)一册,将这一意见,加以肯定。

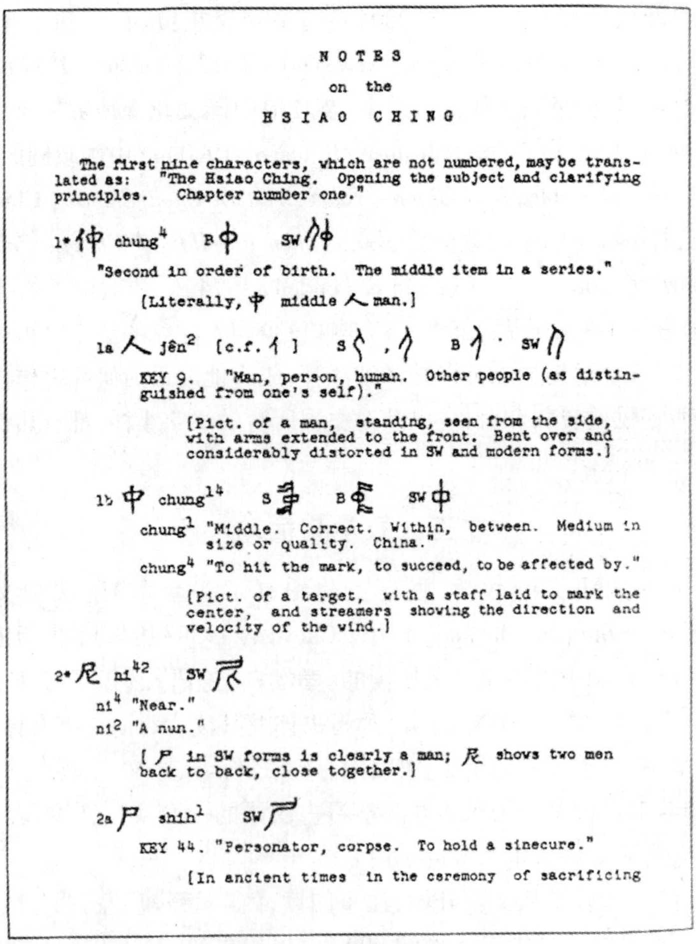

NOTES
on the
HSIAO CHING

The first nine characters, which are not numbered, may be translated as: "The Hsiao Ching. Opening the subject and clarifying principles. Chapter number one."

1* 仲 chung^4 B SW

"Second in order of birth. The middle item in a series."

[Literally, 中 middle 人 man.]

1a 人 jên^2 [c.f. 亻] S , B · SW

KEY 9. "Man, person, human. Other people (as distinguished from one's self)."

[Pict. of a man, standing, seen from the side, with arms extended to the front. Bent over and considerably distorted in SW and modern forms.]

1b 中 chung^{14} S B SW

chung^1 "Middle. Correct. Within, between. Medium in size or quality. China."

chung^4 "To hit the mark, to succeed, to be affected by."

[Pict. of a target, with a staff laid to mark the center, and streamers showing the direction and velocity of the wind.]

2* 尼 ni^{42} SW

ni^4 "Near."

ni^2 "A nun."

[尸 in SW forms is clearly a man; 尼 shows two men back to back, close together.]

2a 尸 shih^1 SW

KEY 44. "Personator, corpse. To hold a sinecure."

[In ancient times in the ceremony of sacrificing

古汉语读本《孝经》“开宗明义章”字汇注释

芝大对中国语言和文化的教学,大致分为古代、中古和近代三阶段。当时除顾先生教授第一年汉语、古代史和思想史外,另有柯睿格(1908—1976)教授担任第二年中文、中古史和政治制度等课程。他专攻宋史,著有《宋初文官制度》(1953 年)、《宋代职官衔名英译》(1957 年)等书,也是"国际宋史研究计划"的创始人。另一位是邓嗣禹教授,讲授中国近代史和现代中文,编有《报刊中文》、《中文会话》、《高级中文会话》等课本作为教材。再有访问教授董作宾先生,曾开设中国考古学、金文及古文字学等课程(我另有专文记述他访美经过,见本书,《董作宾先生访美记略》)。此外,还有一位研究助理工六月(June Work,董先生曾为其取名琼华)小姐,主管系中杂务,她为人热诚,对中国学者和学生尤特别照顾。柯睿格、邓嗣禹、董作实、琼华等,都是顾先生的好同事、好朋友,平日和顾先生相处愉快。

作者(左)和顾立雅合影(1947 年)

我于 1947 年秋间应顾先生之邀来芝,整编图书馆十余年来积存的古籍约 10 万册,并供研究咨询。1949 年起又兼任东方系教授衔讲师(Professorial Lecturer),担任目录学和史学方法等课程,为博士生的必修科目。不久文锦也受聘为现代中文讲师,深受同学的欢迎。当时系中专修中文的学生约有二三十人,师生相处融洽,不时聚餐,有如一个大家庭。

我在工作之余,同时在校选课进修,因为是图书馆学和东方学双重专业,也曾从顾教授作专题研究,以《战国策》版本传承问题写作论文,修正稿发表于《中国古籍导读》(*Early Chinese Texts: A Bibliographical Guide*, ed. by Michael Loewe. Berkeley,1993);并对《战国策》英译本中误译处曾加以评正(见《亚洲研究学报》第 24 卷,1965 年,页 328—329)。其后以《印刷术发明前的中国书和铭文起源》为题写作博士论文(后改题《书于竹帛》〔*Written on Bamboo and Silk*〕,由芝加哥大学出版社于 1962 年出版;有中、日、韩文译本先后在香港、北京、台北、上海、东京、汉城等地发行),也得到他的指导。他对我的论文中选词、用字、修辞、译释和引用文献的考订都非常注意,仔细修改,一丝不苟。这对我以后写作的要言不烦和治学方法,都有很重要的启发。他态度严肃,做事果断,对一般学生要求十分严格,但对中国学者却礼贤下问,优遇有加,因此我们之间亦师亦友的关系维持了将近半个世纪。

四、纪念与追思

1975 年,为庆祝他的 70 岁寿辰,我和当时东亚系主任芮效卫(David T. Roy)教授曾共同邀请世界各国学者撰写有关先秦及汉代哲学、文学、历史、考古学等专题论文 16 篇,编成《古代中国论文集》(*Ancient China : Studies in Early Civilization.* Hong Kong, 1978)一册,为他祝寿,并举行酒会将此册呈赠,以表扬他一生对中国文化教学、研究和培植人才所作出的贡献。1986 年,芝加哥大学为纪念东亚系及东亚图书馆创立50周年，特别举行庆祝晚会，由校长汉娜·格雷(Hanna Gray)特别致辞，感谢他对东亚研究的提倡之功。我也是早期参加这项工作者之一，得附骥尾受到表扬。

同年，美国亚洲研究学会在芝加哥召开年会，其间特别举行小组讨论会，为顾先生的《中国之诞生》一书出版50周年表示庆贺，并研讨此书对国际学术界所产生的影响。顾先生曾在会中发表演讲，题为《〈中国之诞生〉之诞生》，回忆他如何与劳福博士相识以及由他推荐获得奖学金前往哈佛学习中文的经过，并称此书实为当年在中国时所作，以6个月时间完成，因新的考古资料陆续发现，在出版时内容就已经陈旧，其价值实不足道也。这是他生前最后一次受到美国学术界对他在这一曲高和寡的园地多年来苦心耕耘而获得的一项特别荣誉。

顾先生曾将他收藏的商周铜器、骨器、蚌器、玉器、陶片和甲骨，全部捐赠芝大司马特美术馆(David & Alfred Smart Gallery)。这些古物大部来自殷墟，是他当年自中国携回供教学之用，但从未公开，故知者甚少。芝大美术馆曾将这批藏品特别陈列，公开展览，照片收入该馆馆刊第1期(1987—1988)及特别编印的《礼仪与崇敬》(*Ritual and Reverence*，1989)展览图录中。另由夏含夷教授将他所藏甲骨43片释文发表在《中国图书文史论集》(台北，1991；北京，1992)，因此顾先生的藏品得以公诸于世。

顾先生没有儿女，也少亲人，因此他与顾夫人对我和文锦以及3个女儿都很关切。顾夫人乐真(Lorraine Johnson Creel，1915—1995)博士是芝大的中文高才生，曾以《早期儒家对社会秩序的观念》为题写作博士论文(1943年)。他们婚后曾于1939—1940年间周游中国。她取得学位后，一直作为家庭主妇而未工作，但她精于理财，从事投资而颇有积蓄。他们原住校园附近的公寓，因喜好安静，于1958年迁居郊区帕洛斯公园(Palos Park)自建的一所住宅，屋外有茂林、垂杨和小溪，屋内陈设简单，没有空调和电视等现代设备，颇有"结庐在人境，而无车马喧"的隐士之风。

顾先生自退休以后，仍从事著述，但体力日衰，不久双目失明，行动不便，终于1994年6月1日在寓所逝世，享年89岁。顾夫人也于次年12月12日相继而去，令人伤痛。顾先生故世后，《纽约时报》立即发出讣告，称誉他是国际汉学界的一位巨人，对他称道孔子为一革命家及民主导师，尤为推重。芝加哥大学于11月3日举行追思会，由东亚系现任古代史教授夏含夷主持，有来自世界各国的学者及顾先生的生前友好及学生200余人参加。当时东亚系主任余国藩教授和英国剑桥大学鲁惟一(Michael Loewe)教授曾发表悼词，中国社会科学院历史研究所李学勤所长亦到场致悼并撰文追思(见《美国顾立雅教授及其旧藏甲骨》，载《文物天地》1995年1月号)，我也曾致辞悼念，追忆40多年前初抵芝城，和他会晤时的种种感想。那时他正年富力强、衣履整洁、言谈风趣、做事果断，令人敬佩。当年我原受教育部派遣赴华盛顿公干，携带官员护照，临时应顾先生之邀来芝工作，不料外国官员不能支取美国薪金，因此由他私人垫付，并殷情挽留，又设法在国会提一特别法案，准予改变身份长期居留，再为我安排接眷来美。他对我的爱护提携，为我后半生的家庭生活和事业，产生了十分重要的影响，如今永别，不胜唏嘘。

第二章　悼念中国科技史大师李约瑟博士

李约瑟像

我为李约瑟博士《中国科学技术史》所写的英文本《纸和印刷》一册，于 1985 年由英国剑桥大学出版社出版。北京中国科学院于 1990 年首选此册译成中文，作为献给他 90 岁生日的一份寿礼，令我感到荣幸。最近这一册又由台北《中国之科学与文明》编译委员会请刘拓及汪刘次昕父女另译，定名《造纸及印刷》，由台湾商务印书馆出版。我受该会之嘱写一内容提要，正在执笔回思，忽接李约瑟研究所副所长黄兴宗博士由华盛顿转来的讣告：李约瑟博士已于 1995 年 3 月 24 日晚间在剑桥寓所故世，享年 94 岁。学术界失去一位大师，中国失去一位良友，个人失去一位知音，令人哀痛。

李博士学识渊博、才华过人，是 20 世纪一位最杰出的学者，也是一位有理想、有抱负和有争论的伟人。无论和他相识或不相识的人，对他在学术上的卓越成就都会感到钦佩，对他一生正直不阿的风度也会表示景仰。我能和他合作乃是很大的荣幸，尤其我为他所写这一册的两种中文译本,前者为他祝寿,后者为他饰终,可称巧合,也正好以此作为纪念我们之间一段难忘的友谊和珍贵的书缘。

一、两访剑桥·文字结缘

回忆我们相知,其后我参加他的《中国科学技术史》写作,匆匆不觉已逾30年。其间承他相邀于1968年写作开始前到剑桥访问;1972年他在加拿大作学术演讲,我曾赶去参加;1976年他来芝加哥接受名誉学位,我曾上台致辞;1982年全稿完成后,我再访问剑桥,并承聘请我为他创立的"东亚科学史研究所"(现改名李约瑟研究所)永久研究员(Research Fellow en Permanence);1984年在北京召开也是他所倡设的"国际中国科学史讨论会",我们曾一同出席,会后也曾先后访问台湾;1990年他欢度九秩荣庆,同时在剑桥召开第六届国际中国科学史会议,我已写好一篇论文准备前往参加祝寿,临时因事未果;近年来他两次断弦,又加行动不便,我曾几次想去探视,都未能成行。如今他与世长辞,从此将不能再亲聆教益,衷心感到愧歉和伤感。

我和李约瑟原不相识,最早相知要追溯到1964年,他在《亚洲研究学报》第24卷第4期撰文,评介我的英文本《书于竹帛》(*Written on Bamboo and Silk*, University of Chicago Press, 1962),多加奖勉,认为是"卡特(Thomas F. Carter)经典之作《中国印刷术的发明及其西传》一书的姊妹篇。"他说:"我们可以断言,钱著和卡特的名作完全可以媲美而并驾齐驱。……钱氏和卡特一样,全书行文清晰利落,要言不烦,是写作的典范。"这本书原是我的博士论文,探讨印刷发明前中国书籍制度及铭文起源和发展的一部综合之作,指出中国古代文字纪录的多产、延续和广被性为世界文化中所独有的特色,填补了西方学术界所缺少的这一段空白。不意竟获得一位科技史权威的赏识,未免受宠若惊。

因为我的书中有一章论及"纸和纸卷",他于1967年10月间第一次来信邀请我参加他的《中国科学技术史》第5卷第1分册中有关造纸、制墨和印刷术一章的写作。那时他已经67岁,超过了退休年龄,而原计划中的全书7卷14册(现已扩充至34册)大部分还没有撰作,他在信中说:

> 即使我活到84岁,也不一定能看到这部书的完成。因此,我们决定要和一批合作者协力,能使我们在有生之年看到这一计划的实现……你对纸和印刷方面的专门知识,正是我们在这世界上追求的对象,希望你能慎重考虑我们的请求。

那时我正计划写作《书于竹帛》的续编,他的邀请可谓不谋而合。但也有一些同事和友人劝我不要接受,他们认为在西方学术界中,他不是科班出身的汉学家;而且思想左倾,受到一些英国学者的攻击。实际上,我虽对他的研究所知有限,但是对他同情中国的友好态度、在朝鲜战争中表现的正义行动以及在越战中采取的反对立场,倒是衷心钦佩。经过一番思考后,我接受了他的邀请,先到剑桥面谈,再作最后决定。

作者与李约瑟在剑桥书斋(1968 年)

由于他的介绍,我获得美国学术团体联合会的资助,使我有机会在 1968 年 9 月有欧洲之行。先到剑桥,他亲自和鲁桂珍一同驾车到车站迎接,提着我的行李健步如飞。那时,他是剑桥大学贡维尔和凯斯学院的院长,安排我住在院中一座古色古香的大楼内,每天早晨有特备的丰盛早餐送到卧室,中午和他、他的夫人李大斐(Dorothy Needham)以及鲁桂珍一同进餐,下午四时则同饮下午茶。有时晚间还被邀请坐在学院餐厅的高台上,和身穿道袍的院长、教授以及台下的学生们共进晚餐。那时何丙郁博士(现任李约瑟研究所所长)也在剑桥访问,得以相识,同时也结交了一些其他学者,使我这次剑桥之行收获丰富、愉快而难忘。

李氏为人诚恳坦率,平易近人,生活朴实,正直热心。他的身材高大,衣着随便,平日在家穿着一件中国蓝布长衫,足蹬一双布鞋;墙壁上贴着他自己用毛笔书写的对联。他对于中国的一切,都有五体投地之感,是一位地道的"中国迷"。他阅读中国古籍的能力很强,但会话不太流利,和他讨论时,他常备好纸笔,把一些特殊名词用汉字写在纸上,以免口语不清。他搜集的各种资料,无论是摘录或笔记,都抄写在单页或卡片上,有时注明拼音或译文,再分门别类排列在文件柜中,有条不紊,便利检查。他的生活简单,工作效率过人,这样一个庞大的研究计划,那时只有他和鲁桂珍以及一位书记和半职的图书管理员相助。所有写作、通信和杂务,大都自己动手,使我看到欧洲学者的朴实作风,令人钦佩。

二、道法自然·中西差异

在和他交谈中,他从未提起过他的政治立场或宗教信仰,而只注重解释他的整个研究计划和要求我担任写作的部门。他说,这第 5 卷第 1 分册是"化学和化学工艺",除造纸和印刷外,还包括纺织、陶瓷、火药等专题,拟定名为"战争与和平"。他认为我的书中已有造纸和制墨的资料,再加一些有关印刷方面的叙述,写成 100 页左右就可足够。他说我无需在剑桥工作，但希望在二三年内完成，以便这一册能早日出版。我接受了这项任务，离开剑桥，顺道访问牛津、伦敦和欧洲大陆的图书馆和博物院，开始搜集资料以供参考。其后又遍访世界各地，资料愈集愈多，内容愈拓愈广，篇幅更是愈写而愈长。从草拟大纲到全书完稿，前后花费了15年时间，而篇幅却从原订的100页扩充成为30万言的一本专册，实非始料所及。

在写作过程中，我一般先拟好各章大纲、子目和细节，交他过目同意，然后每章稿成，再请他审定批评。但是他从不批改，来信总是鼓励继续，也从不催促。其中造纸3章初稿于1972年完成，除历史和技术外，另有一章考证纸张在书写、印刷、文房、装饰、娱乐、衣着、甲胄、交易以及家庭日常生活中应用的起源，这些虽与技术无关，但未有人做过系统研究。而这3章原稿有200多页，已超过原来估计的总字数，我请他决定是否删节或浓缩，以符合他预定的篇幅。他阅读后表示赞赏，决定全部保留。并说，他相信道家，道法自然，内容不加限制，因此其他各章乃依照同样的篇幅和体例继续进行。可是印刷部分的原始记录很少而问题甚多，传播和影响部分则牵涉到全世界，范围广泛而资料庞杂；同时我在芝大的工作繁重，于公余抽空写作，实有力不从心之苦。幸而先后获得美国科学基金会和美国国家人文科学基金会的资助，得以减轻我在校中的部分行政职务，并聘请研究生相助。同时我在芝大开设了一门“中国印刷史”教研班，借此机会一面搜集资料，一面探讨问题，先后3次。因此边教边写，同时也训练了一批青年学者从事这一专题的高深研究。

《中国科学技术史》主要执笔人(1980年)

后起：罗宾逊、钱存训、李大斐、李约瑟、鲁桂珍、何丙郁、

席文、王铃

此册共写成10章：造纸、印刷（包括制墨和装订）及传播各3章；绪论1章，讨论纸和印刷为何在中国而不是西方世界所发明；最后一章并论二者的功能和影响作为结论。其中我指出印刷术在中国和西方的功能虽然相似，但其影响则并不相同。在两个历史背景和环境不同的社会中，印刷术都使成本减轻、产量增加、流传广远，对促进文化发展、普及教育等方面，有相似之处，但有程度上的差异。至于在东西方不同社会中所产生的影响，不仅作用不同，结果却是背道而驰。在西方，印刷术的使用，激发欧洲各民族的理智思潮，促使民族语言及文学的发展和建立独立的民族国家。而在中国，印刷术的作用正好相反，它不仅有助于中国文字发展的连续性和普遍性，更成为保持中国传统文化的一种重要工具。因此，印刷术和科举制度相辅相成，乃是几千年来中国传统社会相对稳定的重要因素之一，也是维护中国民族文化统一的基础。这一结论和他人意见不同，但受到李氏赞赏，认为可提供他在全书结论中的一些思考。

三、谦虚礼让·语重心长

《纸和印刷》全稿于1982年年中完成，秋季再访剑桥，商谈出版事宜。我在原稿的封面上按照已出版各册的前例，署名“李约瑟、钱存训合著”。他看了之后却谦虚地说，他对此册的写作并未参加，不能作为合著而应由我单独署名。我说，这套大系是他的创意，从计划到出版都是他统筹经营，虽有别人合作，他的大名都应该在每册中领衔合著。他当时并未拒绝，但出版后，这一册的封面上却只有我一人具名，而将他的大名改排在全书总名的上端，成为全套书中第一本改动版面而由个人署名出版的专册，这使我对他谦虚的风度更加钦佩。

他对许多合作者的尊重，也可从全书各册的前言中得到证明。无论是撰写专章专节的合作者，或是编制索引、打字、校对以至书写汉字的参加者，他都在书中特别提名，一一道谢。尤其对中国学者有时还要加上字、号，注明汉字，以免拼音误解。他的这种不愿掠美和尊重他人研究成果的高尚品格，值得学习。这种谦虚的态度也和过去某些西方汉学家的作风大不相同。因此想起19世纪理雅各（James Legge）所译《四书》和《五经》，其中虽对某些资助出版人道谢，但对相助有功的中国学者却一字未提，不禁令人有今昔之感。

他在《纸和印刷》这一册的序言中说：

> 这一分册使我们看到这一计划（指和他人合作）的第一个果实。我们说服了关于这一专题世界最著名的权威学者之一、我们亲密的朋友、芝加哥大学钱存训教授来完成我们书中这一部分的写作任务，我们非常钦佩他为此所作出的贡献……我认为造纸和印刷术的发展，对整个人类文明历史的重要性是无与伦比的。从钱书中，读者将可纵观中国造纸和印刷的整个历史，了解到，在欧洲对此一无所知之前，它们已在中国出现了许多世纪。

他引证英国哲学家培根(Francis Bacon)所说:“书中蕴藏着人类的智慧与知识,使我们能避免过去的错误,从而不断地创新。”他接着又说:“我们祈祷阻止任何邪风妖火降临于世,在一瞬间毁灭人类世世代代累积下来的文化,结束人类最辉煌的成就和赖以传载的印刷与造纸。”他最后这几句祝愿虽未明指,实在是借题发挥。读者当会知道是他对“文革”期间中国书籍和文献大量损失的痛心表示,希望后世不要再蹈覆辙。他的语重心长,值得深思。

这一册虽然李氏并未署名合著,但是因为收入他的大系中出版而受到国际学术界的重视和好评。正如伦敦《泰晤士报》的一篇书评所说:“钱氏对此专题作了全面的叙述,无疑将受到读者欢迎;作为《中国科学技术史》中的一册,此书已成为标准之作。实际上,第1版在发行之前就已销售一空。”据剑桥大学出版社报告,此册于1985年出版,定价66英镑,次年重印第2版,1989年续印修订第3版,至今仍是李氏大系已出各册中最畅销的一种。因为这一专题涉及中国“四大发明”中两种最重要的文明载体和工具,所以读者的范围比较广泛。李氏曾说这一册将另印单行本出版,但愿以此专册作为我们之间合作和友谊的永久纪念。

四、接受荣誉·重访花旗

在我们多年交往中最难以忘怀的一件大事,也是他认为在他晚年的多次旅行中最高兴而具有象征性的一次访问,乃是在他阔别美国30年之后,第一次重新踏上他曾经在此研究和教学多年的花旗土地。那时他已有世界各国所授予的10多个荣誉学位,但美国却不在其中。这事的内情甚少人知,现略述经过,以补逸闻。

这件事要从1976年说起,那时芝加哥大学有意邀请他来校作一次学术演讲并拟授予名誉博士学位,以表扬他在国际学术界的特殊贡献,可是困难有二:第一,美国一般有地位的大学对授予名誉学位有严格的规定,不仅有提名委员会审查受奖人在学术上的成就,而且注重提拔年轻的学者,鼓励他们在其专业上继续努力,将来可有更高的成就。李氏在学术界的崇高地位,毋庸置疑,可是那时他已超过75岁高龄,对他颁授学位不符合提拔后起之秀的标准。后经提名的东亚语言文化系力争,尤其因为他和我合作的关系,因此得以通过;第二,李氏在朝鲜战争期间,曾参与世界和平理事会所组织的“调查美在朝鲜和中国的细菌战事实国际科学委员会”,并亲自前往中国东北及朝鲜战场实地调查、研究及发表报告书,指控美国曾经使用细菌,引起美国官方对这一指控感到愤怒。其后,他又反对美国参与越战,从此他便一直为美国政府列入不受欢迎人士的黑名单。

在芝大决定授予李氏名誉学位后,学校当局要我先去信通知,邀请他在校中作一次学术演讲,并问他是否愿意来美接受拟授予的名誉学位。他回信说:“我很愿意有一天可能前来,但取得来美签证会有困难。”他在信中并附入不久前美国参议员富布莱特(J. Williams Fulbright)给他的亲笔签名信,邀请他来美参加美国国会发起的庆祝“国际教育、文化交流法案”(Fulbright-Hayes Act)30周年纪念会,并作为一位主要讲

李约瑟及鲁桂珍与作者夫妇
在寓所前合影(1976 年)

李约瑟获颁授芝大名誉学位后
与作者合影(1976 年)

员,但竟未能取得入境签证而不克成行,使他非常气愤。他最后在信中说:“如果美国学术界的朋友邀我来美访问,希望他们先向美国国务院澄清障碍。”经过芝大董事会和学校当局向国务院交涉疏通,终于为他办妥来美手续,使他能和鲁桂珍一同来到久别的美国。

1976 年 6 月中芝加哥大学在春季的毕业典礼中授予李约瑟人文科学荣誉博士学位。在颁授证书的典礼中,我曾代表芝大上台致辞介绍:

> 李约瑟博士具有双重杰出成就:第一,他是一位生物化学家,他的巨著《化学胚胎学》奠定了这一门学科研究的基础;第二,他是中国科技史研究的创始人,他的 30 册《中国之科学与文明》是 20 世纪学术界一项不朽的贡献。他对中国天人合一理论的分析与发扬,向西方开启了迄今未为人知的中国科学与技术的大门,其中许多为西方所继承。他的研究具有世界性的影响,在历史上他是向西方介绍中国文化伟大的学者之一,而这一项研究在国际间正方兴未艾。

他的这一次访问,无疑是成功的,对他的研究也是很重要的。他不仅受到美国学术界的欢迎,也获得其他文化团体和企业界的重视。由于全国性传媒的访问和报道,他在美国的活动轰动一时,也可说是为他过去所受到的攻击和歧视做了一次平反。从此美国的大门对他敞开,他曾多次接受邀请再度来美访问、演讲、募款,使他的研究工作和研究所的新建能获得美国的一些基金会、财团和大企业的赞助。无怪他在典礼完毕走出礼堂之后,拿着他刚才取得的证书,向和他握手祝贺的朋友们高兴地说:“我为我所获的这第一个美国荣誉学位而自豪。”

原载《历史月刊》1995 年 7 月号

第三章　董作宾先生访美记略

董作宾（字彦堂，号平庐，1895—1963）先生于1946—1948年任芝加哥大学访问教授。作者于1947年来美，与董先生同在东方学院工作了一年，同住一处，不时共餐同游，深受其学养熏陶。董先生回国后不时通信联系，不幸于1963年在台湾过世。此文为纪念他逝世而作，原载《董作宾先生逝世三周年纪念集》（台北：艺文印书馆出版社，1966年）。追忆其在美的生活、交游、讲学、研究，以及日常琐事，以补充其生平行实中所缺略之一章。

——编者注

董作宾与作者在芝加哥合影（1947年）

董彦堂先生于1946年初应美国芝加哥大学之聘，担任该校东方语文系中国考古学客座教授，饮誉海外讲坛凡两年，于1948年底返国。这期间，在彦老生平中，可说是一段极不平凡的经历。我于同年秋间也应芝大之聘来美，得彦老之介，和他同住一屋，又同在一处工作，不时且共餐同游。在这海外漂泊的岁月中，不仅个人在学养方面多受彦老的熏陶，而我们彼此之间，也互勉互励，建立了很深厚的友谊。

董先生是1945年春间接到芝大的邀请,于次年1月15日由上海乘海船"U. S. Marine Lynx"赴美,30日抵旧金山,稍作勾留,即转乘火车到达芝加哥,住在离学校不远的美国学生贺凯(Charles Hucker)家中。这是一幢两层楼的住宅,坐落6138 S. Kenwood Avenue,他在楼上占卧室一间,平时则在楼下客厅起坐。这屋子不久转让给一位葛老太(Mrs. Graham),他继续寄居在此,直到返国时还依依不舍。

1947年10月6日我第一天到东方学院226号办公室报到,正打算敲门进去,迎面却走出来一位中国长者,中等身材,头发蓬松,穿着一件人字呢西服,打了一条古铜色的领带,手里却捧了一把茶壶,很是潇洒。他看见我要进门,忙着就打招呼说:"你是钱先生吗?早听说你就在这两天要到。"他自我介绍道:"我是董作宾,我的办公室就在隔壁230号,等一会请过来喝茶。"我虽在国内耳闻彦老大名,但却未见过面,他第一次给我的印象是温文尔雅,平易近人。

中午顺便走到他的办公室拜访,他正在小电炉上煮着一锅炸酱面,大蒜味很香。(附记:此句我原作大蒜味很"臭",我妻文锦代为改作大蒜味很"香",一字之差,令整个气氛大为改观,可见她为人忠厚与幽默之一斑。)他说他吃不惯外国饭,每天得自己煮点面条充饥。他一定要留我吃一碗,我虽觉情不可却,心里却有点怀疑:"美国教授的办公室里可以烧饭吗?"我细看他的办公室,一张写字台放在办公室的中间,桌上乱放着书籍、笔砚、稿纸,也有许多各色各样的图画纸,有的上面甲骨文还未写满。写字台的后面放着一张长桌,一头是书,一头是电炉。最使我奇怪的是写字台前面放着一张帆布床。我的心里又在发问:"美国大学的办公室里也可以睡觉么?"是的,美国大学尊重教授的自由,由国外请来的访问教授,更不得不尊重他自己喜爱的生活方式。因此他的办公室也便成一间日常起居的书斋兼公寓了。他每天大概10点左右到办公室,就在此工作、会客、进餐、休息;一直要到夜深人静,才回家就寝。我在晚间不时走到这海外的"平庐"来聊天,然后一同踱返寓所。

董先生来美之前,因为不知道美国教学研究和图书设备的情形,很担心到美后英雄无用武之地。邀他来美的芝加哥大学中国古代史教授顾立雅博士曾有信给他说,他可以教他爱教的功课,做他喜欢做的研究,没有规定的日程,也没有人干涉他的工作。他如愿开设较专门的课程,也有足够资格的高年级学生听讲,他如愿做甲骨文和年历学的研究,也有足够应用的书籍可供参考。那时芝大的中文藏书已达10万册,而经部小学以及有关中国古代史和考古学的资料,尤为丰富,在欧美各大图书馆中可称首屈一指。顾先生曾参观安阳发掘,所著《中国之诞生》(*Birth of China*)一书,至今仍为西文中国古代史中的权威著作。顾君与董先生原是旧识,所以董先生到美后,颇觉环境安适,有随心所欲之感。

董先生在芝大所讲授的课程共有4门,1947年春季是"中国古代史研究",夏季是"中国考古学研究",秋冬两季他和顾先生合开"周代金文"和"中国古文字学"。他自撰中文讲义,手写复印。在课室他用中文演讲,顾先生从旁协助。中文部的琼华女士做他的助理。那时至少有三四位高年级的学生跟他做过研究,如贺凯、戴约翰(John H. Dyer)和麦威廉(William J. McCoy),成绩都很优异。贺凯专攻明史,在芝大卒业后，曾去中国台湾和日本继续深造，回美后曾任密歇根大学及亚利桑那等大学远东语文系主任，是美国青年汉学家中很活跃的一位。麦威廉的硕士论文题为《周代金文字体演变的几个原则》（*Some Principles of Evolution in Character Form as found in the Bronze Inscriptions of the Chou Dynasty*），于1948年完成，也获得董先生的指导。顾夫人乐真女士，是芝大的中文博士，这时也时来请益。她对于甲骨金文颇具造诣，曾缀合甲骨百片复原。那时在芝大研究中文的还有恒安石（Arthur W. Hummel, Jr.，曾任美国驻华大使）、雷约翰（John A. Lacy，曾任驻香港及新加坡总领事）和其他数人，他们虽专攻明清史和现代史，但也都和董先生有点师生之谊。

至于董先生在美期间的研究工作，大致可以分为两方面。一是甲骨学和年历学的继续研究。在这两年中，他虽未发表很多的著作，但写了两篇长文：一篇是《殷墟甲骨文字甲编自序》，于1947年12月间完稿；另一篇是《殷墟文字乙编序》，1948年7月11日"挥汗写讫"。他在甲编自序中说："一篇序文写得这么长，还幸而甲编图版不在我的手头。本来秋季3个月我没有开课，在休假中平常很少机会讲话，所以得到夏鼐先生给我这个题目，就不免大谈一阵，借此温习国语。"其余一篇是他用朱墨两色手写的《武丁龟甲卜辞十例》，他去波士顿访问哈佛大学时曾赠送哈佛燕京学社一份，后由杨联升教授摘要英译，发表于《哈佛亚洲学报》第11卷1—2期合刊（1948年6月出版），并附印董老手写真迹。其他零星写作和笔记，大概便是后来在《大陆杂志》上陆续发表的许多短文了。

彦老在美期间最有兴趣的研究，恐怕要算他对中国画史的考证了。那时芝大有一学生名孟义（Malcolm Berelson），二次大战期间曾在中国服役，说得一口流利的国语。在胜利后不久，他在北平地摊上以美金20元的代价，买到一幅国画手卷。有一天他拿来请彦老鉴定，说底特律博物馆愿出价美金1万元收买，但要断定这幅画的真假，彦老阅后，爱不释手。因为这不仅是一幅中外驰名的《清明上河图》，而且图中汴河所在的东京景物，乃是他幼年所留恋过的开封。此图卷后有元"秘府"印章，其下有"臣张择端进"小字签名，笔墨工整，彦老便猜测这可能是一幅原本，或最精的一卷临本了。根据这个假设，他便托我把图书馆里所藏的有关题跋和记载搜检出来，加以对照。他又将原图托东方学院分段照相，并将画中人物一一细数，共得1 162人。又按服装、姿态和地段的分布加以分析。画中的房屋、装饰、舟车、用具、游艺、市招、匾额，也都一一录出，遍检史籍，加以考证。根据这些材料，他做了不少笔记。这些研究的结果，便是后来由《大陆杂志》社印行的一册《清明上河图》。这书对于中国社会经济史的研究，提供不少极有价值的资料。书后的英文引言，便是孟义的手笔。后来孟君他往，这画的归宿，便不知如何下落了。

董先生在美期间，曾3次出外旅行，访问美国各大学的汉学家，参观各大图书馆和博物馆，并游览各地的名胜和工厂。第一次出游是1947年8月暑假期间，他到哈德福学院拜访英译《汉书》的德效骞博士，后者以天文推算殷代年历闻名，后任牛津大学中国史学讲座。9月初又去华盛顿参观国会图书馆。第二次旅行是该年圣诞节假期，他邀我同行，访问华盛顿、纽约，以及哈佛、耶鲁等大学。我因到美不久，尚未得有机会出外参观，因此决定和他一路作伴。我们拜访了国会图书馆的恒慕义和吴光清，华盛顿的傅安民，纽约的富得禄、毕立士（Alan Priest）和老舍，哈佛的杨联升和赵元任，耶鲁的罗常培和李方桂等学者。那时傅斯年也在新港养病，彦老在国外晤及许多故友，更是乐而忘返，他勾留了很久才归来，而我便先期返程了。第三次出行是 1948 年暑假，他再度游纽约，访老舍，又往底特律城参观福特汽车工厂，并去美加边界，游览尼亚加拉大瀑布。途中曾有函告说："瀑布诚为大观，值得一看。夜间又看一次，有五彩灯光自对岸射来，但以白光为美。瀑如雪浪翻空而下，极为壮丽"云云，可知他的游兴不浅。

彦老在工作之余，最有兴趣的消遣，便是搜集纪念品和书写甲骨文了。他搜罗了数千张圣诞节贺卡，因为图案别致，设计新颖，很引起他的欣赏。其余一瓶一罐，一纸一盒，凡是精致可爱的，也都一一保存，在他回国后，未及带回的东西都托我代为保管，直到 1950 年秋间，才把他所存的手稿、信件、拓片、书籍、用物等细细检点，装成两箱，托由李霖灿先生携回。但那些贺卡和杂物，因无法携带，只好弃置了，至今引为遗憾。

至于书写甲骨文字，更是他的专长，他也竭力想把中国古代的文字加以通俗化。但用宣纸书写，在美无法装裱。他于是购买各种颜色的图画纸和金银色的广告纸，裁成各种大小尺寸，用各种颜色的画料书写，配上镜框，便成为一种美术品的装饰。每有友朋来访，便以此馈赠，如逢婚寿庆典，他也带着他所自书的甲骨文作为礼品。所以胡适之先生曾说，他从太平洋走到大西洋，几乎没有一家中国朋友或美国的中国学者家中没有董作宾的甲骨文，此乃实情，并非过甚其词。他返国后，逢年过节，还不时写些对联寄来，以代贺柬。最令我怀念的便是他到台后的第一个圣诞节，听到我妻文锦偕三女到美，特寄一甲骨文联相贺。联曰：

抛妻别子图何事
移教就尊乐未央

并有长跋云：

得公垂书，知文锦夫人已于十月十二日携三儿安抵诗家谷（按：此乃彦老所译之芝加哥 Chicago，谓可与哈佛所在之波士顿 Boston 相对），万里重洋，合家团聚，可喜可贺。承惠玉照，犹以夫人语"抛妻别子图"征对，知公垂两年孤寂，未忘余痛耳。因思客岁西归，公垂同情助我，俾得偕眷流亡。

今文锦移尊就教，贤淑堪佩，而关雎之乐，麟趾之庆，行将有以奉慰公垂者，不让叶慧、李婉、邹懿、顾真、王驯、倪纯诸夫人专美于前也。

董作宾为作者所书甲骨文联

勉凑下联，杂集契字，寄上一笑，兼为贤伉俪祝福焉。

卅八年圣诞前夕，时客台湾，董作宾

我于1947年由沪来美，行前将眷属寄居贵阳，临别时与家人留影纪念。后文锦将照片寄美，在背后题字曰："抛妻别子图"。我以这张照片示彦老，两人唏嘘伤感久之。因为彦老也是背弃家人，只身远适异国，孤苦仃伶，深有同感。1949年秋，文锦携三儿来美，彦老也已偕眷到台，因又摄影一帖，再题此五字以博彦老一笑，因此引起了他对芝城旧友的怀念。

联中述及的几对夫妇都是他在美时，时常往来的几家好友。那时在芝大的中国学人约有五六十位。其中有攻读博士学位的叶笃正、冯慧夫妇，李树青、赵婉和夫妇，邹谠、卢懿庄夫妇，以及倪因心、高君纯夫妇等，均在联中道及。当时另有在东方系任教的邓嗣禹夫妇，在生物系任教的王熙、赵驷夫妇等，每逢周末，彦老便是这几家的座上客。其他另有寄居在国际公寓的许多单身汉如潘如澍、郭晓岚、杨振宁、李政道、杨西孟、赵承信、林永娱、丁瓒等等，有时郊游野餐，也都邀请彦老参加。他爱讲笑话，腹中掌故，尤其丰富，所以每次聚会，如无董老在座，便不热闹。他虽年纪较长，但颇有朝气，深得年轻人的爱戴。在中国学人中，不时有学术座谈，他也应邀参加，并且发表过两次关于殷墟发掘和甲骨学的专题演讲，颇受欢迎。

董先生于1948年12月中旬由芝飞沪，行前本定稍隔时日，再度携眷来美，并拟与顾立雅博士合作在芝大东方学院成立中国古史学研究中心。他离美时曾说，5年之内，他还有勇气再度来美，但5年之后，恐怕精力已衰，就不拟作此打算了。此事终因种种关系，未能成为事实，这个计划便最后打消了。但彦老自返国以后，每隔不久，必有信来，不时还寄他手摹的汉瓦和契文，以及书报等相赠。最后一函为1962年10月

芝城小宴(1947年)

左后起：杨西孟、董作宾、钱存训、赵承信、丁瓒、李树青、林永娱、王

赵驷(坐)、邹谠、卢懿庄

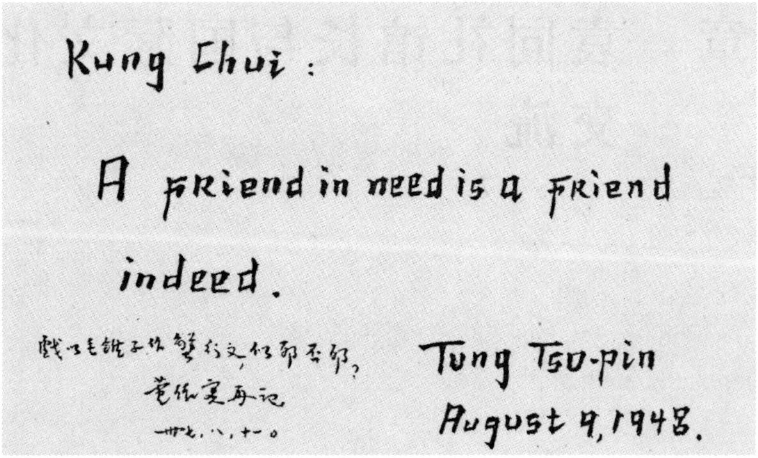

董作宾毛笔所书致作者(字公垂)的英文格言

22 日夜所书,笔力仍甚遒劲。信中说:“近来生活正常,但精神体力,皆不如以前矣。近年写印《中国文字》,已出八册,送一全份”云云。这份珍贵的友情,正如他离美前在我的手册上用毛笔所写的一句西文成语:

“A friend in need is a friend indeed”(患难与共的朋友才是真正的朋友),实有深长的意义。这几个英文字大概也是彦老生平所留下唯一用毛锥子所作蟹行文的墨宝了。

1966 年 9 月 5 日芝加哥大学

第四章　袁同礼馆长与国际文化交流

此文为纪念袁守和先生所作，收入《袁同礼先生百龄冥诞纪念专辑》(1996 年）及《袁同礼文集》(北京：国家图书馆出版社，2010 年)。作者曾于抗战期间供职北平图书馆分设的南京工程参考图书馆及上海办事处凡 10 年(1937—1947)，对袁馆长的办事效率及苦干精神，身受感召。他的学养深厚、识见远大，对国际间的交往，尤多贡献。本文仅就此点加以申述。

在现代中国图书馆事业发展的过程中，袁同礼（字守和，1895—1965）先生是一位有口皆碑、众望所归的领袖人物。他的学养深厚、中西兼长、识见远大、做事勤劳，使他能结合中国传统学术和西方图书管理的特长，指导现代中国图书馆事业发展的方向和奠定中国国家图书馆的基础。他的主要贡献表现在规划北平图书馆的体制、设计有中西特色的馆舍、广搜中外古今典籍、延揽各项专业人才、重视研究与著述和促进国际学术发展与文化交流，尤其是最后一项为袁先生的长才大略，使北图和他的事业享誉国际，为国争光。爰将他的这一项贡献特别提出，略述观感，以纪念袁先生的生平。

袁同礼像

一、接待外国学者，建立研究中心

袁先生以他独具的学养和才能同外国学者所建立的公私友谊，使许多研究中国学术的西方学者对中国文化发生好感。我们常听到一些人说，美国研究苏联的学者大都反苏，而研究中国的学者大都亲华。其中原因当然很多，但有一点便是他们在青年时代到中国学习研究、搜集资料、写作论文时所获得的帮助和指导，使他们对接待的机构和个人产生好感。他们学成后，回国从事教学、研究或在政府工作，自然流露一种同情之心，反映在他们的著作或中外交往之中。尤其老一辈的西方学者到华学习，有宾至如归之感，这和袁馆长的亲切作风是分不开的。

以美国为例，美国对中国的研究虽从19世纪便已开始，但主要教授大都是欧洲学者，或是通晓中国语文的传教士。真正建立汉学研究的第一代美国学者是从1930年代才产生。由于美国学术团体联合会和东方学会的提倡，以及哈佛燕京学社，罗氏基金会和其他团体的支助，一面在美国主要大学开设中国语文、历史等课程，一面派遣研究人员到中国访问学习。那时正是袁先生主持新合并成立的北平图书馆，建造了中西合璧的新馆舍，而馆务蒸蒸日上的时期。北图的藏书丰富、设备周全，是来华的汉学家和研究生必到之地，因得袁先生殷情相助而建立了深厚的友谊，这里有他们的亲身经历和自述可以作证，我只举两人为例。

最著名的是哈佛大学的费正清（John K. Fairbank），他是西方研究近代中国的启蒙大师，在美国政商各界活跃的人物和在各大学执教的教授，很多出自他的门下。在1930年代初，他为完成牛津大学的博士学位写作论文，而到中国搜集资料，曾得到袁先生的帮助并指定专人协助他使用中文资料，使他满载而归。当他在1942年第二次访华时，正值第二次世界大战期间，他已是美国驻华大使馆的官员，主管美国国务院摄制的缩微学术资料在华分配工作，因为旧识而再次得到袁先生的相助。他和他的夫人Welma在抗战时期先后在中国主持美国援华的文化工作，这和他们早期在中国所获得的帮助和印象是分不开的。他说："袁先生是一位杰出的人才，以他的才学、精力及理想为学术发展而努力。他不仅为自己的国家而工作，也同时为关心国际文化交流而奔走。他如果做官或经商，以他的才华一定得意或发财，然而袁先生却把他奉献给学术和文化的发展。"（见《思忆录》）

另一位是芝加哥大学教授顾立雅，他是国际闻名的中国古代史权威。1930年代初他在北京居留3年，由于袁先生的介绍，师从馆中金石部主任刘节，研习中国古文字学，每周到馆两次，专攻甲骨文和金文，对于他回国后的教研工作及编制课本教材，都有极大的影响。他说："我是1932年抵达北京，袁先生使我有宾至如归之感，他是在西方很难遇到的这样一位学者。我是从事研究一个很冷僻专题的学生，当时毫无头绪。袁先生介绍我认识了馆中一些最出色的专家，如果没有他们相助，我将无从着手。"他又说："我曾赠送礼物，但他们拒绝接受，这便是袁先生所主管这一最辉煌的学术机构的指导精神。"（见《思忆录》）

北平图书馆文津街分馆外景(1930 年)

北平图书馆文津街分馆旧阅览室 (1930 年)

其他还有许多欧美学者,如宾州大学的卜德(Derk Bodde)、翻译《汉书》的德效骞、国会图书馆的恒慕义、作家赛珍珠(Pearl S. Buck),都是那时北图的座上客。此外,德国的傅兰克父子(Wolfgang and Herbert Franke)、英国的西门(Walter Simon)、法国的杜伯克(Andr'e Dubosque)、意大利的蓝柯地(Lionelle Lanciotti),也都和袁先生在学术上建立了深厚的友谊。当时的北图成为国际间的汉学研究中心,这和袁馆长的诚恳而亲切的作风是分不开的。

二、协助采访图书，提供出版信息

对中国文化作高深的研究,必须要有充实的图书资料为基础。在 1930 年代前后,美国有中文图书馆约 20 所,其中最重要的除哈佛燕京外,如国会、哥大、芝大等馆的图书采访都得到北图之助,由袁先生指定专人代为采购,因此得以建立各馆的坚实基础。当时袁先生对外交往的一位得力助手为顾子刚先生,他虽从未出国门,但英文流利,并可以美国俚语交谈。他用“大同书店”的名义代几处指定的图书馆选购图书,他了解某一教授研究的范围,根据他们需要的门类,在市上代为访求购寄。他按实价加收手续费一成,但他个人并不收受酬劳,而以书店盈余另购图书赠送北图。在《图书季刊》新第 7 卷第 3、4 期载有他赠送馆中新旧书刊的名单,可以为证。

以芝大远东图书馆为例,其基础可说是全由北图协助而建立的。因校中以中国古代史为教研中心,故早期购藏几全部为线装古籍,不少皆系私家藏书,版本精良,品质完好,由书肆重加装修,另制蓝布书套,加贴虎皮书签,至为工整。从 1936 年开始迄 1947 年我来馆整编为止,所购将近 7 万册,再加购入劳福于清末所得中、日、满、蒙、藏文书籍,藏书总数已近 10 万册。其中经、史、子、集四部俱备,而尤以经部最精又最多。在西方当属首屈一指。至于丛书、类书、方志、家谱,以及近代考古报告和全套汉学期刊,亦皆精选细择而来,因此复本少而各类全备,故来馆使用之校外人士,每多赞美其选择之精。其中至少约 1/3 为他处所未入藏。

为提供国内外学者对中国图书出版及学术活动的消息,袁先生于 1934 年起创办中、英文版《图书季刊》(*Quarterly Bulletin of Chinese Bibliography*),内容有论著、序跋、书评、新书介绍、期刊介绍、学术消息、西书中译等专栏,多彩多姿,生动活泼,不似一般学术刊物之枯燥无味。中西文本内容不同，英文本以国外学者为对象，除发表有关中外文化交流的专文外，尤注意国内学术研究成果及介绍新出版书刊，并有简短解题，颇受读者欢迎。因战事关系，中文版出至3卷，西文版出至4卷停刊。新一卷于1937年在昆明复刊，实际上除一部分稿件在内地编辑外，所有书评、印刷、校对和对国外发行等业务，却完全由我负责在上海进行。这一刊物在北平创刊时，只有几位学者挂名，袁先生虽是创办人但并未出面，直至在昆明复刊时，他才将大名印入封里页，作为总编辑(Managing Editor)，由我担任经理(Manager)。此刊中、英文本一直出至1947年终刊，因袁先生离开北平出国，迄未复刊，实为中外学术界一大损失。

三、派员出国进修，交换中外人才

延揽专业人才和派遣馆员出国进修是袁先生培植后进的一项重要人事措施。当时自费出国，甚少人有此财力，而公费派遣，亦无图书馆名额。因此在这一清苦的行业中要出国进修，北图是当时唯一的渠道。因为袁先生在他留美学业完成后曾在国会图书馆实习而感觉到工作经验的重要，同时以他在国外的声誉以及和国外图书馆界及学术界人士所建立的友谊，经他推荐以交换名义或获得奖学金方式而出国进修的人员先后大约有十多人，对国内外图书馆事业的发展，产生了一定的作用。

最早由他和美国哥伦比亚大学取得协议，派员前往该校图书馆工作，同时在图书馆学院选课进修，半工半读，每两年更换一人。另外和国会图书馆以及其他大学也有同样的安排，其中有严文郁、汪长炳、岳良木、李芳馥、曾宪文等十余人。我可能是通过这种安排而来美的最后一人。

至于欧洲方面以交换方式派出的有严文郁赴德、王重民去法、向达及于道泉去英。国外人员到北图研习的有德国的西门博士(Dr. Walter Simon)和法国的杜乃扬女士(Mlle. Dolleaws)。王、向两先生从欧洲携回的敦煌资料和他们的著述，对中国敦煌学及中西交通史研究的开展，厥功至伟，而当初看到流失在国外的中国典籍之重要性而派员出国研究是袁先生的高瞻远瞩和深谋远虑，他对促进中国学术研究的发展，贡献至大。

我在抗战期间由上海秘密运送馆藏善本到美，在绝望和危难中侥幸完成任务，袁先生对此十分赞赏，因此计划送我出国进修。当时罗氏基金会曾赠送北图一套缩微摄影机，并且捐赠一个奖学金名额，给北图派员到美学习制作技术，袁先生推荐我应征，希望学成回国后，一面在馆中负责缩微工作，一面在北大新设的图书馆学系任教。就在同时，教育部又派我去华盛顿接运当年运美的善本图书回国，一切手续均都已办妥，但因国内战事爆发而奉令从缓。那时芝加哥大学正拟聘请一位中文编目员，袁先生又将我推荐给芝大主持中国研究的顾立雅教授，谓可全工半读，一举两得。顾氏曾居留中国，了解中国学者的作风。他给袁先生的信中说：

钱君一定可以胜任，否则你不会推荐，但有一些事要预先说明：这里和中国情况不同,没有助手。他必须自己手写卡片,搬书上架,还有其他琐事在中国都是由助手办理的。我知道有些学者不愿意做这些杂事,或者做了抱怨,不知钱先生对这种情况是否觉得愉快?

我对这些要求没有意见,反倒觉得洋人办事的直爽。于是我接受了这一邀请,在1947年10月到达芝加哥。本定两年为期,但由于校方殷切挽留,期满后续聘为远东馆主任,并在东方语文系兼课,也获得袁先生的同意。不意国内局势变化,竟终老异邦,实非初料所及。

四、征集外文书刊,摄制善本书影

北图承传前京师图书馆藏书,多系中国古籍旧刊,作为一个国家图书馆,世界各国出版物自应具备。袁先生创馆之初即设立国际图书交换处,广征国外图书刊物,以充实馆藏,同时搜购外国官书、学术团体报告、会议录,以及全套西文及日文科技期刊和有关汉学及东方学的学报和专著。尤其逐期刊行的出版物最难收藏齐全,但馆藏这一类学术刊物不下数百种,颇多皆自19世纪初期出版时即开始收藏,装订完整,极为难得。因此在1934年善本南迁时,这些全套学报亦随同南移,以策安全。其中寄存上海中国科学社的西文科学及东方学的期刊即达三四百种,约近1万册;存置南京地质调查所的工程参考书、外国官书及日文刊物亦有600多种4 000多册,皆为近世难求的珍品。

抗战期间,袁先生移驻长沙及昆明,除与英美驻华大使馆保持联系,接受这两国援华的图书、仪器外,复以中华图书馆协会理事长名义致函各国图协、大学及学术文化团体请求援助。美英两国图书馆协会立即发起征书运动,先后捐赠图书、期刊凡数万册,英国方面并捐助现金以供购买图书、仪器之用。这些成就都是当年袁先生和国外图书馆界与汉学家建立的公私友谊而获得的热烈反应,也是很少有他人可以取得的国际学术界的盛大同情。

此外,袁先生又与美国国会图书馆取得协议,接受北图存沪的善本古籍运美寄藏,并代摄制缩微书影,以供永久保存和使用的便利。对于古籍的保存采用缩微处理为现代图书馆通行的方法,但当时国内没有此项设备而且费用昂贵,现借此机会由美方出资摄制,实属一举两得。这批图书共2 700余种,约3万册,于1941年太平洋战争开始前不久由上海运美寄存。摄制工作自1942年初开始迄1946年完成,前后费时5年,由当时在国会图书馆工作的王重民(有三)先生负责其事,每书皆由他亲自从原装书箱内取出,加以著录并撰作提要,然后送交缩微部摄影,完毕后再由他归还原箱。全部图书共2 500 000多页,摄成胶卷1 070卷,长101 920尺。底片存在国会馆,另制正片3套赠送中国。现在全套价值在5万美元以上,世界各国重要图书馆不下200余处均有收藏,台北曾于1969年编印了一部《"国立中央图书馆""典藏"国立北平图书馆善本书目》,分类排列,附有著者、书名索引及胶卷号码,检阅方便。王先生所撰提要除附在胶卷内以外，也收入他的《中国善本书提要》（上海：上海古籍出版社，1983 年）及补编（北京：北京图书馆出版社，1991 年）。这些中国历代留存的稀世遗珍能在全世界的范围内流通，随时可以利用研究，实受当年袁先生设想周全之赐。

五、编著西文书目，记录学术交流

袁先生的著述丰富，所作以考订、辑佚及编集为主。中文部分可以调查《永乐大典》存佚，考订各朝私家藏书，及编校《新疆研究丛刊》作为代表。自来美定居华盛顿后，因利用国会图书馆藏书之便，从事西文有关中国研究之编集及中国留学生论文的调查，对 20 世纪前半期中外学术文化交流的成果，加以详细的记录，嘉惠士林，影响深远。其中最重要者可分三类，如下：

（一）《西文论华书目》（*China in Western Literature*，1921－1958. New Haven，1958）；《德文汉学著作选目》（*Sinological Literature in German*，1939－1944）；《俄文论华书目》（*Russian Works on China*，1918－1960. New Haven，1961）。前书为法人考狄尔（Henri Cordier）的《中国书目》（*Bibliotheca Sinica*）及其补编之续集，收录英、法、德文有关中国研究之专著凡 1.8 万种，以补狄氏所收迄至 1942 年的资料之不足，但未收论文。其后有英国勒士特（John Lust）所编之《外文期刊有关中国论文索引》（*Index Sinicus*，1920－1958），实为袁目之补编。如以此三家书目合并检用，即可窥见 16 世纪以来迄 20 世纪前半期西文有关中国著述之全貌，为从事中国学术研究者所必备之重要参考书。

德文选目于 1947 年在国内发表，可知其编著全目之计划早在来美之前即已开始。来美后更学习俄文，而将俄文部分另为发表，更臻全备。袁先生精通数国语文，且多次赴欧访问研究，对书中所收资料，或查核目录，或检阅原书，故搜罗完备，著录详细，对国人著作并附注汉字姓名，尤为其他书目所不及。

（二）有关中国之专科书目 3 种，其中《现代中国社会经济发展资料指南》（*Economic and Social Development of Modern China*：*a Bibliographical Guide*，1918－1960），收集有关统计、经济、金融、地区调查及社会发展之英、法、德文专书、小册子、期刊及参考书，为研究现代中国问题者所编集。《中国数学书目》（*Bibliography of Chinese Mathematics*，1918－1960），对于中国科学史的研究，其中有很多资料足供参考。另有《中国艺术考古西文目录》一种，收录西欧及俄文有关书画、建筑、雕刻、陶瓷、铜器、版刻及工艺之专著及论文 1 500 条，为袁先生之最后遗著，原收资料至 1955 年止，未及终篇即故世。后由袁氏家属委托芝加哥大学美术史教授施德本（Harrie Vanderstappen）加以整理及补充，增入资料迄至 1965 年止，定名 *T. L. Yuan's Bibliography of Western Writing on Chinese Art and Archaeology*，1920－1965，由伦敦 Mansell 出版。我曾为此书写作序言，是研究中国艺术及历史学者最重要之参考书。

（三）《中国留美学者博士论文目录》（*A Guide to Doctoral Dissertations by Chinese Students in America*，1905－1960），收录 2 779 篇，内加拿大 28 篇，另有名誉博士 180 人，论文以科学、工程、医药 1 914 篇数量最多，人文及社科 875 篇次之。另有英国、爱

尔兰编(*Doctoral Dissertations by Chinese Students in Great Britain and Ireland*, 1916－1961)收录346篇;又欧洲大陆编(*A Guide to Doctoral Dissertations by Chinese Students in Continental Europe*, 1907－1962)收录1 574篇。根据以上3种目录,可知20世纪前半期五六十年间自欧美大学取得最高学位者不下四五千人,在中国现代化的过程中,自有其一定的贡献和影响。袁先生的调查和著录,是中国现代史中一项最详细而重要的记录。其中不仅可查到中国的风云人物当年在校时研究的专题,即使一些冷僻、传奇名士,翻查亦可得知其详。譬如,美国的皮蛋博士,在国内久闻大名,却不悉其人,如检阅袁目,即可知道是芝加哥大学化学系王季茝所作《中国皮蛋及食用燕窝之化学分析》(Wang Chi Che, 1894－?, Ph. D., Chicago, 1918, *The Chemistry of Chinese Preseved Eggs and Edible Bird's Nests*, *Journal of Biochemistry*, v. 49, 1921, 429－452)。

701. TSENG, YU-HAO 曾友豪, 1900- (Ph.D. Johns Hopkins, 1927)
American influence upon Chinese reform movements.

702. TSEO, CHENG-SE 周承緒, 1908- (Ph.D. Louisiana, 1942)
The development of China's monetary system.

703. TSEO, PING-I 鄒秉貽, 1900- (Ph.D. Yale, 1941)
The Christologv of Emil Brunner.

704. TSEU, AUGUSTINUS A. 周幼偉 (Ph.D. Loyola, Chicago, 1948)
The moral doctrine of Mo-Tze.

705. TSIANG, CHIEH 蔣傑, 1909- (Ph.D. Minnesota, 1948)
An economic study of some problems of Chinese agriculture.

706. TSIANG, I-MIEN 蔣以緜, 1907- (Ph.D. Johns Hopkins, 1942)
The question of expatriation in America prior to 1907.

707. TSIANG, TINGFU FULLER 蔣廷黻, 1895- (Ph.D. Columbia, 1923)
Labor and empires; a study of the reaction of British labor, mainly as represented in Parliament, to British imperialism since 1880. New York, Columbia University, 1923. 220 p. (Studies in history, economics and public law, v. 106, no. 1; whole no. 239).

708. TSIEN, TSUEN-HSUIN 錢存訓, 1909- (Ph.D. Chicago, 1957)
The pre-printing records of China; a study of the development of early Chinese inscriptions and books.

709. TSO, SHIH-KAN SHELDON 祝世康, 1901- (Ph.D. Indiana, 1928)
The labor movement in China. Shanghai, Commercial Press, 1928. 230 p.

710. TSOU, STANLEY SZU-YEE 鄒斯頤, 1922- (Ph.D. Harvard, 1946)
The world tea industry and China.

711. TSOU, TANG 鄒讜, 1918- (Ph.D. Chicago, 1951)
A study of the development of the scientific approach in political studies in the United States with particular emphasis on the methodological aspects of the works of Charles E. Merriam and Harold D. Lasswell.

712. TSOU, YI-CHUANG LU 鄒盧懿莊 (Ph.D. Chicago, 1950)
A study of dominent, equalitarian and submissive roles in marriage.

713. TSU, CHI-TUNG 朱起東, 1914- (Ph.D. Northwestern, 1945)
An original composition entitled: An heroic poem.

714. TSU, JOHN B. 祖炳民, 1914- (Ph.D. Fordham, 1953)
Sino-Soviet relations, 1945-1952.

袁同礼《中国留美学者博士论文目录》

所谓博士论文，大都是小题大做，虽然其中有些滥竽充数，但大都皆为前人未加注意之专题，经过多年的钻研而获得的成果，不仅对其祖国有所贡献，即对所在国亦会产生一定的影响。譬如哥伦比亚大学陈焕章的博士论文《儒家的经济理论》(Chen Huan-chang，1880－1934. Ph. D. , Columbia, 1911. *Economic Principles of Confucius and His School*) 二大册，其中述及中国的平粜法，为 1933 年美国第一次颁布的农业调节法案 (Agricultural Adjustment Act) 所采用，乃罗斯福新政补救 1930 年代前后美国经济不景气的一种重要措施，也是中国经济制度在美国具体化的一个例证。袁先生对此种资料穷搜博访，著录详明，尤其对每一作者皆加注中文姓名及生年，其功力实非他人所可及。

以上略举数端，以表慕对前辈大师的怀念。

第五章 怀念顾廷龙先生

顾廷龙(字起潜,1903—1998)先生是中国图书馆界的前辈,也是一位国际知名的书法家。在1930—1940年代,我们曾一同在上海度过艰难的岁月。1979年和1983年我曾两次到上海会晤,承他相助取得有关印刷史的研究资料。1989年他应邀来美参加国际善本联合目录会议,我曾请他到芝加哥来参观访问,相聚甚欢。不幸他于1998年过世,享年95岁。

——作者注

在当代中国文化事业发展的长河中,顾廷龙先生是一位学养丰厚,终身从事图书馆专业的领袖人物。他精研版本目录学,对古籍善本的鉴别、保存、整理和流传,都曾有很重要的贡献。他从事学术研究,著述专精;他所编纂的文献资料,闻名国际;他又长于书法,正草隶篆,无一不精。他本性善良、待人宽厚、治学严谨、办事勤劳;凡有所求,无不尽力相助。他一生劳碌,鞠躬尽瘁,令人敬佩。他是我相交一个甲子的旧友,也是不久前才认定的一位远亲。2002年是上海图书馆建馆50周年馆庆,也是顾老接掌馆务的40周年纪念,爰就记忆所及,略述我们交往的经过,表示对他一生事业的景仰和对上海馆的成就与前景的衷心祝贺。

我和顾老相识,是在1930—1940年代的抗战期间,我们一同在上海孤岛度过一段艰苦而辛酸的岁月。当时我在国立北平图书馆(现中国国家图书馆)上海办事处工作,同时顾老也受命来沪筹设合众图书馆,搜藏流落在市上的珍本古籍,因此我们不时相见。新中国成立后,他曾参与筹备上海图书馆,其后又出掌馆务20余年,使上海馆的收藏日见丰富,规模更为宏伟,成为一所具有世界级的领先大馆。这些成就都和顾老的参与筹划和领导分不开。

我在1947年离沪来美,在芝加哥大学工作和进修,不久中美关系陷于低潮,因此我们多年来失去了联系。我们再次见面是在1979年的秋季,为我离开上海32年后第一次回到祖国,当时我参加由北图邀请的美国图书馆界访华代表团,访问北京、西安、

顾廷龙（左）与作者在上海黄浦江游艇上倾谈（1979年）

上海、南京和广州等地的图书馆，并作学术报告。9月21日到达上海，勾留五日，第二天就拜访上海图书馆，由顾老亲自接待。次日下午游览黄浦江，由馆中特别安排我和顾老同座游艇的中央，得以畅谈往事。我曾代表芝加哥大学赠送上图一批有关高科技和电子计算机的西文复本图书500多种，共计600余册，也由他接受，并承面赠他用篆文所书周总理诗句"欣喜前尘景，因缘文字多"的条幅给我作为纪念，至今保藏。

此外，我曾将所收集1966年在韩国发现的一件世界上最早的印刷品《陀罗尼经》的复印本和有关报道以及研究这一印本的全部资料赠送给上图，引起顾老的特别关注。因为这件经文的发现，曾获得国际学术界的重视，轰动全球已经10多年，而国内适值"文革"时期，与世隔绝，对此竟一无所知。因此，他立即将其中韩国学者主张这件印刷品是朝鲜所印的一篇论文，请托馆中许玉善和卢调文两位同事合作译出，并送请国内专家加以研究，立即引起学术界的广泛注意和反应。我也曾针对韩国学者所提楮纸、经文、字体、制字四点，逐一加以批驳，反证此经是唐武后时代所印而流传朝鲜。这一问题在国内引起重视而展开讨论，最初是由顾老主导和安排所推动。

同时，我因应英国李约瑟博士的邀请，写作《中国科学技术史》大系中《纸和印刷》一册，需要收集有关雕版印刷技术方面的资料，以供参考。承他的介绍，得以参观访问上海书画社和朵云轩，并向店中的老师傅请教。除了取得全套雕版、工具、样张和了解刻印的工艺流程外，并得知社中自1972年以来即由老工人训练中学毕业生多人学习木刻，第一步费时6月印成约2万字的《共产党宣言》，宣纸线装1册，新旧结合，刻印甚精；其后又影刻上海馆藏宋端平本《楚辞集注》和其他珍籍多种，摹拟旧本，几可乱真。这些工作都曾得到顾老的提倡和指导，使这一中国发明的传统雕版技术得以保存不绝。

此外，他还为我请托馆中杨律人先生将雕版过程摄影并制成一系列的绘图，并多次来信详细说明。他说："何谓'夹空三线'，非样不明，'花格'我馆尚有存者，特以赠览。”我对雕版技术的知识，得到他的指点很多。后来我曾写作专文，选用其中的“上板”、“发刀”、“剔空”、“拉线”四幅作为插图，并收入《纸和印刷》专书，为此我曾特别在书中声明道谢。

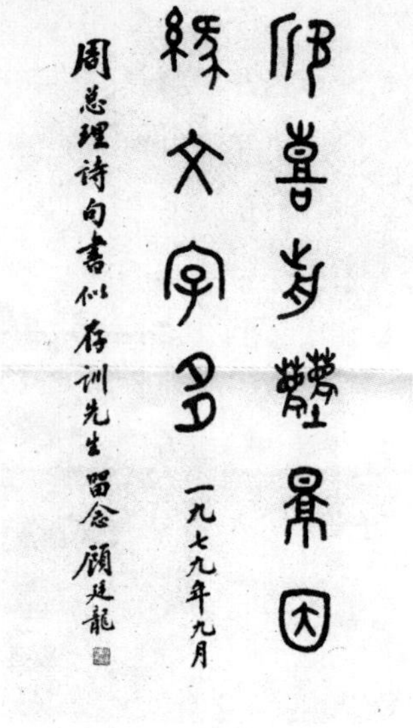

顾廷龙赠作者篆书(1979年)

1984年，我再次回国参加在北京召开的第三届国际中国科学史讨论会，会后再访上海，会晤顾老，谈起1941年太平洋大战开始前夕，我从上海秘密运送北图存沪的善本古籍约3万册交由美国国会图书馆保存并摄制缩微书影，以及后来由美迁台的经过。他对此事非常关心，详细询问。我曾根据台方的档案说明这批古籍运台，原是寄存性质，后来重编《“国立中央图书馆”“典藏”国立北平图书馆善本书目》，可以证明这批古籍的主权归属。他表示当年这批善本运离上海，未遭敌军掠夺，是十分明智的决定，否则遭受存港善本的同样劫运，将不堪设想。他并希望这批国宝能早日完璧归赵。

1988年在美国成立了中国善本国际联合目录的组织，次年3月间在华盛顿举行第一次顾问会议，顾老和我都被邀请出席参加，因此我们得以再次晤面。会后我曾邀请他来芝加哥大学参观访问，他在此勾留三日，使我们获得更多的时间交谈。当时芝大同学正编辑一部《中国图书文史论集》，祝贺我的80岁生日，承他题写书签，又将所作《沈子佗拓本题记》刊入此册，并在文后说明原委：

> 一九八九年二月，一良学长与余同应美国研究图书馆为编辑中文善本书目召开国际顾问会议之邀请，遂于二十五日偕往华府。翌日，一良省其叔志辅先生，回寓云：丈年逾九旬而精神矍铄，尚亲笔砚，撰著不辍，良可企敬！又出示丈所藏沈子佗拓本一轴，诸家题记满幅。一良曰：“题记诸公君皆奉知。宜加一跋，以志鸿雪。”余欣然应命，一再展观，往事如昨，既述蠡管之见，并作怀旧之思。……今年为我姨丈钱存训教授八旬双庆，马泰来先生等将编印论文集为寿，征文下逮，耄荒不敢辞。今年三月获访芝城，承钱丈伉俪优渥款接，铭感不能忘。迩来方为周一良先生以沈子佗拓本嘱题，研读铭文，杂缀成篇，即以应征，就正有道。金文多吉语，曰：“秉德恭纯，佳匄万年”；曰：“用匄眉寿，黄耇吉康”；曰：“用匄多福，眉寿无疆”；曰：“用匄万年，永命多福”。敬为寿翁诵之，借伸祝贺之忱。
>
> 一九八九年七月，顾廷龙谨志于北京之北苑，时年八十有六

文中顾老称我为姨丈，这是在芝闲谈时，曾说起他的母亲许夫人和我的内人许文锦是姻亲，他虽年高德劭，却自认要晚一辈，谦虚之情，令我们深感不安。他这次访美，便是我们最后一次见面。他回国后虽常有联系，大多通过友人传话，无缘再作面谈。

存訓先生：

去秋枉顧，快慰無似，惜匆匆别去，至為悵惘！客臘鄭炯文先生來館，帶到承蒙惠賜中國善本展覽圖録一册，首載大文，雕版源流技法，論述精詳，恐在國外尚未有論者，國内亦未見為之圖解者，不勝欽佩之至！稍一相助，乃荷齒及，愧何如之。

圖録不僅印刷精良，海内外孤槧秘笈，琳琅滿目，如獲至寶。其中兩書為龍尤感興趣者，一為宋刻集韻，五十年前嘗治集韻之学，因知段玉裁僅見毛抄，校正曹刻甚多，後之学者展轉傳録，雖聞宋本為翁氏所藏，未詳究竟，今見書影，不勝欣慰。我館藏有述古堂影宋抄本，當為同出一源，因憶惠古籍出版社影印閣出（毛抄現藏天一閣，龍曾登閣覽觀）。又一為施顧注蘇詩，此宋刻相傳有兩部，一為翁方綱所藏，余外祖王勝之先生同愈任湖北学政时嘗見之，首册題跋累累，抄成一册，龍嘗傳抄。此書後歸袁思亮。袁氏失火，燒去一半。余嘗在書友處見及，燒餘之本（後歸中央圖書館）。今兩書均新保存，誠匪易也。翁先生博学精鑒，主編此録，無任佩仰。

茲適我館副館長吳建忠君訪美，將參觀貴館，草此數言，以當面談。賤軀健好，知念附聞。敬請

著安，順頌潭福。

顧廷龍手啟 一九八五年六月十八日

顾廷龙致作者函（1985年）

他在晚年所主持纂修的《续修四库全书》，是近两百年来中国文化史上一项伟大的工程。不仅其目的是再一次清理民族文化遗产，而且其规模较原修的《四库全书》更为宏伟。1994 年 11 月我收到《续修四库全书》工作委员会的邀请函，聘我为全书的学术顾问。我对祖国古籍虽感情深厚，但知识浅薄，不敢接受。后顾老托人传话，谓海外仅聘 4 人，要我为欧美所藏中国古籍珍本提出意见，不便推辞，因于次年 7 月回信接受。我对全书的编纂未有贡献，但贱名得与许多专家同列书首，深感荣幸。顾老谢世后一直想略抒所思，以表怀念之情。承沈津先生之嘱，因追述相交经过，借留纪念。

原载《我与上海图书馆》页 34—37；《国家图书馆馆刊》2002 年第 4 期

七 | 写作缘起

第一章 《书于竹帛》写作缘起

《书于竹帛》是一句表示古代典籍的成语，可以用来说明中国古代书籍演变的一段历史。自上古以至公元3—4世纪的一段时期，竹和帛乃是书写的主要材料。原书以之为主题，乃是因与本书所述的范围正好相符；虽然本书除竹帛之外，对其他的古代书写材料，亦加叙及。墨子："吾非与之并世同时，亲闻其声、见其色也；以其所书于竹帛、镂于金石、琢于槃盂，传遗后世子孙者知之。"中国古代的文化遗产，最初是依赖竹帛，得以流传至今。

关于中国印刷术的发明和演进，中外学者已经作了不少研究。但印刷术发明以前的书籍历史，尚少有系统的叙述。印刷术发明前的书史，时间比印刷史为长，而对探讨中国学术思想之渊源及传播，尤为重要。一般西方有关书籍通史，对中国古代书籍制度的叙述，皆甚简略。对中国书籍演变的个别问题，中外学者虽然曾作过专深的研究；但综合性的全面考察之作，迄今尚付阙如。因此综合讨论中国古代书籍制度的专书，除了能作为一般学者修习图书目录学和书籍史的参考外，也对研治中国文化史、科技史及考古学等其他学科的专业研究，提供中国古代文化传播和继承的信息。

一、书籍和铭文

研究中国书籍的演变，不可能不论及铭文。《说文》："箸于竹帛，谓之书。"铭文是指一般刻勒于金石等坚硬物体表面上的文字。铭刻虽然不能称为"书籍"，但这两种文字记载的方式并不重要。典籍记载常刻勒于金石，而铭文亦常转录于书籍之中。因此，本书对各种文字记录的渊流及演变，皆加以探讨，不论它们的形式是书籍还是铭刻。

自19世纪末叶以来，在中国国内外的一些古代遗址，先后发现了大批古代文字记录和书写材料。特别是在近数十年，不少罕见的书写材料和书写工具的出土，对研究中国书籍制度的演进，提供了不少重要的实物。本书即就现有文献资料和考古学上的实物，对中国古代典籍制度的起源和演变作一综合性的研究。上自公元前14世纪，今日所见最早的中国文字起始，迄公元700年左右印刷术发轫之期。

这 2 000 多年是中国文字记录和书籍发展的滥觞时代，所用的各种书写材料、内容、记载方法、编排格局以及中国书籍所特有的形式，皆于此时期内逐渐形成。印刷术发明以后，这些特色乃被继承，成为中国书籍和文化传统的重要部分。印刷术的发明是书籍发展史上的一个里程碑，但它只是改变了生产方法和增加了书籍的产量，至于书籍的实质和形式，在印刷发明以前和以后，都没有重大的分别。

二、本书内容

本书首章，讨论中国古代载籍的特色和重要性，及其演进的社会背景和学术因素。其他各章，综述各时代主要文字的载体，包括甲骨、青铜、陶器、玉石、简牍、缣帛和纸卷，详细讨论其内容、书体、制度及其特质。另有一章讨论各种书写工具的形式和演变。最后一章总结以上各章所述要点，以通俗语言作概括性的结论和阐释。

本书的重点在考察铭刻和书籍的起源及其形体的演变，如材料、形式、技术和方法等。各种书写材料，皆分别根据考古学和文献上的资料，细加研讨。至于各种古籍作品的作者、时代以及内容等问题，因属学术史的范围，本书虽偶亦述及，但未加深考。

本书根据的资料，主要是考古发掘报告、古物和铭刻的影本或拓本，以及专家学者对这些古物的研究和阐释。讨论各种书写材料及工具时多辅以实物图版，以佐说明。同时参用文献上的资料，以阐释或补充实物资料之不足。本书亦偶或引用训诂学上的解释，因为远古的象形字和会意字，常能表示物体的形态和反映当时的思想。

三、本书版次

本书原以英文写作，题名 *Written on Bamboo and Silk*：*the Beginnings of Chinese Books and Inscriptions*，由美国芝加哥大学出版社在 1962 年出版，列为《芝加哥大学图书馆学研究丛书》之一。当初写作这本书的动机，主要是使西方学者在研究世界图书发展史时，对中国文化在这一方面的贡献增加了解。当时，西方对中国研究的兴趣，还没有普遍到各个专题的领域，同时这书的题材比较冷僻，出版社估计这书的读者不多，销路有限。不料出版后受到各国学者的一致好评和推介，3 月之间，第 1 版就已售罄，不久又 2 次续印。最近笔者更对全书重加增订，加入自 60 年代以来至 20 世纪末年所见的新资料，再版发行。

第 1 版英文本出版后不久，正文部分由周宁森博士译成中文，嘱为校阅，迟迟没有完成。其间因全汉升教授的敦促，选用书中译文数章，先后发表于《香港中文大学中国文化研究所学报》，受到中文读者的注意。1972 年全部加以修订，由马泰来同学补译前言、图表和附注。笔者并将内容重加增删，补入 1962—1971 十年内新发现的考古资料。又承澳洲国立大学巴纳德（Noel Barnard）教授寄来长沙出土的楚帛书新摹本照片，作为插图。全书复承劳榦（贞一）教授审阅一过，写作后序，加以补充引申，使这部中文本的内容较见充实，也有好多论点和英文本不尽相同。修改完毕后，即采用董作宾先生以甲骨文为此书所题的《中国古代书史》作为书名，由香港中文大学出版社于 1975 年出版，因此这书得与国内外的中文读者见面。

1984 年夏间笔者回国访问期间，得到国内友人的鼓励，建议将这本书在国内用简体字横排出版。不久得北京大学图书馆学系郑如斯教授热情相助，再次增订，将 20 世纪 70 年代以来新发现的考古资料补入正文和附注，内容及图版也略有更动，并改用我的博士论文原名《印刷发明前的中国书和文字记录》作为书名，由北京印刷工业出版社于 1988 年出版。

不久，此书又承台湾大学卢秀菊教授相助，作第 3 次增订，并指导她的学生自己排校，由台北汉美图书公司于 1990 年出版繁体字本。2000 年前后作第 4 次增订，由上海书店印行。不久又由上海世纪出版集团重印，收入“世纪文库”，和世界各国的经典著作并立，受到国内外读者的重视，使笔者感到十分荣幸。

四、日韩译本

在中文本出版前，日本宇都木章和泽谷昭次两位教授已根据英文本日译，其后又得东洋文库竹内信子和广濑洋子两位女士合作，并参考中文本再度增订，将迄至 1979 年所见新资料加入附注，并另编日文《参考文献书目》和《事项、书名、人名索引》。又承京都大学平冈武夫教授写作长序，指出汉字的伟大和重要性，发人深省。继中文本出版之后，日文本即以《中国古代书籍史——竹帛に书す》为题，由东京法政大学出版社于 1980 年出版。

笔者也应邀写作这部日文本序言。指出，这部书虽是概论性质，主要根据前人对各专题研究的成果加以系统的综合阐释，但其中也有不少个人的意见，值得特别提出。如竹、木应用于书写的先后，篇、卷名称的考订，帛书的特殊用途，纸的起源新证，《说文》中“纸”字定义之诠释，以及推测中国文字的直行书写与自上至下和自右至左排列顺序的原因等等，皆为前人未加注意或与前人意见不同，得以在本书中试作解答。同时也指出中国古代文字记录的多产、延续与广被性，对中国文献多彩多姿所作出的贡献，以及对其在世界文明中所具有的特殊地位加以肯定。

稍后韩国金允子女士根据北京简体字本以韩文翻译，书前增印彩色插图 12 幅，由汉城东文选出版社于 1990 年出版，1999 年再版。因此，这本当初出版社认为销路有限的冷门书，竟成为各种文字的经典之作，使笔者感到意外。

五、中外评论

对于本书的一再修订重版，实受许多国际知名学者的评介所鼓励。他们的意见不仅增强了笔者的自信，也使中国古代文化所具有的特色及贡献和在世界文明中应有的地位得到肯定。在此书英文本出版之初，许倬云教授就为文表扬说：“这本书是西文著述中至今唯一有系统介绍印刷发明前中国文字记载方式的书籍；可说凡是中国先民曾经著过一笔一划的东西莫不讨论到了。”他特别指出：“这书以印刷术之发明为断代标准，是一个真知灼见的决定。”

稍后,英国剑桥大学李约瑟博士也认为:“从此书的性质与分量看,显然是卡特的经典之作《中国印刷术的发明及其西传》一书的姊妹篇。我们可以断言,钱著和卡特的名作完全可以媲美而并驾齐驱。当然两位著者的作风不尽相同,卡特自注甚祥,而钱氏对资料的质量和数字的精确性特别关注。……钱氏和卡特一样,全书行文清晰利落,要言不烦,是写作的典范。”李氏对此书的重视,以致他邀请笔者参加他的巨著《中国科学技术史》大系中《纸和印刷》分册的写作,成为此书的续编。

另一位看重此书的学者是日本京都大学平冈武夫教授,他在日文本的序言中说:“中国文化就是汉字的文化。……这是一部由殷墟到敦煌这重要时代整个汉字书写的全部历史。……这部著作是在于追寻汉字的根源,是一部出发于重新观察汉字文化的著作。”

我曾在书中指出中国文字记录的延续、多产和广被性是世界文明中所独具的特色。他对此更加发挥说:“人类历史上的任何时期,最多人使用的文字是汉字!最广大地域使用的文字是汉字!被使用最长久的文字是汉字!表现最多语言的文字是汉字!蕴藏书籍最丰富的文字也是汉字!”他的综合归纳,特别强调汉字的伟大,言而有据,实非浮夸之词,可在本书中获得详细说明。

六、中国特色

中国古代书籍和文字记录的多彩多姿,源远流长,乃是中国民族精神之所寄,也是世界文明中特有的奇迹。可是由于近代中国所受的外侮和屈辱,使中国人对自己固有的文化传统,丧失自信而盲目自贬。甚至到了20世纪还有人认为废除汉字、采用拼音是文字演进的规律和迎合世界潮流,却没有深思汉字的功能和拼音文字的后果。假使没有汉字形体所独具的延续性和凝固性相维护而采用拼音文字,中国早已成为以方言立国而分崩离析的国家了。近代欧洲各民族以方言立国,足资证明。中国历史上的分久必合以及许多少数民族之能融入大中华家庭,原因之一岂不是基于汉字的凝聚力吗?汉字的优越性实不容忽视。本书虽非专论汉字功能之作,但对中国古代文字记录及其载体所承传的特色和重要性都作了有系统的分析和总结,可供读者参考。

回顾这书从1956年开始写作,迄今不觉已超过半个世纪。其间得以陆续修订,增补流传,实为始料所未及。诚如平冈教授在日文本的序言中所说:“这是一部幸运的书,也是一部含有生命的书。”当然,这些收获,多承各方面的专家和学者合作相助,国内外友人多方鼓励,以及我妻文锦和家中亲人的热情支持,使这本书的内容不致陈旧,并得以继续成长,谨在此特别致谢。

钱存训

2000年岁末

芝加哥抱简斋

2011年修订

第二章 《纸和印刷》英文本自序

本书旨在追溯中国文化史上造纸与印刷术的起源和发展,上自有关二者最早的文字记载,下迄19世纪末叶,即这两种传统工艺逐渐为现代技术所取代的时期,根据文献记载、考古发现、科学报告以及可供查考的实物,力求对造纸和印刷术的整个历史,尤其在工艺、美学、应用以及对全世界的传播和影响等方面,作详尽而深入的探讨。过去这一领域的研究,在范围上具有一定的局限性,或者内容已经陈旧过时。就西方学术界而言,一方面,大量有关造纸的中国文献未加采用,也有许多重要的研究课题尚未涉及;另一方面,中国文献中有关印刷的详细记述则极为稀见,而自8世纪以来,可供研究的印刷品实物资料却浩如烟海。本书试图对过去的各种研究成果加以综合和补充,或者根据最新的资料和证据提出新的见解和阐释。在本书第一章《导论》的结尾,对这些问题和解答有一简要的说明,可供读者参考。

本书的写作计划始于1968年末,因受英国李约瑟博士之邀,参加其巨著《中国科学技术史》的研究,撰写其中《纸和印刷》的一章,[1]他的这一建议实际上是鼓励我对过去所作有关印刷术发明前中国文字记录的研究[2]加以延续和扩充。因为获得美国学术团体联合理事会的赞助,使我能够在1968年访问英国剑桥大学和李约瑟博士会谈以及考察欧美许多图书馆和博物馆,搜集有关资料,以供写作之用。

在以后几年中,主要精力用于收集、选读和审查基本的原始资料,也曾在几所大学中举行一系列的专题讲演和讨论,听取批评,并撰成有关造纸的初稿3章。为了进一步研究印刷,自1972年起先后在芝加哥大学图书馆学研究院开设了中国印刷史教研班,以求和同学作系统地考查和讨论所涉及的问题和资料。但由于在大学的教学和工作任务繁重,因此其他各章的写作未能及时完成。稍后,从1977年到1980年,因获得美国科学基金会和美国人文科学基金会的赞助,使我能从繁重的教学和行政工作中抽出部分时间,专心致力于研究工作。加之剑桥东亚科学史理事会和芝加哥大学远东研究中心的支持,得以聘请研究助理,这样就保证了我能够在1982年底完成全书的写作。

本书共分10章，附有参考书目近2 000条，插图约200幅。除《导论》一章为综合性论述外，其他各有3章分别叙述造纸、印刷（包括制墨和装订）以及二者在世界各地的传播与影响。最后一章以造纸和印刷术对中国和世界文明发展的贡献作为本书的结论。造纸和印刷两部分均采用编年和专题的方法展开讨论。涉及的每一事物均着重于它们的工艺、技术及其社会功能。但凡论及的主题，前人已有研究的，通常只作综合介绍，而对过去研究的不足之处则予以充分讨论。本书所引用的资料均在注释项注明原文出处。其中，期刊、资料汇编、论文集和丛书名称的缩写可在书目前的缩写名称表中查到。

本书在写作过程中，许多前辈、朋友和研究生都有极大的贡献。特别值得感谢的是3位著名学者和专家，哥伦比亚大学富路特（L. Carrington Goodrich）教授、芝加哥大学温格教授和美国国会图书馆吴光清博士，他们为本书的写作提出建议，并审查全书的定稿。芝加哥大学顾立雅教授和夫人也花费了很多宝贵的时间阅读全稿。他们对于提高本书的质量方面都有很大的帮助。此外，潘铭燊博士、郑炯文先生、马泰来先生、葛约翰（John Grobowski）先生、费迈克（Michael Finegan）博士和琼华女士先后担任这一写作计划的研究助理，在许多方面提供帮助，我在此谨致特别谢意。

芝加哥大学各部门的同事，特别是远东研究中心、远东语言文化系、图书馆研究学院和芝加哥大学图书馆的同事们多所襄助，对于他们的建议和不断的支持，我表示衷心的感谢。在本书写作过程中，我曾多处引用我所指导的一些学生的论文，如米勒（Constance R. Miller）小姐、马廷理（Edward Martinique）先生、陈家仁（Lily Chia Jen Kecskes）女士、潘铭燊博士等的著述，对阐明书中各种观点所起的作用是不言而喻的。除在各章的附注中声明道谢外，这些论文题均收入本书的参考书目中。

至于提供书中插图和资料的学术机构，遍及世界各地，其中有不列颠博物馆、英国国家图书馆、剑桥大学和牛津大学图书馆、法国国家图书馆、吉美博物馆、德国民俗博物馆、加拿大皇家安大略省博物馆、美国亨特纸史博物馆、纽布莱图书馆印刷史部、美国国会图书馆亚洲部、纽约公共图书馆斯宾塞特藏部、哈佛燕京图书馆、哥伦此亚大学东亚图书馆。对于各馆馆长和同人，我谨表诚挚的谢意。当然，书中所采用的基本资料大部分是来自芝加哥大学远东图书馆。总之，本书的完成应归功于各方的合作和协助。

在1979年远东旅行中，我曾访问许多图书馆和博物馆，同这方面的专家会晤、座谈，并为最后修订原稿收集补充资料，此行可谓获益匪浅。在中国和日本，某些古纸和纸制品以及印刷物的孤本、罕本等都得以目睹。在东京纸博物馆看到许多稀见的纸制品；在北京荣宝斋和上海朵云轩两处书画社，我得到机会请教那里的雕版和印刷师傅，和他们讨论刊印的技术问题，并且收集了一些工具和雕版样品，供作研究参考。这里我要特别感谢上海图书馆馆长顾廷龙先生，他根据我参观会谈的所得，由该馆同人协助我制作了一组反映雕版印刷步骤的照片和绘图，从上板到印刷的全部技术过程，得以留存记录。中国科学院自然科学史研究所潘吉星先生审阅了有关造纸的3章，并提出建议；北京图书馆前同事张秀民先生和上海旧友胡道静先生，曾多次为本书提供资料;台北"故宫博物院"昌彼得先生也寄赠许多现存在台湾的各种稀见版本的书影,其中部分已选作本书的插图。在此,我谨向他们表示由衷的感激。

尤其使我感到庆幸的是,我一直能够和剑桥李约瑟研究所东亚科学史图书馆保持密切的联系。在那里,我的许多兢兢业业的朋友自始至终耐心地关注本书缓慢的进展。在此,对鲁桂珍博士热情相助,邵特(Michael Salt)博士提供资料,罗南(Colin Ronan)先生审定原稿以及剑桥大学出版社的布毕基(Peter Burbidge)先生及其他工作人员协助本书出版,表示感谢。最使我感激的当然是《中国科学技术史》的倡导者李约瑟博士,他为本书在写作过程中出现的许多问题提供了及时的帮助和指导。没有他的亲切鼓励和不断的热忱支持,本书的写作是难以完成的。

最后,我要向我的夫人许文锦表示由衷的感激。她不仅长期不懈地鼓励和支持我的研究,而且亲自书写晋代傅咸的一首《纸赋》,作为本书的一幅插页。她那清秀的书法为本书增色不少。还有许多其他亲友为本书提供各种帮助,在此不及一一列举,为此,也请他们接受我的真挚谢意。

钱存训

1983 年 10 月于芝加哥大学

注释:

1. 本书英文本原名 *Science and Civilisation in China*. Vol. 5, Part 1. *Paper and Printing*. Cambridge University Press, 1985; 3rd revised printing, 1987. xv, 485pp. 中文本:刘祖慰译. 中国科学技术史:纸和印刷. 上海:上海古籍出版社,北京:科学出版社出版,1990;又刘拓,汪刘次昕译. 中国之科学与文明:造纸及印刷. 台北:商务印书馆,1995;日文本由泽谷昭次、佐藤武敏、中村圭尔合译,东京思索社,待印。

2. *Written on Bamboo and Silk: The Beginnings of Chinese Books and Inscriptions*. Chicago: University of Chicago Press, 1962; 3rd Printing, 1969; 中文版:中国古代书史. 香港中文大学,1978,1981;印刷发明前的中国书和文字记录. 北京:印刷工业出版社,1988;书于竹帛. 台北:汉美图书公司,1996;第 4 次增订本,上海:上海书店出版社,2002,2004;日文版:中国古代书籍史——竹帛に书す. 东京:法政大学出版局,1980;韩文版:金允子译. 中国古代书史. 汉城:东文选出版社,1990,1999

第三章　《中国古代书籍、纸墨及印刷术》新版说明

此书选录笔者过去所发表有关这一专题的论文、叙跋、书评以及他人对笔者写作的评论共40篇。全书分为前后两编。前编4章收入论文20篇:(一)典籍章,分别考订古代文献的特色及贡献;(二)纸墨章,追溯其原料、制作及应用的起源和发展;(三)印刷章,研究各种技术的沿革、程序及问题;(四)影响章,则讨论纸和印刷术的发明、发展、传播及其在学术和社会上的功能。后编4章为叙跋、评论等20篇,收录题记、序跋及有关《纸和印刷》一书的写作缘起和读者的评论及报道。最后附入中国国家图书馆颁发荣誉状消息1篇,希望读者加以指正。

本书所收论文,大部是笔者写作《书于竹帛》及《纸和印刷》两书的副产品。因专著限于篇幅和体例,对一些细节不便详细讨论,但对这些细节必需探明原委,方能作出结论。因此,只有另作专题研究,然后在书中摘要叙述。譬如,此集所收有关封泥、书刀、纸的起源以及印刷技术各篇,都曾特别加以钻研,因此集中的论文可以和专书的内容互补。也有部分论文曾在各种专业学报发表,或是在国际学术会议中提交报告,稍后收入笔者的专书。这一类论文原以英文写作,承蒙诸友好先后译成中文,在各地学术刊物或专集中发表,均在每篇文后注明译者姓名及译作出处,一并在此道谢。但译文多经笔者及编者重加修订、删节或增补,因此内容与英文原文不尽相同,特此说明。

本书是香港中文大学于1992年出版的《中国书籍、纸墨及印刷史论文集》一书的增订本,港版的编集原由潘铭燊博士倡议、编订及校阅,卓著辛劳;增订本的重刊,实由王菡女士多方努力所促成,盛情可感。并承李致忠先生作序,启功先生题签,光宠有加,至深荣幸。写作期间多承各地友好提供资料、解答疑问,以及侄儿钱孝文辛劳相助,内子文锦及家人多方鼓励,得以早日完成,谨致以衷心的感谢。

钱存训附识

2001年仲秋芝加哥海德园抱简斋

第四章 《东西文化交流论丛》导言

这一册文集为笔者过去所发表有关中美及东西文化交流的论文、报告和杂著等汇集而成;其中所述大都是记录中美两国和东西双方的文化关系以及中国和东亚语文图书及资料在欧美各地收藏的情况。范围虽也涉及人物和其他活动,但都环绕“东西文化”这一主题。在过去的半个世纪中,笔者不仅和“书”结下了不解之缘,同时也参加了一些中外学术交流的实际工作。关于前一主题,笔者曾将有关“书史”的论文及杂录辑成《中国书籍、纸墨及印刷史论文集》一册,于1992年由香港中文大学出版;2002年由北京图书馆出版社发行增订本。本集所收主要为有关东西文化交流及中美学术交往的作品,因此就以这一主题命名此集。

书中所选论文及杂录虽非系统的撰述,但大致可归纳为三大类:第一类皆为“东西文化交流”的记述,尤其对中美两国间早期及近年的交往,增进彼此了解,都有详细的记录和分析;第二类为“欧美书藏概况”,对美国和欧洲所藏中国及东亚语文资料加以系统的介绍,可了解海外对中国及东亚地区研究的一般情况;第三类为“中外人物怀念”,为笔者对多年来在国内外所交往的几位师友的怀旧与纪念。他们都是国际知名人物,其生平事迹也是中外学术交流中的一页,可供读者参考。书后附录其他有关资料,可对书中所涉及的一些事实和背景增加了解。

总的来说,本集中所述不仅是一些史实的记录和分析,也有部分为个人的经历和观感。如果说近百年来中国所追求的所谓“现代化”是西方的科技,则近年来西方所面临的问题便是对非西方文化的了解与学习;所谓“地区研究”,其中对中国语文的研究乃是最重要的一环,不仅参与学习和研究的人数最多,而政府和学术团体对此重视的程度也居各地区研究之首。中国经历了百多年的坎坷,欲师夷人之技以自强;而美国则是经历了多次的战争和商贸外交的需要,深感对东方文化的无知与人才的贫乏,因此对中国和其他非西方语言和文化的学习和研究遂成为一时风尚。所谓“文化交流”,只是彼此相知的一种手段,其动机有些是被迫的,有些是自然的,但是其过程却是迂曲的,也是缓慢的;可能要再经过一个世纪,才能看到世界文化的融合及糅合的结果。

集中所收论文，有些是研究一得，或是随意起兴，但大部分是为受托而作、怀念故人或参加会议所提的报告。其中部分原用英文写成，多承热心的同学和友人加以移译，在各地中文刊物发表，深感荣幸。译者和原载刊物名称皆在文中注明，以志谢忱。文中有些数据虽已陈旧，但可供参考，有些曾根据较新资料加以修订，或在文后附加说明。文前多有简短介绍，俾知当初写作原委。每篇文内另插入有关文献的复印件或图片，以增加对主题的认识和阅读的兴趣。

此集原以《中美书缘》为题，1998 年由台北文华图书馆管理及资讯公司出版。多承潘铭燊博士代为结集、修订并编制著作目录，许倬云教授作序，吴相湘教授跋尾，周策纵教授题签，王冀、吴文津、马敬鹏、吴查理、郑炯文、马泰来诸友好提供图片和资料，汪雁秋、卢秀菊、颜琳雅诸位女士相助审订出版。现虽增订改名重版，但对过去相助的友人，并未忘怀，谨在此重申谢意。新版的改订，多承侄儿钱孝文代为收集资料，移译外文，供应插图，相助编订；内子文锦及亲友多方鼓励督促，谨表衷心的感谢。

钱存训

美国芝加哥海德园

2005 年初夏

第五章 《留美杂忆》前言

《留美杂忆》全文6章原刊台北《传记文学》第89卷第1—4期(2006年7—10月),由北京《万象》月刊2007年4—10月号转载。其后增加附录6章,2007在台湾及2008年在大陆出版单行本,由许倬云教授作序。以下采自书中的前言。

——编者注

近60年来,从中国来到美国留学或从事其他业务的人员,大致可分为3个阶段:抗日战争、朝鲜战争和中美建交是明显的分水岭。各个时期来美人员的动机各不相同,由于环境的改变,各人的原定计划也就难以料定。

战前的老一辈大都学成回国,很少在美居留。抗战胜利后和朝鲜战争前来美的人员,由于国内政局变化和其他原因,很多滞留异乡,无法回归,和国内的脐带割断了整整30年。1950年代中期以后,留美的华人主要来自台湾和香港,或从东南亚来美的华裔,很多也认同是中国人,参加华人团体的活动。当时美国经济繁荣,高新科技发展迅速,鼓励移民,因此这批留学人员学成后大都在美就业或创业,长期居留或加入美籍。自从1980年以后,才再有来自大陆的学生、访问学者和移民,成为中美两国交往中的主流人物。

作者出国前在上海留影(1947年)

我在1947年来美，是抗战胜利后留美学人中较早的一批。当初本是应芝加哥大学的邀请，以访问学者的名义来美工作，同时进修，预计两年后回国；不料由于我的工作单位殷切挽留，为我作出各种安排，并代接眷来美，因此长留未归。虽然我一直觉得辜负了祖国的栽培，未能回国服务；不过我在美国的任务是文化交流，对中美双方都有一定的贡献。因此兢兢业业，努力学习，从事预定的工作以及教学、研究和写作，为国际文化交流而尽力，总算未辱使命。国内的亲友却都同情我当年的决定，认为我如回国，不仅不能完成我的学业，“文革”时期一定会受到打击。

回想我的生命之旅，前半生在国内的时期较短，但抵达新大陆时，已是人到中年，比一般青年出国进修，迟了至少10多年。当时不仅外语水平很低，学业基础也很浅陋。只是凭借偶然的机遇和加倍的努力，以及我妻文锦和家人与友好的支持与鼓励，面对人地生疏和语言障碍等问题，克服了各种困难，不觉在这花旗国中度过了比在自己出生的乡土上更长的岁月，实非当年来美时的原意。

回首一生碌碌，往事也很平凡，没有想到要写回忆录。可是如今我的生命已经跨过了两个世纪，度过了国内至少四次改朝换代、参加过北伐战争、经历过八年抗战的艰苦岁月，更在美国工作居留超过了半个世纪。目睹世事变化，沧海桑田，而一生的遭遇很多并非意料所及，成就了自己想象不到的结果。譬如，青年时热心革命，为军阀逮捕，但大难未死，却因此得以接受高等教育；中年来美短期访问，原想镀金回国，但未料到将长眠他乡；老年眼见许多同辈先后凋谢，而我和我妻白首相偕，已经度过了70周年。虽然人生七十古来稀，如今百岁也非奇；但是这些意想不到的遭遇，可能很少人有和我同样的经历，值得留存纪念。许多亲友常来问起我这些年来在美国的生活情况，虽然接受过不少的访问，但多未及其详。现在不觉已近百岁高龄，幸而托庇上帝的恩佑，眼目尚未昏花，作息一切如常；趁此面对计算机还能操作之时，爰就记忆所及，略述留美经过，兼及国内半生，借以回答亲友们的关心和提问。

八 | 序跋题记

第一章　高士奇《江村书画目》写本题记

《江村书画目》，清高士奇撰，康熙四十四年（1704 年）蓝格精写本，1 册。书前有嘉庆丙子（1816 年）吴锡祺题跋及印记。现藏北京国家图书馆善本部。

——编者注

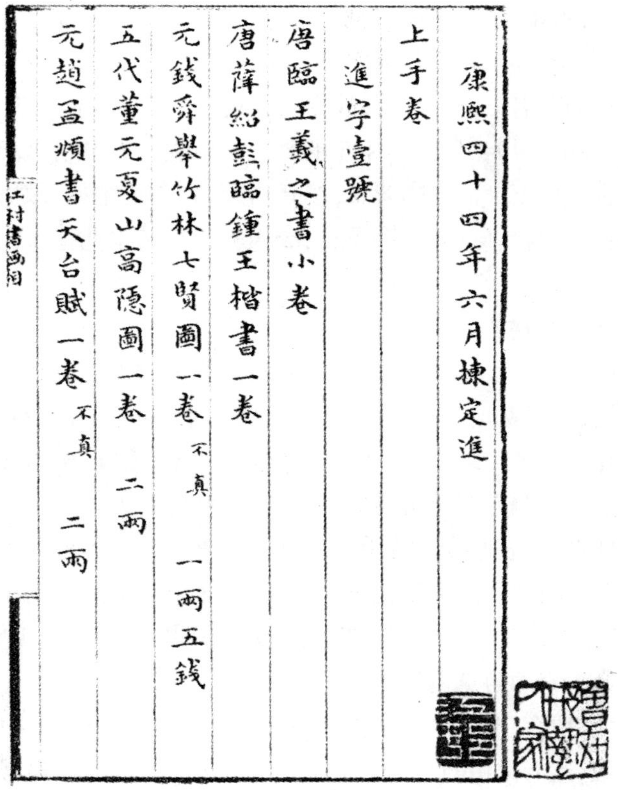
康熙四十四年六月揀定進
上手卷
進字壹號
唐臨王羲之書小卷
唐薛紹彭臨鍾王楷書一卷
元錢舜舉竹林七賢圖一卷　不真　一兩五錢
五代董元夏山高隱圖一卷　二兩
元趙孟頫書天台賦一卷　不真　二兩
江村書画目

《江村书画目》首页

高士奇（1645—1704），字澹人，号江村，又号瓶庐、竹窗；原籍河北，寄居浙江钱塘。初由监生充书写序班，供奉内廷，后授詹事府录士，迁内阁中书，摭升为翰林院侍讲及起居注官。与康熙帝过从甚密，并数次随侍巡行，深受恩宠。后因贪污受贿，屡遭弹劾，退隐钱塘，以书画自娱。享年60，卒后谥文恪。著有《左传纪事本末》、《春秋地名考略》、《清吟堂全集》、《扈从日录》、《松亭纪行》、《江村消夏录》等书。生平事迹具见《清史列传》卷十，《国朝先正事略》卷六，《国朝耆献类徵初编》卷六十，《清代学者象传》卷二及《清画家诗史》等书。

此册为高氏收藏的书画目录，共罗列自晋唐至清初书画534件，大部皆手卷，精品甚多，其中不少仍存于世。全目共分为：一、进上手卷；二、送字号；三、无跋藏玩手卷；四、无跋收藏手卷；五、永存秘玩上上神品（字）；六、永存秘玩上上神品（画）；七、自题上等手卷；八、自题中等手卷；九、自怡手卷；十、明董文敏真迹，计十大类。其中书画大部皆评定真伪、等次以及当日售价，为研究书画鉴赏及美术经济者的重要参考资料。

最值得重视而引起争论的是高氏在此目录中对其收藏所作的评等和所记当日售价，其中“进上”及“送字号”的书画，大部都是价最低廉并且不真的赝品；而价值高昂的上上神品则皆留存自玩，永世珍藏。譬如，进上的元赵孟頫书《天台赋》一卷，注“不真”，价“二两”；送字号的明唐伯虎《溪山渔隐图》，注“不佳”、“赝本”，价“二两”。而永存秘玩上上神品类的晋王右军《袁生帖》一卷，注：“宋刻丝山水包手，即此包手约值一大锭。无上神品，右军墨宝，世世永藏，五百两。”此件在其《江村消夏录》中亦列入书首，谓原系宋宣和御府收藏，为其镇库之宝。

高士奇是清初的著名书画鉴赏家，故宫的收藏有不少曾经他评定，但人格不佳，颇受讥贬。罗振玉（1865—1940）在1924年的复印本中说：“案文恪韦布入侍近禁，位至列卿，遭遇之奇，古今所罕。而通贿营私，屡登白简，幸奈圣主如天之仁，始终保全，宜如何冰渊自惕，乃竟以赝品欺罔，心术至此，令人骇绝。其留此记录以遗后人，殆不啻自暴其恶。”

罗氏对高士奇的鉴赏能力也多批评，他说：“文恪以鉴赏负时誉，然学识实疏。此目永存秘玩类有范文正公尺牍，注宋元人题跋皆系真迹，神品上上。此卷曾归归安吴氏两罍轩为之刻石，江村跋尾具存，今藏予家。文正书是真品，而诸跋则一手伪为，其楼攻愧跋署名竟作从火旁作之爚，而文恪亦不能辨。其凉德如彼，而鉴别又若此，世人顾犹以书画之曾经江村品题者为可增价，故记之以解其惑。”

书前吴锡祺跋谓：“此册系江村手缮墨迹，向为石门方氏所藏，据云得自高氏后人，今又为予获，何幸如之。缀笔以记，永宝无斁。”吴氏认为此目为高士奇手缮，似乎不确，因高氏卒于康熙四十三年六月，而此目书首写明“康熙四十四年六月拣定”，想系高氏后人根据高士奇原目缮写而非高氏手书。但目中有甚多手卷皆书明“自跋”。全目当是高氏自定，留存记录，以供存查之用。应无疑异。

根据吴氏手跋，此册原由石门方氏得自高氏后人，再传吴锡祺；其后由罗振玉收藏，并于1924年经上海来青阁抄录石印。吴锡祺（1746—1818），字圣征，号谷人，浙江钱塘人，工书擅诗赋骈体文，著有《正味斋全集》；方氏为方薫（1714—1762），字逊一，号雪屏，浙江石门人；此后入藏邢蛰人家。

邢端（1883—1958），字勉之，号蛰人，光绪三十年（1904 年）甲辰科进士，原籍贵阳，寄居北京，颇富收藏，遗作有《蛰庐丛稿》，为妹夫邢其毅的尊翁。1947 年笔者来美，邢姻丈特赠手书对联及此册，以壮行色。藏之行匣 30 余年，不时摩挲，亦曾参加芝加哥大学的善本书展。1964 年香港龙门书店主人以罗氏印本不佳，曾商借原本以宣纸及贡川纸仿照原式蓝格影印，以供流传。并承台北"故宫博物院"前院长庄严先生写作序言，略谓："研究书画之重视著录，犹之研究图书之重视目录，盖名迹流传之端绪，作品笔墨之良窳，无不由著录中可以见之。"并谓："高氏编此目录，纯为个人备忘之需，而非问世之成稿。罗氏虽讥其欺罔世人，自暴短恶，然浏览之余，正可窥测高氏之衷怀，譬若披览私人日记，句句真诚，未尝不有其价植也。"

笔者于抗战期间曾供职北图上海办事处，1979 年秋间参加美国图书馆界访华代表团回国访问，因将此册亲自赠送母馆，由前馆长刘季平接受，其后馆中并颁赠奖状嘉勉。今幸此书收存国库，喜见善本藏得其所。爰将此册内容及流传原委加以追述，以留纪念。

2000 年中秋记于芝加哥海德园寓所
原载《文献》季刊，2002 年第 3 期

第二章　袁同礼《中国艺术及考古学西文目录》序言

此书为英文本，原名 *The T. L. Yuan Bibliography of Western Writings on Chinese Art and Archaeology*, edited. by Harrie A. Vanderstappen. London：Mansell, 1975. XlV, 604 pp.；此序系笔者为此书所写的英文序言，因此目录最初由袁同礼先生创意编撰，他故世后，由我介绍请芝加哥大学美术系施德本教授完成。因此出版时由编者及袁先生家属请我作序，叙述此书编撰经过，现由钱孝文译出，留供纪念。

——作者注

这部关于中国艺术及考古学研究的参考书目，是在将近20年的时间里，由多位学者的不懈努力，共同完成的一部学术著作。这项编辑计划最初是由袁同礼博士于1955年开始，他将所搜集到的资料逐一抄写在卡片上，按序排列。这一烦琐的工作一直持续到1965年，由于他不幸辞世而暂时中断。稍后，袁先生的家属将这项未完成的工作委托在加拿大皇家博物馆工作的时学颜博士加以整理，不久又由芝加哥大学中国美术史教授施德本（Harrie Vanderstappen）接受委托，继续进行。他在原来的基础上扩展了收录的涵盖和范围，全部工作终于又花了将近10年的时间而圆满结束。最后编者将袁同礼的大名冠于书名之首，并于1975年由伦敦马赛尔公司出版，完成了袁先生当年苦心经营的一番心愿。

这部著作收录了在1920—1965年间以多种西方语文出版有关中国艺术和考古学各个部门的文献资料，内容有书画、建筑、雕刻、陶瓷、铜器、版刻以及工艺等专书、评论、展览目录和论文，包括英文、德文、法文、荷兰文、斯堪的纳维亚文、斯拉夫文以及其他西方语文的有关著作，总数超过15 000项条目。其中也酌量收录了一些发表于1920年之前的著述，与中国周边地区和国家（例如蒙古、中亚、朝鲜和日本等）相关的材料，以及某些边缘学科的资料，以期这部参考书目的内容尽可能地完备。全书根据主题内容分类排列，并附有作者和收藏者的姓名索引。这不仅对查考中国艺术及考古学的资料会有很大的帮助，同时对专业研究的学者也是一部有助于深入探索这一领域的重要工具书。

袁博士是一位学贯中西、享誉国际的知名学者和图书馆学专家，他曾创设中华图书馆协会并担任国立北平图书馆领导等职位20余年，在1920—1940年代，他为中国现代图书馆事业的发展作出了十分重要的贡献。他结合中国的传统学术和现代图书馆技术，融合在他所主持的国家图书馆的事业中，同时还编撰一系列的重要著述，如调查《永乐大典》的存佚，考订各朝私家藏书以及编辑《新疆研究丛刊》等。其他如提倡编制研究参考书目、期刊论文索引以及搜集珍稀手稿并影印失传的珍本文献等，皆为国内外学术界所称道。

1950—1960年代是袁先生学术生涯的后期。在此期间，他居住美国，并广泛地游历了欧洲。他利用各国图书馆所藏的丰富资料，把大部分时间用于编写关于中国研究的西文文献目录的工作。其中最著名的是1958年出版的《西文论华书目》(*China in Western Literature: a Continuation of Cordier's Bibliotheca Sinica*)，此书收罗1921—1958年期间出版的西文有关中国的专书凡18 000种，为补充高迭尔(Henri Cordier)起自16世纪迄至1920年的名作《中国书目》而编著。至于这一部有关中国艺术和考古学的目录则又为补充他的前述综合书目而作。

编撰这样一部主题专门而内容丰富的研究参考书目，需要具备精深的语言学、目录学和艺术等方面广泛而专门的造诣。只有少数学者能够在同时拥有这些综合学养，且又愿意为了他人受益而甘心奉献自己。我们由衷地钦佩袁博士创意并为之奠定基础的这部研究参考书目所作的贡献，同时也赞赏施德本教授和他的助理在后来的搜罗、编辑、修订、分类及编制索引等方面所付出的辛勤劳动。书中所收1956—1965年期间的资料，约占全书总条目的半数，是由后来的编辑者所搜集提供，增加了许多当时最新的文献，因此这部目录将成为研究中国艺术和考古学领域的学者、收藏家和艺术鉴赏家的重要参考指南。

笔者曾在本书原作者所领导的单位工作多年，现在又是该书续编者的同事，同时也曾参与了安排全书继续编纂的种种工作。因此在此书圆满付梓之时，略述感怀，以表庆幸。

钱存训

1975年4月于芝加哥大学

第三章 张秀民《中国印刷史》修订版序言

张秀民先生毕生从事中国印刷史的研究和写作，在这一园地辛勤耕耘，留下不少经过他整理的资料，供学者参考和利用。他的著作在国内外受到了广泛的重视和推崇，尤其他的《中国印刷史》专著于1989年出版后又陆续修订，现在重版发行，嘉惠士林，值得庆幸。

我和秀民先生的工作和专业都十分相近，虽然我们的职务和兴趣并不完全相同。我们在北京国家图书馆同事多年，但在抗战期间，我被派在南京和上海办事，南北相隔，无缘见面。我们都对中国书史和中外文化交通史感到兴趣，但是范围和地区并不完全相同。他出版过《中国印刷史》和《论文集》各一册，另一兴趣在研究中越关系史；我也出版过《书于竹帛》、《纸和印刷》及两种《论文集》，另一研究对象则在中西文化交通史。

我在1947年来美后，在芝加哥大学修习《西洋印刷史》，从中西比较的角度和文化史的观点，研究印刷术对东方和西方社会所产生的不同影响。后来写作博士论文，研究印刷发明以前的中国文字记录，修订后以《书于竹帛》（*Written on Bamboo and Silk*）出版。1968年开始，因应英国李约瑟博士之邀，为他的《中国科学技术史》大系写作其中《纸和印刷》（*Paper and Printing*）一册，成为前书的续编；后来，我在芝加哥大学讲授《中国印刷史》，因此接触到秀民先生的许多有关著作，对我的教研和写作，提供了不少宝贵的资料。

1979年10月我回国访问，希望在北京和秀老见面，但那时他已退休返回浙江嵊县老家，从事《中国印刷史》的写作，无缘相见。回美后开始和他通信，商讨有关印刷史方面的许多问题。1987年，由于北京图书馆庆祝75周年纪念和新馆落成典礼，秀民先生和我都被邀请参加，因此得以相会晤谈，感到十分高兴。最近他的外甥韩琦博士在《南山论学集》中写了一篇《印刷史研究中的一段佳话》，记录秀民先生和我在学

作者(前左二)和张秀民(中)等友人在北京合影(1987年)

术交往中的经过,也使我想到我们多年来不时通信,商讨问题,每年的年终和节日也都互祝平安,感到十分的亲切。

1983年初,他的大作《中国印刷史》完稿,交付上海人民出版社排印,曾来信要我写作序言。那时,我为李约瑟所写的一册《纸和印刷》已经交卷完毕,因此我立刻根据他寄来的大纲写了一篇长序,并提出若干问题就教。可是这本书一直到1989年才开始发行,等了6年之久,才得拜读全书,所幸和我的序言中所说各点完全相符。

我在他的《中国印刷史》的序言中说:"这本书的内容广泛,体大思精,洋洋五十万言,包罗自印刷术发明以来一千多年间全部刻书和印书的历史,详细的讨论了各个时代的刻书地点、刻书内容、版本特色、刻工印工的生活和事迹,以及各种刻印的方法。其他在书籍以外的各种印刷品,如版画、年画、报纸、纸币,以至印刷所用的各种物料如纸墨等文房工具,也都提供了新鲜的数据和独特的见解。这是迄今所见到的一部最完备而有系统的综合之作。"

我说:"本书作者在国家图书馆工作多年,经眼的善本最多,掌握的资料丰富,具有写作这一部全面性通史的优越条件。他过去所发表有关中国传统印刷方面的文章和专书,不仅内容充实、数量可观,而分析详明、结构严谨、见解独到,尤为其文章的特色。他毕生从事这一专题的研究,写作勤奋,孜孜不倦,这种乐业和苦干的精神更值得我们学习。"这些评语,虽然经过了几十年,还是十分正确,迄今还没有一部同类著作的原始性和资料性可以和秀民先生的大作相比。

我的《中国科学技术史:纸和印刷》英文本在1985年出版后,曾由中国科学院请刘祖慰教授译成中文,于1990年出版,作为赠送李约瑟博士90岁生日的寿礼;后来台湾的译本于1995年完成,不意成为他的逝世纪念。我的书原以英文写作,对象是西方的读者,综合中外各家意见,用比较的方法注重印刷术在东西方的社会和文化方面所产生的异同。虽然和张秀民先生的大作同一主题,但对象不同,方法也不一样;因此,我很荣幸拙作能够和张著互为表里。

1991年《读书》月刊曾有一篇书评,比较海内外这两部中国印刷史著作的异同,作者林夕说:"不难看到两部书写法不同,内容互相补充。钱著意在总体轮廓,一些具体内容则注出文献,指引读者在必要时去进一步查考。张著则对有关文献作了综合整理,随文附入,以便读者查阅。……写法上钱著像一部目光四射、智珠在握、通体均衡的通史。张著则包含更多的资料图表,时有精邃的研究,发人深省。所以,若要综览全局,钱著更为概括连贯;若要就某些方面深究,则张著比较适用。"我想这一评论是比较客观的结论。

《纸和印刷》的英文本已出版20多年,但迄未修订。幸而我有这本书的中文书稿,承北大郑如斯教授相助修订,定名《中国纸和印刷文化史》,于2004年由广西师范大学出版社出版。受到国内和国际学术界的重视;最近又由东京法政大学出版社出版日文本,韩文版也在翻译中,因此这部书和秀民先生的大作同在国际间受到重视。

秀民先生在《中国印刷史》第一版出版之后,就一直在修改,加入了许多眉批、补充了宋代刻工表和活字本的形式与内容等等;并由韩琦博士加以最后增补和审定,补充了彩色插图多幅和许多稀见的数据,以及有关清代后期印刷的一些内容,十分重要。譬如,宋邓肃(1091—1132)诗中关于毕昇的记载为《梦溪笔谈》以外唯一的证据,是他处所未见。韩博士并重新编制了一个印刷史论著目录,从原书的50万字增加到百余万字。《中国印刷史》增订本二巨册由杭州浙江古籍出版社出版,印刷精美,增订详细,当系不朽之作。去年底北京图书馆刚为秀民先生庆祝百岁荣庆,今年初又惊闻他不幸仙逝,哲人其萎,不胜哀痛;但其著述将永留人间。他一生勤劳,著述等身,其治学精神亦将永垂史册,为后世所敬仰。

钱存训

2006年8月30日于芝加哥

第四章　潘铭燊《非花轩杂文》序言

我和铭燊相识，开始于 1970 年的秋季。那时他从美国加州来到芝加哥大学图书馆学研究院就读，是我指导的远东图书馆学研究中心的高材生，因此我们每日见面，互相切磋。他在校 3 年，成绩优异，通过博士学位预试后，就返港执教并写作论文。5 年后他完成了洋洋 20 万言的《宋代印书史》，再度来芝口试并接受最高学位，取得他多年来埋首书城、精思细考所获得的最佳报酬。

他在求学期间，同时兼职远东图书馆，我也是他的主管人。他所编印的一部大型书目和主办的一次“远东书展”，至今为人称道。他做事勤劳、仔细而整洁，凡经手之事，都是井然有序，一丝不苟。这些良好的习惯和修养，不仅表现在他的工作上，也表现在他的治学态度和研究方法上。

那时我正应英国李约瑟博士之邀，开始写作《中国科学技术史》中《纸和印刷》一书，同时在校中开设一期中国印刷史研讨班，探讨其中相关问题。铭燊担任我的研究助理，同时也搜集和他的博士论文《宋代印书史》有关资料。凡有所获，他必做笔记或加以复印、剪贴，然后分类排比，供作参考。他善用图书馆学的系统方法实践在他的工作和治学上，因此这些资料虽盈箱累箧，但皆次序分明，有条不紊。我至今仍不时翻检，常常想起他多年来辛勤相助之功。

铭燊治学严谨，也是一位多产作家，他在香港中大教学之余，更出版了不少专著和论文，每有新作，必承相赠。可是他的一些工具作品如《中国古典小说论文目》或《红楼梦人名索引》，虽用力甚勤，但和我的研究无大关系，收到后只略加翻阅，就束之高阁。我对他的作品细读，除了博士论文以外，实际上是从他的第一部散文集《断鸿篇》开始。书首的悼念亡兄一文，感情流露，令人心酸，是他初抵芝城后有感而作。我们虽时相晤谈，可是他从未提起过这一类小品。大概认为并非经世之作，敝帚自珍，不愿宣扬。其实他的散文大都取材新颖、意义深长、文笔生动，常道人所不能言，为他人思路所不及。不仅我很喜爱，我妻文锦尤其欣赏。甚至文集尚未出版，就索取单篇，先睹为快。

这一本新作杂文集虽以“非花”命题，而内容广泛，无所不谈。不仅有他对读书、写作、印刷、出版等等的独到之见；也有他对生辰、年岁、时间、财富等等人性弱点的讥评；以至失伞、伤指、碎杯等等身边琐事，也都能委婉道来，自有一番哲理。作者的中外语文根基深厚，对东西文化的了解深切。从文中征引的诗人佳句、名家警语、禅师妙偈，可见一斑。或借古讽今，或华洋对比，每多耐人寻味，发人深省。而每篇的结尾不时道出作者带有幽默的心灵，令人读罢不禁拍案叫绝，或者掩卷遐思。

他在集中的一篇文章里，曾提到我在给他的信中所说：“小品文和学术文不同，前者轻松活泼，变化莫测，嬉笑怒骂，可随意为之，且读者万千，人人可以欣赏；而专题研究，枯燥无味，知音者寥寥。”这是文学创作和学术研究的分野，因为写作的动机、条件、方法和目的都不尽相同。正如他在文中所说：“小品文重才情，写学术论文则需严格训练。”其实二者并非相克，也可相成。如果经过严格训练再从事创作，自会掌握更良好的技法和产生更精炼的作品。铭燊二者俱长，我们可以从他的这一支“非花”而生花的妙笔中，领略到他的这种既流畅而又隽永的作风。

钱存训序

1991年复活节前3日写于芝加哥海德园

第五章　克伦普《谋略：战国策研究》评介

此文是作者对 J. I. Crumpt, Jr. *Intriques*: *Studies of the Chan-kuo tse* (Ann Arbor, MI, 1964)英文本的评论，在《亚洲研究学报》(*Journal of Asian Studies*)第24卷(1965)发表。当时克伦普所译《战国策》全文尚未出版，后选入英译50篇。本书是克伦普认为《战国策》为小说而非历史的见解与分析。书评原以英文写作，由钱孝文译成中文。

——编者注

《战国策》可称为战国时代诸侯纷争的各种计谋，是少数存留至今的中国古代典籍之一，也是唯一专门描述战国时代纵横捭阖的一部专著。它用十分生动的笔触记述了当时的战事、政治权谋以及著名人物的活动。此书的风格与内容都十分独特，是一部在文学技巧上颇受赞赏的作品，但是在史学上自从问世以来却被责难有加。

此书宣扬使用计谋来赢取利益，这显然与儒家的道德规范相悖逆，因而它从未得到过与中国其他传统典籍所享有的殊荣。令人奇怪的是它同样被西方学者所忽视。除了其中少数几篇收录在文学选集中的故事以外，只有一篇几乎被人忽略了半个多世纪的德语论文。研究中国文史的学者应当对克伦普博士的译著和他对这一部有趣的文献的研究心怀感激，他的译述填补了西方汉学研究在这方面的缺憾。

此书收有从《战国策》中精选的50篇谋略故事的英文翻译，大约相当于原著的1/10，加上译者的注释和评论，为现代西方学者对此书译释的唯一作品，也是他翻译《战国策》全书的一部副产品。译文是根据故事的主题分别纳入9个章节之中。每一章包括3—7篇完整的翻译条目，连同译者的阐述和注释关联在各章的标题之下。前3章概括了战国时期的社会及政治形态，深入描述当时游士阶层在各国宫廷中的出现，在那个时代中对超自然世界信仰的衰微，以及政治生涯中不可避免的各种改变。

接下来的两章，侧重在该书文学风格方面的讽喻性以及寓言的运用，对事物的循序渐进和类推的技巧，假想事件的处理以及说服力的重要性。第 8 和第 9 章则论述了这种类似希腊式讲演术的游说传统，和《短长》中的花言巧语，这是 6 种原始文献之一。此外，书中还介绍了中国学者对此书的各种专题研究。

此书研究的主要论点着重在《战国策》的虚构性以及在修辞方面的技巧。克伦普博士在论述了大量的细节之后，对此书得出的结论是："并非历史记载，甚至也不是蓄意扭曲的历史，它是一种特殊的、姑且称之为'游说'家的小说"。他相信书中的那些著名的人物，诸如苏秦、张仪、鲁仲连等，都是完全虚构出来的角色（见《谋略：战国策研究》，页 29，88）。他的主张是："应当把研究的观点从史学领域转移到小说上来"。

评者认为《战国策》的作者当时并非采用"实录"的体裁写作，但也并非完全虚构各种事实。某些年代上的差异或对当时某些言辞的表达不同，并不一定意味某些事件未曾发生，或某些人物从未存在。另一方面，该书是从不同的资料素材编集而成，因此不能武断地归入单一的分类：历史类或小说类。它是由至少 3 种主要类型的材料组成，即(1)诸侯国的地方文献记载，如《国书》；(2)奇闻轶事和传说，如《国事》、《事语》；以及(3)有关外交活动的记载，如《短长》、《长书》和《修书》。也许这些资料曾被战国时代纵横家的学生所采用作为教材。即使该书的内容并非历史记载，但它在史料学上的价值却是不容否认的。克伦普博士的译著在前 3 章中采用了大量的故事来举例说明当时社会及政治的变迁，并在第 6 章里论述了几件"史实"，可以证明。

根据克伦普博士在参考书目中的说明，他的译文主要是根据日文版横田惟孝《战国策正解》（1829 年）和中井履轩的校订本，以及《四部丛刊》吴师道《战国策校注》10 卷本，但书目中并未列入《四部备要》中的姚宏 33 篇注释本，这是根据刘向的原本所校订，较为接近原本。书目中也列有关于该书的其他著述，但清代著名学者王念孙(1744—1832)的著作却并不在其中；明代陆陇其(1630—1692)的《战国策去毒》也未收入。他的附录中虽详细开列西文文集中所选译的片断，但最早有关《战国策》的西语论文(Frank Hubotter. *Auz den Planen der Kampfenden Reiche nebst den entsprechenen Biographien des Se-ma Ts' ien*. Berlin: Wilhelm Rohr, 1912)，译者也未见到。

《战国策》的内容零乱缺失，虽经历代学者多次校注、辑补，仍有一些文字上的讹误，使得这本书有些部分变得晦涩难懂，但是就总体而言，克伦普博士的译文还是清晰流畅，且意译多于直译。有几个例子可以说明评者对他的某些翻译并不完全同意。例如，在名医扁鹊的故事中《医扁鹊见秦武王》章，"除之未必已也"句，意为"切除它并不见得会痊愈"，但他译为"If the physician should not cease soon enough while removing it"（如果医生不很快地切除这病）；又如关于王斗的故事中《先生王斗造门而欲见齐宣王》章，"宣王使谒者延入"句，意为"宣王请客人进来"，译文却为"to delay his admittance"（拖延让他入内），他把"延请"误译为"延迟"。该篇中另一句"使者复还报，王曰……"，译为"The chamberlain returned and reported"（侍从回去禀报），应作"侍从回去向王禀报，王说……"。另外还有一些关键的段落被遗漏了。举例来说，在 8.22 篇中的最后一句，"赵取周之祭地"没有译出（页 12：1 节）。另在 68.5 篇，"孝如曾参"以下的一段"三者天下之高行,而以侍足下,不可乎?"(页37:3节)也没有译出。

评者也不能同意某些特定名词的意译,如把"嫂"译成"sister"(姊妹),而把"父母"译为"mother"(母);同时把一些人名如"徐工"译成"Mr. Tardy"(迟慢),把"横四"译成"hanker"(渴望)(页53,55)等等。

最后,鉴于并非所有的读者都熟知《战国策》的历史背景,无法易于了解此书的内容,如在书中对《战国策》的内容、背景以及文字上的一些问题加以介绍,就更完善。克伦普在《通报》(*T'oung Pao*, xlvii, 4-5, 1960, 232-330)所发表的一篇《〈战国策〉及其小说》的论文可收入书前作为导言,使读者对此书有一个大致的了解,则全书就更觉圆满。

九 | 著述评介

第一章　《书于竹帛》序言（李学勤）

一个世纪以前，中国有几项重大的文物发现闻名于世，就是殷墟甲骨、西陲简牍和敦煌卷子。这几项重大发现都各自导致一个专门学科的形成，即甲骨学、简牍学和敦煌学。同时，这几项重大发现又有其共同特点，它们均系古代的文字材料，因而对于中国古代书籍演变历史的研究，有着极其重要的价值。很早便有学者注意到这一点，如王国维先生在1912年，以大半年时间，四易其稿，著成《简牍检署考》一卷，主要依据新发现简牍实物与文献记述，互相印证，创获甚多，妙义纷呈。后来有不少学者追随王国维先生，寻绎探索，各有所得，使书籍发展的过程逐渐彰明。不过，他们的论著一般只涉及中国书籍历史的个别方面。将有关书籍历史文物从众多方面综括贯通，进行系统而又深入研究的，我认为唯有钱存训先生的这部名著《书于竹帛》。

我很早就知道钱存训先生这部书。1979年，我初次访问美国芝加哥大学，参观钱先生苦心孤诣经营多年的东亚图书馆，有幸拜见钱先生，蒙以此书香港中文大学出版社中文版相赠。大家知道，70年代国内各地陆续出土了大量简牍、帛书，如临沂银雀山汉简、长沙马王堆帛书、云梦睡虎地秦简等，为国内外学术界所瞩目，学者们当时正集中力量研究整理。我自1974年参加整理小组工作，细绎钱存训先生大著，实在获益匪浅，对这部书的博大精当，亦得有大略认识。

《书于竹帛》一书，英文初版印行于1962年，而其稿本则在1957年业已完成，迄今已逾40年了。钱先生就此书不断增补修订，出有中文、英文、日文、韩文多种版本，风行学界，至今不衰。由于书的内容一直处于研究前沿，其对学人的帮助影响，可以说是历久弥新。揆其原因，我想是钱先生充分运用传世文献与考古文物两方面的材料和研究，不仅说明中国古代书籍如何产生和演进，而且指出汉字的历史发展及其重要作用，揭示了中国人对整个人类文明的巨大贡献。钱存训先生在本书的“绪论”中说：“中国文字记录的丰富、延续和普遍性是世界文化史上所独具的特色，没有其他民族或国家的文献可以相比。中国古代典籍在质和量方面的发展，更显示出古代中国在文化传播和学术研究上的辉煌成就。这些成果乃是中国文化的基石。因此要了解中国文化的起源、发展和承传的过程，主要便得从这些古代文字记录的遗产中去探索。换言之，要了解中国古代典籍的制作、保存、传播和散佚的流绪，更需要从当时社会、经济和文化发展的背景中去研讨。”

钱先生特别标举“中国文字记录的一个重大特点，便是它独有的持久性和延续性。这一特点使得世界上一个有创造性的远古文化，得以继继绳绳，绵延至今。中国文字除了一般文字通有的音、义以外，还有其特殊的形体，这种具有特殊形体的文字，超越了时间上的变化和空间上的限制，团结了中华民族，更造成了世界上一个最伟大的文化整体”。我相信，凡是读过《书于竹帛》的人，都会被这一意义重大的论断所感动。尤其是我们中国人，不可把这部书看成堆积饾饤的材料书，更要仔细体会作者融贯于全书篇章中的根本精神。钱存训先生著述甚丰，据统计与《书于竹帛》主题有关的中英文著述有50余种之多。列入李约瑟博士主编《中国科学技术史》的《纸和印刷》卷，更可与《书于竹帛》对看，此书已有上海古籍出版社1990年出版的刘祖慰先生译本。最近，并有青年学者以探讨钱先生对中国书史研究的贡献撰成论文，在北京大学取得高级学位。实际上，钱先生书内有好多真知灼见，有待引申阐发，下面试举两个例子：

第一，书中第二章谈到已知甲骨文单字逾5 000，其中仅1 500多字可解，“有些学者认为，以此有限字汇，殷人不可能写出长篇作品。作者认为这种说法并不可信，因为甲骨文的字汇并不少于周代金文和长篇作品中所包含的字汇，而金文使用的时间却较甲骨文约长3倍。……贞卜文是一种特殊性质的记录，仅适用于某些特殊的场合，因之它所包含的字汇，只是整个文字中有限的一部分。换言之，殷人也一定写过较现存甲骨文字为长的作品”。这一论点正确而且重要，足以表明《尚书》中一些《商书》和《诗经》中的《商颂》等文献，可能出于商代。

第二，第九章论及中国文字书写的传统顺序是从上到下、从右到左，“这种直行书写的原因虽不可确考，但可推测这一特点应和中国的文字构造、书写材料、应用工具以及生理和心理等因素有关。中国古代的象形文字，如人体、动物、器皿，大多纵向直立而非横卧；毛笔书写的笔顺，大多是从上到下；竹木材料的纹理以及狭窄的简策，只能容单行书写等等，都是促成这种书写顺序的主因。至于从右到左的排列，大概是因为用左手执简、右手书写的习惯，便于将写好的简策顺序置于右侧，由远而近，因此形成从右到左的习惯”。劳榦先生于本书的“后序”里，引申了这个意见。1992年，法国东亚语言研究中心的游顺钊先生，在《中国语文》该年第2期上发表《古汉字书写纵向成因》，也独立地提出汉字书写顺序与使用竹简有关，还讨论了这一点和若干汉字形体纵变直接联系。这对研究汉字发展是有很大意义的。类似这样的例子，在本书中真是不胜枚举。

最后想说一下，钱先生这部书的标题曾几次更易，原作《书于竹帛》，其后改称《中国古代书史》、《印刷发明前的中国书和文字记录》等等，窃以为还是《书于竹帛》最为惬当。此语源于先秦，文意古雅，突出体现了我国先民使伟大文化流传久远的独特创造，我们很高兴上海书店出版社的新版恢复采用这一标题。

承钱先生不弃，允许我在《书于竹帛》新版卷首写几句话，极感荣幸，志此以表敬意。

李学勤

1998年9月28日草于美国达默思大学

1999年4月5日改定于北京清华园

第二章 《纸和印刷》序言(李约瑟)

大约在36年前,也就是1948年,我从中国和联合国教科文组织回来后,便开始写作这部多卷的《中国科学技术史》。我的第一个合作者是王铃(王静宁);8年之后,鲁桂珍从巴黎来到这里,成为这一计划的主要助理,以至于今。王铃的专长是数学和化学,而鲁桂珍则精通医学和生物。那时,约15年以前,我们发现自己的写作面临许多问题,要么为此而奉献我们的余生而不一定看到这部书的完成,要么同一批合作者协力,能使我们在有生之年看到这一计划的完成,二者必居其一。我们选择了后一条路,这是一个正确的转折点。

现在,钱书的问世,使我们能够看到这一计划的第一个成果。我们尊敬的朋友芝加哥大学钱存训教授是世界上这一领域的著名权威之一,我们说服了他去完成我们全书中这一部分的写作任务,我们非常钦佩他为此而作出的贡献。当然,卡特的书《中国印刷术的发明及其西传》长期以来一直被视为这一专题领域的经典之作,但自1925年出版及1955年修订后就从未增订,其内容业已陈旧。自那时以来,许多新的考古资料和文献陆续发现,因此,我们急需对这两个专题做出新的综合论述。

我认为造纸和印刷术的发展对整个人类文明历史的重要性是无与伦比的,学识渊博的培根对于这一点是完全同意。从钱书中,读者将可以纵观中国造纸和印刷的整个历史,了解到,在欧洲对此一无所知之前,它们已在中国出现了许多世纪。我一直猜测中国的佛教徒可能与文献的复制技术有一定的关系,因为就我多次对敦煌千佛洞唐代壁画的观察,以及他们重复摹印大量的佛像,对于佛经的复制当有启发作用。

人们很难相信谷登堡(Johannes Gutenberg,约1454年)对在他前5个世纪就已在中国大量流行的印本书一无所知。现在就有一些当时的资料证明他确是知道中国的印刷术的,虽然他可能不知道在他4个世纪前就成为活字印刷发明人的前辈手工艺者毕昇。我们曾经提到《梦溪笔谈》中关于毕昇的那段重要记载,也曾描述过由后人王祯制作的旋转活字盘。这一发明随后被朝鲜以及中国的许多印刷家所采用。当然,与有5万多单字和200多部首的表意文字相比,西文使用活字印刷只需26个字母则更具有吸引力。

即使如此，却有大量的证据证明，在谷登堡时代之前，中国的印刷与书籍生产已为当时的整个世界所称羡。甚至在我们的耶稣会士与中国建立关系以后的很长时间里，他们也对蕴藏人类知识与学问宝库的中国书籍极为倾慕。这恰如培根所说："书中蕴藏着人类的智能与知识，使我们能够避免过去的错误，从而不断地创新"。让我们祈祷阻止任何邪风妖火降临于世，在一瞬间毁灭人类世世代代积累下来的文化，结束人类最辉煌的成就和赖以传载的印刷与造纸。最后，让我们衷心祝愿钱存训的书中所叙述的故事得到圆满成功。

李约瑟 1984 年 1 月于剑桥

第三章 《留美杂忆》序言(许倬云)

温良正直、博厚高明

中国文化中的人生价值,不在虚名财富,也不在地位权势,而主要在个人事业成就的不朽,所谓:立德、立功、立言。这本回忆录的主角,正是一位恪尽职责的长者,他一生平实的生活,却足以符合这"三不朽"的最高成就。

钱存训先生的"立德",是曾经亲炙其身教的人都可深切感受。钱先生生长在中国文化深厚的世家望族,又是一位虔诚的基督教徒。他的日常生活、言行举止,正是中国文化与西方道德相结合的实践。我曾在钱先生与钱师母的庇荫下,度过一生中极为重要的5年。自从1957年至今,我认识二老已有半个世纪,可以说是上述亲炙身教的后辈,所见、所闻、所感受,能够十分体会到钱先生和师母爱人如己的德行。

钱先生是一位严肃的学者,望之俨然,但在不苟言笑之中,又有一股待人接物的仁恕,使人在言谈之中,感受其性格的温馨。在1957—1962年间,我在芝大读书,也在芝大医院接受了5次矫治残疾的骨科手术。在这5次住院及手术的恢复期中,钱先生与师母对于一个并无过去渊源的学生始终给予不啻亲人的呵护。钱先生不是偶一为之,而是每年数十次来医院接送上课,5年未曾间断。上下有积雪的台阶,他默默的搀扶,在我气力不足时,又适时的推助一把。师母也不时烧煮美点或约到家中餐叙,减少乡愁思家之苦。

那5年内,他们二老给我的恩赐,不仅是具体的扶助与照顾,而且是那一份行之若素的仁者之心。实际上,钱先生及师母对待所有中国学生,都视同自己的子女,而我是深沐长者爱护最多的一个学生;相信除我之外,凡是在芝大读过书的学生大概都会证实我的印象不差。

至于"立功",钱先生当抗战期间,在日军占领下的上海,冒生命危险,将国家图书馆存沪的历朝善本图书3万册,秘密运送美国国会图书馆寄存,得以避免空袭及敌军的掠夺,达成两国政府及他人所未能达成的目的,而使国宝得以安全保存。对此事的成功，当时在后方的中国政府曾予褒奖，最近更由国家图书馆特派代表团到美，举行隆重仪式，追赠奖状，表示他对国家有功的表扬。

在“立言”方面，钱先生研究中国书史，其成就举世无人能出其右。金石、竹帛、纸张、印刷、出版、流传，一切有关中国文字书籍的题目，钱先生都有深入的探讨。他研究的许多大小专题，有的是拓荒的开创，有的是综合前人的意见及自己的衡量作出结论，为中国书史写下了一部又一部足以传世的经典之作。中国文化中的载体，亦即文字与书籍，其发展过程，因为钱先生数十年研究的积累，有了详尽而清晰的记录。钱先生又将其在文字系统、书写方式，及印刷技术诸方面的独到观点，放置在中外文化交流与比较的框架内，而强调中国的贡献，为人类文化的宏观面，提出可为定论的评价。凡此成就，不仅是一般学术研究，而是为中国文化立言的不朽事业。

图书馆学是人类保存知识与检索信息的一门专业。中国文化中的版本、目录、典藏、分类等项目，自有其丰厚的传统，源远流长，自成体系。同时，西方图书馆学也有其相应的贡献。譬如以科学方法处理文献，公共图书馆乃是西方知识保存与流传的文化事业，为此发展了许多相应的学术制度。随着西学东渐，西方的图书馆学引进中国，钱先生在国内大学读书时，即已接受了这一方面的训练。他生长于学术世家，中国文化的根底深厚，因此有能力冶中西图书目录学于一炉。

60年来，美国学术界的中国研究，发展迅速。在美国高等学府，将中国目录学融入西方图书馆学，钱先生正是这一代学者中的重要人物。在他独力经营下，芝加哥大学的东亚图书馆，逐步发展为世界知名的汉学研究中心。钱先生又在芝大训练了不少优秀的专家学者，他们今天已各自主持重要的图书馆和教研专业。在芝大，钱先生也创立了东亚图书馆学研究中心和暑期研习班，确立了这一学科的专业地位和工作规范。在发展东亚图书馆事业及训练东亚图书馆学专家两方面，钱先生创立了西方高等教育中的一个专业制度，当可称为传世的教育事功。

综合观之，钱存训先生于德业、事功及著述三个方面，均有超迈一般水平的成就。尤其德行，不言而以身教，更为常人未易企及！今年钱先生已是九七高龄，而著述未辍。钱先生的性格，正直温良是其外，仁慈爱人是其内。存乎中者，形诸言行；于是学问渊博，治事严谨。没有如此盛德，何能跻此大寿！谨为此序，以颂先生的温良正直、博厚高明。

许倬云恭撰

2006年10月15日

第四章　钱存训教授著述目录（潘铭燊）

一、说明

此目收录钱存训先生所著专书及论文174种，包括迄至2010年12月底止已发表及已编订之原作及译文，按分类及发表年记录于下，同题转载以1种计。其中专著25种、小册子7种、讲义6种、书评14篇、序跋13篇、论文及杂著109篇。依性质分为五类：（一）书籍、纸墨和印刷史58种，（二）中外文化关系16种，（三）图书目录学18种，（四）图书资源介绍30种，（五）历史、传记及其他52种。

钱先生于1930—1940年代在国内发表之著作8种，在大学时代即开始写作，其中《图书馆与学术研究》一文，发表于1931年，56年后被收入《北京图书馆同人文选》（1987年），编者在序言中谓此文"经受了历史的考验，至今仍保有很强的现实意识，足见作者远在青年时代，对图书馆学的研究已经颇具功力。"另有所译罗素的《东西快乐观念之歧异》及欧策德的《中国以抵制外货为对外武器》两篇，先后发表在当时颇为风行的《世界杂志》及《时事月报》，受到广大读者的好评。

在1940—1960年代钱先生移居美国后，在芝加哥大学图书馆学研究院所作之《中国图书分类史》由《图书馆季刊》（*Library Quarterly*）于1954年发表，是为以西文著述之始。其后以《近代译书对中国现代化的影响》为题写作硕士论文，节录发表在专业学报《远东季刊》（*Far Eastern Quarterly*）1957年，以后对中西文化关系的研究，亦多受此影响。钱先生的博士论文《印刷发明前的中国书和文字记录》，于1957年完成；经修订更名《书于竹帛》（*Written on Bamboo and Silk*），由芝加哥大学出版社于1962年出版，2004年增订再版，颇获国际学术界好评。

在1960—1970年代钱先生因受亚洲研究学会东亚图书馆委员会之托，调查当时图书资源、人员需求及财务支持等情况，陆续发表报告等多篇，为美国高等教育当局及基金会等支持东亚研究及图书馆发展的一种主要根据。1964年芝大举行的"区域研

芝加哥大学图书馆展览钱存训著述(2006 年)

究与图书馆”(Area Studies and the Library)研讨会由钱教授主持,所刊论文集为美国图书馆对非西方语文数据处理的重要参考依据,也是西方图书馆界和“区域研究”学者最早合作讨论这一问题的里程碑。

在 1970—1980 年代,因参加李约瑟《中国科学技术史》中有关“造纸及印刷”的写作,因此研究及写作重心多环绕这一主题。直至 1985 年全书出版,大部分论文均与中国书籍、造纸、制墨和印刷史有关。

自 1950 年代以来,钱先生在国外发表的著作多以英文为主,对象为西方及国际学者。其中数种已译为中文、日文及韩文,一种系为联合国教科文组织特约撰述,以 15 种外文及中文同时发表。其他不少论文皆由门人故旧译为中文,刊载在港、台及大陆各种刊物,部分已收集整理出版单行本。以下将先按类别,再依出版年代排列,以供读者参考。

二、目录

(黑体字为专著)

(一)书籍、纸墨及印刷史

1957 “The Pre-printing Records of China: A Study of the Development of Early Chinese Inscriptions and Books”. *Doctoral Dissertation*, The University of Chicago, 1957, 302.

1961《汉代书刀考》,《“中央研究院”历史语言研究所集刊》外编第 4 号下册(1961),页 997—1088;收入刘家璧编《中国图书史资料集》(香港,1974)。

1962 ***Written on Bamboo and Silk: The Beginnings of Chinese Books and Inscriptions.*** **Chicago: University of Chicago Press**, 1962; 3**rd impression**, 1969, **xiii**, 233

pp., 28 **plates.** ; 2**nd. rev. edition with Afterword by Edward L. Shaughnessy. Chicago**: **University of Chicago Press**, 2004. **xxiv**, 323**pp.** ; 30 **plates.**

1962 "Silk as Writing Material", *Midway*, 11 (1962), 92-105.

1967 [Review] "Specimen Pages of Korean Movable Types", by M. P. McGovern. *Library Quarterly*, 37(1967), 40-41.

1969《论明代铜活字版问题》(*Movable-type Printing in Ming China*),《庆祝蒋慰堂先生七秩荣庆论文集》(台北,1969),页127—144;收入刘家璧编《中国图书史资料集》(香港,1974);《图书印刷发展史论文集》初编(台北,1957);《学术集林》卷7(上海,1996.4)。

1971《中国古代文字记录的遗产》,周宁森译,《香港中文大学中国文化研究所学报》第4卷第1期(1971.4)。

1971 " A Study of the Book Knives in Han China ", translated by John H. Winkelman. *Chinese Culture*, 21:1 (March, 1971).

1972 "China: True Birthplace of Paper, Printing and Movable Type", UNESCO *Courier*, Vol. 25 (December, 1972),此文为联合国教科文组织《信使》月刊庆祝"国际书年"特约撰述,同时以15种语文发行。Reprinted in *Pulp and Paper International* (Brussels, Feb., 1974)。

1972《中国对造纸术和印刷术的贡献》,马泰来译,《明报月刊》第7卷第2期(总84期,1972.2)。

1973 "Raw Materials for Old Papermaking in China", *Journal of American Oriental Society*, 93: 4(Oct. -Dec., 1973).

1973《中国古代的简牍制度》,周宁森译,《香港中文大学中国文化研究所学报》第6卷第1期(1973.12);收入《图书印刷发展史论文集·续编》(台北,1977)。

1973《英国剑桥大学藏本〈橘录〉题记》,《清华学报》新第10卷第1期(1973.6)。

1974《中国古代的造纸原料》,马泰来译,《香港中文大学中国文化研究所学报》第7卷,第1期(1974.12);收入《中华文化复兴论丛》第9集(台北,1977);《图书印刷发展史论文集·续编》(台北,1977)。

1975《中国古代书史》附劳榦后序,香港中文大学出版社,1975,187页,图版28幅;1981再版。

1975 [Review] "Chinese Color Prints from the Ten Bamboo Studio", by Jan Tschichold, translated by Katherine Watson. *Journal of Asian Studies*, 34:2 (Feb. 1975).

1977 *History of Chinese Printing and Publishing*: *Outline and Bibliography*. Chicago: Graduate Library School, University of Chicago, 1977.

1978《书籍、文房及装饰用纸考略》,马泰来、陈雄英译,《香港中文大学中国文化研究所学报》第9卷上册(1978),页87—98。

1980《中国古代书籍史——竹帛に书す》,宇都木章、泽谷昭次、竹之内信子、广濑洋子合译,平冈武夫序,东京法政大学出版局,1980. xvii, 258页,图版28幅。

1982 "Why Paper and Printing were Invented First in China and Used Later in Europe", *Explorations in the History of Science and Technology in China: a Special Number of the Collections of Essays on Chinese Literature and History* (Shanghai: Shanghai Chinese Classics Publishing House, 1982).

1983《竹简和木牍》,《中国图书文献学论集》(台北:明文书局,1983)。

1984 "Technical Aspects of Chinese Printing", in *Chinese Rare Books in American Collections*, ed. Soren Edgren. (New York: China Institute in America, 1984).

1985 *Paper and Printing*, in Joseph Needham, ed: *Science and Civilisation in China*, Vol. V, Part I (Cambridge & New York: Cambridge University Press, 1985; revised 3rd printing, 1987, 1991), xv, 485 pp. Illustrated.

1985《中国发明造纸和印刷术早于欧洲的诸因素》,金永华译,《明报月刊》第20卷第6期(总234期,1985.6);《中国科技史探索》(上海,1986)。

1985《中国历代活字本》,《古籍鉴定与维护研习会专集》(台北:中国图书馆学会,1985)。

1985《欧洲印刷术起源的中国背景》,《东方杂志》复刊第19卷第5期(1985.11);《中国印刷》第18期(1987.11);《第三届国际中国科学史讨论会论文集》(北京:科学出版社,1990)。

1986《家庭及日常用纸探原》,《中国造纸》第5卷第4、6期(1986.8,10);《纸史研究》第2期(1986.10);《明报月刊》第21卷第9—10期;《汉学研究》第5卷第1期,(1987.6)。

1986《なぜ中国ぼ——ロッパすも早く纸と印刷术を发明こたが》,泽谷昭次译,《山口大学教养部纪要》第20卷,人文科学篇(1986)。

1987《中国雕版印刷技术杂谈》,《蒋慰堂先生九秩荣庆论文集》(台北:中国图书馆学会,1987);《明报月刊》第23卷第5期(1988.5);《中国印刷》第20期(1988.5);《雕版印刷源流》(北京:印刷工业出版社,1990)。

1987 [Review] "Chinese Handmade Paper", by Floyd Alonzo McClure, *Fine Print* (San Francisco), Vol. 13, No. 3 (July, 1987).

1987《张秀民著〈中国印刷史〉序》,《文献》1987年第2期;《中国印刷》第16期(1987.5)。

1988《印刷发明前的中国书和文字记录》,郑如斯增订,北京:印刷工业出版社,1988,ix,180页,图版27幅。附录:劳榦后序,李棪、李约瑟及平冈武夫评介。

1988《中国的传统印刷术》,高禩熹译,《"故宫"文物》第5卷第11期(1988.2)。

1988《中国墨的制作和鉴赏》,高禩熹译,《"故宫"学术季刊》第5卷第4期。

1988《墨的艺术》,高禩熹译,《明报月刊》第23卷第12期(1988.12)。

1988 "Sealing Clays in the University of Chicago Library", *Committee on East Asian Libraries Bulletin*. No. 83 (February, 1988), illustration.

1989《〈中国手工造纸〉评介》,《汉学研究》第7卷第2期(1989.12)。

1989《中国墨的起源和发展》,高禩熹译,《文献》1989 年第 2 期。

1989《造纸与印刷:自叙》附李约瑟序言,《中国印刷》第 23 期(1989.2)。

1989《现存最早的印刷品和雕板实物略评》,《"国立中央图书馆"馆刊》新第 22 卷第 2 期(1989.12);《中国印刷》第 28 期(1990.5)。

1989《张秀民〈中国印刷史〉序》,上海人民出版社,1989。

1990《中国科学技术史:纸和印刷》,刘祖慰译,北京:科学出版社,上海:上海古籍出版社,1990, xix,472 页,插图 182 幅。

1990《中国古代书史》,(韩文)金允子译,汉城:东文选出版社,1990;1999 再版,225 页,图版 28,彩色插图 15 幅。

1990《中国印刷史简目》,《"国立中央图书馆"馆刊》新第 23 卷第 1 期(1990.6);《中国印刷》第 35—36 期(1992);《中国印刷史料选辑》第 4 册(北京,1993)。

1990《印刷术在中国传统文化中的功能》,《汉学研究》第 8 卷第 2 期(1990);《文献》1991 年第 2 期。

1991 "Recent Discovery of Earliest Movable-type Printing in China: An Evaluation", *Committee on East Asian Libraries Bulletin*, No. 92 (February, 1991), Illus.

1991《封泥小识》,《明报月刊》1991;《上海高校图书情报学刊》第 20 期(1995.4)。

1992《中国书籍、纸墨及印刷史论文集》,香港:中文大学出版社,1992, x,330 页,插图 50 幅。

1994《中国印刷史研究的范围、问题和发展》,《中国印刷》第 12 卷第 2 期(1994.2);《中国印刷史学术研讨会文集》(北京:印刷工业出版社,1996)。

1995《中国之科学与文明:造纸及印刷》,刘拓、汪刘次昕译,台北:商务印书馆,1995. vi,610 页。

1996《书于竹帛——中国古代书史》(新增订本),台北:汉美图书公司,1996, xxvi,246 页,图版 28 幅。

2002《中国古代书籍、纸墨及印刷术》(增订本),北京:北京图书馆出版社,2002, xii, 361 页,插图 70 幅。

2002《纸的起源新证——试论战国秦简中的"纸"字》,《文献》2002 年第 1 期。

2002《书于竹帛——中国古代的文字记录》,第四次增订本,上海书店出版社,2002, 6+203 页,图版 28 幅;"世纪文库"本,上海世纪出版集团,2004。

2004《中国纸和印刷文化史》,郑如斯编订,桂林:广西师范大学出版社,2004,12+442 页,插图 174;附录 3 种;(日文译本),久米康生译,《中国の纸と印刷の文化史》东京:法政大学出版社,2007;(韩文译本)《중국종이와인쇄문화사》사계절출판사(Sakyejul Publishing Co.),2008。

2004《中国印刷史书目》见《中国纸和印刷文化史》附录,页 357—422。

2006 张秀民著《中国印刷史》增订本序,韩琦增订,杭州:浙江古籍出版社,2006。

2009 Preface to Zhang Xiumin: *History of Chinese Printing*, rev. ed. by Han Qi. Paramus: Homa & Sekey Books & Zhejiang Ancient Books Publishing House, 2009.

(二)中外文化关系

1934《东西快乐观念之歧异》,《世界杂志》第 2 卷第 4 期(1934. 10),译自 Bertrand Russell, *The Conquest of Happiness* (New York, 1930) 之一章。

1942《隋唐时代中日文化关系之检讨》,署名"宜叔",《学术界》第 1 卷,第 4—6 期(1942)。

1952 "Western Impact on China through Translation: A Bibliographical Study". Master's Thesis, The University of Chicago, March, 1952. 245 pp.

1954 "Western Impact on China through Translation", *Far Eastern Quarterly*, XIV:3 (May, 1954).

1958 "Asian Studies in America: A Historical Survey", in *Asian Studies and State Universities* (Bloomington: Indiana University, 1959).

1960 "Chinese Studies in America", *Newsletter of the Midwest Chinese Student & Alumni Services*, n. s., IV:3 (Dec., 1960).

1961《美国早期的亚洲研究》,冼丽环译,《大陆杂志》第 22 卷第 5 期(1961.3)。

1962 "The University of Chicago Doctoral Dissertations and Master's Theses on Asia, 1894-1962", Compiler with Preface. Chicago: Committee on Far Eastern Civilizations and Committee on South Asian Studies, University of Chicago, 1962.

1962 [Review] "A Guide to Doctoral Dissertations by Chinese Students in America. 1905-1960", by T. L. Yuan, *Library Quarterly*, 32 (July, 1962).

1964 "First Exchange of Chinese-American Publications", *Harvard Journal of Asiatic studies*, Vol. 25 (1964-65).

1969《中美书缘——纪念中美文化交换百周年》,《传记文学》第 14 卷第 6 期(1969.6);台北:"中央图书馆"复印单行本。

1974《译书对中国现代化的影响》,戴文伯译,《明报月刊》第 9 卷第 8 期(总 104 期,1974.8);《文献》1986 年第 2 期。

1998《中美书缘》,台北:文华图书馆管理信息股份有限公司,1998, xi,284 页,附图表。

2003《中美图书馆代表团首次互访记略(1973—1979)》,《北京图书馆学刊》2003 年,第 4 期。

2009《东西文化交流论丛》,北京:商务印书馆,2009,345 页,插图 78 幅。

2010《对中美文化交流和图书馆工作的回顾》,《图书为媒 · 沟通中西》南京大学中美文化交流与图书馆发展国际学术研讨会暨钱存训图书馆开馆典礼会议论文集,南京:南京大学出版社,2010。

（三）图书目录学

1931《图书馆与学术研究》,《金陵大学文学院季刊》第 1 卷第 2 期(1931);收入《北京图书馆同人文选》(北京:书目文献出版社,1987)。

1933《西文图书编目规则》,上海交通大学图书馆,1933。

1935《普通图书馆图书选目》,与喻守真合编,上海:中华书局,1935。

1936《杜氏丛箸书目》,上海:中国图书馆服务社,1936。

1936《定友先生的著述》,《杜氏丛箸书目》,上海:中国图书馆服务社,1936。

1952 "A History of Bibliographic Classification in China", *Library Quarterly*, 22:4 (Oct., 1952).

1954 [Review] "Code of Descriptive Cataloging", by Charles E. Hamilton, *Library Quarterly*, 24: 4 (Oct., 1954).

1966 *Area studies and the Library*, co-ed. Howard W. Winger. Chicago: University of Chicago Press, 1966. 184pp.

1969 *Chinese Library Resources: a Syllabus*, prepared with K. T. Wu. Chicago: Institute for Far Eastern Librarianship, University of Chicago, 1969.

1969 *A Guide to Reference and Source Materials for Chinese Studies*, prepared with Weiying Wan. Chicago: Institute for Far Eastern Librarianship, University of Chicago, 1969.

1970 "China, Library Association of", *Encyclopedia of Library and Information Science*, Vol. 4 (New York: Dekker, 1970).

1972 *Terminology of the Chinese Book, Bibliography and Librarianship*. Chicago: Graduate Library School, 1972.

1977 *Introduction to Chinese Bibliography: Outline and Bibliography*. Chicago: Graduate Library School, University of Chicago, 1977.

1977 *Chinese Bibliography and Historiography: Outline and Bibliography*. Chicago: Graduate Library School, University of Chicago, 1977.

1978 *Manual of Technical Processing*. Chicago: Far Eastern Library, University of Chicago, 1978.

1978 *China: An Annotated Bibliography of Bibliographies* (《中国书目解题汇编》), In collaboration with James K. M. Cheng. Boston: G. K. Hall, 1978. xxviii, 603pp.

1978《九经三传沿革例》(*Chiu Ching San Chuan Yen Ko Li*),《宋代书录》(*Sung Bibliography*), ed. by 吴德铭 (Yves Hervouet). Hong Kong: The Chinese University Press, 1978.

1989《对中国图书馆出版工作的几点建议》,《出版参考》18(1989.9.15)。

2002《精写本〈江村书画目〉题记》,《文献》2002 年第 3 期。

(四)图书资源介绍

1954 "The Far Eastern Library of the University of Chicago, 1936 – 1956", *Far Eastern Quarterly*, 54:3 (May, 1954).

1959 *Library Resources on East Asia* [editor]. Zug, Switzerland: Inter Documentation Co., 1959.

1959 "Far Eastern Resources in American Libraries", co–author with G. Raymond Nunn. *Far Eastern Quarterly*, XXIX: 1 (January, 1959).

1959《图书馆极东资料》,木寺清一译,《图书馆界》11:3(1959.9)。

1960《美国图书馆中的远东资料》,王素香、冼丽环译,《大陆杂志》第 20 卷,第 1—2 期 1960)。

1964 *Present Status and Personnel Needs of Far Eastern Collections in America: A Report for the Committee on American Library Resources on the Far East of the Association for Asian Studies*. Washington, D. C., 1964.

1964 "Chinese Libraries in Chicago", *Newsletter of the Midwest Chinese Student & Alumni Services*, n. s., VII:4–5 (May, 1964).

1965 "East Asian Collections in America", *Library Quarterly*, 34:4 (Oct., 1965).

1966《美国的东亚书藏》,居蜜译,《出版月刊》第 11 卷第 1 期(1966)。

1969《美国远东图书馆概况》,成露茜节译,《东海大学图书馆学报》第 9 期(1969)。

1971 "East Asian Library Resources in America: a New Survey", *Association for Asian Studies Newsletter*, 16:3 (Feb., 1971).

1972 "Education for Far Eastern Librarianship", *International Cooperation in Oriental Librarianship* (Canberra: National Library of Australia, 1972).

1973 [Preface] Far East: *An Exhibition of Resources in the University of Chicago Library. Chicago: Committee on Far Eastern Studies and Committee on South Asian Studies*, University of Chicago, 1973.

1973 [Introduction] *Author–title Catalog of the Far Eastern Library*, University of Chicago. 18v. Boston: G. K. Hall, 1973.

1976 ***Current Status of East Asian Collections in American Libraries***, 1974/75. **Washington, D. C.; Center for Chinese Research Materials, Association of Research Libraries**, 1976.

1976 "Current Status of East Asian Collections in American Libraries: A Note on the Final Version", *Committee on East Asian Libraries Newsletter*, No. 50 (July, 1976).

1977 "Current Status of East Asian Collections in American Libraries", *Journal of Asian Studies*, 36:3 (May, 1977).

1977 [Preface] *Far Eastern Serials in the University of Chicago Libraries*. Chicago: Far Eastern Library, University of Chicago, 1977.

1977 [Preface] *Daisaku Ikeda Collection of Japanese Religion and Culture*. Chicago: Far Eastern Library, University of Chicago, 1977.

1979 "Trends in Collection Building for East Asian Studies in American Libraries", in Wason Collection 60th Anniversary Conference: *Cooperation Among East Asian Libraries* (Ithaca: Cornell University Libraries, 1979); *College and Research Libraries* 40:5 (Sept., 1979), 405-415.

1979《美国图书馆中东亚资源现况调查》,李连挥译,《图书馆学信息科学》第5卷第2期(1979.10)。

1980《美国东亚图书馆发展的趋势》,《美国图书馆界访华代表团学术报告集》(北京,1980.2)。

1982《美洲东亚图书馆的沿革和发展》,《冯平山图书馆金禧纪念论文集》(香港大学,1982);《图书馆学通讯》1985年第4期;松见弘道译,《日本图书馆学会年报》第32卷第2期(1986.6)。

1983《远东图书馆员的专业教育》,潘铭燊译,《中国图书馆学会会报》第35期(1983.12)。

1983 [Preface] "An Introduction to the Studies in East Asian Librarianship", in the *Asian Library Series*, published by the Chinese Materials Center, San Francisco & Taipei, 1983.

1985《欧美地区古籍存藏现况》,《古籍鉴定与维护研习会专集》(台北:中国图书馆学会,1985)。

1987《欧美各国所藏中国古籍简介》,《明报月刊》第21卷第1期(1986.1);《图书馆学通讯》1987年第4期。

1988《芝加哥大学远东图书馆所藏封泥题记》,《董作宾先生九五诞辰纪念集》(台北:董玉京,1988)。

1988 "Sealing Clays in the University of Chicago Library", *Bulletin of East Asian Libraries*, No. 83 (1988.2).

2006《芝加哥大学远东图书馆建馆札记》,《中华民国图书馆学会会报》第142/143期,2006年12月。

(五)历史、传记及其他

1931《中国以抵制外货为对外武器》,《时事月报》第5卷第2期(1931.8),译自Dorothy J. Orchard《远东工业化》之一章。

1932《东北事件之言论索引》,《中华图书馆协会会报》第7卷第5期(1932)。

1955 "An Introduction to David Kwo and His Paintings", in *Modern Chinese Painting by David Kwo* (Chicago: Art Institute of Chicago, 1955).

1957 [Review] "Chinese Bronze Age Weapons", by Max Loether, *Library Quarterly*, 27:2 (April, 1957).

1958 [Review] "Annals of Academia Sinica", No. 3, Presented in Memorial of the 20th Anniversary of Late Secretary-General V. K. Ting's Death, *Journal of Asian Studies* 17:4 (August, 1958).

1961 "China", in American Historical Association: *A Guide to Historical Literature* (New York: McMillan, 1961).

1960 [Preface] *Chinese Local History in the Far Eastern Library*, *University of Chicago*, Chicago, University of Chicago Library, 1960.

1961 "The Lingnan Painters", *Newsletter of the Midwest Chinese Student and Alumni Services*, n. s., IV:4(March, 1961).

1963 [Review] "Chinese Calligraphy and Painting in the Collection of John M. Crowford, jr.," ed. by Laurence Sickman, in *Paper of the Bibliographical Society of America* (Summer, 1963).

1965 "Beauty Contests in Imperial China", *Newsletter of the Midwest Chinese Student & Alumni Services*, n. s., IX:1 (Oct., 1965).

1965 [Review] "Intrigues: Studies of the Chan-Kuo-Ts'e", by J. I. Crump, *Journal of Asian Studies*, 24 (1965).

1966《董作宾先生访美记略》,《传记文学》第9卷第5期(1966.11),页49—52;《董作宾先生逝世三周年纪念集》(台北:该编辑委员会,1966)。

1967 "Tung Tso-pin in America", *Newsletter of the Midwest Chinese Student & Alumni Services*, n. s., X:1 (Jan., 1967).

1967《国立北平图书馆善本书籍运美经过》,《传记文学》第10卷第2期(1967.2);《思忆录——袁守和先生纪念册》(台北:台湾商务印书馆,1967);《北京图书馆馆史资料汇编》(1909—1949)上册(北京:书目文献出版社),页1332—1335。

1967 [Biographies of] Ch'i Pai-shih(齐白石),Kao Chien-fu(高剑父) and Kao Ch'i-feng(高奇峰),Feng Ch'eng-chun(冯承钧), in Howard L. Boorman, ed., *Biographical Dictionary of Republican China* (5v., New York: Columbia University Press, 1967-79).

1968 [Review] "Contemporary China: A Research Guide", by Peter Berton & Eugene Wu,*Library Quarterly* 38:3 (July, 1968).

1972 [Review] "Directory of Selected Scientific Institutions in Mainland China", *Library Quarterly* 42:4 (Oct., 1972).

1979 [Review] "Chinese History: Index to Learned Articles, 1905-1964", by P. K. Yu. *Harvard Journal of Asiatic Studies* 33 (1979).

1975 [Preface] *T. L. Yuan Bibliography of Western Writings on Chinese Art and Archaeology*, compiled by Harrie Vanderstappen. London: Marshall, 1975.

1976 [Biographies of] An Kuo(安国) and Hua Sui(华燧), in *Dictionary of Ming Biography*, 1368-1644, ed. by L. Carrington Goodrich & Chaoying Fang (2v., New York: Columbia University Press, 1976).

1978 ***Ancient China*: *Studies in Early Civilization*（《古代中国论文集》）, co-ed. with David T. Roy. Hong Kong: The Chinese University of Hong Kong**, 1978. 370**pp.**

1982 [Review] "Cambridge Texts in the History of Chinese Science on Microfiche", *Chinese Science*, No. 5 (June. 1982).

1993 "Chan Kuo Ts'e", in *Early Chinese Texts*: *A Bibliographical Guide*, ed. by Michael Loewe (Berkeley, CA.: Society for the Study of Early China: Institute of East Asian Studies, University of California, 1993).

1991《潘铭燊著〈非花轩杂文〉序》,香港:枫桥出版社,1994。

1993 "How Chinese Rare Books Crossed the Pacific at the Outbreak of World War II: Some Reminiscences", *Bulletin of East Asian Libraries*, No. 101 (February, 1993).

1995《珍贵的书缘、难忘的友谊:悼念李约瑟博士》,《明报月刊》1995 年 6 月号。

1995《悼念中国科技史大师李约瑟博士》,《历史月刊》第 90 期(1995 年 7 月号);《文献》1996 年第 3 期。

1995《日军侵华史料举证》,《明报月刊》第 30 卷第 8 期(1995.8)。

1995《抗日战争沦陷区史料拾零》,《历史月刊》第 93 期(1995.10)。

1995 "Documents from Wartime Shanghai, 1941-1945", *Newsletter of the Midwest Chinese Student & Alumni Services*, Winter, 1995.

1995《袁同礼先生对国际文化交流之贡献》,《袁同礼先生百龄冥诞纪念专辑》(台北:中国图书馆学会,1995);《传记文学》第 68 卷第 2 期(1996.12)。

1997《悼念美国汉学大师顾立雅教授》,《历史月刊》第 112 期(1997.1);《文献》1997 年, 第 3 期。

1997《〈战国策〉刘学顺译》,见李学勤主编《中国古代典籍导读》,沈阳:辽宁教育出版社,1997.

1998[书评]饶宗颐著《符号、初文与字母——汉字树》,《汉学研究》15 卷第 2 期(1998 年 12 月);《明报月刊》1998 年 10 月号;《文献》1999 年第 2 期。

2000《怀念我在淮东中学的时代》,《泰州中学建校 100 周年特刊》,2000 年。

2001《北京图书馆善本古籍流浪六十年》,《传记文学》79 卷第 6 期(2001 年 12 月)。

2002《怀念顾起潜先生》,《我与上海图书馆》(上海:上海科学技术文献出版社,2002);《北京图书馆学刊》2002 年第 4 期。

2003《裘开明图书馆学论文选集》序言 (桂林:广西师范大学出版社,2003);《中国图书馆学报》2003 年第 6 期。

2005《金大忆旧: 我的青年时代》,南京大学《思文》,2005 年 6 月。

2005《金大忆旧: 怀念校友吴光清》,南京大学《思文》,2005 年 6 月。

2005《吴光清博士生平概要》,《国家图书馆学刊》2005 年第 4 期。《中华民国图书馆学会会报》第 136/137 期,2005 年 6 月。

2006《留美杂忆》,《传记文学》第 89 卷第 1—4 期(2006 年 7—10 月);《万象》

2007 年 4—10 月。

2007《回忆在芝加哥大学工读的岁月》,《图书馆杂志》2007 年 1 月;《新华文摘》2007 年 8 月。

2007《留美杂忆:六十年来美国生活的回顾》,台北:传记文学出版社,2007 年;合肥:黄山书社,2008 年。300 页,彩色插图 6 页。

2008《回忆李小缘先生》,《李小缘纪念文集》,南京大学信息管理系,2008 年。页 331—334.

2010《怀念露茜(成露茜)》,《传记文学》第 96 卷第 4 期(2010 年 3 月)。

2010《怀念孟符(邢其毅)》,《北京大学邢其毅纪念文集》2010 年。

2010 *Collected Writings on Chinese Culture*. Hong Kong: Chinese University Press, 2010.

2012《回顾集:钱存训世纪文选》,《回顾集》编辑委员会编,潘铭燊执行编辑. 桂林:广西师范大学出版社,2012 年。

《随笔集:钱存训先生著述选集》,张志强主编,南京:江苏文艺出版社(待出版)。

《学习集:对钱存训先生的访问、报道和评论》,吴格主编,北京:国家图书馆出版社(待出版)。

潘铭燊编

第五章　钱存训先生著述的国际评介（别立谦）

图书评论是所有刊物尤其是学术刊物中最重要的内容，不仅介绍新书，使读者有所选择；同时评论其内容，更使读者对作者的著作增加了解。出版社将新书送给刊物请求评论，虽然主要是为其业务宣传，但也成为出版者的一项传统义务。而学术刊物的编者，在收到新书后，通常邀请各方面专家对其专业范围内的新书加以评论，不仅介绍内容，同时也表示对作者及其作品在该专业领域中的意见，成为学术界的一项义务和责任。

在学术界，一个学者的著述代表他的研究水平，同时也代表他在该专业领域中的地位和贡献。在国内外所有大学或学术机构的聘任和升迁时，也是以他发表的研究成果或文献价值为依据。换句话说，在学术界，没有著述就不能立足，而国际范围的出版物更能说明他的研究水平、学术价值和对其专业的贡献。

学术需要交流，这样才能提高专业的水平。如果一个学者虽有著作出版，却没有专家的好评，同样也不会被学术界所重视。学术评价的重要依据，就是该著作在国际学术刊物上的评论。同时，这也是反映研究的结果和影响的一项客观标准。

华人学者多以中文发表著述，除华人读者以外，只有少数国外精通中文的汉学家才能够阅读，大部分的西方读者是无法利用的。而以外文发表著述，则更能引起国际学术界的重视，尤其是许多填补西方学术空白的研究，只有用外文著述，才能真正在国际领域交流学术研究的成果。

钱存训先生正是这样一位在国际学术界写作丰富，以西方语言传播东方文化，受到全世界广泛关注的学者。

一、钱存训及其主要著述

钱存训现任美国芝加哥大学东亚语言文化系和图书馆学研究院荣誉教授兼东亚图书馆荣誉馆长，英国李约瑟研究所荣誉研究员，是海外为数不多的研究中国书史和文化史的专家之一。他于1952年和1957年分别获得美国芝加哥大学硕士和博士学位，此后一直在美国从事有关书史、印刷史、图书馆学、目录学和中西文化交流等方面的研究与教学。

在学术研究方面，钱存训精于钻研、著述丰富、观点新颖，为国际学术界提供了宝贵的研究成果以及颇有建树的独创思想。迄今为止，他已出版的专著与论文共达170余种[1]。其中最能代表他的主要学术成就，是他对中国书籍、纸墨和印刷史的研究，集中体现在《书于竹帛》和《纸和印刷》两部专著中。

钱存训的博士论文《印刷发明前的中国书和文字记录》的研究，是弥补卡特名著《中国印刷术的发明及其西传》书中所缺少的一段。后更名为《书于竹帛》(*Written on Bamboo and Silk: The Beginnings of Chinese Books and Inscriptions*)于1962年由美国芝加哥大学出版社选入《图书馆学研究丛书》，出版英文本。1975年，香港中文大学以《中国古代书史》为名出版了此书的中文增订本。1980年日本以《中国古代书籍史——竹帛に书す》为名出版了日文本。1988年经郑如斯教授增订以《印刷发明前的中国书和文字记录》博士论文原名在北京出版了中文简体字本。1990年在韩国汉城出版《中国古代书史》韩文译本。1996年台北汉美图书公司又以《书于竹帛》原名发行第3次增订本。2002年由上海书店出版社以原题《书于竹帛：中国古代的文字记录》出版中文第4次增订本，2004年再版收入上海世纪出版集团的《世纪文库》。同年，英文本由芝加哥大学出版社出版增订再版本，附入夏含夷教授的长跋。

在《书于竹帛》出版后的10余年的时间里，钱存训又从事《纸和印刷》的写作，前后花费15年，于1985年以"Paper and Printing"为名作为《中国科学技术史》第5卷第1分册由英国剑桥大学出版社出版。1990年中国科学院译成中文本《纸和印刷》，作为赠送李约瑟博士90岁生日的寿礼。1995年台北另译以《中国之科学与文明：造纸及印刷》为名出版。2004年再由郑如斯教授根据另一中文译稿编订，题名《中国纸和印刷文化史》，成为第3种中文增订本，由广西师范大学出版社出版。

除上述两部重要著作外，钱存训还出版有中文本《中国书籍、纸墨和印刷史论文集》(增订本改题《中国古代书籍、纸墨及印刷术》)、《中美书缘》(增订本改题《东西文化交流论丛》)、《留美杂忆》以及和他人合作编著的英文本《中国书目解题汇编》(*China: An Annotated Bibliography of Bibliographies*)、《区域研究与图书馆》(*Area Studies and the Library*)，以及《古代中国论文集》(*Ancient China: Studies in Early Civilization*)等专著。

二、关于《书于竹帛》的国际评论

据作者统计,海内外学者关于《书于竹帛》的评论共有30余篇。最早的一篇是1962年该书英文版出版的当年由Hyman Kublin在《图书馆学报》(*Library Journal*)上发表的,他认为:"钱著是现代汉学研究的一项杰出成就……他的研究成果具有权威性。对于了解中国文字的发展渊源以至印刷发明前的古代书史,是必不可少的读物。"[2]因为该著作极具生命力,从最初面世到第4次增订本出版以后,不断有新的书评出现。

统观这些书评可以得出结论:《书于竹帛》探讨了中国图书发展的早期阶段——印刷术发明前的中国书史,为西方汉学家和书史专家没有涉及的范围,无疑具有相当的重要性,[3]也是一部基于客观事实的综合性著作。[4] 1964年,李约瑟在《亚洲研究学报》上发表评论认为:钱著是"卡特经典之作《中国印刷术的发明及其西传》一书的姊妹篇","和卡特的名作完全可以媲美而并驾齐驱。"[5]钱先生在芝加哥大学时代的老师Jesse Shera评价认为钱著"是青出于蓝的一个好榜样,也是对教师的一种最大的回报。"[6]

其他评论主要肯定了钱著的学术价值,不仅填补了中国书史研究的空白,也是汉学研究的重要著作。钱存训在该书的"写作缘起"中述及"关于中国印刷术的发明和演进,中外学者已经做了不少研究。但印刷术发明以前的书籍历史,尚少有系统的论述。印刷术发明前的书史,时间比印刷史为长,而对探讨中国学术思想之渊源及传播,尤为重要。"一般西方学者关于中国古代书籍制度的叙述不是简略就是空白,钱著被公认为一部具有创造性的、填补汉学研究空白的学术性著作。"可视为卡特《中国印刷术的发明及其西传》以及伯希和《中国印刷术的开端》两部著作的补充。"[7]

在向西方学者介绍中国书史及其研究方面,钱著是一笔宝贵的财富。同时,因该著作提供了关于早期中国文字的丰富记录和书写材料以及其形态、制度等极具价值的数据,是集汉学研究的大成。许倬云教授评论说:"此书是英文著述中至今唯一有系统介绍印刷术发明前中国文字记载方式的专书,可说凡是中国先民曾经著过一笔一划的东西,莫不讨论到了。……以印刷之发明为断代标准,是一个真知灼见的决定。"[8]

在诸多的评论中,尤以香港李棪教授的评价最为全面,他说:"本书体大思精,资料丰富,结构严谨;章与章之间像有机体般的凝成一体,但分开来读,每章都可以满足读者对某一方面知识的需求。书中涉及的许多专门学问若非研究有素,很难说得头头是道。钱书涉及许多专门学问,叙述详明,深入浅出,具有很高的学术价值。既是门外汉了解书史的参考书,也是专家学者受益良多之作。"[9]

英文本《书于竹帛》第2版内附有芝加哥大学中国古代史讲座教授夏含夷的长跋,他从考古学的观点认为这本书的初版综合了20世纪上半叶中国古文字的发现,增订新版又综合了本世纪下半叶的新发现而成为一家之言,也是研究古文字学入门的经典之作。[10]

三、关于《纸和印刷》的国际评论

《纸和印刷》是一部综合性的著述，内容注重纸、墨和印刷术在中国和世界文化中的地位、作用和影响，具有通论性质的专著。对该书的国际评论有20余篇，从1985年英文版面世后，20多年以来，海内外学者多有关注。

《纸和印刷》是李约瑟博士系列著作中第1部由个人具名撰写的分册，具有很高的学术水平和学术价值。David Helliwell在伦敦《泰晤士报》文学副刊（*Times Literary Supplement*）中评价说："钱氏将这一专题的数据浓缩在一册之中，以西方语言介绍中国印刷文明尚属首次，无疑会受到欢迎。实际上，第1版在发行之前就已预定一空。"[11]

诸多评论赋予钱著很高的学术地位，认为它是该研究领域的经典之作、百科全书式的著述和标准的参考书。美国《精印本》（*Fine Prints*）说："钱著是有关中国造纸和印刷历史的英文著作中的典范。"[12]英国《中国季刊》（*China Quarterly*）评论说："钱著涉及两个既相关又独立的技术……是李氏丛书中一部价值很高的著作。它不仅为这一主题的写作建立了一个新标准，也为将来的研究学者提供了一个试金石。书中引用了大量有关这些主题的原始数据，全面概述这一领域的概况，讨论其中的重要问题，详述各种不同意见，并且提出今后的研究方向。就此而言，作者的努力是卓有成就，也是有关这一专题的一部百科全书。"[13]《美国历史评论》（*American Historical Review*）总结说："可以看作是近年来关于造纸和印刷的标准参考书。"[14]

中国纸史专家潘吉星先生1987年在《技术与文化》（*Technology and Culture*）杂志中评论说："《纸和印刷》解答了前人所未涉及的问题……在研究印刷术向世界（除西方外）的传播方面，钱氏填补了研究空白，并且在技术和工具等方面加以详尽介绍，是在此研究领域的主要贡献之一。"[15]另外一些评论者则认为，有关中国纸和印刷历史研究的英文著作在数量上缺乏，在质量上陈旧，而钱著《纸和印刷》在内容上填补了卡特1925年《中国印刷术的发明及其西传》一书所未及[16]，而叙述更为详尽而深入；尤其对传统印刷技术方面的研究填补了学术上的空白。[17]

一般评论者公认，钱著是在以往有关中国造纸和印刷的中西文著作中内容最为新颖、最为详尽、最具权威性的论述[18]。它是《书于竹帛》的姊妹篇，是钱存训长期研究的结晶；论述的主题广泛而深刻，兼有知识性与研究性的双重特点。[19]对每一位受教育的人都具有阅读价值。[20]

四、其他著述的国际评论

关于钱存训其他著述的评论，海内外也有不少，尤为值得一提的是关于《中国书目解题汇编》[21]一书的评论。该书共收录了1978年以前出版的2 500种有关中国的书目，分类排列，内容详尽，大部分收录以英文、中文及日文写成的书目，也有少量的法文、德文、俄文及其他欧洲语文，由郑炯文撰写提要。郑继宗在香港一学术刊物上发表评论认为，《中国书目解题汇编》是一部有关中国研究的参考书目，它对中国重要书目的汇集相当齐全，且分类排比，并有简略的解题，是从事中国研究的学人不可或缺的宝贵财富，对中国的研究贡献至巨。其他评论还针对以往出版的各种有关中国的参考书，认为《汇编》各科皆备、中西兼顾，弥补了旧有的缺陷。《出版与研究》在"最新出版书目简介"栏目中也评价该著作"非常方便读者查阅"，"是很宝贵的工具书"。[22]

五、书评观点的共识

除上述对钱著的性质和学术价值的评价外，评论者对他的治学方法、写作特色以及对其本人的评价等多方面都达成共识。

钱存训治学严谨的作风得到了一般评论者的肯定。1962 年 Hyman Kublin 在其《书于竹帛》的评论中认为，在钱存训严谨而细致的研究中，涉及大量原始文献、考古、艺术、文学以及各种专业论文，如他所引用的资料一样，他的研究成果具有权威性。Arthur W. Hummel 在《美国历史评论》(*American Historical Review*)中总结《书于竹帛》的两大特色：一是作者不失主旨地引入一些他人所未涉及的概念与实物；一是提供了中国最近的考古发现，对旧有的资料是很好的补充。[23]李约瑟博士在比较《书于竹帛》和卡特《中国印刷术的发明及其西传》时指出，"卡特自注甚详，而钱氏特别关注数据的质量和数字的精确性。尤其书中行文流畅，要言不繁，是写作的典范。"还有评论认为，钱著以详实的材料和敏锐的洞察力，探讨了各种古代书写材料的起源和演变，从文献数据以及考古实物上综合分析了现代学者的各种观点，立足于宏观的考察，中肯的指出一些传统观点的错误之处。[24]

对于《纸和印刷》一书，评论者认为，钱存训引用了大量的原始资料，全面概述该知识领域的情况，说明其中的重要问题，并分析各种不同意见，提出了研究的方向。在叙述上内容完整、结构严谨而有系统，具有很强的说服力，更加体现出钱存训对学术研究的一丝不苟。

林夕的《纸和印刷》书评重点在于通过与张秀民《中国印刷史》的比较，认为钱著将古今中外著作中涉及纸和印刷的材料集中加以研究，范围广泛，态度严谨，学风扎实，"在写法上钱著像一部目光四射、智珠在握、通体均衡的通史。"[25]叶再生评论认为，钱著很有特色和见地，在搜集资料、分析考证等方面反映出严谨的学风和科学的方法，是值得介绍和推荐的好书。[26]

许多评论都认为，钱著在写作上善于运用比较的方法研究书史和印刷史，并配有丰富的精选的插图，详尽的批注以及庞大的东西文书目以辅助正文，结构严谨而有系统，引证充分而严密，运用了丰富而珍贵的原始中文资料，比当时已有的权威著作叙述更为详尽。以陈翔华对《纸和印刷》的评价为例，他认为该书具有鲜明的特点：1. 善于通过中西对比，从世界文化发展的角度审视中国两大发明；2. 致力于中国本土考古发现和海外文物资料探求，做出合乎实际的判断；3. 重视社会应用和功能研究。[27]

在众多的评论中，还能深深体会到评论者对钱存训本人学识和学术水平的肯定。一些学者在评论中多以钱著与卡特、伯希和的中国印刷史专著做比较，在学术地位和学术价值上给以充分的肯定。有的学者在书评中列举多位中国古代书史学者，认为相比之下钱著特点是致力于向西方读者推崇中华文明，是定居美国的学识渊博的学者，在致力远东图书馆建设方面也贡献至巨。[28]

六、结语

迄今为止，据笔者所收集有关钱存训著作的海内外评论将近百篇，[29] 和其他作者比较，数量之多还是比较少见的。书评涉及中、英、法、德、意等多种语文和出版地，足以见其著作在世界范围内的影响之大。

尽管在诸多评论中也间或有中肯意见和建议，如拼音的错误或数字的不确，但从总体情况来看，基本肯定钱著的学术地位和学术价值，尤其是在他的治学方法严密、善于运用比较的研究、从国际的角度观察问题、向西方学者介绍东方文化等方面给予了充分的肯定。无怪乎许多评论者多有推崇，认为钱著在该领域具有“权威性”，是“经典之作”，是“百科全书”，是“后世著作的典范”。

正是因为钱存训在治学方面的严格要求，他的学术著作才能受到海内外众多学者的一致好评。他在为潘铭燊《非花轩杂文》一书所作的序文中谈到，“小品文和学术文不同，前者轻松活泼，变化莫测，嬉笑怒骂，可随意为之，且读者万千，人人可以欣赏；而专题研究，枯燥无味，知音者寥寥。这是文学创作和学术研究的分野，因为写作的动机、条件、方法和目的都不尽相同。”从这里看出文学创作和学术研究的不同，可以深深的感受到钱存训在学术研究方面的功力和所付出的代价。

别立谦

2005 年 8 月于北大燕园

2010 年 10 月增订

注释：

1. 见本书：潘铭燊编. 钱存训教授著述目录；钱孝文. 钱存训书史著述目录编年. 书于竹帛. 上海：上海书店出版社，2004 ，附录六。

2. Hyman Kublin. *Library journal*. 1962，v. 87

3. A. Bulling. *Orientalistische Literaturzeitung*. 1966，v. 61

4. *Artibus Asiae*. v. 28，no. 4

5. Joseph, Needham. *Journal of Asian Studies*. 1964, v. 23, no. 4

6. Jesse Shera. *Wilson Library Bulletin*. 1963, 37, no. 10

7. Lionello Lanciotti. *East and West*. 1963, v. 14

8. 许倬云著. 评英文本《书于竹帛》. 大陆杂志, 1963, 26(6)

9. 李棪著.《中国古代书史》评介. 香港中文大学中国文化研究所学报, 1968, 1

10. 夏含夷著, 王正义译. 1960 年以来中国古文字学的发展: 钱存训著《书于竹帛》英文本第二版后序. 文献, 2005(4), 2006(1)

11. David Helliwell. "Place of First Publication". *Times. Literary Supplement. London*, 1985

12. Bryan R. Johnson. *Fine Prints*. 1986, v. 12, no. 1

13. James Reardon-Anderson. *The China Quarterly*. 1986, no. 108

14. Ramon H. Myers. *American Historical Review*. 1987, v. 92

15. Jixing Pan. *Technology and Culture*. April 1987

16. William S. Wong. *International Association of Orientalist Librarians Bulletin*. 1986: 28-29

17. 潘铭燊. 李约瑟系列的首本华裔学者著作《纸和印刷》. 汉学研究. 台北, 1987, 5(1); 明报月刊. 香港, 1987, 22(12)

18. *Printing Historical Society Bulletin*. 1986, 17

19. Ho Peng Yoke. *Journal of Oriental Studies*. 1986, XXIV: 1

20. Jixing Pan. *Technology and Culture*. April 1987

21. 钱存训, 郑炯文合编. 中国书目解题汇编. 波士顿: 荷尔书局, 1978. 共 604 页 (China: An Annotated Bibliography of Bibliographies. G. K. Hall & Co., 1978. 604pp.)

22. 有关中国之书目类编集注. 出版与研究, 1979(39)

23. Arthur W. Hummel. *American Historical Review*. 1963, v. 68, no. 3

24. K. T. Wu. *Library Quarterly*. 1963, v. 33, no. 1

25. 林夕. 海内外两部中国印刷史. 读书, 1991. 8

26. 叶再生. 值得推荐的学术著作: 钱存训有关中国书籍纸墨及印刷史著述. 出版史研究, 1985, 第三辑

27. 陈翔华. 中国书籍及有关印刷史研究的重要收获. 中国图书馆学报, 1993(2)

28. Chen Tsu-lung. *T' oung Pao*. 1967, v. LIII

29. 别立谦.《书于竹帛》评介择要. 见: 书于竹帛. 上海: 上海书店出版社, 2004, 附录四; 钱著《纸和印刷》评介择要. 见: 中国纸和印刷文化史. 桂林: 广西师范大学出版社, 2004, 附录三

十 | 访问传记

第一章 坐拥书城：记钱存训先生的生平与事业（郑炯文）

钱存训像（钱孝峨速写，1980年）

赠某学者来自古神州

东学西渐兮，来至诗家谷。积案盈箧兮，经典与古墨。
上宋下宋兮，逶迤至明末。笔锋劲秀兮，哲思更渊博。
书香世家兮，文采入血脉。兼长烹调兮，嗜好在艺术。
杏坛设教兮，英韵何朵朵。授徒目录兮，修洁且无讹。
噫！请君恕我，赠此鄙说，愧无雅句，"书于竹帛"。
请君稍待，我将相偕，俟君新著，公诸世界。

以上是1978年钱存训博士从美国芝加哥大学荣休时，由该校图书馆学院前任院长温格教授在欢送会上赋赠的一首英文诗（此诗中文稿系威斯康辛大学王正义博士所译），短短数行，道出了钱教授的生平与事业。

钱先生毕生潜心书海，从事有关图书的研究、管理、写作和教学，成绩卓著，深受其同僚、朋友和学生们的爱戴和尊敬。他献身中美图书馆事业五十载，表率同侪，扶掖后进，在许多学科领域的研究和教学，尤其是在书史和印刷史方面的贡献，驰名国际。他结合一个学者、导师、图书馆专家和行政管理的才智于一身，难能可贵，值得钦佩。

一、家世和国内教育与工作

钱先生于1910年1月11日(即民国前一年阴历十二月一日)出生于江苏省泰县的一个书香世家。曾祖父钱桂森(字犀庵,1827—1899),道光三十年(1850)进士,历任翰林院编修,内阁大学士兼礼部侍郎,督学安徽,并典试湖广贵浙诸省学政,著有《一松轩诗集》、《段注说文校》等书,藏书丰富,斋名“教经堂”,县志有传。祖父钱锡彤,精书画,早故。父亲钱慰贞(字干庭,1883—1932),精研佛学,法名诚善,为太虚法师入门弟子,曾主编佛学杂志《海潮音》。

钱先生于1916年在家塾启蒙,1918年入泰县第二高等小学肄业,1926年毕业于淮东中学。在校时,适逢五卅惨案,为爱国心所驱使,参加学生运动,组织“青年学社”,并主编《青年旬刊》。因鼓吹革命,为军阀搜捕,因此逃离家乡,投身北伐军,随军北上,驻北京和天津杨柳青一年。1927年返回南京,得长兄之助,入南京金陵大学(今南京大学)肄业,同时在金陵女子大学图书馆工作,先任编目员,后代理馆长,以此和图书馆事业结下了不解之缘。1932年从金陵大学毕业,获文学士,主修历史,副修图书馆学。

在大学期间,曾选习刘国钧先生主讲的“中国书史”,深受其影响,因此对“书史”产生了浓厚的兴趣,至今不倦。在金陵女子大学工作期间,曾选习曾虚白先生在该校所授的“翻译学”,译有罗素的《东西快乐观念之歧异》及欧策德的《中国以抵制外货为对外武器》,先后发表在当时颇负盛名的《世界杂志》及《时事月报》,是为从事译作之开端。

大学毕业后,钱先生接受上海交通大学图书馆之聘,主管西文图书;协助中国现代图书馆事业开创者之一的杜定友先生,并兼任中国图书馆服务社经理,出版图书馆学书籍,编印《期刊索引》及《日报索引》,设计和制造图书馆用品和家具,是为中国图书馆有专业服务之始。1936年,钱先生和许文锦女士在南京结婚,居住上海,育有女公子岑、峨、岳三人。

1937年,钱先生应国立北平图书馆馆长袁同礼先生之邀,担任南京工程参考图书馆主任。该馆为抗日战争前存藏由北平总馆疏散到南京的全套外文科技书刊,以及内阁大库舆图等重要资料。不久,他又奉命转道上海,负责北平图书馆上海办事处的工作,保管由北京南运的中文善本书。在上海10年,从事《图书季刊》复刊的发行和经理,以及与欧美各国图书馆的联系及交换工作。后又负责搜集抗战史料及沦陷区出版的书刊及资料,秘密运送后方,为现存极为稀见的文献。1941年世界大战开始前夕,他策划在日军占领下的上海将存沪中文善本图书约3万册,秘密运送美国国会图书馆保管,并摄制缩微胶卷。几经周折,冒生命危险,任务终于达成,为此受到当时在后方

钱教授获得博士学位时和家属合影(1957年)

的教育部特令嘉奖,并颁发奖金。1947年,他由教育部派赴华盛顿接运这批寄存美国的善本书回国,但由于国内战争爆发,交通中断,因此接运工作未能实现。

二、在美工作和进修

1947年秋间,钱先生作为北平图书馆的交换馆员来到芝加哥大学工作和进修,负责整编该校远东馆自1936年以来所积存的中文古籍。由于工作勤慎,成绩卓著,因此芝加哥大学于两年期满后殷切挽留,经商得北平图书馆的同意,于1949年任命钱先生为芝大远东图书馆馆长,并兼任东方语言文学系教授衔讲师。那时他除了在图书馆工作外,一部分时间在东方系授课,另一部分时间在图书馆学研究院进修,先后于1952年及1957年获得硕士和博士学位。1959年晋升为副教授,1964年再升为远东语言文化系和图书学研究院的正教授。1978年退休后,继续担任该校东亚系和图书馆学院的荣誉教授及东亚图书馆的荣誉馆长。

芝加哥大学东亚图书馆经钱先生30多年的努力,终于成为北美主要大馆之一。在第一个10年(1947—1957)中,他全力以赴,对创馆之初购藏的线装古籍约7万册和由劳福博士于清末在远东所搜购的一批古籍约2万余册,进行整理和编目。在钱夫人许文锦的襄助之下,十载辛勤,整编完竣。不久,钱夫人调任远东系中文讲师,而远东图书馆因得校内外的大力支持,开始乔迁和扩展。在此后20年间(1958—1978),他重点采购有关近代中国的资料,尤其是期刊、官报、地方行政数据,以及中国战乱期间的文献和出版物。其间,日本文库相继建立,善本书亦陆续添购,其中有明版和抄稿本约200种、日本所藏中文善本书影约500种,地方志、官修会典、则例,以及供教学和研究中国书史所用的汉代封泥、居延汉简(复制品)、敦煌写经、雕板、活字、纸币和早期印刷等珍贵样品多种,为美国图书馆中稀见的特藏。

钱先生先后主持和规划远东图书馆两次主要迁运工作。1958 年先从东方学院地下室迁至哈普图书馆大楼，再于 1970 年移至新建成的约瑟·里根斯坦图书馆新厦。现在东亚馆新址地方宽敞，设备周全，皆为钱先生所精心设计。东亚馆现有藏书近 50 万册，其中不乏孤本与特藏，内容涉及各种学术领域，很多资料为他处所难见。在初期所建立的中文藏书，偏重古代经典、哲学、历史、方志、考古、艺术、类书和丛书。新增藏书多现代文学、社会科学及全套期刊等资料。日文图书以文学、历史、美术、宗教、汉学和学术期刊等收藏较富。韩文及满、蒙、藏文亦各有收藏。为美国中西部一所规模最大、藏书最多、设备最全的东亚资料研究中心。

钱教授在里根斯坦图书馆办公室(1974 年)

前芝大负责学术资源的副校长哈里斯(Chauncy D. Harris)教授对钱先生的贡献赞扬备至，在他退休时，曾致函祝贺道：

> 我能与你共事多年，不胜荣幸，同时谨代表学校对于你建设芝大远东图书馆所作出的杰出贡献，深表谢意。你将原有规模很小的中文藏书发展成为一个主要的、国家一级的远东图书馆的过程中，起了关键性的作用；你在推动全国远东图书馆的组织工作方面，领导超群，成绩卓著；你也很成功地把学者和图书馆行政互相结合。无论是在远东研究方面，还是在图书馆界，或是在我们的大学里，都为你的杰出贡献而获益。你献身中美两国图书馆事业 50 年，为我们留下了一个极为丰富而无价的传统。这些年来能与你共事，深感荣幸！

三、教学与学术活动

作为一位导师，钱先生自 1949 年起即加入芝大教授阵容，先后指导过有关东亚研究和远东图书馆学的学生为数不少。他讲授的“中国目录学”和“中国史学方法”，一直深受研究生的欢迎。许多学生的毕业论文常在其课堂作业的系统检索和数据处理的过程中产生。由于这两门课程对研究很有裨益，因此自 1958 年以来，远东系规定为芝大博士生的必修课程,所编讲义为其他大学所采用。

从1964年起,钱先生曾主持由芝大图书馆学院和远东语言文化系合作设立的远东图书馆学研究中心。在大约15年之中,先后培养了30多位取得硕士和博士学位的研究生,现在他们皆置身于各地图书馆和教学岗位。1969年夏季,钱先生主持了由美国教育部赞助,为期6周的远东图书馆专业人员暑期讲习班,共有30多名在职的馆员和东亚研究部门的学生参加,取得了卓著的成绩。所编印的各种讲义,已成为东亚图书馆工作人员进修的主要参考资料。

在过去多年中,钱先生曾应邀在各地大学及研究机构中讲学和研究,并参与各种学术活动。他先后在哥伦比亚大学等校举行多次学术讲演。1959年夏季应聘为夏威夷大学亚洲研究客座教授。1982年,英国剑桥李约瑟研究所(Needham Research Institute)正式聘请他为该所的"永久研究员"。1984年夏季,他出席在北京召开的第三届国际中国科学史研讨会,担任技术史组的主席,并发表论文。同年秋季他又应邀参加在台北举行的古籍鉴定与维护研讨会,担任两项专题演讲和讨论的负责人。1988年夏季,他担任西雅图华盛顿大学东亚图馆学研究班的教授,并参加在圣地亚哥加州大学举行的第五届国际中国科学史讨论会,任中国印刷史组主席。

钱先生对亚洲学会的另一项杰出贡献是他在过去30年中对美国图书馆中东亚藏书所作的定期而有系统的科学调查。这些统计数据和报告详细分析自1869—1975年间所有美洲东亚藏书的沿革和发展,并被广泛采用作为北美图书馆界制定发展方针和各基金会资助东亚研究计划的一种主要根据。

为表彰他的杰出贡献,亚洲研究学会在1978年年会上,由东亚图书馆委员会授予他"杰出服务奖";1985年华人图书馆协会授予"杰出服务奖";1989年芝加哥市长颁赠"高年荣誉市民奖";1996年春季芝加哥大学校友会颁赠"杰出成就校友奖";1999年北京国家图书馆颁赠"杰出服务奖";2006年华盛顿美中政策基金会颁赠"终身成就奖"。

多年来钱先生也担任不少名誉职务,1970—1972年当选为亚洲研究学会中国和亚洲内陆理事会的第一届理事;1972—1973年为大学及研究图书馆协会亚非组的理事;1968—1972年为促成组织国际东方图书馆协会,担任该会顾问。自1970年以来钱先生受聘为台湾"国立中央图书馆"顾问;1974年任美国教育协会国际教育交流委员会的顾问;1974—1975年为美国学术团体联合会与社会科学研究协会合组的中文图书馆与研究数据小组的成员;1975年被聘为伊朗国家图书馆顾问,同时担任美国图书馆学会、大学和研究图书馆协会参加东亚图书馆委员会的代表;1979年他是第一批美国图书馆界访华代表团的成员,曾在北京、上海、南京、西安、广州等地访问,并作学术报告;1988年起,任研究图书馆组织中国善本国际联合书目计划国际委员会顾问;1995年受聘为《续修四库全书》学术顾问;1996年应邀为国际图联大会东亚研讨会顾问;1998年被邀为中国印刷博物馆顾问;2004年受聘为中国国家图书馆顾问。

四、研究与著述

在学术研究方面，钱先生是一位多产的作家，著述丰富，他以流畅的文笔，先后用中、英文发表的专著、论文等达 100 多种，范围涉及图书馆学、目录学、书史、印刷史、中外文化交流、历史、传记等类，其中有许多已译成日文、韩文和其他语文。他的有关中国书籍、造纸、制墨和印刷史方面的著作，不仅强调它们在世界文明中的地位和重要性，而且更加深我们对这一专题领域的认识和理解。他所著《书于竹帛》一书，自 1962 年由芝加哥大学出版社出版以来已连续 3 版，并于 2004 年发行增订本，内有芝加哥大学夏含夷教授的长跋，认为是研究中国古文字学的经典之作。此书是对印刷发明以前的中国图书、文献和铭文发展最先作详尽而全面的研究，时间上溯商殷，即现知中国最早有文字记录的时代，下迄初唐，即中国印刷术的萌芽时期。前国会图书馆东方部主任恒慕义博士在《美国历史评论》学报发表的一篇书评中说："钱书文笔简洁、练达，对专家、学者和一般读者皆宜，无疑将会在许多书架上有其重要的位置"。另一位汉学家在《图书馆杂志》上评论道："钱氏的研究是现代汉学的杰出成就，其中对中国文字记录的目的、方法、应用、工具和材料的叙述，巨细靡遗。正如其所引用资料一样，他的研究成果，具有权威性。"在世界各国的许多评论中，英国李约瑟博士在《亚洲研究学报》中，对于此书特别加以推崇。他说：

> 就其特点和规模而言，显然此书可以称为卡特(T. F. Carter)经典之作《中国印刷术的发明及其西传》一书的姊妹篇。我们可以断言，钱著和卡特的名作完全可以媲美而并驾齐驱。钱氏和卡特一样，全书行文清晰利落，要言不烦，是写作的典范。

1975 年钱先生对此书加以增订，以《中国古代书史》为名，由香港中文大学出版中文本。1980 年东京法政大学出版了由宇都木章和泽谷昭次教授等人合译的日文版，改题《中国古代书籍史——竹帛に书す》，附有京都大学教授平冈武夫的长序，对此书推崇备至。1988 年此书又再度增补，改名《印刷发明前的中国书和文字记录》，由北京印刷工业出版社用简体字重印发行。1990 年由金允子根据此本译成韩文，由汉城东文选以《中国古代书史》题名出版，并增入彩色插图 15 幅，1999 年再版。1998—2002 年间，此书再重加增订，改用原名《书于竹帛》，在台北及上海重版发行。此外，钱先生还发表 40 多篇有关中国造纸与印刷术起源和发展的文章，其中一篇是 1972 年应联合国教科文组织《信使》月刊总编辑之邀，为该刊《国际书年》特刊所作的《中国对造纸和印刷术的贡献》，以 14 种语文及中文同时发表。

钱先生在这些专题领域中另一重要的贡献，是自 1968 年以来对中国古代文明中造纸、制墨和印刷术的研究。这一年他接受英国剑桥大学李约瑟博士的邀请，参加了他所主持的"东亚科技史研究计划"并担任其中对造纸和印刷史的写作任务。1968 年，钱先生获得剑桥大学的邀请和美国学术团体联合会的赞助，访问了英国和欧美许多图书馆及博物馆，为写作搜集研究资料。在之后几年中，他一面搜集和阅读基本文献，一面分别在几所大学中作有关的专题演讲和讨论。1972 年在芝加哥大学开设一期中国印刷史研究班，对有关的数据和涉及的各种问题作系统的考察和讨论。1974 年和 1977 年又续开两次，这是《中国印刷史》首次列入美国大学的课程，也因此为这一领域训练了一批青年学者，并出版了一系列的专书和论文。

退休后，钱先生集中大部分时间和精力继续从事这方面的研究和写作。1978—1980 年先后获得美国科学基金会、美国人文科学基金会、芝加哥大学东亚研究中心和剑桥大学东亚科学史董事会的资助，从而使这部将近 30 万言，2 000 种参考书目和 200 幅插图的著作得以完成。1982 年，他再度访问剑桥，讨论最后定稿，并安排出版工作。这一研究从酝酿到杀青，前后经历了 15 年之久，可见工作之缜密和任务之艰巨。

此书最后以“纸和印刷”为名，作为《中国科学技术史》第 5 卷第 1 册，由剑桥大学出版社于 1985 年第 2 季出版。正如李约瑟博士在前言所说，此书系由 1 人独自完成，而非如以前出版的几卷，均为合著。因此，它是这一研究计划中第 1 本由个人写作的成果。此书自问世以来，深受读者欢迎，第 1 版在正式发行前便预订一空，现已修订重印 3 版。它是迄今有关这一专题内容最详尽和资料最新颖的专著，也是这一大系中最畅销的一种。正如一位评论家在美国《精印本》杂志中说：“他用丰富的知识和流利而精雅的文笔，将这一专题介绍给西方读者，使这一部重要的学术著作令人喜读不厌，这是一种罕有的才能。”在英国《印刷史学会会报》中则称：“仅以简短的篇幅是不足以评价这样一部杰出作品的价值。东方印刷在历史上占有 1 000 多年最辉煌的一页，此书为我们提供了如此详尽的数据，并对人类最长久的交通方式，将其性质、方法、数据、环境和影响作出了精辟的阐述。”许倬云教授在此书中文本的书评中认为此书结合前著《书于竹帛》，“钱存训先生中国书史的完整研究遂举世独步。”

此外，钱先生对东西文化关系和交流，也有深厚的兴趣和深入的研究。1954 年《远东季刊》刊登了他的硕士论文摘要，题为《西书翻译对中国现代化的影响》。另一篇论文对 1869 年“中美首次交换出版品”的研究发表在 1964—1965 年《哈佛亚洲研究学报》。这篇文章不仅追溯了美国国会图书馆东方文库的起源，也因此使该馆倡议在 1969 年为此举行 100 周年庆祝会。一部题为《中美书缘》的中文版文集收录他先后发表有关中美文化交流的论文 10 余篇，1998 年由台湾文华图书馆管理信息公司出版。1965 年芝大图书馆学院第 30 届年会以“区域研究与图书馆”为题举行讨论会，由钱先生主持。该年会的论文集 1966 年由芝大出版社出版，这是第一次由区域研究的学者和图书馆工作人员共同讨论亚洲、非洲、中东、拉丁美洲、东欧和苏联的研究，以及这些研究对传统西方图书馆所产生的影响。这次会议引起图书馆界、管理学者和教育家的普遍注意。钱先生也因此将区域研究纳入美国图书馆学研究所具有启蒙性的作用而享有盛名。

此外，钱博士还发表了不少有关东亚图书馆学、目录学、历史和传记方面的著作。其中英文本《中国书目解题汇编》一书系与本文作者合编，收录各种语文有关中国研究的书目 2 000 余条，于 1978 年由波士顿荷尔书局出版。香港《开卷》杂志称誉此书

“巨细无遗，为从事中国研究的学人所不可或缺的宝典。”另一册《古代中国论文集》与芮效卫教授合编，于1978年由香港中文大学出版。该书为纪念芝大远东研究创始人顾立雅博士70岁荣庆所编集，邀请国际专家所作自史前、商、周以迄两汉的论文16篇，为有关中国古代史的一部重要著述。

五、赘言

回顾过去50多年间，钱存训先生对中美两国间的文化交流和学术上的建树，贡献至巨，是一位深受人们敬佩的学者和师长。1987年初，芝加哥大学在庆祝该校远东研究创立50周年的纪念会上，钱先生的贡献，受到该校校长的特别表扬。1989年，钱先生以其在学术上的成就，被选入芝加哥市“高年市民名人堂”，并由市长颁授荣誉奖状。1996年芝加哥大学在春季毕业典礼中颁赠“杰出校友奖”，对他在学术上的成就再度加以表扬。1988年国内出版的《文献资料》发表《钱存训研究资料》专文。他的传记曾收入美国和国际名人录中，不下20多种。最近北京大学研究生并以《论钱存训对中国书史研究的贡献》为题，写作毕业论文；许多国内外刊物也对他的著作加以推介。他在国际学术界的地位，无疑已获得公认。

钱先生除参加学术活动外，对中国留美同学的服务工作，也积极参与。1950年代前后，他是芝加哥中国同学会的顾问和留美科协的负责人之一。1957年，他和友人发起美中部中国留美同学服务协会，担任该会理事会长，并主编该会出版的《美中通讯》多年，对中国留美同学的求学、就业、居留、婚姻、疾病等问题的解决，多所协助。他和钱夫人对同学的照顾和关怀，至今为人称道。

钱先生于1978年自芝大荣休。值得欣喜的是退而未休，他仍积极活跃，继续从事学术方面的研究和著述，并经常到他的办公室处理日常工作，也使我们仍能得到他的指导和启发。目前，他正整理多年来所搜集的资料，继续修订他过去以英文写作的专著和文章，并加补充，另以中文发表。《中国书籍、纸墨及印刷史论文集》选收他先后发表有关这一专题的论文20余篇并附插图，于1992年由香港中文大学出版；增订本加入新作20篇于2002年由北京图书馆出版社出版；又《中美书缘》也已增订加入新作，改名《东西文化交流论丛》，于2009年由北京商务印书馆用简体字出版。另有《留美杂忆》于2007年在台湾出版繁体字本，2008年在大陆出版简体字本。

1990年，为庆祝钱先生的80岁生日，他的同事和门人曾编印了一部《中国图书文史论集》，收集与他的著述有关论文30余篇，分别在台湾和北京出版，以作纪念。此集前言谓：

> 抱简劬书，学究古今之变；怀铅吮墨，文擅中西之长。为学者众矣，臻于斯境者，非可多睹。钱存训教授世代书香，髫龄志学；少通经史之奥，壮游图书之林；著书中秘，撰述拟于名山；讲学上庠，桃李遍乎天下。同人沾溉之余，每思图报，今值先生八秩荣庆，遂有祝寿论文之议，聊表景慕，兼励向学……

作者在家中书房(1990年)

此文不谨总结了钱先生在学术上的成就,也流露了师生之间的深厚感情,而受到重视。

2005年,欣逢先生95岁荣庆,芝加哥大学图书馆特别举行他的著作及活动展览,他的门人和友好再次编印祝寿文集《南山论学集》,台湾《中国图书馆学会会报》也出版特刊,表示祝贺;华盛顿的美国对华政策基金会在亚洲研究学会年会期间特别颁发终身成就奖状,对钱先生一生的事业成就,加以表扬。2007年11月初南京大学举行中美文化交流与图书馆发展国际学术研讨会暨钱存训图书馆开馆典礼,有来自世界各地的学者50多人参加并宣读论文,全集《图书为媒·沟通中西》于2010年出版。

最后,为庆祝钱先生的百岁诞辰,芝加哥大学文学院特别设立钱存训研究基金,并将举行国际研讨会,以资庆祝。他的友好和门人再次编印文集,其中有英文本《中国文化选集》(*Collected Writings on Chinese Culture*),及中文本《回顾集》、《随笔集》及《学习集》等,作为庆祝百岁华诞的寿礼。

英文稿原刊 *Bulletin of East Asian Libraries*, No. 81(1987);中文增订译稿见《文献》1988:4;《汉学研究通讯》1988:12;《中国图书文史论集:钱存钱先生八十荣庆纪念》(台北:正中书局,1991);《中国图书文史论集:钱存训先生八十生日纪念》(北京:现代出版社,1992);《中美书缘》(台北:文华图书馆管理资讯公司,1998);《南山论学集:钱存训先生九五生日纪念》(北京:北京图书馆出版社,2006);2010年10月增订。

郑炯文

第二章　在芝加哥大学拜访钱存训教授（王菡）

2003年10月，我得到机会前往美国芝加哥大学拜访著名学者钱存训教授。回忆起与钱教授的交往，已是此前三四年的事了。

很早以前就已经略闻钱存训教授的大名，及至国家图书馆工作后，从馆史中，从书史研究中，渐渐多了一点了解。1999年夏天，到香港参加书展，看到香港中文大学出版社展台上有钱教授的大作《中国书籍、纸墨及印刷术论文集》，翻开来看，其中引用考古实物说明书史发展的实例，有给人耳目一新的感觉。国内对书史和印刷史的研究正在引起广泛的关注，此书如在国内出版，我想一定会有很多读者，遂去与该出版社商谈版权转让事宜。初步接触非常顺利，双方对版税、转让期限等问题，达成了一致的意见。回到北京，向北京图书馆出版社领导汇报后，便开始正式办理版权的转让手续。不料，香港方面的律师坚持该协议要以香港的法律为基础，我们出版社的法律顾问则坚持要以国内的法律为基础，双方在看似不太关键的地方僵持住了。我无计可施，事情停滞了下来。

忽然有一天，至少是从香港回来半年多了，我收到本馆外事处转来的一封电子邮件，原是钱存训教授电询该书版权引进的进展如何。从此，我和钱教授的交往便开始了。我向钱教授说明了原委及其中的问题，坚冰开始缓慢地融化。首先钱教授向香港中文大学出版社收回了该书的版权，然后与北京图书馆出版社签订协议，授予该书的中文简体字版权，书名改为《中国古代书籍、纸墨及印刷术》。关于部分稿件的取舍、插图的安排，通过电子邮件，我时而提出一些问题或建议，钱教授或接受或婉转地表达不同的意见，我们的合作十分平静地进行。

由于我同时还有其他的任务，编辑的工作进行得比较慢。同时给我带来了细细品味文章内容的快乐，和钱教授以冷静客观的态度研究书籍制度和纸与印刷技术发展的各个环节。他对韩国所藏现已知最早的雕版佛经甚为关注，因为这件佛经发现时曾经轰动世界，而彼时国内由于"文革"运动对此却一无所知。他趁1979年回国访问的机会，将经文的复印本和各种文字的论文带回，及时告知国外关于雕版印刷术讨论的动态，[1]并于80年代即提出该雕版佛经系唐武后时代的印刷流传至新罗的论证。从钱教授对蔡伦造纸的分析和对印刷所做的定义，可以感受到他对国内外纸和印刷问题的密切关注。他从考古材料出发，结合传世文献，做尽可能实事求是的论证。他不受情绪影响，盲目渲染历史意义；或者定义过宽，做不恰当的强调。我认为这种研究风格是国内学术界久违了的，不仅是印刷术或造纸技术对世界文明进程的意义要研究，而且这种广泛占有资料，客观求证史实的研究方法更是应该介绍给国内的学术界。

《中国古代书籍、纸墨及印刷术》一书出版后，销量甚佳。比此书稍早，上海出版了钱教授的另一本大作——《书于竹帛》的中文简体字版。[2]该书论述了在书籍发展史上相辅相成的两条线索。我觉得此二书不仅在书史研究上很有意义，而且在研究方法和思想境界上，都值得在国内学术界提倡。于是将编辑过程中的一些感想进行爬梳，渐渐写成书评，在《图书馆杂志》上发表。[3]

2003年的春天，我得到消息，哈佛燕京学社图书馆75周年的馆庆准备邀请我前往参加。我当时心想，如若成行，即使是自费，我也要到芝加哥大学去拜访钱存训教授。我因是第一次赴美，不免紧张，在与郑馆长多次信件往来中，他只强调我应该办理的事项，我逐渐地体会到那种务实且锲而不舍的工作作风。在哈佛期间，与郑馆长几次比较深入的谈话，更是裨益良多。

当然，还令我增强信心的就是钱教授。他已经在多方面安排我在芝加哥的日程，希望我做一次小型的学术报告，并与东亚系的教授们共进午餐，甚至为我预订了古色古香的教员俱乐部的住房，这是很高级的待遇。后来，我顺利地得到了签证，于国庆节期间成行。

我先到新泽西州普林斯顿大学去看葛思德书库的宋元版书，受到了该校东亚图书馆的热情招待，该馆馆长马泰来先生是钱教授早年的学生，在史料考订方面常有新见。后来到国会图书馆看中国地方文献，接待我们的陈家仁女士诚恳严谨，告知本次访美的日程后，得知她也曾是钱教授的学生。哈佛燕京图书馆的郑炯文馆长，更是钱教授的高足，曾经写《坐拥书城五十年——记钱存训先生的生平与事业》一文发表在《文献》杂志[4]上，产生了很大的影响。此时我还没有到芝加哥大学拜谒钱教授，所至之处就已经受到他的学生的种种照顾。

哈佛大学的庆典之后，我来到久已盼望的芝加哥。还在北京的时候，钱教授在e-mail中一再表示要到机场来接我，90高龄的图书馆前辈亲自驾车，我惶恐万分，表示无论如何担当不起。待我与芝大东亚图书馆的周原馆长按照预定的时间来到钱教授的宅第时，他已经等候在门前了。进得门来，我看见整洁美丽的钱夫人。实际上，我早已从论文集中见过钱师母的玉照，并心仪她的小楷，但见到本人，听她吴语味的普通话，优美典雅，与我们在国内经历数次政治运动"锻炼"出来的普通话，的确有天壤之别。

是晚，钱教授做东，请我和周原先生在密歇根湖旁的意大利餐馆进餐。第二天我

王菡在芝加哥大学作学术报告(2003 年)

要做一个关于西夏印刷的报告,由于题目不够大众化,钱教授非常关切地为我着想,如果明天报告结束无人提问该如何处理,晚餐期间,他设计了几个问题,请我做好准备,以防冷场。(幸好第二天所有的座位都坐满了听众,提问时又颇踊跃,以致超过了预定的时间)。饭后我们在路旁短短地散步片刻,密歇根湖面黑黝黝的,偶尔闪动一点波光。虽然晚餐只有三人,可我如此激动,以至没有太多说话,是我回国后钱教授写来的一封电子邮件,更准确地表达了我们当时的心情:“多年来在电脑中通信的‘王菡女士’,居然在二周前见面握手,亲自欢迎,感到十分高兴而荣幸。你这次访美,虽然短短一月,但走访了美国东部和中西部的重要城市和主要图书馆,一定收获丰富,为你高兴。……你在芝大所作关于西夏文献和宋元印刷的报告,尤为出色,我再代表芝大同人对你的成功访问,表示感谢。只是时间匆促,未及多谈,觉到遗憾。”在我,有机会拜访钱教授,高山仰止,铭心难忘。

第二天上午我参观了芝大东亚图书馆特藏,有一卷敦煌写经,由于背面是厚硬的机器纸裱糊,卷子已有折损。我注意到末尾处是董作宾的题识,考证了该卷的年代、内容等问题,颇有意义,便请教钱教授,此题识是否发表过。钱教授很快便查核该题跋已经在台湾发表。检索之迅速,显然是日常的习惯。此虽细节,也令我感佩。

下午我的报告之后,东亚图书馆和东亚系的同人请我到芝城一家中国餐馆共进晚餐。由于第二天我将与在芝城工作的表妹盘桓一天,然后返国。所以这一晚是我与钱教授最后相聚的时光了,在我固然觉得太过匆匆,不及进一步向钱教授请益。而在钱教授,他似是怀着对国家图书馆——他曾经服务过且至今仍深深眷恋的感情与我道别。他曾对我说,希望再刊出他的文章时,不要标出表示国籍的“美”字,他更认为自己是国家图书馆派出的工作人员,因为某些原因没有回国,这个“美”字很是刺痛他的心。他还对我说,希望馆方能够授予一个荣誉馆员之类的称号,使他感到国家图书馆仍然承认他是曾经工作过的馆员。

钱教授甚至对自己当年没有返国而颇感不安,1979 年第一次随美国图书馆代表团回国访问,见到当年的同事,颇羡慕他留在美国没有受到历次政治运动的迫害,他仿佛第一次得知留在美国给予亲友们的感受。事实上,“文革”期间我和我的同学以及我们的父母，从物质到心灵受到的伤害、践踏，永远无法抚平。钱教授的亲人凡在大陆的，大约同样经历了这段苦难的历程，所以他不会不知道。但我想他最在意的是自己的职守，想来就是为此。

他一再地和我谈起当年经他亲手运送美国的原国立北平图书馆的那批善本[5]，至今仍寄存在台湾，希望早日完璧归赵，成为他心头永远挥之不去的重责。无论历史有何等变迁，钱教授对60年前的职守的忠诚，给我以深深的震撼。我想，就是这种持之以恒的精神，使他在美国的图书馆界、汉学研究领域取得了卓尔不群的成就，而他在取得这所有成就的时候，仍念念不忘自己本是国家图书馆的工作人员。回到北京之后，我将访美种种情况向馆领导做了汇报。很快，馆方做出决定，聘请钱教授为国家图书馆顾问，聘书已经寄至芝加哥。

对于中国文化的热爱，钱教授曾在《书于竹帛》写作缘起中写道："由于近代中国所受的外侮和屈辱，使中国人对自己固有的文化传统，丧失自信而盲目自贬。甚至现在还有人认为废除汉字、采用拼音是文字演进的规律和迎合世界潮流，却没有深思汉字的功能和拼音文字的后果。假使没有汉字形体所独具的延续性和凝固性相维护而采用拼音文字，中国早已成为以方言立国而分崩离析的国家了。"[6]他对祖国深刻的热忱，从此不难体会，而从这个意义去认识印刷技术及笔墨书籍的制造与使用，也会有一番新的感受。

钱教授的另一部著作《纸和印刷》可说是《书于竹帛》的姐妹篇，据报道英文第1版在出版前就已预订一空，现已4次重印[7]，《书于竹帛》另有中、日、韩文多种译本，已在国际间认定为经典之作，英文修订版也于数月前面世了。捧读墨香四溢的新书，仿佛又看到他在芝加哥家中的书房，看到那每天要写作到午夜的灯光。以往各种访谈多讲钱教授的治学方法，讲他在书史研究领域取得的重要成就，其实，对他不曾一日忘记自己对于祖国的责任，其为人与思想境界的纯粹净化，更是我们在目前过分物质化社会中应该提倡，应该追求的榜样。

王菡

原刊《图书馆》2005年第4期

注释：

1. 钱存训. 中美图书馆代表团首次互访记略(1973—1979). 国家图书馆学刊,2003(4)

2.《书于竹帛》的英文本是1962年由美国芝加哥大学出版；另有在香港、北京、东京、汉城、台北、上海等地出版的中、日、韩文译本。中文第4次增订本是上海书店出版社于2002年出版;2004年再版，收入中国世纪出版集团的《世纪文库》。

3. 王菡. 客观科学地研究纸与印刷对于世界文化的意义——评钱存训《中国纸墨、书籍及印刷术》(修订本). 图书馆杂志,2003(4)

4. 文献,1988(4)

5. 参见:钱存训. 北平图书馆善本书籍运美经过. 中美书缘. 台北:文华图书馆管理资讯股份有限公司,1998

6. 该文收录在:中国古代书籍、纸墨及印刷术. 北京:北京图书馆出版社,2002

7. 中文本有:刘祖慰译. 纸和印刷. 北京:科学出版社,上海:上海古籍出版社,1990;刘拓、汪刘次昕译. 造纸及印刷. 台北:商务印书馆, 1995;中国纸和印刷文化史. 桂林:广西师范大学出版社,2004

参考文献:

[1]张宝三. 访钱存训教授谈中国书籍史之研究及治学方法. 汉学研究通讯,2003(1)

[2]张志强. 抱简劬书、后学楷模——访钱存训先生. 传记文学,2004(4)

第三章　钱存训研究资料

本文是根据2002年提供泰州中学100周年纪念校友室展览资料目录增订。

——编者注

(一)传记简历

1.《钱存训简历》,《传记文学》第89卷第4期(2006:10)。

2. 国际人名录中钱存训传记:

The Blue Book: Leaders of the English-speaking World(英语世界领袖蓝皮书);*Dictionary of International Biography*(国际传记词典);*International Who's Who of Intellectuals*(世界知识界名人录);*Who's Who in the World*(世界名人录);*Contemporary Authors*(现代作家);*Who's Who in America*(美国名人录);*Directory of American Scholars*(美国学者辞典).

3. 中文人名录中钱存训传记:

《世界华人精英传略》;《世界文化名人辞海》;《中华文化名人录》;《中国现代社会科学家大辞典》;《海外华人学者传略》;《百家姓书库:钱》;《美国中国学手册》;《北美汉学家词典》等。

4.《钱存训研究数据》,《文教数据》(南京),1988.5。

5. 桂平:《蜚声国际的学者钱存训》,江苏省政协文史资料委员会,扬州市政协文史资料委员会编《魂系中华》,1993,152页。

6. 郑炯文:《坐拥书城五十年——记钱存训先生的生平与事业》,《文献》1988:4;《汉学研究通讯》1988:12;《图书文史论集》(台北,1990;北京,1991);《中美书缘》(台北,1998);《南山论学集》(北京,2006)。

7. 刘镭:《书海求索、勤耕不辍——记美国芝加哥大学钱存训教授》,《文史知识》1996:8。

8. 别立谦:《论钱存训对中国书史研究的贡献》,北京大学硕士研究生学位论文,

1998.6。

9. 江向东:《钱存训先生的生平活动及学术成就》,《文献信息论坛》(福建,2001:1)。

10. 杨子竟:《钱存训与中外图书、图书馆交流》,《图书馆》2004:1。

11. 王振鹄:《钱存训先生九五荣庆志贺》,《中国图书馆学会会报》第 74 期,2005. 6。

12. 汪雁秋:《嵩龄添岁月,鹤算纪春秋——贺钱存训教授九秩晋五嵩寿》,《中国图书馆学会会报》第 74 期 (2005. 6)。

13. 卢秀菊:《钱存训先生的学术与事业成就——兼忆我的芝大求学岁月》,《中国图书馆学会会报》第 74 期 (2005. 6)。

14. 周原:《书海耕耘乐不疲——钱存训教授小传》,《南山论学集》(北京,2006)。

(二)图像照片

1. 钱存训接受芝加哥大学博士学位与家属合影(1957 年)

2. 钱存训在芝加哥大学办公室(1958、1972、1978 年)

3. 钱存训与《中国科技史》主要执笔人(1986 年)

4. 钱存训退休餐会照片(1978 年)

5. 钱存训入选芝加哥名人堂与市长合影(1985 年)

6. 钱存训著作及荣誉展览(1990、2005 年)

7. 钱存训接受中国国家图书馆颁赠杰出服务奖(1999 年)

8. 钱存训夫妇金婚纪念合影(1986 年)

9. 钱存训夫妇九五生日合影(2005 年)

10. 钱存训夫妇画像,钱孝峨速写(1983、1992 年)

(三)访问报导

1. "Correction Please, Chinese Invented Printing". *Chicago Sun-Times*, *Sunday-Midwest*, 1960.1.24.

2. 松见弘道:《问宫不二雄大人さ中国图书馆人士さの交流》,《短胡大学图书馆研究》1983.4。

3. 李健全:《五十载上下以求索》,北京《华声报》1987.11.13。

4. 李春晓:《访芝加哥荣誉年长市民钱存训》,《粤港信息报》1990.11.2。

5. 刘镭:《书海求索、勤耕不辍: 记美国芝加哥大学钱存训教授》,《芝加哥时报》1994.9.9;《上海侨报》1995.4.18;《文史知识》1996.3。

6. 黛薇:《看不见的纽带——钱存训教授传播中国文化的历史功绩》,《辰报》1995.4.27。

7. 宗鹰:《居高声自远,伏枥心万里——芝加哥大学谒钱存训教授》,《华人月刊》(香港)1995.6.8;《四海铭传颁奖旌显》,《镜报月刊》(香港)2000.2;《烽火救宝今旌显》,《中外论坛》(纽约)2000.2.1;《百岁学者健思健笔》,《地平线月刊》2009:5—6。

8. 里戈:《跨越大洋、超越时代的中国情怀》,《星岛日报》(华盛顿) 1999.12.18。

9. *Retired Professor Honored for History-saving Mission*, Associate Press Release 12-28-1999; *Chicago Sun-Times*, 12-18-1999; *University of Chicago Chronicle*, 2000.1.6; *Chicago Maroon*, January 14, 2000; *South China Morning Post* (Hong Kong), 12-18-1999.

10.《道德文章、九州铭传》,《人民日报》海外版2002.1.19。

11. 张宝三:《访钱存训教授谈中国书籍史之研究及治学方法》,《汉学研究通讯》2003.2。

12. 张志强:《抱简劬书 后学楷模——访钱存训先生》,《传记文学》2004.12。

13. 王菡:《在芝加哥大学拜访钱存训教授》,《图书馆》2005.4。

(五)荣誉奖状

1. 中国教育部颁发杰出服务奖及奖金,1945。

2. 美国亚洲研究学会东亚图书馆协会杰出服务奖状,1978。

3. 北京图书馆赠书奖状,1979。

4. 美国华人图书馆协会杰出服务奖状,1984。

5. 钱存训成就卓著校方特予表扬,《中报》1987.1.22。

6. "Far Eastern Studies Marks 50 Years." *Chicago Chronicle*, 1-22-1987.

7. 美国芝加哥市高年市民名人堂入选报道,1989,纽约《世界日报》1989.5.20;芝加哥《美中新闻》1989.5.20;广州《粤港信息报》1989.5.27; "Tsien Nominated for Excellence", *CSAS Newsletter*, Winter, 1989.

8. 钱存训教授荣获杰出校友奖,芝加哥《辰报》,1996.6.7; "Notable Alumni Honored at Assembly", *University of Chicago Chronicle*, May 23, 1996.

9. 国家图书馆颁发杰出服务奖,1999.8.4.《人民日报》海外版、纽约《侨报》、《世界日报》、华盛顿《星岛日报》、芝加哥《辰报》;《美中新闻》;英文联合新闻社、芝加哥《太阳报》、香港《南华早报》、《芝加哥大学纪事周报》、《芝加哥大学校刊》等。

10. 国家图书馆为钱存训先生颁发荣誉状,《国家图书馆学刊》2000.2。

11.《人民日报》海外版"世纪之光"颁奖,2000。纽约《世界日报》2002.8.4,芝加哥《辰报》2002.8.4等。

12. 中美文化基金会颁赠终身成就奖状,2005, *U. S. -China Policy Foundation Newsletter*、芝加哥《辰报》、北京《华声报》等。

(六)重要著作

1.《书于竹帛》(英文本) *Written on Bamboo and Silk: The Beginnings of Chinese Books and Inscriptions*. Chicago: University of Chicago Press, 1962, 1963, 1969; 2nd rev. ed., 2004;(中文本)《中国古代书史》,香港:香港中文大学出版社,1978,1981;《印刷发明前的中国书和文字记录》,北京:中国印刷工业出版社,1988;《书于竹帛:中国古代书史》,台北:汉美图书公司,1996;《书于竹帛:中国古代的文字记录》第四次增订本,上海:上海世纪出版集团,上海书店,2002,2004,2006(世纪文库)。

2.《中国古代书籍史:竹帛に书す》(日文本),宇都木章、泽谷昭次、竹之内信子、广濑洋子合译,平冈武夫序,东京:法政大学,1980。

3.《中国古代书史》(韩文本),金允子译,汉城:东盟社,1990,1991。

4. *Science and Civilisation of China* : *Paper and Printing*, Cambridge: University of Cambridge Press, 1985; Revised 3rd printing, 1987, 1991;《中国科学技术史:纸和印刷》,刘祖慰译,北京:科学出版社,上海:上海古籍出版社,1990;《中国之科学与文明:造纸及印刷》,刘拓、汪刘次昕译,台北:商务印书馆,1995;《中国纸和印刷文化史》,桂林:广西师范大学出版社,2004。

5.《中国书籍、纸墨及印刷史论文集》,香港中文大学出版社,1992;增订本:《中国古代书籍、纸墨及印刷术》,北京图书馆出版社,2002。

6.《中美书缘》,台北:文华图书馆管理信息公司,1998;增订本:《东西文化交流论丛》,北京:商务印书馆,2009。

7.《中国书目解题汇编》(英文本)*China*: *An Annotated Bibliography of Bibliographies*, In co-operation with James K. M. Cheng. Boston: G. K. Hall, 1987.

8.《区域研究与图书馆》(英文本)*Area Studies and the Library*, Chicago: University of Chicago Press, 1966.

9.《古代中国论文集》(英文本) *Ancient China*: *Studies in Early Civilization*, Hong Kong: Chinese University of Hong Kong Press, 1978.

10.《留美杂忆》,台北:传记文学社,2007;合肥: 黄山书社,2008。

(七)著述评介

1. 潘铭燊:《钱存训教授著述目录(初稿)》,《"中央图书馆"馆刊》1998. 8. 12;《汉学研究通讯》1988:12;增订本见《中国图书文史论集》(台北,1990;北京,1991);《中美书缘》(台北,1998);《南山论学集》(北京,2006)。

2. 别立谦:《论钱存训对中国书史研究的贡献》,北京大学硕士研究生学位论文(1988. 6);《中国典籍与文化》2006. 1。

3. 陈翔华:《中国书籍及有关印刷史研究重要收获》,《中国图书馆学报》1993. 1。

4. 叶再生:《值得推荐的学术著作:钱存训有关中国书籍纸墨及印刷史著述》,《出版史研究》第3辑, 1995. 9。

5. 许倬云:《评钱存训著〈书于竹帛〉英文本》,《大陆杂志》(26:6,1963)。

6. 李棪:《〈中国古代书史〉评介》,《香港中文大学中国文化研究所学报》第1卷,1968。

7. 劳榦:《〈中国古代书史〉后序》,见《中国古代书史》(香港,1978)附录。

8. 李学勤:《〈书于竹帛〉序》,见《书于竹帛》第4次增订本,上海,2002。

9. 张国功:《蕴含着无穷生命力的学术著作:评〈书于竹帛〉》,《中国图书评论》2002. 8。

10. 夏含夷:《钱存训著〈书于竹帛〉英文本第二版后序》,王正义译,《文献》2005. 4- 2006. 1;《中国图书馆学会会报》第74期 (2005. 8)。

11. 别立谦:《〈书于竹帛〉国际评介摘要》,见《书于竹帛》(2002,2004,2006上海书店第4次增订本），附录4。

12. 张秉伦、黄世瑞:《新作问世,巨著增辉——评英文本〈纸和印刷〉及有关安徽历史上造纸和印刷的成就》,《安徽史学》,1986.6。

13. 潘铭燊:《李约瑟系列的首本华裔学者著作〈纸和印刷〉》,《明报月刊》1987.2。

14. 张秀民:《喜读钱存训博士英文〈纸和印刷〉》,《人民日报》(海外版)1987.5.28。

15. 张树栋:《中国印刷史研究更上一层楼——钱存训著〈纸和印刷〉读后》,《人民日报》(海外版)1988.8.10。

16. 林夕:《海内外两部中国印刷史》,《读书》2001.8。

17. 许倬云:《钱存训先生及其大作〈造纸及印刷〉》,《汉学研究》14:1，1996.6。

18. 别立谦:《钱著〈纸和印刷〉国际评介摘要》,见《中国纸和印刷文化史》(桂林,2004)附录2。

19. 张志强:《中国图书史领域的经典之作:再读〈书于竹帛〉与〈中国纸和印刷文化史〉》,《中国图书馆学会会报》第74期(2005. 6)。

20. 郑继宗:《〈中国书目解题汇编〉评介》,《书评月刊》(香港)。

21. 王菡:《评介钱存训的〈中国古代书籍、纸墨及印刷术〉修订本》,《书目季刊》36:4 (2003.3);《中国文物报》2003.4.25。

22. 刘怡伶:《从书写到印刷的历史建构:钱存训〈中国古代书籍、纸墨及印刷术〉析评》,《中国图书馆学会会报》第74期 (2005.6)。

23. 宗鹰:《读钱存训教授〈中美书缘〉》,《镜报月刊》(香港,1999)。

24. 汪威廉:《钱存训教授〈留美杂忆〉读后感想》,《明报月刊》2009.1;《钱存训先生的百岁"华集"》,《明报月刊》2010.11。

(八)纪念文集

1.《中国图书文史论集：钱存训先生八十生日纪念》,台北:正中书局,1990;北京:现代出版社,1991。

2. 钱存训教授九秩晋五祝寿专号,《中国图书馆学会会报》第74期(台北:2005.6)。

3.《南山论学集：钱存训先生九五生日纪念》,北京：北京图书馆出版社,2006。

4. *Collected Writings on Chinese Culture*(《中国文化选集》)(英文本),香港:中文大学出版社，2010。

5.《回顾集:钱存训世纪文选》,桂林:广西师范大学出版社，2012。

第四章　钱存训先生大事年表（钱孝文）

说明：此表是按阳历实际年龄计算，因钱先生出国护照是填阴历，因此法定年龄和实际年龄相差一岁。

1910　1岁　民国前一年农历十二月初一日（阳历1910年1月11日）出生在江苏省泰州市篮子行大街（现海陵北路）旧宅。男，行三，取名存训，字公垂，号彝（宜）叔，乳名小延子。

1916　6岁　入私塾，读《蒙求》、“四书”。

1918　8岁　入泰州第二高等小学，住城南阮家巷外婆家，每日走读。

1923　13岁　入泰州淮东中学（现泰州中学），为第25届新生。

1925　15岁　时值五卅惨案，参加学生运动，组织青年学社，主编《青年旬刊》。

1926　16岁　淮东中学毕业。因主编的《青年旬刊》鼓吹革命，为军阀孙传芳驻泰州的部队逮捕，经父亲向亲友告贷，筹得60块银元向主管贿赂，得以释放，但不能留在泰州。由父亲送往南京，交由在南京金陵大学读书的大哥存典教管。经大哥介绍，跟随他的同学朱华、郭祖懋参加国民革命军第八集团军冯玉祥部下方振武部队政治部，随军北伐，沿津浦路直达北平，攻克北洋军阀，住北平恭王府，不久移往天津附近的杨柳青。

1927　17岁　春季，大哥毕业，任金陵大学注册部主任。夏季，由他招回南京入金陵大学（现南京大学）读书，代付学费，同时安排在金陵女子大学图书馆任编目员，每小时工资2角5分，作为生活费用。

1928　18岁　在金陵大学主修历史，副修图书馆学。选习贝德士（Dr. M. S. Bates）的“欧洲史”、“俄国史”、“日本史”、“印度史”，刘继宣的“中日交通史”，陈恭禄的“中国近代史”，以及刘国钧所授“中国书史”等课程。

1929　19岁　在金女大选读缪凤林所授“中国通史”，作为金大学分。

1930　20岁　在金女大选读曾虚白所授“翻译学”，课程作业翻译 Bertrand Russell：

The Conquest of Happiness（New York，1930）的一章《东西快乐观念之歧异》及 Dorothy J. Orchard《中国以抵制外货为对外武器》。

1931　21 岁　升任金陵女子大学图书馆代理馆长。发表课程作业《图书馆与学术研究》，刊载《金陵大学文学院季刊》；又所译《中国以抵制外货为对外武器》由上海《时事月报》发表。

1932　22 岁　金陵大学毕业，获文学士学位。任职上海交通大学图书馆，主管西文部，月薪 90 元。发表《东北事件之言论索引》，载《中华图书馆协会会报》。每周末到苏州探视母亲，与许文锦相识。

1933　23 岁　兼任中国图书馆服务社经理，每日下班后从西郊徐家汇赶到设在上海市中心泗泾路 36 号大楼办公室工作，如此 3 年后离职。

1934　24 岁　发表所译罗素《东西快乐观念之歧异》，刊载上海《世界杂志》。

1935　25 岁　主编《杜氏丛箸书目》，写作《定友先生的著述》。

1936　26 岁　与许文锦在南京金陵女子大学礼堂结婚，婚后返回上海。住在交大附近姚主教路一家住宅的阁楼上，雇佣保姆烧煮。

1937　27 岁　6 月 14 日长女孝芩（Ginger）在上海出生。7 月 1 日转职国立北平图书馆，任南京分馆工程参考图书馆主任。"七七"卢沟桥事变，日军侵华，战事延及京沪。南京分馆解散。8 月和高柳桥护送全家 10 余口（母亲、文锦、孝芩、存慎、李琴、存柔、存学、孝如、孝和、孝铭、孝珊、孝玫）到 江北王家楼大姐家避难。

1938　28 岁　转调北图上海办事处，主管国外联系工作及《图书季刊》经理。3 月初到达上海，租得上海西摩路（现陕西北路）141 弄 6 号 3 楼公寓，三间住房连同家具，向工部局一位退休白俄职员顶下，付给顶费美金 500 元。不久，全家 10 余口移居上海。上海办事处最初在法租界亚尔培路（现陕西南路）中国科学社办公，不久，调在支付北图经费的中华教育文化基金董事会工作。

1940　30 岁　在法租界震旦大学设立北图上海办事处，为昆明总馆收集上海和南京沦陷区的报纸 20 多份，以及期刊和其他出版物，经香港转后方。5 月 15 日二女孝峨（Gloria）在上海出生。

1941　31 岁　7 月，奉命在日军占领下的上海秘密运送北图善本 3 万册由美国商船运交美国国会图书馆保管，于珍珠港事变前 3 日完成任务。

1942　32 岁　发表《隋唐时代中日文化关系之检讨》，刊在上海《学术界》第 1 卷第 4—6 期。

1944　34 岁　三女孝岳（Mary）在上海出生。

1945　35 岁　抗战胜利。在政府接收的上海宝庆路 17 号原陈群住宅办公。获教育部颁赠杰出服务奖状及奖金 1 万元。

1947　37 岁　美国芝加哥大学聘任为远东图书馆编目员，年薪 3 000 美元。9 月护送文锦及三个女儿经重庆去贵阳寄居。9 月 15 日从上海乘 Marine Swallow 赴美，10 月 2 日经旧金山于 10 月 5 日抵达芝加哥。6 日到东方学院上班，在远东图书馆工作，同时在芝大图书馆学研究院选课，攻读硕士学位。

1948　38 岁　因携带中国官员护照，不能在美工作，由顾立雅个人垫付薪金，并代向美国国会申请永久居留。

1949　39 岁　美国国会通过法案给予永久居留权。赴加拿大改变身份，在多伦多大学演讲及在多伦多皇家博物馆审定善本书。回美后升任远东图书馆馆长兼东亚语言文学系教授衔讲师，年薪 4 000 美元。接眷来美，10 月 6 日文锦和三个女儿经香港到达芝加哥。

1952　42 岁　春季获芝加哥大学硕士学位，论文题《译书对中国现代化的影响》*Western Impact on China through Translation: A Bibliographical Study* (Master's Thesis, The University of Chicago, March, 1952. 245 pp.)。

1954　44 岁　发表第一篇英文论文《中国图书分类史》(*Bibliographic Classification of China*)，载《图书馆学季刊》(*Library Quarterly*)第 22 卷第 4 期。硕士论文摘要 *Western Impact on China through Translation*，发表在《远东季刊》(*Far Eastern Quarterly*), 14:3 (May, 1954)。

1955　45 岁　为郭大维在芝加哥美术馆安排画展，写作画册序言 *An Introduction to David Kwo and His Paintings*, in Modern Chinese Painting by David Kwo (Chicago: Art Institute of Chicago, 1955)。

1957　47 岁　获芝加哥大学博士学位，论文题：*The Pre-printing Records of China: A Study of the Development of Early Chinese Inscriptions and Books.* (《印刷发明前的中国书和文字记录》) Doctoral Dissertation, University of Chicago, 1957, 302 pp.。

1958　48 岁　任夏威夷大学客座教授，7 月偕同文锦经旧金山去夏威夷；9 月升任芝加哥大学远东语言文化系终身职副教授。

1959　49 岁　发表夏威夷大学英文讲稿《美国的亚洲研究》(*Asian Studies in America: A Historical Survey*)收入 *Asian Studies and State University* (Bloomington: Indiana University, 1959)。

1960　50 岁　发表 *Chinese Studies in America*, Midwest CSAS Newsletter, n. s., IV:3 (Dec., 1960)。

1962　52 岁　英文本《书于竹帛》(*Written on Bamboo and Silk: The Beginnings of Chinese Books and Inscriptions*)，由芝加哥大学出版社出版。

1964　54 岁　升任芝加哥大学东亚语言文化系及图书馆学研究院正教授，兼远东图书馆馆长，主管远东图书馆学研究中心。

1966　56 岁　当选为北美东亚图书馆协会主席，任期两年。

1968　58 岁　接受英国剑桥大学李约瑟博士邀请，访问剑桥，兼访伦敦大英博物馆、牛津大学及在伦敦海滨 Eastbourn 经营"大观园"酒楼的大哥存典。当选国际东方图书馆协会顾问。

1970　60 岁　当选亚洲研究学会中国和亚洲内陆理事会第一届理事，任期两年。受聘为台湾"中央图书馆"顾问。

1972　62 岁　当选为大学及研究图书馆协会亚非组的理事，任期两年。

1974　64岁　被聘为美国教育协会国际教育交流委员会顾问。

1975　65岁　被聘为伊朗国家图书馆顾问。

1976　66岁　邀请李约瑟博士访问芝加哥大学接受名誉学位，代表东亚系在礼堂致辞介绍。

1977　67岁　获得美国科学基金会研究奖助金两年，共6万美元，作为聘请助理，写作英文《中国科技史：纸和印刷》。

1978　68岁　12月从芝加哥大学图书馆退休；任远东图书馆荣誉馆长。东亚系继续授课一年。北美东亚图书馆协会授予杰出服务奖。

1979　69岁　9月，访问日本东京、京都、奈良。参加美国图书馆界访华代表团一行12人，访问北京、西安、南京、上海、广州，共两周，经香港回美。又获美国人文科学基金会研究奖助金两年6万美元，为写作《纸和印刷》之用。

1982　72岁　《纸和印刷》初稿完成，再度访问剑桥。事毕访问欧洲大陆：荷兰汉学研究中心、德国汉堡国际书展、法国巴黎国家图书馆及吉美博物馆，会晤在联合国教科文组织任中国代表团副团长的五弟存学。接受李约瑟研究所聘请为"永久研究员"。

1984　74岁　参加在北京召开的第三届中国科技史研究会，担任技术组主任，宣读论文《欧洲印刷术起源的中国背景》。秋季应邀参加在台北举行的古籍鉴定与维护研讨会，担任两项专题演讲。

1985　75岁　《纸和印刷》由剑桥大学出版社出版，初版1 500册在出版前已全部预订；续印第2版不久又售罄；因此重加修订，1987年再印第3版，1991年续印，为《大系》中最畅销的一册。美国华人图书馆协会授予杰出服务奖。

1987　77岁　应北图邀请，参加纪念北图成立75周年及新馆落成典礼庆祝会，由孝维侄陪同，住钓鱼台宾馆。会后再访上海。

1988　78岁　夏季，任西雅图华盛顿大学东亚图书馆学研究班的教授。参加在圣地亚哥加州大学举行的第五届国际中国科学史讨论会，任中国印刷史组主席。美国研究图书馆组织中国善本国际联合书目计划聘请为国际委员会顾问。

1989　79岁　选入芝加哥市高年市民荣誉堂，并颁发证书。美华工商专业策进会在中国城举行盛大餐会庆祝，有百余人参加。

1990　80岁　中国科学院委托刘祖慰教授翻译《纸和印刷》，由北京科学出版社及上海古籍出版社出版，作为赠送李约瑟博士90岁生日的寿礼。

1992　82岁　与当时在温哥华的潘铭燊合作对不列颠哥伦比亚大学蒲版藏书进行估值，以供该校购买保险的参考。

1995　85岁　刘拓及汪刘次昕父女合译《中国之科学与文明：造纸及印刷》，由台北商务印书馆出版。受聘为《续修四库全书》学术顾问。

1996　86岁　春季，芝加哥大学校友会颁赠杰出校友奖。夏季，应邀为在北京召开的国际图联大会东亚研讨会顾问，但未能出席。《书于竹帛》中文增订本由台大卢秀菊教授指导排校，台北汉美图书公司出版。

1998　88岁　北京中国印刷博物馆聘请为顾问。《中美书缘》由台北文华图书馆管理信息公司出版。英文本《书于竹帛》根据台北增订本开始修订。

1999　89岁　北京国家图书馆颁赠杰出服务奖,12月17日由孙蓓欣副馆长率领三人代表团来芝加哥颁发,在芝大图书馆举行,有30多人参加。

2000　90岁　英文本《书于竹帛》修订完毕,原稿交付芝大出版社。

2002　92岁　《书于竹帛》中文本增订第4版由上海书店出版社出版;《中国古代书籍、纸墨和印刷术》增订本由北京图书馆出版社出版。

2004　94岁　受聘为中国国家图书馆顾问。《书于竹帛》英文增订本由芝加哥大学出版社出版。中文本由上海世纪出版集团续印第2版,收入《世纪文库》。《中国纸和印刷文化史》由广西师范大学出版社出版,中国印刷技术协会及中国印刷史学会于10月20日在北京召开座谈会，讨论该书的国际影响。7月底两次在浴室不慎跌倒,头部受伤,头内出血,入芝大医院施行手术,8月1日转康复中心,一周后出院,康复良好。

2005　95岁　为庆祝95生日,芝加哥大学东亚图书馆举行著作及荣誉展览;3月门人在中国城举行餐会庆祝，编辑祝寿论文集《南山论学集》,台北《中国图书馆学会会报》74期编印祝寿特刊;美中政策基金会(US-China Policy Foundation)颁发终身成就奖状。

2006　96岁　赠书南京大学图书183箱,经纽约Books-for-China转运青岛,由南大张志强教授接收。《留美杂忆》初稿在台湾《传记文学》月刊第90卷1—4期(2006年7—10月)发表。

2007　97岁　《留美杂忆》由北京《万象》杂志2007年4—9月号转载,《新华文摘》2007年8月号转载第3章《留美工读十年》。南京大学高研院成立钱存训图书馆。11月1—3日举行中美文化交流与图书馆发展国际研讨会暨钱存训图书馆开幕典礼,由钱孝文代表参加。《留美杂忆》单行本台湾版于10月18日出版。赠送与会者每人一册。12月1日生日,收到国内外亲人的电邮祝贺,芝加哥的亲友在中国城聚餐庆祝。

2008　98岁　文锦患食道癌,在芝大医院治疗。因年高不能开刀,回家休养,每日由Hostess的护士来家看护。并请王女士照顾。不幸于4月11日晚11时在家中故世,享年91岁;4月26日在芝加哥教堂举行追思会。9月7日夜大女孝芩(Ginger)因肌肉衰弱症在Ballard疗养院过世,享年71岁。和母亲同葬Park Forest的Concordia Cemetery教会公墓,立碑“海陵钱氏之墓”。

2009　99岁　芝加哥海德园教会举行百岁庆祝会，吃蛋糕,有百余人参加。芝加哥大学设立“钱存训研究基金”,由文学院院长通函捐助。美国总统奥巴马及夫人、芝加哥大学校长、文学院院长致函祝贺。东亚系、东亚研究中心及图书馆也致赠礼物祝贺。东亚系教授及图书馆旧友10余人在中国城设宴祝贺。美国亲友及国内代表30多人也在中国城聚餐,四代同堂,十分热闹。

2010　100岁　中英文本纪念文集祝贺百岁诞辰。英文本《中国文化选集》(*Col-*

lected Writings on Chinese Culture)，马泰来主编，香港中文大学出版；中文本《回顾集》，潘铭燊主编，广西师范大学出版社出版；《随笔集》，张志强主编，江苏文艺出版社出版；《学习集》，吴格主编，国家图书馆出版社出版。

钱孝文

第五章 钱存训简历

钱存训像(1996年)

出生年月:

1910年1月11日(农历己酉年十二月初一日)出生于江苏泰州。

学历经历:

南京金陵大学(现南京大学)文学士,美国芝加哥大学硕士、博士。曾任南京金陵女子大学图书馆代理馆长,上海交通大学图书馆西文部主任,北平图书馆南京分馆及上海办事处主任。美国芝加哥大学远东语言文化系兼图书馆学研究院教授、远东图书馆馆长,夏威夷大学客座教授。现任芝加哥大学东亚语言文化系荣誉教授、东亚图书馆荣誉馆长,英国李约瑟科技史研究所荣誉研究员,美国中国出版服务公司董事长。

名誉职务:

美国亚洲研究学会中国及亚洲内陆理事会第一届理事,美国图书馆协会亚非组理事,美国东亚图书馆协会主席,美国中西部中国留美同学会会长;国际东方图书馆协会顾问，美国教育协会国际教育交流委员会顾问，伊朗国家图书馆顾问，台湾“中央图书馆”顾问，北京中国人民大学书报资料中心顾问，中国印刷博物馆顾问，《续修四库全书》学术顾问，中国国家图书馆顾问等。

荣誉奖状：

美国学术团体联合会、美国科学基金会、美国人文科学基金会、美国芝加哥大学、英国剑桥大学及李约瑟研究所等机构的研究奖助金；中国教育部杰出服务奖状和奖金；美洲东亚图书馆协会杰出服务奖、美国华人图书馆协会杰出服务奖；芝加哥大学杰出校友奖，中国国家图书馆荣誉奖状，《人民日报》海外版“世纪之光”荣誉奖状，美中政策基金会终身成就奖；并入选芝加哥市荣誉市民名人堂。

著作出版：

中、英、日、韩文本《书于竹帛》、《中国科学技术史：纸和印刷》及《中国纸和印刷文化史》。英文本《中国书目解题汇编》、《古代中国论文集》、《区域研究与图书馆》。中文本《中国古代书史》、《中国古代书籍、纸墨及印刷术》、《中美书缘》、《东西文化交流论丛》等专书及其他专书和讲义 20 余种，及有关历史、传记、图书目录学、造纸印刷史、中外文化交流等学术论文百余篇；以及为联合国教科文组织《信使》月刊特约撰述，以 15 种语文发表的论文 1 种。

生平小传：

见英文本《世界名人录》、《世界作家名人录》、《国际学者指南》、《美国名人录》、《英文中国年鉴》；中文本《中国人物志》、《中国文化名人录》、《中国现代社会科学家大辞典》、《世界华人精英传》、《美国中国学手册》、《北美汉学家辞典》等 20 多种。